법여성학

김태선 · 오정진 · 조은희 · 차선자 저

세창출판사

이 도서의 국립중앙도서관 출판시도서목록(CIP)은 e-CIP 홈페이지 (http://www.nl.go.kr/ecip)에서 이용하실 수 있습니다.(CIP제어번호: CIP2011000583)

머 리 말

이 책의 집필은 로스쿨 교재개발을 위한 법학전문대학원협의회의 연구과제 선정에 따라 한국연구재단의 지원으로 이루어졌다. 법여성학 교재개발을 위하여 그동안 '법과 여성'에 대한 관심을 갖고 법학전문대학원에서 강의하는 4명의 여교수들이 한데 모였다.

광화문의 한 카페에서 시작된 우리의 첫 만남은 상기된 듯 새로운 기대와 기쁨에 차 있었다. 마음 한편에는 좋은 책(?)을 완성하고 싶다는 욕심이 다소의 부담감으로 자리했지만 법여성학 교재를 집필한다는 의미 있는 일에 모두는 자신의 전문영역에서 중요하게 다루어야 할 부분에 대해서 이야기를 나누기 시작했다.

이 책은 총 9장으로 구성되어 있다. 제1장에서 제3장까지는 법여성학이란 무엇인가에 대한 개념정의로부터 시작해서 방법론, 여성주의 이론의 발전과정 등 법여성학을 공부하는 첫 관문에서 알아야 할 이론을 다루었다. 제4장에서 제9장까지는 각각 여성과 헌법, 노동법, 가족법 그리고 성과 관련된 특별법을 중심으로 이들의 법규와 이론, 문제점 등을 설명하였으며, 이에 대한 관련 판례를 분석하였다. 특히 판례를 분석하면서 여성주의적 시각에서 기존 판례를 어떻게 보아야 할 것인가에 대하여 고민하였다. 또 각 장의 마지막 부분에서는 관련주제와 함께 생각해야 할 다른 문제들을 제시함으로써 학습의 심도를 높였다.

이 책의 구성에 대하여 간략하게 요약하면 다음과 같다.

제1장에서는 법여성학이란 무엇이며, 법여성학의 대상, 법여성학의 범위, 법여성학의 방법론은 무엇인가를 살펴보았다.

제2장에서는 서구 여성운동의 토대가 된 여성주의 이론과 이에 대한 논쟁을 검토하였으며, 한국의 여성운동사를 검토하였다.

제3장에서는 법에서 기본적으로 가정되고 있는 것들을 여성주의적 시각에서 비판하였다.

제4장은 헌법에서의 평등과 차별금지를 다루었다. 평등에 관한 주요 논쟁, 한국 헌법상 여성의 평등권과 그 적용, 문제점을 검토하였다. 그리고 평등에 대한 이러한 법규 및 이론들이 여성주의적 시각에서 어떻게 변환되어야 하는가를 고찰하였다.

제5장에서는 여성과 노동(경제활동영역)의 문제를 다루었다. 여성노동에 대한

현행법의 차별규정의 구조, 여성차별사례 그리고 여성노동자와 모성보호에 대한 문제를 검토하였다.

제6장에서는 여성과 가정영역에서의 문제를 검토하였다. 가족법과 판례에서 남녀의 성역할분담, 자녀양육, 가사노동, 돌봄노동 등이 어떻게 평가되고 있으며, 여성주의적 시각에서 이들의 문제가 무엇이며, 어떻게 해결되어야 하는지에 대해서 모색하였다.

제7장에서는 젠더관계에서 빚어지는 성폭력과 가정폭력에 주목하여 폭력에 노출된 우리의 삶에 법이 어떤 얘기를 던지고 있는지, 어떤 것이 문제이며 그 극복을 위해서는 무엇이 필요한지 고찰하였다.

제8장에서는 성희롱과 성매매에 대한 법적 고찰을 통해 이들 문제가 사회적 약자에게 발생하는 인권의 문제임을 주목하고, 이를 둘러싼 법적 문제가 어떤 무엇인지를 살펴보았다.

제9장은 최근 쟁점이 되어 온 낙태에 관한 논의를 다루었다. 낙태에 관한 기존의 논의와 낙태의 현실 및 현행 법규의 문제점, 대안적 담론 등을 소개하였다.

그 동안 법여성학은 법학의 한 분야로서 그 확고한 위치를 찾지 못하고 있었다. 교양과목으로 여성과 법률이라는 과목이 대학에서 강의되고 있으나 법학을 전공하는 학생들이 들을 수 있는 법학의 전공과목으로서 '법여성학'이라는 강의과목이 마련되지 못한 상황이었다. 그러나 양성평등에 대한 문제가 사회적으로나 법적으로 중요한 문제로 대두되고, 이에 사회학이나 여성학의 발전은 법여성학 분야에도 적지 않은 영향을 끼쳤다고 생각한다.

현재 법여성학은 다수의 법학전문대학원에서 대학원생을 대상으로 강의되고 있으며, 이제 법학의 한 학문분야로 그 위치를 찾게 되었다고 생각한다. 무엇보다 미래의 법조인들에게 여성주의적 관점에서 법을 보고 판단할 수 있는 시각을 가질 수 있는 기회가 제공되었다는 점에서 법여성학은 중요한 의미를 가진다.

앞으로 계속해서 법여성학이 법학분야에서 그 전문성을 더욱 발전시켜 나아가길 기대하며, 아울러 우리 사회가 누구나 '성'으로 인해 차별받지 않고 평등하고 자유롭게 살아갈 수 있는 사회가 되기를 염원해 본다.

2011년 2월

오키나와에서

조 은 희

차 례

제1장

법여성학의 개념과 방법론

▶ **강의개요**

본장에서는 법여성학이란 무엇이며, 법여성학의 대상, 법여성학의 범위, 법여성학의 방법론은 무엇인가를 살펴보고자 한다.

광의의 법여성학은 여성에 대한 법체계의 영향과 법체계에 대한 여성의 영향력에 중점을 둔 모든 학문을 포괄하며, 좁은 의미의 법여성학은 여성주의적 관점에서 법에서의 여성의 문제를 다룬다고 할 수 있다. 법여성학은 법에서의 여성의 문제를 해결하는 것을 중요한 과제로 삼으며, 여성의 삶이 종종 법을 통해 고려되지 않거나 또는 고려되었다고 하더라도 만족스럽지 못한 것에 주목한다.

▶ **주제어**

법여성학, 법과 여성, 여성의 문제, 법여성학 방법론, 법여성학 개념

I. 법여성학이란 무엇인가?

1. 법여성학의 개념과 범주

법여성학(Feminist Jurisprudence)은 인간존엄, 개인의 고결성, 평등한 생활을

목표로 하며 여성을 소외시켰던 기존의 법영역에서 여성 자신에 의한 선택과 주체적인 자기실현을 모색하고자 한다.[1] 그동안 여성주의적 법학자들은 양성평등이라는 이름으로 법적 시스템의 크고 작은 개혁을 제안하였다. 그리고 그 성과도 있었다.[2] 그렇다면 보다 구체적으로 법여성학 또는 젠더와 법(Gender and Law)에서 법과 여성의 관계란 무엇을 의미하는가?

법여성학을 광의의 또는 협의의 의미로 나누기도 하는데, 광의의 법여성학은 여성에 대한 법체계의 영향과 법체계에 대한 여성의 영향력에 중점을 둔 모든 학문을 포괄하며, 좁은 의미로의 법여성학은 여성적 측면을 대변하고자 하는 여성주의에 중점을 둔 법학이라고 정의하고 있다.[3] 또한 법여성학은 첫째 법의 형성, 적용, 집행에서 차지하는 여성법학도, 여성법률가, 여성법학자에 관한 것일 수도 있다. 둘째, 법안에서 규율되거나 바라보는 여성에 관한 것이기도 하며, 셋째, 입법, 사법, 행정을 통해서 발휘되는 법의 효과와 여성의 삶 간의 관계에 관한 것이기도 하며, 넷째, 법의 추론 방식과 여성의 존재방식간의 관계에 관한 이론적·철학적 문제라고 정의한다. 법여성학은 일반적으로 어떻게 법이 권력관계를 생산하고, 어떤 전략으로 이러한 권력관계를 변화시킬 수 있는가를 다룬다고 본다.[4]

법여성학은 불평등하게 구성된 하나의 형태를 그리고 전통적으로 침해당한 여성의 상황의 성관계를 분석한다. 그러나 이것은 여성을 위한 것이지만 남성을 적대하는 것은 아니다.

이에 법여성학 연구대상의 하나는 기존의 정당화되었던 지배구조가 여성과 남성이 동일한 기준으로 재분배되어야 한다는 것이며, 또 다른 하나는 여성과 남성이 그들의 권력관계에 있어서 동일한 선상에 서야 한다는 것이다. 이는 다시 말해 종속적인 여성의 사회적 위치가 제거되어야 함을 의미한다. 남성은 가해자 또는 여성은 잠재된 방식으로서의 희생자라는 지배적인 사고

---

1) 이은영, “한국여성관련법의 변천과 법여성학의 전개,” 『법여성학을 향하여』, 공익과 인권(양현아 편), 사람생각, 2004, 32면.

2) 최일숙, “미국여성주의 법학의 소개,” 『한국젠더법학연구회 발표문 모음』, 한국젠더법학연구회, 2007, 53면.

3) 김홍영 외, 『법여성학』, 형설출판사, 2003, 35면.

4) 양현아, “여성의 ‘목소리’와 법여성학 방법론,” 『법여성학을 향하여』, 공익과 인권(양현아 편), 사람생각, 2004, 81-82면.

는 이들의 이익이 동등하게 잘 합치될 수 있도록 재조정되어야 한다.

법여성학에 있어서 성(Gender)을 쟁점으로 한다는 점은 매우 중요하다. 그러나 성이 사회 지배체제를 형성하거나 정당화시키는 수단의 유일한 것으로 절대화될 수는 없다. 여성이 차별받고 배제당할 경우 이에 대한 의문이 제기될 때, 법에서 어떤 것이 그리고 법을 통해서 어떤 것이 생산되는가라는 질문을 던지게 되는데, 이때 성은 다수의 원인 중 하나이다. 그러므로 계급화의 구조나 차별구조를 넓게 보기 위한 시야는 항상 열어 두어야 할 것이다.[5)]

2. 법에서의 여성의 문제

역사적으로 여성은 남성으로부터 지배당해 왔다. 이에 저항하는 여성운동은 그동안 다양하고 폭넓은 범주 안에서 여성의 문제를 제시하였다.[6)] 여성운동은 여성의 권리를 주장하였으며, 여성이 당하는 침해나 불이익, 차별에 대한 제거와 철폐를 요구해 왔다. 이런 의미에서 여성운동은 최소한 법의 문제였다.

여성운동의 주제는 크게는 두 가지로 분류될 수 있을 것이다. 그 하나는 여성의 사회적 상황을 현실 생활에서 관찰하여 개선하는 것이고, 다른 하나는 법을 통해 개선하는 것이다. 여성주의에서 법은 수백 년 동안 남성이 여성을 지배할 수 있는 권력을 제도화하거나 이것을 확고히 하는 수단으로 보았다. 서구사회에서는 여성운동은 여성에게 참정권을 인정하지 않았던 당시의 불평등한 법에 대하여 반기를 들며 참정권 쟁취를 위한 투쟁운동에서 시작되었다. 법규정에 대한 저항은 여성해방을 위한 낙태 문제 또는 가정폭력에 대한 보호 또는 노동시장에서의 성적 침해, 선거권, 성의 형식적 평등권을 주장하면서 이용될 수 있었다. 우리나라에서 여성운동은 여성에게 차별적이었던 가족

---

5) 법여성학은 비판 법학 연구(Critical Legal Studies), 퀴어 법학 연구(Qeer Legal Studies), 법사회학(Rechtssoziologie) 또는 비판적 인종이론(Critical Race Theory) 등에서도 연구되고 있다.

6) 전해정, “법학교육과 법여성학방법론에 대한 보고,” 『한국젠더법학연구회 발표문 모음』, 한국젠더법학연구회, 2007, 124-126면 참조(법여성학을 정의하는 다섯 가지 인식론의 범주는 법과 여성과의 관계를 다루는 것, 여성만을 위한 연구, 법률문제에 대한 법해석 방법론, 여성의 실질적 조건 개선, 여성정책 등으로 분류할 수 있다).

법의 호주제도폐지 등 불평등한 법규정에 대한 저항에서 시작되었으며, 우리나라의 경우 가정폭력문제는 1990년대 이후에 주목받기 시작했으며, 서구와는 달리 낙태와 같은 문제는 최근 그 담론을 형성해 가는 과정에 있다.

오늘날 다수의 법여성학자는 법에서의 여성의 문제를 해결하는 것을 중요한 과제로 삼는다. 법여성학은 여성의 삶이 종종 법을 통해 고려되지 않거나 또는 고려되었다고 하더라도 만족스럽지 못한 것에 주목한다. 모든 인간에 대한 평등적 관점에서건 또는 성차별의 관점에서건 경우에 따라 다양한 해답을 발견하고자 한다. 모든 인간에 대한 기본적인 평등 원칙은 오늘날 헌법과 국제조약의 핵심어가 되었다: "모든 인간은 법 앞에 평등하다"(헌법 제11조) 그리고 세계인권선언에서 "모든 인간은 자유이고 동시에 존엄과 권리를 갖고 태어난다"(세계인권선언문 제1조)라고 규정하고 있다. 또한 여성차별철폐협약은 '여성에 대한 차별'을 정치적, 경제적, 사회적, 문화적, 시민적 또는 기타 분야에 있어서 결혼 여부에 관계없이 남녀 동등의 기초 위에서 인권과 기본적 자유를 인식, 향유 또는 행사하는 것을 저해하거나 무효화하는 효과 또는 목적을 가지는 성에 근거한 모든 구별, 배제 또는 제한을 의미한다고 정의하면서(여성차별철폐협약 제1조), 당사국은 여성에 대한 모든 형태의 차별을 철폐하기 위하여 남녀평등의 원칙이 헌법 또는 기타 적절한 입법에 아직 규정되지 않았다면 이를 구현하며 법 또는 기타 적절한 수단을 통해 동 원칙의 실제적 실현을 확보하며(제2조 a), 여성에 대한 모든 차별을 금지하는 적절한 입법 및 기타 조치를 채택하고 필요한 경우 제재를 포함시키도록 하고 있다(여성차별철폐협약 제2조 b).

이처럼 법은 여성과 남성은 동등하며 단지 그들이 여성 또는 남성이라는 이유 때문에 차별받아서는 안 된다고 규정하고 있다. 그러나 남녀평등이 법으로 규정되었다고 하더라도 여전히 남녀의 불평등은 제거되지 않았으며, 이로 인해 평등에 있어서 남녀의 '실질적 평등'이 요청된다. 이러한 요청은 남녀의 차이를 드러내는 것으로 실질적인 차별이 제거될 때 비로소 평등은 실현될 수 있다고 보는 것이다. 이러한 차별이 존재하는 것은 여성이 실질적으로 배제되거나 또는 남성이 지배하는 사회에서 살아가는 여성의 현실을 고려하지 않기 때문에 발생할 수 있다.

여성의 문제는 우선 여성의 현실적인 생활에서 확인될 수 있다. 현실생활에서 여성에 대한 대우가 부당할 때, 이에 대한 적정한 대우가 법에서 요구되어야 한다. 이에 모자보호에 관한 법률 등이 입법화되었다. 생래적으로 주어진 변경될 수 없는 것으로 성의 차이가 이해될 때, 상황에 따라 계속적으로 특별한 '여성의 권리'는 요구될 수 있는 것이다.

Ⅱ. 법여성학 방법론

1. 삼단논법의 허구성과 법의 정치성

지난 수 세기 동안 법학은 객관성, 중립성, 이성적 합리성 및 보편성 등의 근거에서 정의를 추구해 왔다. 우리는 법의 이러한 기준을 '평균인의 시각', 구성요건의 '객관적 또는 주관적 요건' 그리고 '합리적 기준에 의한 차별성의 판단' 등의 표현에서 찾아볼 수 있다. 법학의 사고 틀을 형성하는 이러한 체계에 의하여 주관적 판단에 의한 차의성의 개입을 예방함으로써 정의가 구현될 수 있다고 보았으며, 이는 법의 존재의 정당성을 부여할 수 있는 다양한 근거들이 되었다. 그러나 법적 판단과 집행 과정에서 요구되는 이러한 기준에 의하여 법을 해석하고 적용하는 것이 실제로 얼마나 법이 추구하는 정의에 부합하고 있는가는 다소 의문시되지 않을 수 없다.

전통적으로 법이란 올바른 질서 또는 올바른 행동규범을 의미하며, 법조인들에게 법인식이란 선험적으로 존재하는 올바른 질서 또는 행동준칙을 캐내는 사유 활동으로 이해되어 왔다. 그러나 과연 선험적으로 존재하는 올바른 질서 또는 행동 준칙이 존재하는가?[7)]

실제로 법의 형성에 영향을 주는 것은 단지 법조인이 생각하는 것처럼 선험적으로 존재하는 올바른 질서 또는 행동준칙을 캐내는 것만이 법 인식의 방법은 아니다. 법의 제정과정에 영향을 미치는 다양한 사회단체들의 행동, 매스컴 등의 반응은 분명 법의 내용에 어떠한 형태로든 영향을 준다. 이는 올바른 질서 또는 규범에 대한 사람들의 인식이 변화하는 과정을 나타내기도 한다. 따라서 법규범 이전에 선험적으로 존재하는 올바른 행동규범이 존재한

---

7) 이하는, 이상돈, 『새로 쓴 법이론』, 세창출판사, 2005, 40면 이하를 참조하여 정리함.

다는 것은 기대하기 어렵다.

전통적으로 법을 인식하는 방법은 삼단논법에 의한 사유체계를 내재화하는 과정으로 설명되어 왔다. 즉 법관의 법률적용이란 법률에 담겨진 객관적 실체인 규범을 인식하고 (법률해석), 소송절차에서 과거에 존재한 사건을 확정한 다음 (사실인정) 인식된 법규범을 그 사건에 적용하는 (사안의 법률포섭) 논리적 추론과정으로 정의해 왔다.

따라서 법학 공부는 법도그마틱에 의해 개발된 법률텍스트, 즉 법전의 자연주의적 의미를 구체화하는 형식적-언어 논리적 지식(법률해석지식)을 습득하는 과정으로 이해되며 그 결과 법학 교육은 현실에 대한 경험과학적 사회과학적 이론과 사회 현실에 대한 다양한 정보의 습득 그리고 비판적 성찰의 과정이 대부분 배제된다. 특히 법학을 법전의 자연주의적 의미를 구체화하는 언어 논리적 지식을 습득하는 것으로 이해하면서 법학은 정치적 속성과는 다른 순수과학적인 것으로 규정하고 있다.

그러나 법률적 삼단논법이 정치적으로 독립하여 적용될 수 있는 경우는 다음을 전제로 한다. ① 법률텍스트로부터 구체적인 법 명제를 연역적으로 이끌어 낼 수 있는 작업 (즉 상위명제를 정하는 작업)은 법률언어와 그 법률언어를 해석하는 논증언어가 존재론적으로 명확하다는 전제하에서만 가능하다. 또한 ② 법률에 포섭될 수 있는 사건(하위명제를 구성), 즉 사실관계의 덩어리가 정치적, 윤리적, 정책적 결정과는 무관하게 독자적으로 확정될 수 있다는 점을 전제로 한다.

그러나 삼단논법이 추구하는 바와 같이 순수 과학적 법 인식을 통하여 법률텍스트로부터 법 명제를 추론하고, 사실을 확정하고 인식된 법규범을 그 사안에 적용하여 문제를 판단하는 방식은 텍스트로서 법률의 언어적 한계로 인하여 그 자체의 문언적인 해석만으로는 그 의미와 법명제를 추론할 수 없다. 또한 법의 영역과 법률을 정의하는 것을 명확히 2분화하여 규정하는 것은 본질적으로 가능하지 않으며 상위 명제를 명쾌히 하기 위한 문언적 정의의 시도는 결과적으로 그 사회의 문화적 속성의 역동성과 맞물려 언어의 모호함으로 함몰될 수밖에 없다.

또한 삼단논법의 하위 명제를 구성하는 사실 확정의 명확성도 담보할 수는 없다. 이제까지의 삼단논법의 적용에 의하여 문제를 법적으로 해결한다고 하는 입장은 적어도 하위명제로서 사실 확정은 사건 주체들의 일정한 행위와 발생한 것을 사실로서 언어적 개입 없이 인식할 수 있다는 것을 전제로 한다. 그러나 이것은 시공적 즉시성의 결여와 언어적 전달체계에 의한 사실의 구성의 한계, 인식의 체계로서 언어의 모호성 등으로 인하여 명확성을 담보할 수 없으며 결과적으로 법은 정치적 영역을 배제할 수 없게 된다.

2. 정치성과 법여성학 방법론

법에서 정치의 영역을 배제할 수 없다면, 그 사회 구성원들의 성차별적인 인식은 법의 제정과 그 운영과정에 언제든지 반영된다. 삼단논법에 의한 순수 과학성의 강조에도 불구하고 그 정치성을 태생적으로 내포하고 있는 체계라고 한다면, 그래서 구성원들의 성차별적인 인식으로부터 법이 완전히 독립된 시스템이 아니라고 한다면 우리는 어떠한 방법에 의하여 법의 성낭성과 정의의 구현인 법의 이념을 구현할 수 있을 것인가? 법여성학이 그 방법론에 대한 고민을 해야 하는 지점은 여기에 있을 것이다. 여성주의 법학은 그동안 삼단논법으로 대표되는 법학적 사고와 달리 새로운 대안으로서 법적 정의를 고민하고 사실을 인식하는 방법 등을 독자적으로 전개해 왔다. 이를 위하여 법여성학 방법론은 (여성) 개인의 경험을 사용하며, 법이 만들어진 구체적·맥락적 법률과 역사적 기준에 초점을 두며, 지적 학습과 정서적 학습을 통합하는 것을 제시하고 있다.

(1) 여성의 경험과 의식향상

의식향상은 여성이 자기 자신을 여성이라는 집단의 사회적 존재로서 인식하는 여성주의 방법론을 의미한다. 여성은 자신의 경험을 의식향상집단에서 공유하고 또한 이 경험을 듣는 사람들은 이 경험을 의미함으로써 그 여성의 삶 속에 내재한 사회적 의미를 발견한다. 의식향상은 무의식 상태에 있거나 여성들 스스로 자기 안에 숨기고자 하는 사실을 의식의 차원으로 끌어올림으로써 의식을 확장시키게 된다. 따라서 의식향상은 살아있는 경험을 이해하고 해석하는 집단적·개인상호적·성찰적 방법이다.[8)]

---

8) 전해정, "미국로스쿨의 임상법학교육을 결합한 법여성학교육의 방법론연구: 가정폭력클

의식향상이 여성의 경험에 내재된 사회적·정치적 인식을 공유하는 것을 가능하게 할 수 있게 함께 따라 법학에서의 합리성과 중립성이라는 틀 속에 은폐된 젠더화된 사회구조를 밝힐 수 있게 된다.[9)]

(2) 법에서 여성문제의 제기

여성문제 제기는 중립적이거나 객관적인 것으로 보이는 법과 법률실무 속에서 젠더 의미를 밝히고, 특히 법이 어떻게 여성의 전형적 경험과 가치를 고려하지 못하는지, 또한 현존하는 법규범과 법률개념이 여성에게 어떻게 불리한지 연구하는 것이다. 이를 통하여 법의 중립성에 대한 문제제기와 함께, 경우에 따라서 법이 남성적임을 보여주며 이를 어떻게 시정할 수 있는지 제시하는 것을 가능하게 한다.[10)] 오늘날 법여성학자들은 비판이론을 수용하여 여성문제가 '배제된 자들의 문제'임을 밝히고 있다.

(3) 분절된 사고의 극복과 맥락추론

여성주의 인식론에서 여성주의 실천적 추론이란 지식의 맥락성과 관련된 실천적 추론을 의미한다. 이것은 전통적인 법률추론보다 맥락에 더 민감하고 해석에 있어서 더욱 개방되며 의사 결정에 대한 현실적 이유들을 확인하는 데 더 관심을 두는 추론방식을 의미한다. 따라서 맥락추론식 방식은 새로운 의미의 합리성을 부여한다. 새로운 의미의 합리성이란 기존의 합리성에서 당파성－즉 하나의 공동체를 상정하고 추론의 유일한 근거를 찾는 남성 중심적 합리성을 의미함－을 비판하며 감정적 요소를 인정하는 것을 의미한다. 이러한 사고의 훈련을 통하여 여성주의 법학은 전통적 법학의 사고체계를 교정하고 좀더 실체적 정의에 근접할 수 있는 또 다른 가능성을 제시한다.

리닉을 중심으로," 이화여자대학교, 박사학위논문, 2008, 42-43면.

9) 전해정, 위의 글, 47면.

10) 전해정, 위의 글, 48면.

제2장
여성주의 이론과 논쟁

I. 서구 여성주의 이론의 주류와 그 주제

▶ **강의개요**

여성주의 이론은 시대나 지역, 여성해방론자의 이념과 성격에 따라 그 이념과 목표 그리고 방식에 다양성을 나타낸다. 그러나 여성주의는 여성차별을 철폐하고 여성이 남성의 억압으로부터 벗어나 여성의 권리와 평등을 실현하고자 하는 공동의 목표를 가지고 있다.

본장은 서구 여성운동의 토대가 된 여성주의 이론과 이에 대한 논쟁을 검토한다. 그동안 다양한 여성주의 이론들이 제시되었고 이에 대한 이론적 비판도 있어 왔다. 그러나 여성주의 이론은 여전히 여성문제를 해결하는 데 중요한 역할을 한다. 오늘날 여성주의 이론은 통일화된 정치적 이론으로 존재하지 않으나 문제해결에 대한 여러 가지 대안과 방향을 제시하고 있다.

▶ **주제어**

여성주의 이론, 페미니즘 이론, 여성해방운동, 여성주의자, 여성주의

여성주의 이론은 시대나 지역, 여성해방론자의 이념과 성격에 따라 그

이념과 목표 그리고 방식에 다양성을 나타낸다. 다양한 여성주의 이론에 대한 분류는 각기 상호연관 된 주요 여성주의 이론의 위치를 학문적으로 이해할 수 있게 하는 데 도움이 된다. 그러나 한편으로 이러한 분류는 페미니즘의 다양한 범주들 속의 공통 요소들을 우선시하는 경향을 띠게 되어 이들 간의 차이를 무시하게 되거나 또는 차이를 너무 강조하는 결과를 가져올 수 있다.

여성주의 이론은 다양한 지점에서 논쟁들이 계속 촉발되고 있기 때문에, 몇 개의 여성주의 이론으로 분류하는 것은 의미가 없어지거나 또한 이것이 점점 불가능해지고 있다. 그러나 여기서는 다양한 여성주의 사상을 여성 억압의 원인을 어떻게 보느냐를 중심으로 아래와 같이 자유주의 여성주의, 급진적 여성주의, 마르크스주의·사회주의 여성주의, 실존주의 여성주의, 포스트모던 여성주의, 문화여성주의·환경여성주의, 흑인여성주의, 후기식민주의적 여성주의, 쿠어이론(Queer Theory)등으로 나누어 이들의 사상과 이론의 대표적인 인물을 설명하고자 한다.

1. 자유주의 여성주의(Lieberal Feminism)

자유주의 사상은 18C 말 발생하였다. 이는 중세 봉건사회에서 근대 자본주의사회에 이르기까지 시민계급의 이념으로 형성되었으며(만인의 자유와 평등), 국가권력의 침해로부터 개인의 자유를 지키려는 이념이다. 대표적인 사상가로 John Locke, Jean-Jasques Rousseau를 들 수 있다. 이들의 사상에서 인간은 모두 이성적 존재이고 이성적인 판단을 할 수 있으며, 인간은 동등하다고 보았다. 그러나 여기서의 인간은 남성을 의미한다. 루소는 에밀에서 남성은 이성적인 존재이나 여성은 비이성적·감성적인 존재로 남성에게 복종하여야 함을 서술하고 있다.

(1) 여성학적 자유주의 사상가

■ 메리 울스톤크래프트, 『여성의 권리 옹호』(Mary Wollstonecraft, A Vindication of the Rights of Woman, 1972)

그녀는 여성들도 감성적 존재일 뿐만 아니라 남성들처럼 이성적이고 합리적인 존재로서 자율적인 결정권을 갖고 행동하여야 한다고 주장하였으며, 이에 여성에게도 진정한 교육의 기회를 부여하여야 한다고 강조하였다. 그녀는 “여성이 감성적인 존재처럼 보이는 것은 여성의 타고난 본성 때문이 아니라 여성을 가정에 붙들어 놓고 교육기회를 제한해 온 부당한 사회적, 문화적 관습 탓이라고 생각한다. 여성이 남성보다 못한 것은 여성에게 자신을 개발할 기회가 별로 주어지지 않았기 때문이다”라고 하였다. 울스톤크래프트는 루소의 주장을 비판하는 저술을 남겼으며, 그녀의 이론은 19C에 들어와 좀 더 현실적인 문제와 연결되는 여성주의 이론으로 발전한다.

■ 헤리엣 테일러 밀, 『여성의 해방』(Harriet Tayor Mill, The Enfranchment of Women, 1851)

그녀는 여성이 해방되기 위해서는 동등한 교육·기회뿐만 아니라 경제활동과 공적 분야에의 진출이 확대되어야 한다고 주장하였다.

■ 베티 프리단, 『여성의 신비』(Betty Friedan, The Feminine Mystique, 1963)

20세기에 들어와서 자유주의 여성주의 이론의 대표적인 저작은 프리단의 여성의 신비이다. 프리단은 이 책에서 여성의 경제활동을 강조하면서 한편으로 이들이 가정과 사회활동 등 이중부담을 지니는 문제를 지적하였다. 따라서 프리단은 남녀평등을 실현하는 방법으로 성 중립적인 법률을 제정할 것을 주장하였다.

그녀는 1980년대 성차에 대한 법률을 제정할 것을 주장하였으며, 그녀는 여성은 남성과 다르다는 측면에서 여성의 차이를 고려할 때 진정한 평등이 실현될 수 있다고 주장하였다. 이는 새로운 여성운동의 기폭제로 작용하였다.

(2) 평　가

자유주의 여성운동의 성과는 여성문제를 처음으로 이론화하고 운동으로 표출시켰다는 점이다. 자유주의 여성해방론은 자본주의 시대에 들어오면서 수

많은 여성들의 의식과 삶에 커다란 변화를 일으켰고, 이들이 주장하여 이루어낸 법제도 그리고 관행의 개선은 현대 여성운동의 기반이 되었다. 자유주의 여성주의자들은 여성의 권리와 성의 평등을 요구하였으며, 이들의 핵심쟁점은 교육권과 선거권, 독자성, 독립성에 관한 것이다.

2. 급진주의 여성주의(Radical Feminism)

(1) 급진주의의 이론

급진주의는 1960년대 미국에서 발생하였다. 급진주의자는 자유주의 여성해방론을 비판하였다. 급진주의자들은 자유주의 여성이론은 사회에 존재하는 권력관계에 대한 문제를 충분히 제기하지 않으며, 이를 변화시킬 능력도 준비되어 있지 않다고 주장하였다.

여성에 대하여 사회 구조적으로 존재하는 억압이 여성불평등의 원인이라고 파악하였다. 이러한 억압의 형태는 여성에 대한 남성의 폭력, 출산 및 생물학적 조건의 억압, 섹슈얼리티(Sexuality)에서의 억압으로 나타난다. 급진주의 여성주의이론의 기초는 가부장제, 남성의 권력과 여성의 종속을 근거하는 가부장제에 있다고 판단한다.

■ 저메인 그리어, 『거세된 여자』(Germaine Greer, The Female Eunuch, 1970)

그녀는 여성의 억압의 근원은 남성이 여성의 섹슈얼리티(Sexuality)를 조정하는 데 있다고 주장하였다.

■ 슐라미스 파이어스톤, 『성의 변증법』(Shulamith Firestone, The Dialectic of Sex, 1970)

파이어스톤은 여성 억압의 주된 원인을 여성의 재생산 기능에서 찾고 있다. 여성은 임신과 출산으로 남성에게 의존할 수밖에 없으며, 남성은 여성의 출산을 통제함으로써 여성을 지배해 왔다. 여성억압의 뿌리가 생물학적인 것에 있기 때문에 이를 극복하기 위하여 여성은 성적 계급의 철폐를 위하여 생식조절 수단을 장악해야 한다는 것이다. 성이란 계급을 궁극적으로 없애고 여성의 재생산 기능을 인공수정 등 과학기술 방법에 의해 대체할 때 남녀 간의 성적 차이는 문제되지 않는다고 주장하였다.

■ 케이트 밀레트, 『성의 정치학』(Kate Millett, Sexual Politics, 1971)

밀레트는 여성 종속에 대한 근원보다 여성 종속에 대한 이유를 찾는 데 주력한다. 그녀는 종속의 이유로 생물학적 현상보다 이데올로기 차원에서 원인을 찾는 데 그것이 바로 가부장제 이데올로기이다. 그러므로 가부장제의 철폐를 통해 여성해방의 길을 모색한다.

■ 케더린 맥키논, 『Sex Equality(legal casebook on U.S. law in comparative)』 (Catharine Mackinnon, 1998)

맥키논은 섹슈얼리티(Sexuality)와 포르노그라피를 쟁점으로 사회적 구조에서의 남성적인 권력을 파악하였다. 여성은 섹스의 대상물로 그려진다는 것이다. 맥키논은 포르노그라피에서 진정한 남성성 권력행사에 대한 억압이 이루어지고 있으며, 남녀의 불평등이 나타난다고 주장하였다.

급진주의 여성주의는 이성애가 남성의 권력독재와 여성의 종속을 가져온다고 보았다. 여성에 대한 억압의 원인은 이로 인해 사회적으로 연결된 이성애에 있다. 이러한 이성애에 대한 비판과 함께 동성애의 주제를 거론하기에 이른다.

계속적으로 남성권력에 대한 또 다른 원인은 사적 영역과 공적 영역의 분리에 있다고 주장하였다. 이로 인해 "개인적인 것은 정치적인 것이다"의 슬로건을 내세우면서, 지금까지 개인영역으로 간주하여 공론화되는 것을 터부시하였던 것을 공적이고 정치적인 것으로 전화시키는 것이 중요하다고 하였다.

(2) 평 가

급진적 여성주의자들은 여성들이 공유할 수 있는 경험으로 여성의 몸을 통한 여성성에 대하여 논하였고, 그동안 남성중심적인 시각에서 판단되고 부정적으로 인식되었던 여성에 대한 것을 찬양하고, 여성적인 힘의 원천으로 의식을 바꾸어 놓은 긍정적 측면이 있다. 그러나 1970년대 급진주의 여성주의는 남성을 가해자로 여성을 희생자로 본다는 것과 여성과 남성의 특질을 생물학적으로 단정지음으로써 결정론에 빠질 수 있다는 비판이 있다.

3. 마르크스주의 여성주의 · 사회주의 여성주의

(1) 마르크스적 여성주의 이론

마르크스 · 사회주의 여성주의는 성(sex)을 계급과 연관짓는다. 마르크스이론은 경제관계에 의하여 고찰된다. 사회적인 권력관계는 생산의 권력관계의 관점에서 분석된다. 계급관계는 자본주의적 생산방식에서 성장하게 되는데 이는 동시에 정치적 · 사회적인 변화의 쟁점이 된다. 마르크스주의 여성주의는 계급의 모순을 일차적으로 인정하면서 여성의 억압을 낳는 궁극적인 요인을 사적 소유제 또는 현대적 형태인 자본주의체제로 본다.

마르크스주의자들은 여성종속이 사유재산제의 도입으로부터 시작되었다고 생각하고 있으며 계급갈등을 인식하는 것이 중요한 관건이라고 생각한다.

앵겔스는 『가족, 사유재산 그리고 국가의 기원』에서 출산 등 남녀의 생물학적 차이에서 비롯된 성별분업을 인간 사회 최초의 분업으로 보았다. 이런 분업이 좀더 확대 · 강화되어 여성은 집안일을 남성은 바깥일을 담당하게 되는데, 사회 경제적인 변화로 말미암아 후자가 더 중요하게 인식되면서 남성이 여성에 대한 지배권을 가지게 된 것이 바로 여성 억압의 기원이다. 따라서 남성에 대한 여성 억압의 종식은 여성이 경제적으로 독립하는 것이 매우 중요하다. 그래서 마르크스주의 여성주의자들은 여성을 공적 분야에 유입하고 가사노동과 자녀양육을 사회화하여 여성해방을 가져올 수 있다고 본다.

오랫동안 마르크스 여성주의는 여성과 남성의 목표가 상반된다고 보지는 않았고, 자본주의 사회에서 남성으로부터 여성의 억압을 인식했다. 정치적 요청에 대한 쟁점은 개인적인 권리에 대해서는 적게, 그러나 집단적인 것에 대하여 더 많은 관심을 가졌다. 이들이 관심을 가진 것은 계급을 이론의 기초로 한 것으로 여성을 위한 직장에서의 전일 경제활동 또는 국가가 보육을 담당하는 것 등을 들 수 있다. 마르크스 여성주의 이론은 사회적 분석에 있어서 가부장제와 자본주의를 기초로 하였다.

(2) 평 가

마르크스 여성주의 이론은 여성의 문제를 역사적이고 사회구조적인 관점에서 분석하였으며, 사실 여성 억압에 대한 체계적인 분석은 사회 전체를 하나의 통일된 시각에서 보면서 틀을 마련했다는 것이 이론의 업적이다. 그러나 여성문제를 지나치게 경제적 논리로만 받아들이고, 특히 여성 노동자의 문제에만 지나치게 집중한 한계점이 있다.

(3) 사회주의 여성주의이론

사회주의 여성주의이론은 여성에 대한 착취가 가부장적인 자본주의에 근거한다고 본다. 사회주의 여성주의이론은 마르크스 여성주의를 기본적으로 하면서 보다 발전적인 문제의식에서 출발한다.

급진주의는 경제보다는 섹슈얼리티(Sexuality)의 억압을, 마르크스주의는 섹슈얼리티보다는 경제를, 사회주의 여성주의이론은 가부장제도, 경제적 억압의 관계, 이 두 가지를 모두 아우른다. 사회주의 여성주의이론은 가부장제 이데올로기에 역사성을 부여하고 유물론에 성이라는 범주를 적극적으로 끌어들인다. 이에 자본주의의 본질인 계급억압과 성의 억압인 가부장제가 결합하여 더욱 굳건하게 된다. 이에 자본주의와 가부장제가 어떻게 결합하는가에 대한 이론을 전개한다.[1)]

사회주의 여성주의이론은 정치적으로 남성과 여성에 대하여 동일한 권리와 기회를 요구한다. 이에 특히 성역할에 의한 차별화된 일의 분업에 대한 변화를 주장한다. 그 근거로 각 개인은 다양한 표현의 가능성을 가질 권리와 그것을 삶에서 실현할 수 있어야 한다고 보기 때문이다. 성 차원에서 역할분담은 깨져야 하고 그리고 여성과 남성 모두 동일하게 가사노동과 경제활동에 참여하는 것이 가능하다고 본다.

---

1) 김원홍 외, 『오늘의 여성학』, 건국대학교출판부, 2003, 22-25면.

4. 실존주의 여성주의

■ 시몬 드 보부아르, 『제2의 성』(Simone de Beauvoir, The Second Sex, 1949)

보부아르는 『제2의 성』(The Second Sex)에서 여성의 생활환경을 상세하게 분석하고 있다. 그녀는 "여성은 태어나는 것이 아니라 만들어지는 것이다"라고 하였으며, 제2의 성은 여성주의이론 구성에 있어서 가장 중요한 토대가 되는 저술 중 하나이다.

실존주의 여성철학자인 그녀는 보편타당한 진리를 발전시키는 것이 아니라 여성 개개의 실존의 근원과 뿌리를 묘사하였다. 실존주의에서 중요한 것은 집단이 아니라 개개인이다. 보부아르의 출발점이 되는 핵심적 문제제기는 여성이란 무엇인가? 그리고 왜 여성은 타자인가? 보부아르는 여성들이 실존적 자유를 실현시킬 수 없는 상황에 놓여 있다는 것을 출발점으로 삼는다.

왜 여성이 자유롭지 못한가? 그녀는 여성을 남성의 타자로 보았다.[2] 그녀는 여성들에게 남성들과 마찬가지로 초월성의 영역을 공략할 것을 촉구한다. "여성들은 우선 자신의 신체의 내재성을 극복하여야 할 것이다. 이를 위해 남성들과 동일한 성과를 내놓는 것이 필수적이진 않더라도, 자신이 남성과 같은 삶을 이끌어갈 때에만 비로소 여성은 해방될 수 있을 것이다."[3]

보부아르는 "여성과 남성은 사회적으로 만들어지는 것이다"라고 하여, 섹스(sex)와 젠더(gender)의 구분을 제시한다(1970). "어머니역할의 예찬과 모든 여성은 모성본능을 가진다"라는 가정을 그녀는 거부한다. 여성들을 억압하고 통제하기 위한 최상의 길이 모성성 또는 모성본능과 같은 신화들의 고안이라고 단언한다. 보부아르의 관점은 사회가 변화되어야 하고, 그 사회 안에서 여성들이 차지하고 있는 지위가 변화되어야 한다는 것이다.

---

2) 우줄라 마이어 지음(송안정 옮김), 『여성주의 철학입문』, 철학과 현실사, 2006, 70면 계속.

3) 시몬 드 보부아르 지음(이희영 옮김), 『제2의 성』, 동서문화사, 2009 참조.

5. 문화여성주의, 환경여성주의

(1) 문화여성주의(Culture Feminism)

남녀의 차이는 여성과 남성뿐만 아니라 여성들 사이에서도 존재한다. 모든 여성이 공유하고 있는 동질적 경험을 설명하고 공통의 억압을 극복하기 위한 공통의 전략을 찾아내려고 여성주의 이론가들은 거대 이론을 추구함으로써 여성들 간의 차이를 간과하였다. 이에 인종, 민족, 문화, 계급, 섹슈얼리티 등 여성들 간에 존재하는 다양한 차이를 주목하고자 하는 시도가 제기되었다.

(2) 환경여성주의(Eco Feminism)

환경여성주의는 1970년대 후반 여성운동, 환경운동, 평화운동의 교차점 내에서 출현하였다. 환경여성주의는 핵에너지와 핵무기에 대한 반대운동에 일익을 담당하면서 1980년대 초반 반핵운동과 연계하여 정치적 성향으로 발전하였다. 환경여성주의는 인간과 자연의 관계를 맺는 방식과 여성과 남성의 관계 맺는 방식이 비슷하다는 점을 전제로 하고 있다. 환경여성주의에서는 여성과 자연의 파괴를 야기하는 원인이 가부장제적 구조와 밀접한 관계를 가진다고 본다. 이에 환경여성주의가 제시하는 대안적 세계에서 설정하고 있는 이념적 원리는 여성성(femininity)이다. 이 여성성은 대안세계에서의 분권화, 비위계성, 직접민주주의, 지역의존적 경제, 가부장제로부터의 해방 등으로 확대될 수 있다.[4)]

6. 흑인여성주의 그리고 후기식민주의적 여성주의

(1) 흑인여성주의(Black Feminism)

1970년대 이후 백인여성주의가 흑인여성을 통합하거나 반영하지 못한다는 비판이 일었다. 흑인여성주의 대표자들은 자유주의와 급진적 여성주의를 비판하면서 이들 여성주의는 여성간의 차이와 인종적인 것을 감추고 있다고 비판했다. 예를 들어 백인여성은 흑인여성보다 적게 억압받는다. 흑인여성주

---

4) 곽삼근 외, 『일상의 여성학』, 박영사, 2002, 30면 참조.

의는 인종과 계급의 억압범주에 대한 것이다. 인종은 고정된 범주이며 피부색은 해소될 수 없다. 흑인은 항상 정치적 경계에서도 인종주의적인 문제와 부딪힌다. 인종은 개별적인 것뿐만 아니라 성(gender)에서처럼 사회적인 동질성, 즉 권력관계를 내포하고 있다.

성(sex)이 인종과 같은 다른 권력관계를 인식하게 되었을 때, 새로운 여성주의 문제가 발생한다. 흑인여성주의는 흑인여성의 이중적 억압, 그들의 경험을 일반화하는 서구 백인여성주의의 경향에 대한 투쟁이다. 흑인 여성주의의 대표자들은 그들의 인종적인 특유성의 뿌리를 찾고 그리고 자신의 가치를 말해야 한다고 보았다. 동시에 Bell Book은 이에 대한 대안으로 여성간의 자매애를 통하여 이것을 극복할 수 있다고 주장하였다.

(2) 후기식민주의 여성주의(Postcolonialism Feminism)

■ 가야트리 스피박, 『하위주체는 말할 수 있는가?』(Gayatri Spivak, Can the Subaltern Speak?, 1985)

그녀는 보편적인 대안에 반대하면서 여성과 남성간의 젠더나 권력, 권력관계처럼 그 대안으로 각자의 역사적인 범주의 내용에 주의를 기울여야 한다고 보았다. 세계여성학대회는 국제화된 권력에서 여성의 동일하지 않은 대표성을 제공한다고 주장한다. 백인인 서구여성은 그곳에서 모든 여성의 이름으로 말하면서 권력을 행사한다. 이것은 특화된 주체를 형성하는데, 이는 제3세계 국가의 여성을 억압한다. 그러므로 그녀는 서구의 여성과 다른 국가 사이의 굴레를 새롭게 세웠다. 이것은 후기식민주의 여성주의로 새로운 식민화로 이해되었다.

후기식민주의 여성주의의 시도는 여성 사이의 차이와 남성성과 여성성의 범주의 일면적인 것을 깨고자 하였으며, 여성의 공동의 주체로 정치적인 노력을 이끌고자 하였다.

7. 포스트모던 여성주의(Postmodern Feminism)

포스트모던 여성주의는 포스트모던의 철학적 관점에서 착안된 것으로 이들은 하나의 진리와 가설을 부인한 하나의 여성주의 이론을 세우려는 태도에 반대한다. 포스트모던 여성주의는 다른 것과 상이하나, 통일화된 이론체계를 가지고 있는 것은 아니다. 이것은 1990년대 여성주의로 발생하였고 이 역시 생물학적 성(sex)을 변경할 수 없는 현실로 보지 않으며, 사회의 생활에서 구성되는 것으로 이해한다.

사회주의, 마르크스 여성주의는 여성의 문화 또는 여성의 특성을 파악하려 하지만, 이미 Evelyn Fox Keller, 『A Feeling for the Organism』, 1983 그리고 Sandra Harding, 『The Science Question in Feminism』, 1986 과 같은 초기 포스트모던 여성주의자들은 각기의 이런 논의를 거절하고, 연구에 있어서 이성과 객관성에 반하는 것들을 적용한다. 이들은 몸, 여성주의의 대표성과 같은 것에 집중한다. 따라서 이들은 남성과 대립되는 여성 그리고 여성들 내부의 차이, 여성들의 삶이나 정체성을 규정하는 여성들의 다양성을 강조하는 편이다.[5]

포스트모던 여성주의는 여성이 공동으로 경험하는 여성주의적 동질성은 없으며, 이 보다는 어떻게 이러한 공동의 경험이 논의로 형성되는가에 대한 것이 이들의 정치적인 활동의 쟁점이라고 할 수 있다.

포스트모던 여성주의는 급진주의 여성주의보다 여성들이 지닌 계급적, 인종적, 성애적 차이에 대하여 더 중요하게 생각하는 측면이 있다. 그러나 이들은 계급적인 것이든 인종적인 것이든 어떤 하나의 차이에 특별한 중요성을 부여하는 것은 반대한다. 나아가 한 여성의 정체성도 다양한 요소에 의해 규정된다는 것을 강조한다. 그러나 이렇게 차이와 다양성을 강조하다 보면 여성주의 공동체의 유지에 의심을 갖게 하고, 이것은 여성주의적 · 정치적 운동을 불안정하게 할 수 있다는 비판이 가해지고 있다.

포스트모던 여성주의자들 중 대표적인 인물로 엘렌 식수스, 루스 이리가레이, 줄리아 크리스테바 등이 있는데, 이들의 의견은 그 주요 강조점에서 다소 다르다.

■ 엘렌 식수스(Cixous Helene, 『The Laugh of Medusa』, 1981)

엘렌 식수스는 남성적 글쓰기와 여성적 글쓰기를 이분법적으로 대립시켜

5) 한국여성연구회, 『새여성학강의』, 한국여성연구소, 2005, 48-50면.

설명하면서 다양한 사회, 문화, 역사적 이유로 남성적 글쓰기는 여성적 글쓰기 위에 완전히 군림해 왔다고 주장하였다. 그녀는 가부장 사회에서 사용되는 언어를 분열시키고 파괴하려는 모든 시도가 모험적인 일임을 상기시켰다.[6)]

8. 쿠어이론(Queer Theory)

쿠어이론은 주로 성과 동성성에 관한 이론으로 Queer는 원래 동성애(homophobes)에 대한 욕설이었다. 그러나 후일 1980년대 말 미국에서 투쟁적 개념으로 Queer운동을 발생시켰다. Queer이론은 성의 의미로서의 생산과 대표성 그리고 성의 동질성을 거부한다. 생물학적인 성(sex)은 자연적으로 주어지는 것이 아니고 지속적으로 발생하는 것으로 정의한다.

■ 버틀러, 『젠더 트러블』(Judith Butler, Gender Trouble, 1990)

쿠어이론에 커다란 영향을 끼친 버틀러는 '성적 이분법' 자체를 허물고자 하였다. 버틀러는 성을 규정하는 고정불변의 실체나 본질은 존재하지 않는다고 주장한다. 버틀러는 도덕의 배후에서 그것을 영원히 참으로 만드는 실체 같은 것은 없다는 니체의 논리처럼 사회적 젠더의 배후에 그것을 고정불변의 진리로 만드는 성 정체성이 존재하는 것은 아니라고 주장한다. 이는 자연이라고 여겨지는 육체적 성(sex)마저 성을 둘러싼 사회적 규정과 이념을 통해 수행적으로 구성된다는 것이다.[7)] 버틀러는 이렇듯 인간의 성이 뚜렷하게 이분법적으로 나뉘는 것이 아니라 모호하고 다양하며 변화무쌍하다는 사실을 보여줌으로써 성적 이분법에 의하여 희생되고 있는 동성애자, 양성애자, 복장 도착자 등 성적 소수자들의 존재방식에 힘을 실어준다.

버틀러에 따르면 젠더는 한 사회에서 반복적으로 수행되는 성을 둘러싼 행위, 표정, 몸짓, 역할 등의 총합일 뿐이다. 이에 버틀러는 자연으로서의 어머니나 몸에서 출발해 여성성을 설명하는 페미니즘 이론을 비판한다. 이런 의미에서 자신을 여성으로 표현한다는 것은 사회적으로 반복되어온 여성의 행

---

6) 곽삼근 외, 위의 책, 26면.

7) 이현재, 『여성의 정체성－어떤 여성이 될 것인가』, 책세상, 2007, 115면.

위와 표정을 습득한다는 것이며, 이를 행위하는 것이다.[8] 이러한 버틀러의 이론에 따르면 과연 누가 여성인가라는 질문을 하게 되고, 성 정체성에 대한 의문이 제기될 수 있다.

[논의주제]

- 위의 여성주의 이론에서 긍정하는 부분과 긍정할 수 없는 부분은 어떤 것인지 토의해보자.
- 오늘날 여성을 억압하는 원인이 무엇인지 생각하고 토론해 보자.
- 여성 내부에서 일어날 수 있는 갈등은 어떤 것들이 있으며, 이것은 어떻게 해소될 수 있는지 생각해보자.

Ⅱ. 한국의 여성운동의 흐름[9]

▶ **강의 개요**

한국에서 법여성학의 전개는 여성의 권리운동과 그 맥락을 함께한다. 그러나 서구의 여성주의 이념과 운동의 전개방식과는 다소 차이를 보이고 있다. 여기서는 한국에서 시대별로 여성운동이 어떠한 운동을 전개하였으며 그것이 시기적으로 어떻게 구별되는지 살펴본다.

▶ **주제어**

가정법률상담소, 법률계몽사업, 여성차별철폐협약, 남녀고용평등법, 탈식민지적 여성주의

8) 이현재, 위의 책, 122-123면.

9) 차선자 외, "법여성학의 과제와 연구방향," 『법학의 현대적 동향』, 경세원, 2004, 226-234면.

1. 들어가는 말

서구에서 여성주의 법학은 다양한 여성주의 이론전개와 함께 전개되었다. 반면에 우리 사회에서 여성주의는 서구사회가 경험하였던 것과는 다른 차별성을 나타낸다. 한국사회는 모던과 포스트모던을 구별할 수 있는 확실한 양상을 가지고 있지 않으며 도리어 전근대성과 근대성이 공존하는 특징을 나타낸다. 이러한 한국사회의 특징은 여성주의 내부에서도 반영되어 각각의 이론이 전이되는 입장을 대변하는 방식으로 존재하기보다는 공존의 형태로 존속한다.[10)]

또한 한국에 있어서 여성의 법적 권리에 대한 주장은 주로 여성운동의 형태로 또는 정부 주도의 입법으로 전개되어 왔으며 법여성학은 이 과정에서 이론적 근거를 제시하기도 하며 함께 발전되었다. 따라서 한국에 있어서 법여성학의 전개는 다양한 여성주의 이론의 전개와 더불어 검토되기보다는 시기별로 주요한 쟁점이 되었던 부분을 중심으로 살펴보도록 한다.

2. 소극적 여성권익보호운동의 전개

1948년 제헌헌법은 법 앞의 평등, 성에 의한 차별금지 및 참정권에 있어서 남녀평등 서구에 있어서 여성의 참정권은 지속적 투쟁의 산물이었으나, 우리나라의 경우 제헌헌법에서 인정함으로써 주어지게 되었다. 제헌 헌법이 여성의 참정권을 인정함으로써 세계에서 54번째로 여성의 참정권을 인정한 나라가 되었다.[11)] 이어 1950년대에는 형법과 민법이 제정되면서 일련의 변화가

10) 한국 사회가 가지는 이와 같은 혼일성 －전근대, 근대, 포스트모던의－의 특징을 가지고 있을 뿐 아니라 유교적 가족주의 이데올로기의 공존 그리고 중국과 서구사회를 마치 우리문화의 중심인 것과 같이 동일시해 왔던 문화적 식민 현상에 대한 성찰은 한국의 여성주의에 탈식민지 담론을 전개하게 되고, 자국의 여성 역사의 현실위에 기초하는 여성주의에 대한 필요성의 요구가 증가됨에 따라서 탈식민지적 여성주의를 전개하는 양상을 나타내게 된다. http://User.chollian.net/~leecihue/literfile/%C6%E4%B9%CC%B4%CF%C1%F22.HTM 참고 http://nongae.gsnu.ac.kr/~hsl/woman/F-theory.html 참고, 방문일시 2004년 6월 29일.

11) 김선욱, 『법학입문』, 법문사, 1998, 509면; 여성의 참정권 쟁취 투쟁에 대해서는, 실라 로우버덤 저/이효재 역, 『영국 여성운동사』, 종로서적, 1982, 90면 이하 참조.

나타나게 되었는데, 먼저 1953년 제정된 형법은 간통죄에 있어서 남녀쌍벌주의를 명문으로 규정하였으며, 1958년 제정된 민법은 구민법이 처를 무능력자로 취급하여 처의 재산상의 행위를 남편이 대신하도록 하고 있었던 것을 폐지하고 처를 행위능력자로 인정하였으며, 혼인과 이혼의 자유를 인정하였다. 1953년 제정된 근로기준법은 남녀차별대우 금지를 규정하였으며, 출산휴가, 수유휴가, 생리휴가, 여성의 갱내근로와 야간근로금지 등을 규정하였다.

그러나 이러한 법규정상 부분적으로 인정되었던 형식적인 남녀평등은 전통적인 남녀 차별적 사회구조를 변화시키기에는 역부족이었다. 일부 남녀평등의 시각에서 이해될 수 있는 법 규정과 달리 여성의 선원취업을 전면금지하는 선원법(1962년)이 제정되었으며, 지방공무원 임용령에서는 여성 교환직이나 타자직의 정년을 다른 직종보다 낮게 규정(1963년 12월 12일)하는 등 차별적 입법도 이루어졌다.[12] 1956년에는 '여성법률상담소'가 개설하였고 이는 1966년 가정법률상담소로 명칭을 바꾸어 당시 여성들의 혼인관계에서 발생하는 불평등한 문제들 그리고 많은 여성들이 법률적 지식이 미비함으로써 가정생활에서 당하게 되는 불이익에 대해서 상담을 통한 법률구조를 하기 시작하였으며, 법률계몽 사업을 위하여 정기 법률 강좌를 개설하는 등의 활동을 하였다. 또한 1977년에는 민법 중 가족법 부분이 일부 개정되어 그동안 남녀 불평등의 원인으로 지적되었던 父가 단독으로 친권을 행사하던 것을 부모가 동등하게 친권을 행사하도록 하였으며 그러나 父와 母가 친권의 행사에 있어서 서로 견해의 일치를 보지 못한 경우에는 父의 뜻에 따라서 친권행사를 하도록 하였으므로 진정한 의미에서 양성평등을 실현한 규정으로 보기 어렵다.

이와 같이 일제 강점기를 지나면서부터 1970년대에 이르기까지 우리의 법제는 사회적 변화의 요인을 수용하면서 여성에 대한 인식의 전이를 어느 정도 수용하는 입장을 취하고자 노력하였으나, 남녀평등에 대한 현실적 인식 자체가 자리잡지 못했던 시기였던 이유로 법여성학 분야에 있어서 본질적인 문제 제기와 관련된 연구보다는 주로 당시 여성들을 대상으로 하여 그들이

---

12) 박선영, 『법여성학』, 법문사, 2003, 45-46면, 더 나아가 「공무원임용시험령」(1973. 3. 30)과 「지방공무원임용시행령」(1973. 5. 17)에서는 남녀분리채용 규정을 두어 각 행정기관에서 여성공무원의 채용을 약 10-20%로 제한할 수 있도록 하였다. 장하진・장미경・신경아・오정진, 『근로 여성 50년사의 정리와 평가』, 한국여성개발원, 39면.

법에서 어떠한 권리를 부여받고 있는지에 대한 법률계몽사업의 정도에 머물러 있었다. 여성계에서는 당시에도 이미 동성동본불혼금지 및 호주제 폐지운동 등의 활발한 활동이 있었으나, 전 국민적인 인식을 전환시킬 정도의 계기는 되지 못하였던 것으로 보이며, 이는 유림의 반대로 성공하지 못하였으며 1977년 혼인에 관한 특례법을 발하여 한시적 조치로 혼인을 인정하는 데 그쳤다.

3. 입법에 의한 여성의 권익보호

유신정권을 마지막으로 시작된 1980년대는 여성문제에 대한 다각적인 접근이 이루어지기 시작한 시기이다. 먼저 1970년대의 경제성장을 가능하게 하였던 원동력 중의 한 가지였던 여성근로자들에 대한 법제적 고려가 이루어지기 시작하였다.[13] 1970년대는 저임금의 생산직여성노동자들이 경제성장에 있어서 중요한 위치를 차지하면서 민주화 운동과 함께 현장에서 여성문제를 논하는 여성노동운동단체들이 점차 활동하기 시작하였다. 이러한 사회적 변화와 함께, 1980년대에는 직업훈련법(1981), 직업안정법(1982) 등을 제정하여 여성취업의 기회확대와 여성에 필요한 직종을 개발하는 노력을 하도록 명시하였으며, 선원법을 개정하여 여성도 선원이 되는 것을 가능하도록 하였다.[14] 이 후 1984년 「UN여성차별철폐협약」이 비준되어 국내법과 같은 효력을 발생하게 되고 1987년 헌법 개정을 통해서 제32조 제4항의 여성근로자와 양성평등과 모성보호규정, 제34조 제3항의 여자의 복지와 권익향상을 위한 국가의 의무규정이 신설되었으며, 제36조 제1항에서 혼인과 가족생활에서의 개인의 존엄과 양성평등에 관한 규정이 개정되었다. 동 조항은 1948년 제헌 헌법 제20조에서 "혼인은 남녀동권을 기본으로 하며 혼인의 순결과 가족의 건강은 국가의 특별한 보호를 받는다"고 규정되었으나, 이후 1962년 헌법 제31조에서 "모든 국민은 혼인의 순결과 보건에 관하여 국가의 보호를 받는다"고 개정되었고, 이 조항은 다시 1980년 헌법에서는 제34조 제1항에서 "혼인과 가족생활은 개인의 존엄과 양성의 평등을 기초로 성립되고 유지된다"라고 개정되었다.

13) 김선욱, 앞의 책, 510면.

14) 장하진/장미경/신경아/오정진, 앞의 책, 40면.

1987년 다시 "혼인과 가족생활은 개인의 존엄과 양성의 평등을 기초로 성립되고 유지되어야 한다"고 규정되었다.

1987년에는 「남녀고용평등법」이 제정되어 모집, 채용을 비롯한 고용시장의 모든 과정에서 여성차별을 금지하고, 여성을 위한 육아휴직제도와 직장보육시설 설치의무 등을 규정하였다.[15] 또한 同法의 적용결과 「공무원임용령」(1989. 5. 10)의 성차별적 정년규정과 「공무원임용시험령(1989. 6. 10)」의 성별분리채용규정이 폐지되었으며, 「직업안정 및 고용촉진에 관한 법률(1989. 6. 16)」도 성차별금지규정을 신설하였다. 또한 「사립학교법」에 출산급여와 임신·출산휴직 규정이 신설되었으며, 1990년대 초반 ILO에의 가입이 이루어졌다.

가족법의 분야에서도 1989년 대대적인 개정작업이 이루어졌다. 그동안 지적되었던 남녀불평등의 요소가 대폭적으로 양성평등의 헌법이념에 부합하는 방향으로 진일보하여 개정되어, 친족의 범위를 부계와 모계 동등하게 8촌 범위로 조정하고, 호주상속제도를 폐지하여 호주승계제도로 개정함과 동시에 호주의 권리와 의무를 대대적으로 축소하였다. 또한 이혼시 재산분할청구권을 신설하였으며, 친권의 공동행사원칙을 확립하였다.

이와 같은 법제정 움직임과 함께, 여성의 정치회도 활발히 진행되어 여성문제가 단순한 가정 내에서 여성의 권리보호를 주요 내용으로 하여 이루어지던 것이 인권문제와 환경문제·노동문제 전반에 걸쳐 다양한 논의가 진행되었으며, 또한 이 시기에 여성개발원(1982. 12. 31)이 설치되고 국무총리실 소속의 여성정책심의위원회가 발족되었다가 2001년 여성부로 승격되었다.[16]

4. 다양성의 시각에서 여성의 권익보호

냉전의 종결과 국내적으로 군사독재 정권이 붕괴되고 난 후 1990년대 우리사회의 변화의 가장 대표적인 특징은 사회의 구성원들이 자신들의 다양한 목소리를 내기 시작하였다는 것이다. 일례로서 그동안 금기의 대상으로서 차별받아온 동성애자들이 1993년 자신들의 인권운동을 목적으로 남녀동성애자 모임인 '초동회'를 조직하였으며, 이는 1994년 남성 동성애자 단체인 '친

15) 장하진·장미경·신경아·오정진, 위의 책, 40면.
16) 박선영, 앞의 책, 47면.

구사이'와 여성동성애자 단체인 '끼리끼리'로 나뉘어 발족하였다. 이 시기를 즈음하여 동성애자에 대한 담론이 본격화되었으며 이후 1995년 6월경에는 대학가를 중심으로 지하에서 활동하고 있던 '컴투게더', '마음001', '끼리끼리', '친구사이'등 4개의 단체가 모여 '한국동성애자인권운동협의회'를 발족시킴으로써 동성애자의 문제를 인권적인 차원에서 본격적으로 접근하기 시작하였다.[17)]

이러한 국민의식의 변화는 2001년에는 국가 독립기구로서 국가인권위원회가 개인의 기본적 인권보호 및 인간의 존엄과 가치구현을 위하여 창립되는 것을 가능하게 하였다. 이러한 사회적 변화는 여성운동에도 반영되어 여성운동도 다양성을 갖게 되었다. 특히 특정한 여성주의 이론을 국내에 적용할 수 있는 것인지에 대하여 의문이 제기되면서 동 시대에 다양한 여성주의 이론이 함께 공존하며, 동시에 우리 고유의 여성의 상황에 기초하는 여성주의에 대한 연구를 시도하는 탈식민지적 여성주의 경향도 그 다양성에 일조하고 있다. 이러한 다양한 여성주의 활동은 법여성학 분야에도 영향을 주고 있으며, 1990년대 이후 법여성학계는 분야별로 다양한 연구를 펴고 있다.

(1) 가족법에서의 실질적 양성평등의 추구

1989년 개정된 가족법이 1990년 효력을 발휘하고 난 후 이에 대한 평가는 다양하게 나타났다. 즉 당시 개정안에는[18)] 동성동본불혼제와 호주제도의 폐지 등이 그 내용으로 포함되어 있었으나, 호주제도는 가족법의 근간을 이루고 있는 제도로써 이 제도를 폐지하였을 시 사회전반에 미치는 영향이 크므로 그 제도 자체는 그대로 두되 제도의 내용상 남녀평등의 정신에 반하는 일

---

17) 강달천, "동성애자의 기본권에 관한 연구," 중앙대학교 박사학위논문, 2000, 182-183면.

18) 그 이외에도 (1) 친족범위의 조정, (2) 적모서자관계와 계모자관계의 시정, (3) 약혼해제사유의 일부개정, (4) 부모의 혼인동의를 법정대리인의 동의로 개정 (5) 부부의 동거 장소와 부부의 입적규정 삭제, (6) 입부혼제도의 폐지, (7) 부부공동생활비용의 부부공동부담, (8) 이혼시 자녀의 양육책임규정의 시정, (9) 면접교섭권 신설, (10) 이혼배우자의 재산분할청구권 신설 (11) 재판상 이혼원인 중 일부개정 (12) 입양제도의 개정 (13) 가를 위한 양자제도의 폐지 (14) 부모의 친권행사의 개정, (15) 기혼자의 후견인의 순위규정 시정, (16) 부양 의무자에서 "호주와 가족간"을 삭제, (17) 상속제도의 합리화 등이 포함되어 있었다, 구연창, "가족법개정의 의의와 문제점,"『사법행정』 제354호, 한국사법행정학회, 32-33면.

련의 규정을 삭제하는 것으로 만족하여야 했으며 동성동본불혼금지 규정 또한 그대로 존치시켰다.

이러한 개정 내용의 전개에 대하여 1990년 민법 개정 당시에 존재하고 있던 가부장제적 가족제도적 특성이 거의 사라졌으며 양성평등의 이념을 대폭 수용한 혁명적 개정이었다고 평가하고 있다.[19)]

그러나 1989년 개정된 가족법은 그 효력을 발하면서 많은 부분에 있어서 성 불평등적인 요소가 여전히 존재하고 있었다. 즉, 호주제도는 국회의 개정을 통하여 폐지하지 못하고 헌법재판소가 이를 성 불평등한 제도로 헌법불합치 결정을 하게 됨에 따라서 비로소 입법부는 관련된 민법 규정의 개정이 요구 받게 되어 2005년 비로소 새로운 신분등록 방식인 「가족관계의 등록 등에 관한 법률」이 제정됨에 따라 폐지될 수 있었다.

또한 이혼시 재산분할을 청구할 수 있도록 1990년 개정 당시 이를 신설하였으나, 妻가 전업주부로 생활하였고 夫만이 유일한 소득원이었던 경우에 대해서는 대법원은 주부의 가사노동의 기여는 경제적 가치가 인정되는 노동이 아니라는 이유로 이를 명의자의 특유재산으로 보는 입장을 유지하여 결과적으로 재산분할 청구권의 의미를 축소하였다는 점이 문제로 지적되었다.

1990년 가족법 개정은 많은 부분 양성평등의 시각이 반영되었으나 아직도 전통이라는 전제하에 성 불평등적인 요소를 여전히 내포하고 있었으며, 2005년 개정에 의하여 일부 문제가 극복되기는 하였으나 가족법의 성 불평등 문제는 해결되어야 할 과제로 남아 있다. 특히 1990년대 이후 가족구조의 변화가 두드러지게 됨에 따라서 여전히 혈연중심의 가족주의에 근거한 우리의 가족법은 다문화 시대에 새로운 성과 계층 불평등의 문제를 극복하지 못한 법체계로 평가된다. 특히 가족에서 여성의 권리구현의 시각에서 가족법은 한계를 노정하고 있다. 혈연주의를 극복하고 가족 내에서 성 평등한 권리구현은 법여성학의 연구과제로 존재할 것이다.

(2) 성에 대한 담론의 증가

유교중심의 한국사회에서 성 문제는 여성에게는 극단적으로 엄격한 기준의 성도덕의 개념을 요구하는 반면 남성에게는 상대적으로 관대한 기준을 제

19) 구연창, 위의 논문, 34면.

시하여 왔다. 특히, 성과 관련된 문제에 대한 공개화된 담론 또한 부족한 것이 현실이다. 이러한 상황에서 1987년 부천의 성고문 사건, 1991년 김부남 사건, 1992년 김보은·김진관 사건, 1993년 서울대 신교수 사건 등으로 계속되는 일련의 성문제와 관련된 사건들을 통하여 여성의 성에 대한 문제가 사회적으로 담론화되기 시작하였다.

구체적으로 전개되는 유형은 "성희롱," "성폭력," "성매매" 및 "성과 관련된 표현물" 등에 대한 규제의 정당성 여부와 관련되어 주로 논의되고 있다. 먼저 "성희롱" 문제는 서울대 신교수 사건을 계기로 사회적 여론을 환기시키게 되었다. 1987년 제정된 남녀고용평등법은 제정 당시에는 성희롱에 대한 규정을 하지 않고 있었으나, 1999년 이후 "직장 내 성희롱"(제2조 제2항)을 규정하고 있다.

성폭력 문제는 1991년 김부남 사건과 1992년 김보은·김진관 사건을 통하여 공론화되면서 형법을 비롯한 각종 개별법규에 분산 규정되어 있던 성관련 범죄를 단일법으로 통합하여 처벌과 절차상 특례를 규정하여 1994년「성폭력범죄의 처벌 및 피해자보호 등에 관한 법률」을 제정하였다. 이 법은 형사소송법 제224조가 자기 또는 배우자의 직계존속을 고소하지 못하는 것으로 규정함으로써 그동안 친족 등에 의한 성폭력범죄가 적지 아니하였음에도 불구하고 그 처벌근거가 없어 처벌하지 못하였던 법의 미비를 보완하였다.[20]

성에 관한 다양한 담론들의 또 다른 면은 표현의 자유의 한 영역으로 성에 대한 다양한 묘사가 어떻게 법의 영역에서 인정되는지에 대한 논의일 것이다. 이 문제는 다양한 매체의 발전과 함께 여성의 성 상품화가 더욱 가속화되고 있는 현실에서 표현의 자유의 영역에 해당하는지 또는 음란물로 분류되는 것인지에 대한 논의가 여전히 규명되어야 할 과제로 남아 있다. 1982년 법원이「즐거운 사라」라고 하는 서적을 "기본권으로 보장되는 문학에 있어서의 표현의 자유도 헌법 제21조 제4항, 제37조 제2항에서 공중도덕이나 사회윤리를 침해하는 경우에는 이를 제한할 수 있으며, 이에 따라 형법에서는 건전한 성적 풍속 내지 성도덕을 보호하기 위하여 제243조에서 음란한 문서를 판매한 자를, 제244조에서 음란한 문서를 제조한 자를 각 처벌하도록 규정하고 있으므로, 문학작품이라고 하여 무한정의 표현의 자유를 누려 어떠한 성적

20) 박선영, 앞의 책, 239-241면.

표현도 가능하다고 할 수는 없고 그것이 건전한 성적 풍속이나 성도덕을 침해하는 경우에는 형법규정에 의하여 이를 처벌할 수 있다"는 이유로 음란문서로 규정하면서부터 차츰 성적 표현물 등에 대한 사회적 관심이 고조되었다고 할 수 있다.

또한 성폭력 발생사례가 점차 증가함에 따라 포르노그라피에 대한 담론 또한 활발히 이루어지고 있다. 즉 포르노그라피는 일면 보수주의적 시각에서 도덕적 파탄으로 간주되어 '음란물'로서 항상 법적인 통제의 대상으로 간주되거나, 반대로 자유주의적 시각에서 타인에게 해악을 주지 않는 이상 표현의 자유의 한 영역으로서 보호되어야 한다는 입장에 있다. 또한 여성주의자 들은 포르노그라피는 남성에 대한 여성의 종속을 표현하는 것으로 그 자체로서 여성의 권리를 침해하고 있으므로 반포르노법 운동을 전개해야 한다는 것이 주장되고 있다.[21)]

(3) 가족개념의 확대를 위한 논의

점차로 증가하는 이혼율과 독신 가구의 증가, 동거생활공동체 등의 증가는 가족을 정의함에 있어서 혼인관계를 통하여 형성된 부부와 자녀 중심의 전통적인 유형의 가족만을 가족의 개념으로 보고 가족문제를 해결하기에는 부적당하다는 점이 지적되고 있다. 현재 우리사회에 나타나는 이러한 현상을 가족의 해체 또는 위기인지 아니면 가족의 변화로 이를 수용하여야 하는지 문제는 최근 들어 논의되기 시작한 법여성학의 또 하나의 과제이다. 전통적 가족의 유형을 벗어난 새로운 생활공동체를 우리 법질서에서 가족의 개념을 파악하고자 하는 시도는 법질서에서 수용 가능한 것인지 등의 문제가 더욱 논의되어야 할 과제이다.

21) 자세한 것은 오정진, "포르노그라피에 관한 규범적 담론," 서울대학교 박사학위논문, 2000 참고.

제3장

여성주의에 비추어본 법의 기본가정들

▶ **강의개요**

일반적으로 법은 편파적이지 않고 중립적이며 공정하다고 생각한다. 헌법 제11조의 규정을 보더라도 '법 앞에 모든 인간은 평등'하며, 헌법 제36조에서는 혼인과 가족생활은 개인의 존엄과 양성의 평등을 기초로 성립되고 유지되어야 함을 규정하고 있다. 그러나 여성주의적 시각에서 법은 단지 외형상 또는 형식상 성 중립적일 뿐 실질적으로는 그렇지 않다고 비판받는다.

법여성학은 근대법이 남성을 중심으로 기초되었고, 남성중심적 사고에 입각해서 발달된 남성적 산물이라는 점에 주목한다. 그러므로 법여성학적 시각은 법과 법이론 속에 숨겨진 가부장제를 드러내고 남성의 경험과 남성의 언어, 남성의 상상력에 의존해 온 법이론이 여성주의적 시각으로 재정립되어야 한다고 보는 것이다.

본장에서는 법에서 기본적으로 가정되고 있는 것들에 대하여 여성주의적 시각에서 고찰하고자 한다.

▶ **주제어**

평등, 성중립, 공적 영역, 사적 영역, 가족, 가사노동, 성역할, 역할분담, 법의 양성성

I. 법철학적 근거

1. 사회계약을 통한 남녀의 동등한 자유의 보장

현행법의 기본원리는 법과 국가에 의한 자유주의 이론이다.[1] 자유주의 이론은 모든 인간은 자유로우며, 자유 안에서 모두는 동등하다. 국가와 법이 필요한 것은 모든 인간이 동등한 자유를 보장받기 위함이며, 특히 법은 인간이 자신의 소유권을 보장받을 때 공정하고 정당화된다.

사회계약은 자유국가의 대안으로 자유주의 이론을 근거로 하고 있다.[2] 이에 루소(1712-1778)의 사회계약은 국가의 통일성과 개인 각자 사이에서의 자기결정을 연결시키고 있다. 루소의 사회계약을 살펴보면, 그의 사회계약은 자연 상태에서 출발한다. 여기서 자연 상태란 사회 이전의 상태이다. 인간은 자연 상태에서 자유와 평등을 즐긴다. 그러나 우연한 상황에 따라 재산의 불평등, 재산에 대한 경쟁, 욕망에 의한 무질서가 초래된다. 그러므로 인간은 이러한 자멸을 피하기 위하여 시민 사회 속에서 서로 결합하지 않을 수 없게 되는데,[3] 결국 인간은 개인의 자연권을 보장해 줄 수 있는 '사회계약'을 통하여 안전을 확보하게 된다. 사회계약을 통하여 개인들이 결합된 '전체'는 집단적 조직 또는 공공인격이 되며 이것을 수동적인 면에서 보면 국가이고 능동적인 면에서 보면 주권자이다. 그 구성원들을 집단적으로 보면 국민이고 개인적으로 보면 시민인 것이다.[4]

---

1) 이상돈, 『법철학』, 법문사, 2003, 62면 참조. 근대성의 자유주의 사상에서는 법이 개인을 지배하는 것이 아니라 모든 개인이 법의 힘을 빌어 자기 삶의 주인이 되는 것이다. 그러나 행복을 추구하는 모든 개인이 자신이 원하는 기회를 공평하게 누릴 수 있기 위해서는 '각자' 자율적인 도덕의 이성에 따라 지킬 수 있는 자유로운 행동의 울타리를 함께 설정했으며, 이 울타리는 바로 법을 의미한다. 여기서 서양사회에서 근대적 의미의 법인식은 계약론적 에토스를 기초로 하고 있음을 알 수 있다(Habermas, Wie ist Legitimität durch Legalität möglich?, KJ 1987, 10면).

2) Christoph Enders, 『Berliner Kommentar zum Grundgesetz』, 13. EL Stand 7/2005, vor Art. 1, Rn. 1ff.

3) Jean-Jacques Rousseau, Gesellschaftsvertrag, I. Buch 6. Kapitel und 8. Kapitel, 1977, S. 17f., 23: 유병화, 『법철학』, 박영사, 1987, 249-252면 참조.

4) 유병화, 위의 책, 249-252면.

그의 이론에서 자유로운 자기결정을 할 수 있는 인간, 즉 공동체의 구성원인 시민은 대체로 남성을 의미한다. 자유주의 사상에서 지칭하는 인간은 합리적이고 이성적인 인간이며, 그 인간은 남성을 기초하고 있다.[5] 루소의 「에밀」이라는 저서에서 그는 남성은 이성적이고 합리적인 존재이며, 여성은 감성적인 존재이기 때문에 합리적인 남성의 통제를 받아야 한다고 서술하고 있다. 루소가 이상적으로 생각하였던 '여성시민'인 여성은 한 가정의 주부로 남편을 덕으로 인도하고, 국가를 위해서 덕이 있는 자식을 생산하고 교육하는 것이다.[6]

계속해서 칸트(1724-1804)의 경우를 살펴보면, 칸트는 법은 시민이 부여할 때 성립되는 것이며, 시민은 법 앞에서 동등하고, 시민의 인격은 법의 요건하에서 독립적이라고 주장한다. 여기서 모든 성인은 시민으로 간주되는 듯 보인다. 그러나 칸트 역시 여성을 단순히 시민으로 간주하지는 않는다. 그에게 있어서 시민은 능력, 능동적인, 그리고 결정할 수 있는 자격을 갖춘 자와 연결되며, 경제적으로도 자립된 존재를 의미한다.[7]

2. 여성주의적 비판

여성주의 분석은 전통적 자유주의 이론이 단지 남성만이 국가의 시민으로 적용되고 있다는 점을 주시한다. 앞서 설명하였듯이 전통적 자유주의는 단지 남성만이 일반적이며, 이성적으로 사고할 수 있고, 그렇기 때문에 입법할 수 있는 능력이 있으며, 자유로울 수 있다고 본다. 반면, 여성은 감성적이며, 의존적이라고 보았으며, 이것이 본질적이고 자연적인 것이라고 생각하였다. 여성을 "자연적인 본성"에서 소극적인 지위로 확정하였던 것이다. 그래서 루소는 여성을 "본질적으로 다른 유형"이라고 보았다.[8]

이렇듯 여성과 남성을 이원론적으로 구분하는 형태는 이미 플라톤 시대

---

5) 한국여성연구회, 『여성학강의』, 동녘, 1996, 40-41면.

6) 김용민, "메리 울스턴크래프트의 페미니즘 재조명: 루소에 대한 비판을 중심으로," 『아시아여성연구』 제43집 제2호, 숙명여자대학교 아시아여성연구소, 2004, 126면.

7) Immanuel Kant, Metaphysik der Sitten, 1. Teil: Metaphysische Anfangsgründe der Rechtslehre, II. Teil § 46, Weischedel-Werkausgabe, Band 8, S. 433f.

8) Claude Thomasset, Von der Natur der Frau in: Georges Duby/Michelle perrot(Hg.), Geschichte der Frauen, Bd. 2, Mittelalter, Hg. von Christiane Klapisch-Zuder, 1993, 55(58ff.).

로 거슬러 올라가며, 전통적 자유주의 사상의 태동 이후에도 남녀에 대한 사고는 이렇듯 대부분 이원론적 체계를 가졌다.[9] 즉, 이성적인/비이성적인, 합리적인/비합리적인, 적극적인/소극적인, 물질적/감성적, 객관적/주관적 원칙에 의한/개인지향적인 등, 쌍을 이루는 이들 대립어는 세상을 대립되는 공간으로 구분 지었다.

이러한 이원론적 체계는 성(sex)과 관련하여 몇 가지의 특성으로 나타난다. 우선 여성과 남성을 이분화 시켰고, 이들을 동일한 가치가 아닌 서열화 시켰으며, 남성은 우월한 것으로, 여성은 좋지 않거나, 나쁘거나, 복종하여야 하는 것으로 관찰되었다.[10] 전통적 자유주의 이론 하에서 여성은 남성과 다른 존재이며, 사회계약의 동등한 파트너로서 독자적인 주체일 수 없다. 그러므로 여성이 자유주의적·사회적 대안에 통합, 흡수될 수 있도록 하기 위해서 시민적인 공적인 영역과 사적인 가정영역은 분리되고 경제적으로도 독립적이지 못한 여성은 독립적인 남성에게 복종하여야 한다는 이론이 성립되고, 남성이 가정 밖의 공적인 영역에서 가족을 대표하게 되는 것이다.[11]

Carole Pateman의 분석에 의하면 이러한 복종은 성계약(Sexual Contract)을 통해 작용한다. 즉, 칸트에 의하면 여성은 혼인계약을 통하여 단지 남성의 소유물이 된다. 사회계약은 성계약을 근거하고 있다는 것이다.[12]

이러한 발견을 기초로 하여 여성주의의 주류는 하나의 사회적인 대안으로 여성이 기본적으로 남성에게 종속되어서는 안 되며, 불이익을 당해서는 안 된다는 점을 발전시켜 나갔다. 이에 여성과 남성이 동일한지 또는 여성과 남성은 차이가 있지만 동일한 가치가 있는지에 문제가 논의되었다. 이것은 새로운 인간상이 형성되기도 하고 전통적으로 남성적인 것에 여성적인 것을 통합하고자 시도되었다.[13]

---

9) Giulia Sissa, Platon, Aristoteles und der Geschlechtsunterschied, in: Georges Duby/Michelle Perrot(Hg.), Geschichte der Fraün, Bd. 1, Antike, Hg. von Pauline Schmitt-Pantel, 1993, 67-104.

10) Frances Olsen, Das Geschlecht des Rechts, Kritische Justiz, 1990, 303ff.

11) Ute Gerhard, Fraun in der Geschichte des Rechts, 509(511-515); zu Kant vgl. auch Carole Pateman, in: Herta Nagl-Docekal u.a.(Hg.), Politische Theorie, 1996, 174(191ff.).

12) Carlo Pateman, in: Herta Nagl-Docerkal. u.a.(Hg.), Philosophie, 1996, 174(191ff.).

13) Eva Kocber, Geschlechterdifferenz und Staat, KJ 1999, 182(187).

Ⅱ. 실정법에서 남녀의 동등한 자유는 보장되는가?

1. 기본전제: 헌법에서 모든 인간에 대한 동일한 자유

헌법 제10조는 인간의 존엄과 가치 그리고 행복추구권을 보장한다. 국가는 개인이 갖는 불가침의 기본적 인권을 확인하고 이를 보장할 의무가 있다. 인간 존엄의 가치는 자유권적 기본권뿐만 아니라 사회적 기본권을 지도하는 이념이며, 국가로부터의 자유뿐만 아니라 개인의 기본권을 실현하기 위한 국가의 적극적인 활동의 지도원리로서도 기능한다. 인간존엄의 가치는 헌법의 기본원리로 모든 인간의 가치를 동일하게 보장한다. 모든 인간은 개인의 자유, 개인의 가치성 그리고 인간의 주체성에 있어서 동일한 가치를 보장받는다. 결국 헌법의 요청에 따라 여성도 남성과 동일하게 자유로운 인간으로서 보호되며, 남녀는 동등한 법적 주체가 되는 것이다.[14)]

또한, 헌법 제11조 제1항은 모든 국민이 법 앞에 평등함을 규정하고 있다. 누구든지 성별·종교 또는 사회적 신분에 의하여 정치적·경제적·사회적·문화적 생활의 모든 영역에 있어서 차별을 받지 아니한다. 이 차별금지 조항은 성(sex)을 원인으로 하여 남녀가 법적으로 차별받아서는 안 되며, 여성과 남성을 직접적으로 또는 형식적으로 동등하지 않게 대우해서는 안 된다는 것을 명시하고 있다. 법은 이렇듯 일반적으로 남성적 삶의 형태를 특권화하지도 않으며, 여성적 삶의 방식도 침해하지 않는다. 법은 표현상 남녀의 차별을 밝히고 있지 않는다는 의미에서 형식상 '성 중립적'이라고 할 수 있을 것이다.[15)]

---

14) 계희열, 『헌법학(중)』, 박영사, 2007, 189면 이하.

15) 중립적이라는 것은 어느 쪽에도 치우치지 않고, 공정하다는 것을 의미한다. 그런데 사람들은 성과 관련하여 대부분 특정 여성과 남성을 언급하지 않거나, 명시적으로 성별을 구별하지 않을 때만 중립적이라고 생각한다. 그러나 미국 판례에서 밝히고 있는 성과 관련된 중립성의 개념은 '어떤 성에 속하는 것이 다른 성에 속하는 것에 대하여 법령이 당해 자연인을 취급함에 있어 전혀 무차별적인 경우를 의미한다'라고 밝히고 있다. 이것은 자신이 남성이건 여성이건 그 취급에 있어서 객관적으로 다르게 대우받지 않는다는 것을 의미한다(최승재, 「성 중립성과 성 평등성 －입법을 중심으로」, 법제, 2007, 6면 참조).

그러나 남녀의 다양한 삶의 상황에서 형식적으로 동등한 법의 적용은 실질적인 불평등을 야기시키거나 이를 보다 강화할 수 있다. 한편, 형식적으로 남녀를 서로 달리 취급하고 있지만 평등의 관점에서 합리적인 차별로 파악될 수 있다. 그러므로 여기서 중요하게 대두되는 논의는 법이 실질적인 불평등을 제거하고 간접차별을 해소하여야 한다는 것이다. 더욱이 국가는 보다 적극적으로 남녀의 실질적인 평등을 실현하기 위하여 현존하는 불이익을 제거하여야 한다.[16] 이것은 남녀 간 다른 성의 특수성에 따른 법(geschlechtsspezifisches Recht)을 통해 실현될 수 있다고 할 수 있다.[17]

2. 평등원칙, 법의 성 중립성에 대한 여성주의적 전망

(1) 법의 명의상의 중립성 또는 형식상 동일한 권리의 문제

시민과 프롤레타리아 여성운동이 형성되는 시기 그리고 19세기 자유민주주의에서 자유주의 여성운동의 대변자들은 여성이 배제되고 동일한 권리에서 거절되는 것에 반기를 들었고, 여성을 위하여 남성이 갖는 법을 보장받기를 요구하였다. 그들은 여성이 남성과 마찬가지로 이성적이며 자기결정을 할 수 있다는 것을 근거로 하여, 여성 역시 남성과 동등한 법적 대우를 받아야 한다고 주장하였다.[18]

형식적 법의 평등은 여성이 전통적인 남성의 세계에 적응할 때 여성의 사회적인 평등이 실현될 수 있다고 보았다. 그러나 여성이 가족을 돌보는 일

---

16) 최근 우리나라에서도 헌법개정논의와 관련하여 성평등이 헌법적 질서라는 점을 명확하게 하기 위해 성평등의 실질적인 실현을 국가의 목표로 명시하는 방안을 제시하고 있다(박선영 외, 『헌법상의 여성관련조항 개정방안』, 한국여성정책연구권, 2007 참조; 독일이나 스위스는 이러한 예로 제시되며, 독일기본법 제3조 제2항에서 국가는 남녀의 실질적인 평등을 위하여 이들에게 현존하는 불이익을 제거하도록 노력해야 한다는 조항을 통하여, 이것이 국가의 의무임을 명문으로 규정하고 있다).

17) 여성발전기본법 제6조 ① 국가와 지방자치단체는 여성의 참여가 현저히 부진한 분야에 대하여 합리적인 범위에서 여성의 참여를 촉진하여 실질적인 남녀평등이 이루어질 수 있도록 관계 법령으로 정하는 바에 따라 적극적 조치를 취할 수 있다.
② 여성가족부장관은 국가기관 및 지방자치단체의 장에게 제1항에 따른 적극적 조치를 취하도록 권고하고 그 결과를 점검하여야 한다.<개정 2010. 1. 18>.

18) Doris Alder, Die Würzel der Polaritaten. Geschlechtertheorie zwischen Naturrecht und Natur der Frauen, 1997, S. 11.

과 같은 전통적인 여성의 과제를 계속적으로 실천하는 한 그들은 전통적인 남성의 삶의 방식에서 살 수는 있으나, 결코 남성과 동등할 수는 없다.

이러한 비판은 성 중립적으로 형식화된 법규가 이분되어 있다는 것을 바탕으로 하고 있다. 즉, 하나는 남성적인 성역할을 규범적인 삶의 방식으로서 규정하고 있다는 것이고, 다른 하나는 여성의 역할이 아무것도 아니거나 또는 다른 삶의 방식이거나, 복종해야 하거나 또는 침해될 수 있는 것으로 볼 수 있다는 것이다. 이로 인해 형식적으로 동등한 법은 남성의 성역할을 기준으로 삼고 있으며, 이를 우선시한다. 그러므로 여성주의적 비판은 모든 인간을 지칭하고 있는 법의 주체의 본질적인 상징은 남성 중심적인 것으로 보는 것이다.[19]

예를 들어 법여성학자들은 노동법과 사회법의 규정은 남자인 일반노동자를 향하고 있으며, 그들의 삶은 임신이나, 자녀양육 그리고 부양과 관계된 가사노동을 통해서 나타나지 않는다. 여성의 생활은 항상 예외적으로 규정된다.[20] 결국, 남성 중심적인 법체계는 오직 남성과 유사한 상황에 처해졌을 때만 차별/평등을 판단할 수 있을 뿐이며, 남성과 다른 생물학적, 문화적 차이들은 평등의 예외조항으로 취급되어 보호되거나 특별대우의 문제로 정의되고 결과적으로 불평등한 성별관계를 재생산하고 있다.[21]

법여성학자들은 법의 적용에 있어서 공간이 존재해야 한다고 주장한다. 이 공간은 평등의 독자적인 판단에 영향이 미치도록 하고, 이로 인해 겉으로 드러나거나 또는 감추어진 성의 특수성이 차별받는 것을 반영하여야 한다는 것이다.[22] 결국 법학적 재해석의 방법론은 성비판적인 것이 반영되어야 한다는 것을 의미한다.[23] 이에 법여성학은 성 중립적임을 표방하는 법과 법이론에

---

19) Tove Stang Dahl, Streit 1986, 115 (117, 120); Elisabeth Grief/Eva Schobesberger, Einführung in die feministische Rechtswissenschaft, 2003, S. 94ff., 99ff.; Ute Gerbard, in: dies., Atempause. Feminismus als demokratisches Projekt, 1999, S. 133f.; Susanne Bär, KrimJ 1996, 242(248 f.).

20) Sabine Berghahn, in: Maria Oppen/Dagmar Simon (Hg.), Verharrender Wandel. Institutionen und Geschlechterverhaltenisse, 2004, S. 99-138.

21) 차인순, "법의 중립성과 성인지적 관점: 평등원칙을 중심으로," 『한국여성학』 제17권 1호, 2001, 2면.

22) Susanne Bär, KrimJ 1996, 242(248f.); Jutta Limbacb, in dies, u.a.(Hg.), Rechtsalltag von Fraün, 1988, 169(174f.).

23) Elisabeth Grief/Eva Scbobesberger, Einführung in Fiminististche Rechtswissenschaft, 2003,

숨겨진 가부장제를 폭로하고 이에 대한 비판을 통해 그동안 전통적 법이론이 남성의 경험과 남성의 언어, 상상력에 의존하여 왔음을 폭로하는 것이다.[24)]

(2) 성 특수성에 따른 법

몇몇 여성학자들은 법의 성 중립성에 대한 대안으로 법은 남성적 그리고 여성적인 법의 주체가 동등한 가치를 갖게 될 때만이 공정하다고 말한다. 그리고 법은 이러한 성의 특수성에 따른 법규이어야 한다는 것이다.

캐롤 길리건(Carol Gilligan)은 「다른 목소리」(In a Different Voice)라는 그녀의 저서에서 남자와 여자의 도덕적 사고방식에 차이가 있다고 규명하였다. 길리건은 콜버그의 연구 결과들은 여성이 남성보다 도덕적으로 더 성숙할 수 없다는 성적 편견을 나타내고 있다고 하였다. 그러나 그녀는 남성과 여성은 도덕적 문제들에 대하여 각기 다른 목소리들을 지향한다고 말하고 있다. 남성들은 사회적 관계들을 위계적 질서로 해석하며, 권리의 노닉성에 비중을 두고, 여성들은 인간중심적 연관성, 따뜻한 배려, 민감성, 그리고 다른 사람에 대한 책임을 소중하게 여긴다고 하였다. 그녀는 남성과 여성은 근본적으로 상이한 도덕 이론과 도덕적 언어를 사용한다고 보았다. 그녀는 남성적 잣대에서 여성은 미성숙한 것이 아니라 다른 것이라고 주장하였다. 그녀에 대한 평가로 이러한 이론은 사회화, 역할 등을 통해 형성된 여성들의 '차이'가 남성의 잣대에 의하여 제대로 평가될 수 없기 때문에 보편적이라고 생각하는 것에 성별성을 부여하여야 한다고 보았다. 이 점은 법여성학에서 평등기준으로 다 채워지지 않는 측면을 '차이이론'으로 정립화 되어야 한다는 데 크게 기여하였다.[25)]

Tove Stang Dahl은 여성의 삶에 형평성과 자유의 원칙을 적용시킨다. Tove Stang Dahl은 여성을 평가함에 있어서 여성의 가치를 '자연적으로 돌보

S. 105ff.

24) 박은정, "양성평등의 법철학적 접근," 『양성평등과 한국의 법체계』, 조형(편), 이화여대 출판부, 1995, 20-21면 참조.

25) 길리건에 대한 비판으로는 남성적 잣대를 비판하기 위하여 다양하고 이질적인 여성들의 기준 또는 사고방식을 동질적인 것으로 만들었고, 남녀의 이분법을 스스로 공공화하여 남녀의 차이를 너무 강조하였다는 점과 둘째, '보살핌'은 가부장제도에서 길러진 것인데, 여성의 고유의 특성인 것처럼 칭송한 것은 문제라고 한다.

는 자'로 정한다. 이러한 사고를 바탕으로 그녀는 법을 새롭게 체계화하고 이를 "여성의 권리"로 발전시킨다. 그녀는 '출산과 돌봄'을 법규에 규정함으로써 여성의 권리를 법규에 합류시키고, 더 나아가 성의 형평성을 발전시켰다. 예를 들어 모든 성인은 독자적인 최소한의 수입을 갖추어야 하며 소득이 없는 가정주부인 여성 역시 남편의 수입에 의존하지 말아야 한다. 그녀는 여성의 가사일, 가족을 보살피는 일이 남성의 직장에서의 일과 비교하여 저평가되고 있기 때문에 이를 새롭게 재평가하여야 한다고 주장한다.[26)]

그러나 이러한 논의는 여성주의 이론에 커다란 영향을 미쳤음에도 불구하고, 일정한 성역할에 있어서 길리건이 '보살핌'을 여성의 고유의 특성처럼 칭송한 것과 유사하게 Tove Stang Dahl이 말하는 여성을 '자연적으로 돌보는 자'라고 확정 짓는 것은 위험하다고 보는 비판적인 시각 역시 존재한다.

한편 Andrea Maihofer는 섹스(sex)와 젠더(gender)의 차이는 사회적으로 구성되는 것이라고 본다. 그러므로 "자연적인 성역할"은 존재하지 않는다. 그녀는 인간은 사회 구조에서 여성 그리고 남성으로 존재하는 것이라고 본다. 이에 법은 이러한 존재방식에 동일한 가치성을 보장하여야 하며, 어느 누구에게도 결정적인 성역할을 각인시키거나 삶의 방식을 확정하려 해서는 안 된다고 본다. 결국, Maihofer가 말하고자 하는 것은 형식적으로 동등한 법이 성역할이나 성적인 것의 목적을 실현하려고 해서는 안 된다는 것이다. 왜냐하면 이럴 경우 여성이 남성적 기준에 적응해야만 하기 때문이다. 그러므로 법은 최소한 두 가지 기준, 즉 남성적인 것 그리고 여성적인 것을 근거해야 한다고 본다.[27)]

그녀의 이러한 주장은 크게 공감할 수 있는 측면이 있다. 그러나 그녀는 법이 어떻게 구체적으로 남성적인 또는 여성적인 것을 따로 구분해서 형성해야 하는가에 대하여 명확히 설명하지는 못하였다. 법이 어떻게 '존재하고 있는 성'으로부터 일정한 성역할을 확정하지 않고 취급해야 하는지 설명하지는 못하고 있다.

---

26) Tove Stang Dahl, Streit 1986, 115(116f, 119f).

27)Andrea Maihofer, Geschlecht als Existenzweise, in: Institut für Sozialforschung(Hg.), Geschlechterverhältnisse und Politik, 1994, 168(185f., 190ff.), dies., in: Ute Gerhard u.a.(Hg.), Gleichheit und Differinz, 351(664f.).

Ⅲ. 법을 통한 공적, 사적 영역의 분리

1. 공적, 사적 영역의 법적 분리

법에 있어서 공법적 영역과 사법적 영역이 분류되고 있음을 관찰할 수 있다. 공・사법의 영역을 구분하는 필요성은 사법관계는 개인 상호간의 법률관계로 주로 사익과 관련되며, 이는 사적 자치의 원칙으로 문제를 규율할 수 있고, 국가나 지방자치단체 등의 활동에 대하여는 공공복리의 원칙에 따른 다른 특수한 법원리에 따라 적용될 수 있으므로 이에 따라 법률관계의 효과와 법적 분쟁절차도 달라지게 된다.

공법과 사법을 구분하는 기준에 있어서 그 법을 통하여 보호하고자 하는 법익이 공익인가 사익인가에 따른 이익설, 법률관계의 주체가 국가인가 또는 개인인가에 따른 주체설, 법률관계의 성질이 평등한 수평적 법률관계인가 위계적인 수직적 법률관계인가에 따른 법률관계설 등, 다양한 기준이 제시되지만 두 영역 사이를 나누는 한계설정의 범주는 논쟁이 어지기 있다. 이들 구분기준은 예외를 형성하므로 완전한 구분 기준을 세우기는 어려우나 일반적으로 법이 규정하는 권리, 의무의 주체가 공권력의 향유자인가의 여부에 따라 구별하는 주체설이 취해지고 있다. 이에 의하면 개인과 개인 간의 관계를 규율하는 것은 사법이 되고 개인, 국가나 국가의 조직과의 관계를 규율하는 것이 공법이 된다.[28)]

설명한 것처럼 공・사법 구분에 대한 실익에 의문이 제기되기도 하지만 공・사법의 구분을 인정한다고 하더라도 그동안 공・사법 영역의 구분에는 적지 않은 변화가 있었다. 20세기 초부터 자본주의의 부분적 모순을 수정하기 위한 노동법, 경제법, 사회보장법 등 중간영역인 사회법의 출현이라든가 기존에는 사적 자치에 맡겨졌던 자유주의적 법원리는 보완되었고, 공법의 사법화현상이라든가 공법관계의 특별한 법적 효력에 대한 축소 등 공・사법의 수렴현상이 나타났다. 이러한 변화는 한편으로는 실질적으로 공・사법구분의

---

28) Vgl. nur Tbeo Mayer-Maly, Recht, in: Görres-Gesellschaft (Hg.), Staatslexikon, Band 4, 7. 1988, S. 677.

필요성을 약화시키고, 한편으로는 공법 영역의 확대화가 일어나고 있다.[29]

법에서 자유로운 영역이라는 의미에서 국가로부터 자유로운 영역이 거의 없음에도 불구하고 국가는 개인의 존엄과 기본권을 보장할 의무가 있다. 국민의 기본권에 대한 보장은 법으로 규율된 자유의 공간을 보장받는 것이다. 자유로운 공간은 예를 들어 사적으로 자율적인 경제교역을 가능하게 한다는 것이다. 이러한 자유로운 관계의 안전이 필요한 한, 시민은 자유공간을 법적으로 제공받는다. 개인영역에 있어서도 각 개인은 공적인 통제의 복종 없이 자신의 친밀한 부분에 대하여 보장받을 수 있어야 한다. 다른 한편 국가는 시민의 개인적인 교류에서 불평등한 기회를 갖게 되는 때에는 시민의 자유에 대한 기본권을 보호하여야 한다.

2. 여성주의적 분석

(1) 법에서 시민과 주부

전통적으로 유지되어 온 공·사 영역의 개념은 우선 공적 영역의 개념이 선행하고 사적 영역의 개념은 이와 대비되는 경향이 있다. 이에 공적 영역은 더 중요하거나 우월한 가치를 지니며, 이에 비해 사적 영역은 '열등한, 부차적인' 상대적 개념으로서 존재한다. 또한 남성은 공적 영역을 여성은 사적 영역을 점하는 것이 가장 타당한 질서로 규정되어 왔다.[30] 법의 역사에서 볼 수 있듯이 법은 20세기가 되기 전까지만 하더라도 공적 영역은 남성이 지배해 왔고, 여성은 사적인 영역에 속했으며, 사적 영역 안에서도 여성은 남성에게 복종해 왔다. 여성은 오랫동안 공적-시민권을 갖지 못했으며, 교육권, 선거권, 집회와 결사의 자유를 갖지 못했다. 그들은 법적으로 부와 남편의 폭력하에 있었다. 그러나 여성은 헌법에 의해 평등하게 대우받기 시작했으며(헌법 제36조), 가족법의 영역에서도 처는 남편에 대한 종속에서 벗어나기 시작했다. 여성이 혼인을 하게 되면, 남편이 처의 재산을 관리하고 때로는 처분도 가능

---

29) 김선욱, "공 · 사 영역에 대한 법여성학적 고찰," 『여성학논집』 제13집, 1996, 365-366면.

30) 장필화, "여성주의(feminism)의 이론과 실천," 『여성연구』 제11권 제1호, 2001, 158-159면.

하였으나, 1960년 개정민법은 부부별산제로 여성도 자신의 재산에 대하여 처분권을 갖게 되었다. 자녀양육의 결정권 역시 부에게 있었으나, 1991년 이후 여성도 부모로 남편과 동등한 권한을 갖게 되었다. 이렇듯 기존의 사적 영역으로 간주되었던 것에 국가가 개입하여 부부의 권리가 동등하도록 개선하였고, 여성 역할의 정형화가 수정되면서 여성에게 실질적인 자유와 평등의 증진을 가져오게 되었다.

(2) 폭 력

폭력은 개인의 자율적인 자유에 반한다. 우리나라에서는 1980년대 이후부터 가정폭력이 가정 내의 문제가 아니라 사회나 국가가 공동으로 대처해야 할 사회문제라는 인식이 여성단체를 중심으로 확산되기 시작하였다. 이에 1997년 12월 13일 가정폭력특별법이 제정되어 1998년 7월 1일부터 시행하여 오고 있다. 가정폭력특별법에서는 가정 내에서 발생하는 모든 폭력 중에서 형법 및 특별법상의 일정한 범죄유형에 해당되는 폭력위반을 가정폭력범죄에 포함시켜 처벌의 대상으로 하고 있다. 따라서 이 법에 의할 때 가정폭력범죄란 가정폭력을 통하여 형법상의 상해와 폭행의 죄, 유기와 학대의 죄, 아동혹사죄, 체포감금죄, 협박의 죄, 명예훼손에 관한 죄, 주거침입의 죄, 사기와 공갈의 죄, 손괴의 죄를 범하는 경우를 말하게 된다. 그리고 이 법에서는 아동복지법에서 규정하고 있는 아동보호의무위반 행위도 포함한다.

여성은 법적으로 아버지와 남편의 폭력 하에 있었다. 새로운 여성운동의 커다란 공헌은 1970년대 여성에 대한 폭력이 주제화 된 것이며, 이를 사건화한 것이다. 우선 각각의 폭력, 소위 사적인 영역에서 남성이 여성에게 그리고 자녀에게 행하는 폭력과 관련되었다. 공·사영역의 완고한 분리는 남편의 폭력행위의 결과에 있어서도 공·사 영역에 따라 구분되어 평가되었다. 공원에서 낯선 이가 강간한 것은 범죄행위가 되나 남편이 행한 강간은 단지 개인적인 불행이거나 또는 일어날 수 있는 일이라고 생각했다. 새로운 여성운동은 가족 내에서 일어나는 가정폭력, 부부강간, 성적 학대 그리고 경제적 의존성을 통한 구조적인 폭력을 탄핵했으며, 국가가 이것을 공격해 줄 것을 요청하였다.

1970년 대법원은 부부간의 강간죄 성립을 부정하였으나,[31] 이후 2004년 서울중앙지법 판결에서 이혼 위기에 있는 부인을 성폭행한 남편에게 강제추행 혐의를 적용한 판례가 나왔으며,[32] 그 후 2009년 1월 16일 부산지방법원[33]은 필리핀 아내를 흉기로 위협해서 강제로 성관계를 가진 혐의로 기소된 남편에 대하여 유죄판결을 내렸다. 이 판결은 부부 사이에도 강간죄가 성립한다는 법원의 첫 판결이다.[34]

(3) 여성주의적 비판: 법과 공・사 영역의 분리

공・사적 영역의 분리가 약화되면서 공・사 영역을 통합하고자 하는 시도는 여성 또는 남성도 마찬가지로 어느 한 영역에 속하는 정형화된 관념에서 벗어나게 하는 것이 인간의 자유와 평등을 보장하는 데 공헌할 수 있다고 할 수 있다. 이런 의미에서 공・사영역의 구분을 제거하거나, 이 두 영역 간의 유기적 연결을 보장할 수 있는 사회적 노력의 필요성이 제기된다.[35]

그러나 국가는 법의 형식을 통하여 무엇이 사적인 문제이고 무엇이 공적인 것인지를 결정한다. 이는 법이 이러한 분리를 정당화할 수 있는 수단이 되기 때문이다. 그렇다면 결국 법의 문제는 규범의 수단으로써의 법이 어떻게 이 두 영역 간에 존재해야 하며, 또한 어떻게 기능할 수 있는가가 문제일 것이다.

국가(법)의 개입이 사적 영역으로 확대되어 그동안 사적 영역으로 간주되었던 곳까지 관여한다. 판례는 부부간의 성관계가 상대방의 성적 자기결정권을 무시하면서까지 보장될 수 있는 권리가 아님을 일깨운다.

그러나 다른 한편 현대 사회의 상황에서 국가의 '공적 가부장성'을 우려하는 목소리도 있다.[36] 우리나라의 경우 최근 민법개정에 있어서의 이혼의 문제라든가 건강가정기본법의 제정을 통해 국가의 개입이 강화되고 있는데[37]

---

31) 대법원 1970.3.10 선고 70도29 판결.
32) 서울중앙지방법원 2004.8.20 선고 2003고합1178 판결.
33) 부산지방법원 2009.1.16 선고 2008고합808 판결.
34) 김학태, "아내강간에 대한 법이론적 논쟁과 판례분석에 관한 연구," 『외법논집』 제34권 제1호, 2010.2, 149-160면 참조.
35) Susanne Bär, KrimJ 1996, 242(254f.).
36) Helga Mariea Hermes, Wohlfahrtstaat und Fraünmacht, 1983.
37) 양현아, "한국가족과 국가의 관계고찰 －최근가족관계법의 변화를 중심으로－," 『젠더법학세미나』 1집, 젠더법학회, 2008, 6-25면.

이는 개인적인 문제를 법적인 문제로 할 수 있는지 또는 할 수 있다면 어느 정도까지 어떠한 방법으로 가능한지에 대한 질문이기도 하다.[38] 이러한 현상은 우리나라의 최근 민법개정에 있어서 입양제도나 부부간 이혼 등의 개정에 있어서 또한 건강가정기본법의 제정을 통해 국가의 개입이 강화되고 있는 상황에서 국가의 개입이 어느 정도까지 또는 어떻게 개입할 수 있는가에 대한 문제를 던지고 있다.[39]

여성주의적 입장은 법을 기본적으로 규범의 수단으로써 받아들이고, 법의 여성해방을 위한 잠재력은 시도되어야 하며, 침해당하는 자는 규범을 이용하여 침해로부터 자유로울 수 있어야 한다는 것이다. 여성주의는 강제적으로 공·사 영역을 분리하는 것에 문제를 제기하면서도 사적인 영역에서 여성을 위한 권리를 요청한다. 이와 관련된 문제에서 Susanne Bär는 평등규정의 해석은 갈등관계에 있어서 불이익을 당한 자들의 권리가 출발점이 되어야 한다고 하였다. 이를 통해서 계급은 축소되어야만 하며, 사적인 사유영역에서 계급화(Hierarchsierung)되어 가는 것을 막아야 한다고 보았다. 예를 들어 처는 남편의 폭력에 더 이상 굴복하지 말아야 하고, 법은 그들의 신체와 성적인 감성을 보호하여야 한다. 계속해서 사적인 거래에 있어서도 국가는 차별을 금시하여 성으로 인하여 차별과 불이익을 당하는 것을 보호하여야 한다. 이를 위한 규정들은 헌법이 규정하고 있는 기본권을 위한 보호의무기능을 풍요롭게 할 수 있을 것으로 본다.

그러나 모성 또는 여성을 보호하고자 하는 규정들이 당사자를 무능력자로 만들거나 기회에서 배제될 수 있다는 점에는 주목해야 할 것이다. 여성의 건강을 위해 야간작업을 금지한 것은 여성의 건강을 보호할 수 있었지만, 여성이 더 많이 벌 수 있는 기회에서 배제될 수 있기 때문이다.[40] 이에 대한 좋은 예로 2001년 우리나라 근로기준법의 폐지 전 여성이 일정한 직업에 종사하는 것을 제한하거나(근로기준법 제63조), 오후 10시부터 오전 6시 사이와 휴일에 근로시키고자 할 경우에는 당해 근로자의 동의를 얻어야 하는 근로기

38) T.S. Dahl, Women's Law, 1987, 15.

39) 양현아, "한국가족과 국가의 관계고찰 －최근가족관계법의 변화를 중심으로－," 『젠더법학세미나』 1집, 젠더법학회, 2008, 6-25면.

40) Susanne Bär, KrimJ 1996, 242(254f.). Vgl. zum Nachtarbeitsverbot (aufgehoben durch BVerfGE 85, 191).

준법 제68조 등은 여성을 보호하고자 하는 목적으로 취업기회와 노동을 제한하였다. 그러나 모성 보호 외에 이러한 것은 남녀간의 본질적인 차이가 아니라 성별에 따른 집단적 평균적인 차이와 전통적 고정관념과 역할 기대에서 비롯된 것으로 성별역할분업을 고착화시키고 결과적으로 여성에게 고용상의 차별을 초래할 수 있다. 이점에서 이 규정은 2001년 폐지되었고, 현재 단지 임산부에 대해서는 야간·휴일·시간외 근로 등에 있어서 원칙상 금지하되 예외를 인정하고 있다.

IV. 성역할의 구조와 법을 통한 성

1. 기본가정: 법에서 남성과 여성의 존재

분명히 법이나 국가철학이론에서는 두 가지의 생물학적 성인 남녀가 존재하며, 이들의 일정한 성역할이 있다. 이러한 이론은 지배적인 일상화된 것으로 인간은 자연적으로 남성 또는 여성이라고 인식한다. 법 역시 이러한 가정을 배경으로 한다. 헌법 제36조에서 혼인과 가족생활에서 양성(남녀)을 언급하고 있으며, 이런 의미에서 민법에서의 혼인은 남녀를 의미하며, 법은 이에 대한 특별한 보호를 규정하고 있다.

2. 여성주의적 비판: 성역할의 구조와 법을 통한 성

여성주의적 시각에서 성역할은 이미 오래 전부터 사회적으로 구성되는 것이라고 인식되었다. 그들은 성(sex)이 사회적으로 구조화된 것이라고 보았으며, 그로 인해 생물학적 성이 자연적인 것이 아닌 남성적인 문화의 한 요소이고, 역사적인 발전의 결과라고 지적 하였다. 이로 인해 여성주의적 시각은 하나의 범주에서의 성(sex)은 사회적인 이론으로 문제시 되어야 하며, 생물학적 성(sex)을 근거한 성역할이 존재하도록 해서는 안 되고, 남녀가 함께 구성되고 보호해야 한다고 본다. 법은 단지 여성 또는 남성이 동일한 권리를 갖지 못할 때나 또는 성차이가 일상생활에서 다양하게 또는 남녀 양성적으로 표현되어야 할 때, 관여해야 한다는 것이다. Luce Irigaray는 법은 '상징적 코드'이며, 이 '상징적·코드'는 사회적 성역할의 구조를 함께 나타낸다고 보았다. 법은 단지 외형상 중립적이고 대표되는 남성적 상징적인 질서라고 보았다. 여성의 인간적인 가치의 존재를 가능하게 하기 위해서 여성은 독자적이 되어야 한다. 법에서의 인간이 단지 남성을 고려한 인간으로 보여져서는 안 된다는 것이다.[41] 이에 이리가라이(Irigaray)는 여성이 남성적 사회에서 독자적인 시민으로 법적 동질성을 보장받기 위해서는 '구체적으로 성을 차별화한 시민법'이 있어야 한다는 것이다. 두 가지의 성이 관련된 법은 남성적, 여성적 성이 존재하는 것이 전제되고 양성성(Zweigeschlechtlichkeit)을 포함하여 구성된 것이다 라고 하였다.[42]

---

41) Luce Irigaray, in: Ute Gerhard u. a.(Hg.), Gleichheit und Differenz, 1997, 338-350.
42) Susanne Bär, KrimJ 1996, 242(244, 250).

제4장 헌법에서의 평등과 차별금지

▶ **강의개요**

초기의 성차별이 공공연히 여성을 배제하는 방식이었다면 평등이 법에 의해 보장된 이후에는 실질적 여성 차별이 문제시된다. 이는 평등인가 차별인가의 법적 판단기준 자체가 중립성과 객관성을 표방하고 있지만 실은 남성중심적이기 때문에 종종 발생하며, 그렇다면 우리에게 필요한 것은 그러한 종래의 법적 기준을 변화시키는 일이다. 다만 그 역시 평등에 대한 대안적 시각에 바탕을 두어야 할 것이며, 여성주의적 동등권은 그 중요한 지표가 될 것이다.

▶ **주제어**

여성주의, 평등, 차별, 법적 기준, 동등권

Ⅰ. 남녀평등을 위한 오랜 투쟁

평등은 역사적으로 사회운동과 변혁의 이상과 지침으로 작용한바, 평등을 위한 여정의 핵심에는 억압받던 자가 다른 이들과 마찬가지로 평등한 존재임을 법적·제도적으로 명시하고 이를 실현케 하는 노력이 있었다. 특히 여성들은 신분제가 타파되고 민주주의가 도입되기 시작한 근대 초기부터 남녀의 평등한 권리를 위한 투쟁을 전개하였다.

예컨대 극작가인 올랭 드 구즈(Olampe De Gouge)는, 프랑스 대혁명 와중에 발표된 「인간과 시민의 권리 선언」은 오직 유산계급 남성만을 권리의 주체로 상정했다고 비판하고 1791년 「여성과 여성 시민의 권리 선언」을 발표하여 남성에게 부여된 모든 권리와 자유가 여성에게도 적용되어야 한다고 주장하였다. 이후에도 여성 참정권 획득을 위한 투쟁을 비롯하여 각국의 많은 여성들이 남녀의 동등한 시민권을 주장하고 요구했으며 그와 같은 지난한 과정을 거쳐 20세기 들어서는 민주주의를 표방하는 대부분의 나라들은 법적으로 남녀평등을 명시하게 되었다.

Ⅱ. 남녀평등에 대한 몇 가지 이해 방식

1. 차별 금지

법에서 남녀평등을 명시하고 있지만 그 규정방식과 이해에 있어서는 몇 가지 입장이 있는바 가장 기본적이고 일반적인 방식은 차별금지로서 평등을 이해하는 것이다.

(1) 남녀의 동일성에 기한 차별 금지

이처럼 여성에 대한 차별 금지는 대체로, 아리스토텔레스의 '같은 것'은 같게, '다른 것'은 다르게 취급 또는 대우(treatment)해야 한다는 원칙[1]을 현대적으로 해석하여 남녀는 같으므로 달리 대우해서는 안 되며 동일하게 대해야 한다는 논리전개의 방식을 띤다. 예컨대 '평등의 단계'로 평가되는 1970년대 미국이 대표적으로,[2] 여성'도' '남성'과 같으며 '차별은 금지되어야 한다'는 법원칙하에 성에 근거한 구분들이 철폐되었고, 고용과 교육에서의 평등한 접근이 보장되었으며, 가족 내에서의 평등이 신장되었다.

이는 성별에 관계없이 동등하다는 법원칙을 적용하는 것으로서 일견 선

---

1) 아리스토텔레스, 『니코마코스 윤리학』, 이제이북스, 2006.

2) Martha Chamallas, *Introduction to Feminist Legal Theory*, 2nd edition, Aspen Publishers, 2003, pp.23-38.

명해 보인다. 그렇지만 문제는, 생물학적이든 사회적이든 여성과 남성간의 집단적이라고 할 만한 차이가 엄연히 존재하는 현실에서 남녀가 동일하므로 '똑같이' 취급되어야 한다는 원리는 경우에 따라 여성이 처한 차별적이거나 열악한 현실을 무시하고 여성에게 슈퍼우먼이 되라거나 아예 남성이 되라는 요구로밖에는 해석되지 않게 된다는 점에 있다.

더욱이, 좀더 근본적으로 공장에서 생산되는 제품이 아닌 한 무엇과 무엇이 '같은 것'이라고 말하는 것 자체가 간단하지 않다는 점도 문제이다. 특히 인간의 존재와 활동은 그 각각이 모두 다르므로 그저 단순히 같으므로 같게 대해야 한다는 것은 실제의 판단에 있어 확답이 되어 주지는 않는다. 때문에 과연 동일한 것이 어떤 것을 의미하는가에 대해서는 지속적인 해석이 따라야 할 것인바, 현재 우리는 '본질적으로 동일한' 것은 물론, 동일한 '가치'를 가지는 것은 같은 대우를 받아야 할 동일한 것으로 보고 있다.[3)] 물론, 이 경우에도 여전히, 어떤 것이 동일한 가치를 가지는지에 대한 판단은 추가로 행해져야 한다.

유감스러운 것은, 실제에 있어서는 같은가 다른가의 판단을 위해 그와 같이 계속 질문을 던지기보다는 종래의 기준에 근거해 답변이 내려지며, 그 기준은 다분히 남성적이라는 점이다.[4)] 즉, 동일성 판단은 여전히 소위 전형적인 남성의 역할과 활동을 기준으로 삼고 있는 것이다. 예컨대 야근과 접대술자리, 인맥관리와 '적당한' 뒷거래, '친화에 도움이 되는 정도의' 성적 언사와 행동, '그래도 어느 정도는 필요한' 위계질서 등이 평균적이고 정상적이라고 여겨지고 또 그 때문에 합리적으로 평가받는다. 그러한 기준으로서의 남성의 모습은 실은 돌봄노동과 재생산노동을 제공해주는 사람, 대체로 여성의 존재를 전제로 하는 것이며, 경제지상주의에 입각한 것이라는 점에 대한 문제의식은 본격적으로 제기되지 않으며, 그러한 동일성모델은 성이 사회적으로 동등

---

3) 대법원은 '동일가치노동의 기준'은 남녀고용평등법이 정한 것처럼 '직무수행에서 요구되는 기술, 노력, 책임 및 작업조건 등'(남녀고용평등법 제8조 제2항 전단)이어야 함을 분명히 하면서, "체력이 우세한 남자가 여자에 비하여 더 많은 체력을 요하는 노동을 한다든가 여자보다 남자에게 적합한 기계작동 관련 노동을 한다는 점만으로 남자근로자에게 더 높은 임금을 주는 것이 정당화되지는 않는다"(대법원 2003.3.14. 2002도3883)고 판시했다. 남녀의 육체적 차이가 차별로 연결되어서는 안 된다는 원칙은 제시되고 있는 셈이다.

4) 박은정, "양성평등의 법철학적 접근," 조형 엮음, 『양성평등과 한국 법체계』, 이화여대 출판부, 1996, 38면.

하지 않은 상황에서 여성으로 하여금 남성의 기준을 따르도록 강요한다.

(2) 성별 차이에 기한 여성 보호

때문에 여성의 남성과의 동일성 대신 여성의 차이에 기반해 여성을 특별하게 대우하거나 보호하는 것 역시 차별 금지의 주된 내용이 되어야 한다는 입장도 있다. 그런데 이는 여성의 차이를 시혜의 대상으로 전락케 하거나 성 차이를 고착화하는 문제[5]가 있었다.

(3) 성차별 금지 접근의 한계

법이 성 평등의 호소로 사용하고 있는 거의 유일한 장치인 차별은 내재적으로 이미 확립된 규범하에서의 남성과의 비교(comparison)에 근거하고 있어,[6] 차별을 주장하는 여성이 취할 수 있는 길은 두 가지뿐이다. 주된 방식은 여성을 마치 남성인 것처럼 보는 것인데, 이는 성 중립적이며 추상적이고 설차적이며 객관적인 것으로 간주된다. 그렇지만 이는 남성성에 입각해 남성을 위한 남성적 기준을 여성에게 적용한 것에 불과하며, '다른' 여성을 그대로 인정하기보다는 여성을 지워 버리거나 기왕에 받아들여진 관습에 따라 스스로를 정의하는 것을 의미한다. 두 번째의 방식은 여성을, 남성이 여성을 보듯이, 특별한 보호가 필요한 존재로 보는 것이다. 이에 의거하려면 여성에 대한 남성의 기준 – 여성성을 보여야 함은 물론이다. 결국 두 방식 모두 남성에 대한 남성적 기준을 충족하든지 또는 여성에 대한 남성적 기준을 충족해야 한다는 점에서 남성적 기준을 적용하는 것인데, 첫 번째의 방식은 여성의 사회적 불이익을 오히려 강화하며, 두 번째의 방식은 여성의 열등한 지위를 변화시키기보다는 열등성을 반영하는 데 치중한다는 문제점이 있다.[7]

---

5) Minow는 이를 '차이의 딜레마'라고 표현하기도 했다. Martha Minow, *Making All the Difference –Inclusion, Exclusion, and American Law*, Cornell University Press, 1990.

6) Drucilla Cornell, *Transformations*, Routledge, 1993, p.147; Drucilla Cornell, "Gender, Sex, and Equivalent Rights," Judith Butler and Joan W. Scott(eds.), *Feminists Theorize the Political*, Routledge, 1992, p.283.

7) Catharine MacKinnon, *Feminism Unmodified–Discourses on Life and Law*, Harvard University Press, 1987, pp.71-72; Drucilla Cornell, "Gender, Sex, and Equivalent Rights," Judith Butler and Joan W. Scott(eds.), *Feminists Theorize the Political*, Routledge, 1992, p.292.

2. 차이 옹호 — 여성적 법

성별이나 연령 등 여하한 위계제의 허구성을 드러내고 비판하며 저마다 다른 개개인의 존재 그 자체와 자유를 옹호하는 것은 여성주의의 핵심적인 역할이었다. 우리는 모두 다르기 때문에 의미 있으며, 평등은 복수적인 차이를 통해 가장 잘 재구성될 수 있기 때문이다.[8] 특히 차이에 대한 긍정과 존중은 차이를 용인할 것을 주장하는 데 머무르지 않고 법개념을 재정의하고 권리의 목록을 여성주의적 시각에서 새롭게 제시하는 것까지 포함해 왔다. 대표적으로 이리가라이(Irigaray)는 여성의 언어로 법을 다시 쓸 것을 주장하는데, 그것은, 인간 존엄에 대한 권리, 인간 정체성에 대한 권리, 모자 상호간의 권리, 남성의 일방적인 결정에 대항해 주거공간・전통・종교 등을 지킬 권리, 재정적인 차원의 권리, 교환체계의 동등한 권리, 세속적・종교적 결정의 장에서의 동등한 대표권 등이다.[9]

3. 동등권(Equivalent Rights)으로서의 평등

(1) '차별금지'와 '평등대우'를 넘어서 '동등권'으로

그런데 차별을 금지하여 차별없음의 상태가 되었을 때 그것을 바로 평등하다고 할 수 있을 것인가? 다시 말해 평등은 차별금지와 같은 의미일까? 평등이 인간으로서 보장받을 존엄과 가치의 권리를 성이나 인종 등 그 개인의 태생적, 사회적 성격을 이유로 침해받지 않음 및 인간들 사이에 존재하는 다양한 차이들을 위계화하거나 서열화하지 않는 것을 의미한다면,[10] 평등은 그저 '차별없음'에 그치지 않는다.

때문에 코넬(Cornell)은 근래 남성과의 비교에 근거하지 않는 평등, 그리하여 남성적인 것의 규범적 특권화를 강화하지 않는 평등, 여성의 불평등을 시정하기 위한 특혜로서가 아니라 권리로서의 평등, 즉 '동등권'을 주장한다.[11]

---

8) Zillah R. Eisenstein, *The Female Body and the Law*, University of California Press, 1988, p.5.

9) Luce Irigaray, *This Sex Which Is Not One*, Cornell University Press, 1985, pp.80, 85; 뤼스 이리가라이, 박정오 역, 『나, 너, 우리』, 동문선, 1996, 90-96면.

10) 차별연구모임, 『국가인권위원회법의 '차별'판단을 위한 지침』, 2002, 2면.

(2) 개체적 자유의 중시

맥키넌이 남성지배하에서 여성은 자신의 대변자가 될 수 없다고 봄으로써 여성의 자유와 평등을 배치시킨 반면,[12] 동등권은 무엇보다도 여성의 자유를 중시하며 그것은 여성의 개체성(individuation), 신체적 통일성(bodily integrity)에 대한 옹호를 바탕으로 한다.[13] 그리고 이는 성과 관계없이 다양한 삶의 대안을 모든 사람들이 자유롭게 선택·결정할 수 있게 함으로써 인간의 자유를 더욱 증진하고 선택의 가능성을 넓히며 더 나은 사회를 구현하는 것을 지향하는[14] 페미니즘의 기본 정신과 같은 맥락에 있을 것이다.

(3) 차이와 다양성의 긍정

성차별 담론이 실은 현실적으로는 들어맞지도 않는 성 고정관념을 부과해 왔다면,[15] 동등권은 다양성과 서로 다른 삶에 대한 존중을 이끌어 낸다. 타자성은 평등에 내재되어 있으며[16] 차이의 존중은 동등권의 기초이기 때문이다. 더욱이 스피노자에 따르자면 각 개체는 그 자체 항상 하나 이상의 복합체이므로[17] 개체의 자유의 인정은 다양성의 긍정으로 연결되지 않을 수 없다.

또한 페미니즘은 지배받는 여성의 이미지를 부각함으로써 여성의 피해사화의 우려를 낳기 보다는, 성적 차이 속에서 여성적인 것에 대한 긍정(affirmation)을 요구한다. 때문에 우리가 성적 존재(sexuate being)임을 인정한 위에서, 성적 차이의 긍정과 가치를 법적으로 동등권이라고 표현한다. 그리고 이때의 동등성(equivalence)은 평등한 가치를 의미하지만 '같음 내지 닮음' 때문에 같은

---

11) Drucilla Cornell, *Transformations*, Routledge, 1993, p.141.

12) Catharine MacKinnon, *Toward a Feminist Theory of the State*, Harvard University Press, 1989.

13) Drucilla Cornell, *At the Heart of Freedom —Feminism, Sex, & Equality*, Princeton University Press, 1998. 이 때문에 낙태의 권리는 여성의 동등권의 고전적인 예이다. Drucilla Cornell, "Gender, Sex, and Equivalent Rights," Judith Butler and Joan W. Scott(eds.), *Feminists Theorize the Political*, Routledge, 1992, p.293.

14) 김선욱, "평등권과 평등지위 실현의 과제," 조형 엮음, 『양성평등과 한국 법체계』, 이화여대 출판부, 1996, 76면.

15) Drucilla Cornell, *Transformations*, Routledge, 1993, p.147.

16) Christoph Menke, *Reflections of Equality*, Stanford University Press, 2006, p.34.

17) 스피노자, 『에티카』; 고병권, "대중이란 부엇인가-코뮌주의 신체론," 맑스코뮤날레 조직위원회, 『21세기 자본주의와 대안적 세계화』, 문화과학사, 2007, 94, 96면.

가치를 지니는 것이 아니라 차이가 있는 그대로의 개체의 동등성을 비교 없이 긍정하는 것이다. 동등권은 성적 차이의 환원불가능성을 인정하기 때문이다.[18]

(4) 복리의 가능성(capability of well-being)의 평등

코넬은 센(Sen)의 '복리의 가능성'을 동등권의 내용으로 가져온다. 센에 따르면 가능성[19]은 다양한 삶의 방식 중에서 선택할 자유를 의미하며, 이는 능력에 대한 종래의 위계적인 이해에서 벗어나 각자 나름대로의 복리를 스스로의 방식으로 가능케 할 수 있음을 지향하는데, 여성의 동등한 자유를 실현하기 위해서는 평등이라는 조건을 통하여 가능성과 복리를 생각해야 한다는 이유에서이다. 복리의 가능성은 성과 섹슈얼리티의 긍정을 요구함은 물론이다.[20]

4. 자기다움의 권리로서의 평등

(1) 개인으로서의 인정

평등의 역사는 무엇이 법적 주체로서의 사람(person)을 구성하느냐 하는 문제에 관한 역사였다. 그렇지만 개인들은 기존의 평등에 대해 줄기차게 이의를 제기해 온바, 평등하게 대우하기 위해서는 타인을 개인들(individuals), 즉 자신의 고유한 관점을 가진 저마다 다른 존재로서 정의롭게 대해야 한다. 그리고 이처럼 모든 사람이 개인으로서 대우되어야 하는 것은 정의의 요청이기도 하다.[21]

---

18) Drucilla Cornell, *Transformations*, Routledge, 1993, pp.132, 141.

19) Capability에 대한 번역어로는 '가능성'보다는 '능력'이라는 말이 더 널리 쓰이는 것으로 보인다. Amartya Sen의 *Inequality Reexamined*(Oxford University Press, 1992)의 번역서 『불평등의 재검토』(한울 아카데미, 1999)도 '능력'으로 번역하고 있다. 그렇지만 '능력'은 현실적인 성과나 작동보다 오히려 다를 수 있는 가능성과 잠재성을 품고 있다는 점에서 진정으로 능력이라고 할 수 있다는 생각에서 이 글에서는 '가능성'으로 번역하고자 한다. 정체성에 대한 비슷한 접근으로는 고병권, "대중이란 무엇인가 — 코뮌주의 신체론," 맑스코뮤날레 조직위원회, 『21세기 자본주의와 대안적 세계화』, 문화과학사, 2007, 92면.

20) Drucilla Cornell, *Transformations*, Routledge, 1993, pp.113, 116.

21) Christoph Menke, *Reflections of Equality*, Stanford University Press, 2006, pp.22-24, 27, 31.

(2) 자기다움에 대한 자기결정권과 유동성

그리고 저마다 다른 존재인 개인은 순간마다 자기다움에 대한 판단과 그에 따른 결정은 스스로가 감당하지 않을 수 없다.[22] 다만 어떤 현재의 모습도 자신에 대한 '진리'를 표상하지는 못한다. 그것은 자신이 생각하고 희구하는 상상의 것이며, 때문에 변화할 수 있다. 이리가라이는 여성은 인식불가능하고 여성을 완전히 파악하는 것은 불가능하다고 하는데, 그것은 여성만이 아니라 인간 각각에 모두 해당되는 셈이다. 맥키넌의 선언과는 달리, 여성의 성적 차이는 언제나 수정될(modified) 수밖에 없는 것이다.[23]

Ⅲ. 평등에 관한 주요 논쟁 지점

1. 평등과 자유는 상쇄관계인가?

평등은 흔히 자유와 갈등 및 상쇄관계에 있는 것으로 그려진다. 즉, 평등의 보장은 누군가의 자유를 억제하고 자유의 신장은 평등을 훼손한나는 것이다. 기실 고전적 자유주의의 자유는 당사자인 개인 이외에는 관심을 갖지 않으므로 평등과 배치한다고까지는 말할 수 없더라도 적어도 평등과 무관하게 자신은 자유롭다고 얘기할 여지가 존재한다. 요컨대 자유는 다분히 개인주의적 맥락에서 얘기된다. 반면, 평등은 출발에서부터 사회적 차원을 전제한다. 때문에 홀로 평등한 상황은 상상할 수 없으며 평등은 오로지 타인과의 관계에서의 평가, 그것도 상대적 평가를 그 요소로 하는 것으로 이해된다.

그렇지만 타인이 부자유스러울 때, 사회적 억압이 존속할 때는 개인의 자유도 온전할 수 없다는 점을 감안하면 자유를 반드시 고립적인 것, 평등과 무관한 것으로만은 볼 수는 없다. 또한 평등도 다만 타인과의 비교만이 아니라 개인들의 다양성의 존중이라는 관점에서 본다면 비교 이전에 자유를 바탕으로 함을 알 수 있다. 더욱이 평등과 자유를 정의와의 관련 속에서 고찰한다면 정의는 평등한 자유 또는 자유의 평등을 요청한다고 할 것이므로 자유와 평등은 대립되는 개념이라기보다는

---

22) 가라타니 고진, 『윤리 21』, 사회평론, 2001.

23) Drucilla Cornell, *Transformations*, Routledge, 1993, pp.11, 130.

정의의 다른 측면에서의 표현이라고 해야 할 것이다.

2. 형식적 평등의 허구: 내적 배제

법의 허구에 대한 페미니즘의 폭로 중 가장 통렬하면서도 장시간 유의미한 것은 아무래도 평등이 내재적 배제와 침묵의 강요를 전제하고 있음을 밝혀낸 점에 있을 것이다. 자유주의이론에서 평등은 기본적으로 '기회의 평등'을 법적으로 추상적이고 보편적인 언어로 규정하고 이에 따르는 것을 의미한다.[24] 그런데 이러한 형식적 법적 평등은 내재적으로는 종래의 관점에서 보기에 거북한 점들을 배제하곤 한다. 남성과 이성애를 기준으로 하는 법에서 타자화된 것은 사회적 의미생산에 참여하지 못하고 침묵하게 됨으로써[25] 자연히 다시 배제되는 것이다.

아울러 여성주의의 관점에서 볼 때 이와 같은 법적 평등의 공언은 물론 그 취지에 걸맞게 실질적 불평등을 제거하는 데 활용될 수도 있지만 경우에 따라서는 실질적 불평등을 오히려 강화하기도 한다. 예컨대 젠더와 성적 정체성에 관한 선택권을 법적으로 규정할 때, 남성이 파트너로서 남성을 선택하는 것은 보조적인 존재로 여성을 배치해 온 기존의 남성성에 도전하는 의미를 지니기도 하지만 어떤 측면에서는 그러한 남성 선호 역시 종래의 우월한 남성의 지위에 기반한 것일 뿐만 아니라 더 선택하기 좋은 성으로서의 남성을 확증하기도 한다는 것이다. 마찬가지로, 자신의 성적 정체성을 여성으로 선택하는 자 또는 성적 파트너로 여성을 선택하는 여성 역시 그를 통해 종래 수동적이었던 여성의 이미지에 도전하는 의미를 갖지만 젠더가 권력문제이고

---

24) 예컨대 현대 정의론의 골격을 선사하고 있는 롤즈(J. Rawls)는 정의의 제1원칙으로서 평등한 자유의 원리를, 제2원칙으로 공정한 기회균등의 원칙 및 최소수혜자의 이익을 위한 원리(차등원칙)를 제시하는데, 2원칙에 비해서는 1원칙이 우선하며, 2원칙 중에서는 기회균등의 원칙이 차등의 원칙에 우선된다는 입장을 견지한다. 존 롤즈, 『정의론』, 이학사, 2003. 우리 역시 제대군인가산점 위헌결정(헌법재판소 1999.12.23. 98헌바33; 헌법재판소 1999.12.23. 98헌마363)에서, "제대군인에 대하여 여러 가지 사회 정책적 지원을 강구하는 것이 필요하다 할지라도, 그것이 사회공동체의 다른 집단에게 동등하게 보장되어야 할 균등한 기회 자체를 박탈하는 것이어서는 아니 된다"고 함으로써 이를 따르고 있음을 알 수 있다.

25) Tarrant, Stella, 1990, "Something is Pushing them to the Side of their Own Lives: A Feminist Critique of Law and Laws," *Western Australian Law Review*, Vol.20, p.576.

사회적으로 적게 권력을 갖는 쪽이 여전히 여성이라면, 그와 같은 선택은 고작 그러한 선택을 행사할 수 있는 힘을 가진 경우에 국한해서만 의미를 가질 뿐이다. 요컨대, 추상적 평등하에서, 여성을 남성에게 제공하는, 실질적으로 부당한 사회체계는 여전히 도전받지 않은 채 방어된다는 것이다.[26)]

3. 특혜/적극적 조치/역차별의 판별

(1) 적극적 조치(Affirmative Action)

적극적 조치란, ⅰ) 약소집단의 구성원들이 ⅱ) 사회구조적 이유로 ⅲ) 희망하는 활동이 제약되어 ⅳ) 참여도와 대표성이 낮은 경우에, 현존하는 차별을 해소하여 평등권을 실질적으로 구현하기 위해 취하는 정당한 일시적 조치를 의미한다. 우리 헌법상의 평등권 조문은 비단 형식적인 법적 평등을 선언한 것만이 아니라 실질적 평등을 의미한다고 통상적으로 해석되는바, 적극적 조치는 바로 그를 위한 방안인 것이다.

우리의 경우 1985년부터 국내에서도 발효된 「여성에 대한 모든 형태의 차별 철폐에 관한 협약」 제4조 제1항은 "남성과 여성 사이의 사실상의 평등을 촉진할 목적으로 당사국이 채택한 잠정적 특별조치는 본 협약에서 정의한 차별로 보지 아니하나, 그 결과 불평등한 또는 별도의 기준이 유지되어서는 결코 아니된다. 기회와 대우의 평등이라는 목적이 달성되었을 때 이러한 조치는 중지되어야 한다"라고 규정하고 있었는데, 국내법으로는 1995년 12월 30일에 제정되어 1996년 7월 1일부터 시행된 「여성발전기본법」이 그 제6조에서 '잠정적 우대조치'란 제목으로 "국가 및 지방자치단체는 여성의 참여가 현저히 부진한 분야에 대하여 합리적인 범위 안에서 그 참여를 촉진하기 위하여 관계법령이 정하는 바에 따라 잠정적인 우대조치를 취할 수 있다"라고 규정함으로써 여성에 대한 적극적 조치 정책이 시작되었다. 동법은 이후 부적절했던 '우대'라는 표현에서 '적극적 조치'로 제목이 변경되었으며[27)] 현재는

---

26) Catharine MacKinnon, *Feminism Unmodified —Discourses on Life and Law*, Harvard University Press, 1987, p.14.

27) 다만 「국가인권위원회법」은 여전히 '잠정적 우대'라는 표현을 쓰고 있다. "현존하는 차별을 해소하기 위하여 특정한 사람(특정한 사람들의 집단을 포함한다. 이하 같다)을 잠정적으로 우대하는 행위와 이를 내용으로 하는 법령의 제·개정 및 정책의 수립·집행은

“국가와 지방자치단체는 여성의 참여가 현저히 부진한 분야에 대하여 합리적인 범위에서 여성의 참여를 촉진하여 실질적인 남녀평등이 이루어질 수 있도록 관계 법령으로 정하는 바에 따라 적극적 조치를 취할 수 있다”(동법 제6조 제1항)라고 규정하고 있다.

그런데, 과연 참여가 ‘현저히 부진한’것은 어느 정도일까? 일률적으로 판단하는 것은 무리겠지만 전체 중에서 소수자들의 목소리가 들리기 위한 임계치는 통상적으로 30%로 잡고 있는데, 우리의 경우는 그보다 낮은 20%를 대체로 그 기준치로 보고 있다.

아울러 어느 정도, 어떤 방식이 합리적 범위의 적극적 조치로 볼 것인지도 관건인데, 특별한 경우를 제외하고는 일정비율을 미리 할당하는 좁은 의미의 할당제는 다른 이들의 기회의 평등을 침해하는 것으로 이해되어 거의 사용되지 않으며,[28] 대체로는 정원 외 선발의 방식을 취하며, 그 경우에도 다른 이들과 비슷한 수준을 확보하기 위해서 합격선에 근접한 점수를 요한다. 이하는 대표적인 여성에 대한 적극적 조치의 예들이다.

1) 여성공무원 채용목표제(1996-2002)

1996년부터 10명 이상을 채용하는 5급(행정, 외무)과 7급(행정, 공안직군, 외무행정) 공무원 채용시 실시하였다. 여성이 목표율에 미달할 때는 5급은 합격점의 3점 내에서, 7급은 합격점의 5점 내에서 여성을 추가로 선발했다. 이후 목표율을 상향조정하고 1999년부터 9급에도, 2000년부터는 기술직에도 확대적용했으며 2002년까지 시행되었다. 2003년부터는 어느 한 성이 40%에 미치지 못할 때 목표제를 적용하는 양성평등채용목표제로 전환되었으며, 현재는 비율은 정하지 않고 양성평등을 구현하기 위한 적극적 정책을 실시할 수 있다고만 규정하고 있다.[29]

평등권침해의 차별행위(이하 “차별행위”라 한다)로 보지 아니한다”(동법 제2조 제4호).

28) 다만 다음과 같이 경쟁시험이 아닌 영역에서 약자에 대한 배려의 차원에서 행해지는 경우는 그러하지 않다.
「교통약자의 이동편의 증진법」 제15조(도시철도에 대한 이용보장) ① 도시철도법 제4조의 규정에 의하여 도시철도사업의 면허를 받은 자는 도시철도사업에 사용되는 차량의 10분의 1 이상에 해당하는 부분을 교통약자전용구역으로 할당하여야 한다.

29) 「국가공무원법」 제26조(임용의 원칙) 공무원의 임용은 시험성적·근무성적, 그 밖의 능력의 실증에 따라 행한다. 다만, 국가기관의 장은 국회규칙, 대법원규칙, 헌법재판소규

연도별 공무원시험 여성합격자 현황 (1996-2002)

시험명	'96년도			'97년도			'98년도			'99년도		
	합 격 인 원	여 성 합격자	목표제 적용자	합 격 인 원	여 성 합격자	목표제 적용자	합 격 인 원	여 성 합격자	목표제 적용자	합 격 인 원	여 성 합격자	목표제 적용자
계	3,334	885 (26.5%)	19 (0.6%)	3,193	·854 (26.7%)	20 (0.6%)	1,559	310 (19.9%)	14 (9.0%)	2,109	288 (13.7%)	40 (1.9%)
행정고시	192	19 (9.9%)	2 (재경)	224	25 (11.2%)	4 (재경)	182	42 (23.1%)	5 (재경)	182	31 (17%)	2 (재경)
외무고시	41	4 (9.8%)	1	45	9 (20%)	0	30	5 (16.7%)	-	20	6 (30%)	-
기술고시	46	2 (4.3%)	비대상	120	4 (3.3%)	비대상	48	1 (2.1%)	비대상	40	1 (2.5%)	비대상
지방고시	88	1 (1.1%)	-	89	6 (6.7%)	2 (일반행정)	43	2 (4.7%)	-	27	4 (14.8%)	-
7급공채	500	41 (8.2%)	16	512	32 (6.2%)	14	160	27 (16.8%)	9	492	30 (6.1%)	18
9급공채	2,467	818 (33.1%)	비대상	2,203	778 (35.3%)	비대상	1,096	233 (21.3%)	비대상	1,348	216 (16%)	20

시험명	2000년도			2001년도			2002년도		
	합 격 인 원	여 성 합격자	목표제 적용자	합 격 인 원	여 성 합격자	목표제 적용자	합 격 인 원	여 성 합격자	목표제 적용자
계	3,800	1,224 (32.2%)	86 (2.3%)	3,845	1,286 (33.4%)	59 (1.5%)	3,906	1,674 (42.9%)	83 (2.1%)
행정고시	203	51 (25.1%)	7 (재경)	233	59 (25.3%)	3 (재경)	257	73 (28.4%)	11 (재경)
외무고시	30	6 (20%)	-	30	11 (36.7%)	-	35	16 (45.7%)	-
기술고시	47	3 (6.4%)	-	41	5 (12.2%)	-	50	3 (6.0%)	-
지방고시	26	-	-	27	1 (3.7%)	-	26	1 (3.9%)	-
7급공채	614	102 (16.6%)	36	599	96 (16.0%)	22	623	165 (26.48%)	14
9급공채	2,880	1,062 (36.9%)	43	2,915	1,114 (38.2%)	34	2,915	1,416 (48.6%)	58

칙, 중앙선거관리위원회규칙 또는 대통령령으로 정하는 바에 따라 장애인·이공계전공자·저소득층 등에 대한 채용·승진·전보 등 인사관리상의 우대와 실질적인 양성 평등을 구현하기 위한 적극적인 정책을 실시할 수 있다.

2) 여교수 채용목표제

대학에서의 여학생 비율이 급속도로 늘어나 과반수를 차지하게 되었음에도 여교수의 비율은 낮았던바, 공무원에 이어 국공립대학에서도 여교수 채용목표제를 도입하였다. 즉, 「교육공무원법」 제11조의4 제2항은 "대학의 장은 대학의 교원을 임용함에 있어서 특정 성별에 편중되지 아니하도록 3년마다 계열별 임용목표비율이 명시된 임용계획 등 적극적 조치의 시행을 위하여 필요한 계획을 수립하여 시행하여야 한다. 이 경우 당해 추진실적을 매년 교육과학기술부장관에게 제출하여야 한다"라고 규정하고 있다. 이에 따라 2004년 두 차례에 걸쳐 여교수들이 상당수 충원되었다. 다만 당해 정책 실시여부가 대학에 맡겨져 있어 이후 이렇다 할 후속 조치가 나오지 않고 있는 것은 한계라 할 것이다.

3) 여성과학자 육성지원

그 밖에 「여성과학기술인 육성 및 지원에 관한 법률」 제11조는 '적극적 조치'라는 제목하에 그 제1항에서 "국가 및 지방자치단체는 여성과학기술인의 진출이 크게 부진한 과학기술 분야에 이들의 진출을 확대하기 위하여 합리적인 범위에서 잠정적으로 여성과학기술인에 대한 채용목표 비율 및 직급별 승진목표 비율을 일정수준으로 설정하는 등의 적극적 조치를 할 수 있다"라고 규정하여 여성이 희박한 분야인 과학기술분야에서도 여성과학자를 육성하기 위한 적극적 조치를 가능케 하고 있다.

4) 여성기업지원

「여성기업지원에 관한 법률」 역시 제8조(여성의 창업지원 특례), 여성기업에 대한 제9조(공공기관의 우선 구매), 제10조(자금지원 우대) 등 여성기업에 대한 적극적 조치를 규정하고 있다.

(2) 특 혜

적극적 조치나 모성보호 외에 기타 합리적인 이유 없이 특정한 사람을 우대하는 것은 '평등권침해의 차별행위'(「국가인권위원회법」 제2조 제4호). 즉, 특혜이므로 금지된다.

물론, 여기서의 관건 역시 무엇이 합리적인 이유가 있으며 무엇이 그러하지 않은가에 대한 판단일 터이다. 비정규근로자나 장기근속자에 대한 복지정책상의 우대,[30] 중소기업에 대한 우대,[31] 장애인고용기업 우대,[32] 고령자우대,[33] 농어촌학교 교직원 우대,[34] 가족에 대한 우대,[35] 국가유공자와 유족

---

30) 「근로복지기본법」 제3조(근로복지정책의 기본원칙) ③ 이 법에 따른 근로자의 복지향상을 위한 지원을 할 때에는 중소·영세기업 근로자, 기간제근로자(「기간제 및 단시간근로자 보호 등에 관한 법률」 제2조 제1호에 따른 기간제근로자를 말한다), 단시간근로자(「근로기준법」 제2조 제1항 제8호에 따른 단시간근로자를 말한다), 파견근로자(「파견근로자보호 등에 관한 법률」 제2조 제5호에 따른 파견근로자를 말한다. 이하 같다), 하수급인(「고용보험 및 산업재해보상보험의 보험료징수 등에 관한 법률」 제2조 제5호에 따른 하수급인을 말한다)이 고용하는 근로자, 저소득근로자 및 장기근속근로자가 우대될 수 있도록 하여야 한다.

31) 「고용정책기본법」 제6조 ② 국가는 제1항에 따른 시책을 수립·시행하는 경우에 기업경영기반의 개선, 경제·사회의 균형 있는 발전, 국토의 균형 있는 개발 등의 시책을 종합적으로 고려하여야 하며, 고용기회를 늘리고 지역 간 불균형을 시정하며 중소기업을 우대할 수 있도록 하여야 하고, 차별적 고용관행 등 근로자가 능력을 발휘하는 데에 장애가 되는 고용관행을 개선하도록 노력하여야 한다.

32) 「장애인고용촉진 및 직업재활법」 제21조(장애인 고용 사업주에 대한 지원) ① 고용노동부장관은 장애인을 고용하거나 고용하려는 사업주에게 장애인 고용에 드는 다음 각 호의 비용 또는 기기 등을 융자하거나 지원할 수 있다. 이 경우 중증장애인 및 여성장애인을 고용하거나 고용하려는 사업주를 우대하여야 한다.

33) 「노인복지법」 제26조(경로우대) ① 국가 또는 지방자치단체는 65세 이상의 자에 대하여 대통령령이 정하는 바에 의하여 국가 또는 지방자치단체의 수송시설 및 고궁·능원·박물관·공원 등의 공공시설을 무료로 또는 그 이용요금을 할인하여 이용하게 할 수 있다. ② 국가 또는 지방자치단체는 노인의 일상생활에 관련된 사업을 경영하는 자에게 65세 이상의 자에 대하여 그 이용요금을 할인하여 주도록 권유할 수 있다. ③ 국가 또는 지방자치단체는 제2항의 규정에 의하여 노인에게 이용요금을 할인하여 주는 자에 대하여 적절한 지원을 할 수 있다.

「고용상 연령차별금지 및 고령자고용촉진에 관한 법률 시행령」 제6조(직업능력개발훈련시설 등에 대한 평가 우대) 고용노동부장관은 「근로자직업능력 개발법 시행령」 제31조에 따른 직업능력개발훈련시설 등에 대한 평가를 하는 경우에 고령자를 대상으로 한 훈련실적이 고용노동부장관이 정하는 수준 이상이면 우대할 수 있다.

34) 「농림어업인 삶의 질 향상 및 농산어촌지역 개발촉진에 관한 특별법」 제26조(농산어촌학교 교직원의 우대) ① 국가 및 지방자치단체는 농산어촌학교 교직원이 높은 긍지와 사명감을 가지고 교육활동에 전념할 수 있도록 인사상의 우대, 연수기회의 우선적 부여, 근무부담 경감 등 근무여건 개선책을 마련하여야 한다. ② 국가 및 지방자치단체는 농산어촌학교 교직원이 농산어촌에 거주하면서 학생의 교육 및 생활지도에 전념할 수 있도록 주거편의를 우선적으로 제공하여야 한다. ③ 국가 및 지방자치단체는 농산어촌학교에 근무하는 교원에게 대통령령이 정하는 바에 따라 수당을 지급할 수 있다.

35) 「건강가정기본법」 제23조(가족단위 복지증진) ② 국가 및 지방자치단체는 경제·사회,

에 대한 취업지원 및 채용시 가점 등 우대,[36] 군경력 인정 등의 제대군인 우대[37] 등이 현재로서는 합리적인 것으로 인정되어 있다.

교육·문화, 체육, 지역사회개발 등 각 분야의 제도·정책 및 사업을 수립·추진함에 있어 가족을 우대하는 방안을 강구하여야 한다.

36) 「국가유공자 등 예우 및 지원에 관한 법률」 제28조(취업지원) 국가는 국가유공자와 그 유족 등의 생활안정 및 자아실현을 위하여 취업지원을 한다.

제31조(채용시험의 가점 등) ① 취업지원 실시기관이 그 직원을 채용하기 위하여 채용시험을 실시하는 경우에는 그 채용시험에 응시한 취업지원 대상자의 점수에 다음 각 호의 구분에 따라 가점(加點)하여야 한다.

1. 만점의 10퍼센트를 가점하는 취업지원 대상자
 가. 제29조 제1항 제1호에 해당하는 자 중 국가유공자
 나. 제29조 제1항 제2호에 해당하는 자
2. 만점의 5퍼센트를 가점하는 취업지원 대상자
 가. 제29조 제1항 제1호에 해당하는 자 중 국가유공자의 가족 및 같은 항 제3호에 해당하는 자
 나. 제29조 제2항 각 호의 어느 하나에 해당하는 자

② 제1항의 채용시험이 필기·실기·면접시험 등으로 구분되어 실시되는 경우에는 각 시험마다 제1항 각 호의 구분에 따라 가점하여야 하며, 둘 이상의 과목으로 실시되는 시험에서는 각 과목별로 제1항 각 호의 구분에 따라 가점하여야 한다. 다만, 점수가 만점의 4할 미만인 과목이 있거나 점수로 환산(換算)할 수 없는 시험인 경우에는 그러하지 아니하다.

③ 제1항과 제2항에 따라 가점을 받아 채용시험에 합격하는 사람(「5·18민주유공자예우에 관한 법률」 제22조 또는 「특수임무수행자 지원 및 단체설립에 관한 법률」 제24조에 따라 채용시험에서 가점을 받아 합격하는 사람을 포함한다)은 그 채용시험 선발예정인원의 30퍼센트(가점에 따른 선발 인원을 산정하는 경우 소수점 이하는 버린다)를 초과할 수 없다. 다만, 응시자의 수가 선발예정인원과 같거나 그보다 적은 경우에는 그러하지 아니하다.

④ 채용시험의 합격자를 결정할 때 선발예정인원을 초과하여 동점자가 있으면 동점자 중 취업지원 대상자를 우선하여 합격자로 결정하여야 한다.

37) 「제대군인 지원에 관한 법률」 제16조(채용시 우대 등) ① 취업보호실시기관이 그 직원을 채용하기 위하여 응시연령을 정하여 채용시험을 실시하는 경우 그 채용시험에 응시하는 제대군인(「병역법」 제26조 제1항 제1호 및 제2호의 업무에 복무하고 소집해제된 공익근무요원을 포함한다. 이하 이 조에서 같다)에게는 대통령령으로 정하는 바에 따라 세 살의 범위에서 응시연령 상한을 연장하여야 한다. ② 현역 복무 중에 있는 사람(「병역법」 제26조 제1항 제1호 및 제2호의 업무에 복무 중인 공익근무요원을 포함한다)이 전역 예정일(공익근무요원의 경우에는 소집해제 예정일을 말한다) 전 6개월 이내에 채용시험에 응시하는 경우에는 이를 제대군인으로 본다. ③ 취업보호실시기관은 해당 기관에 채용된 제대군인의 호봉이나 임금을 결정할 때에 제대군인의 군 복무기간을 근무경력에 포함할 수 있다. ④ 취업보호실시기관이 채용시험의 합격자를 결정할 때에 합격예정 인원을 초과하여 동점자가 있는 경우 이 법에 따른 취업보호대상자를 취업보호대상자가 아닌 사람보다 우선하여 합격자로 결정하여야 한다.

반면, 제대군인이 공무원채용시험 등에 응시한 때에 과목별 득점에 과목별 만점의 5% 또는 3%를 가산하는 제대군인가산점제도는 합리적인 이유가 없는 특혜로 판단된 바 있다(헌법재판소 1999.12.23. 98헌마363). 전체여성 중의 극히 일부분만이 제대군인에 해당될 수 있는 반면 남자의 대부분은 제대군인에 해당하므로 가산점제도는 실질적으로 성별에 의한 차별이고, 헌법 제25조의 공무담임권 조항은 모든 국민이 누구나 그 능력과 적성에 따라 공직에 취임할 수 있는 균등한 기회를 보장함을 내용으로 하므로, 공직자선발에 관하여 능력주의에 바탕한 선발기준을 마련하지 아니하고 해당 공직이 요구하는 직무수행능력과 무관한 요소를 기준으로 삼는 것은 국민의 공직취임권을 침해하는 것이 되는바, 제대군인 지원이라는 입법목적은 예외적으로 능력주의를 제한할 수 있는 정당한 근거가 되지 못하는데도 불구하고 가산점제도는 능력주의에 기초하지 아니하고 성별, '현역복무를 감당할 수 있을 정도로 신체가 건강한가'와 같은 불합리한 기준으로 여성과 장애인 등의 공직취임권을 지나치게 제약하는 것으로서 헌법 제25조에 위배되고, 이로 인하여 청구인들의 공무담임권이 침해된다고 하였다.

그런가 하면, 특정성의 편중 등을 해소한다는 목적을 표방한 조치 역시 종종 적극적 조치의 요건을 갖추지 못한 특혜에 지나지 않는데도 그대로 방치되곤 한다. 대표적인 것이 교육대학에서 남학생을 우대하는 것인데, 남성은 ⅳ) 초등학교 교원으로서의 참여도와 대표성이 낮긴 하지만, ⅰ) 약소집단의 구성원이 아닐 뿐더러 ⅱ) 사회구조적 이유라기보다는 남성에게 걸맞은 버젓한 일자리가 아니라는 성별 직종분리와 편견 때문에 ⅲ) 하고자 하는 활동에 의구심을 품는 상황이므로 교육대학의 남학생 우대는 전혀 적극적 조치에 해당하지 않으며 성 비율 균형 외에는 별도의 합리적인 이유를 찾을 수 없는 단순한 우대, 즉 특혜에 불과하다.

(3) 역 차 별

아울러 종종 소수자에 대한 적극적 조치나 배려, 우대조치 등으로 다수자들이 역으로 차별을 당한다는 호소가 있다. 이때 역시 문제되는 소수자에 대한 정책이 앞서의 적극적 조치의 요건을 갖추고 있는지, 또는 합리적 이유가 있는지를 살펴야 할 것인데, 이 경우도 마찬가지로 구체적인 판단은 결코 간단하지는 않다.

예컨대 안마사를 시각장애인에 한정한 것은 일반인이 안마사 직업을 선택할 수 있는 자유를 원천적으로 제한하는 것으로서, 헌법에 위반된다는 결정(헌법재판소 2006.5.25. 2003헌마715)이 있었는데, 이에 대해 장애인에 대한 불가결한 배려를 형식적인 법의 잣대로 묵살했다는 비판이 적지 않았다. 때문에 결국 상위법인 「의료법」을 개정하여 시각장애인만 안마사를 하도록 입법적으로 처리했지만,[38] 다른 많은 이들의 기회와 권리를 제약하는 소수자를 겨냥한 정책은 역차별 논란은 물론, 소수자를 구획화, 슬럼화하는 문제도 안고 있다고 할 것이다.

역차별 논란이 종종 불거지는 또 하나의 사안은 남성에게만 병역의무를 규정한 「병역법」이다.[39] 헌법상 국방의 의무는 국민 모두가 지면서도 남성만 병역의무를 지고 여성은 면제되는 혜택은 여성에게는 특혜이고 반대로 남성에게는 역차별이라는 주장인데, 이는 병역의 특성 및 통계적으로 인정되는 남녀의 신체적인 차이에 근거한, 합리적으로 달리 대하는 것으로 판단되고 있다.

4. 직접차별과 간접차별로의 분화에 대한 검토

차별의 기본적인 형태는 직접적으로 특정 개인이나 집단을 불리하게 대우하는 것(disparate treatment)이다. 그렇지만 외관상 중립적인 기준에 의거하지만 불평등한 영향(disparate impact)을 주는 차별 등 간접차별(indirect discrimination)도 있다. 미국의 경우 1971년 Griggs 사건[40] 이후 차별은 이와 같은 간접차별도 포함하는 것으로 이해되고 있고, 우리도 외관적인 법문상으로는 여성을 언급하지 않은 제대군인 가산점 규정의 실질적 성차별성이 확인되기도 했다. 즉, 헌법재판소는 "전체여성 중의 극히 일부분만이 제대군인에 해당될 수 있는 반면, 남자의 대부분은 제대군인에 해당하므로 가산점제도는 실질적

38) 의료법 제82조(안마사) ① 안마사는 「장애인복지법」에 따른 시각장애인 중 다음 각 호의 어느 하나에 해당하는 자로서 시·도지사에게 자격인정을 받아야 한다.

39) 「병역법」 제3조(병역의무) ① 대한민국 국민인 남자는 헌법과 이 법에서 정하는 바에 따라 병역의무를 성실히 수행하여야 한다. 여자는 지원에 의하여 현역으로만 복무할 수 있다.

40) Griggs v. Duke Power Co. 401 U.S. 424(1971).

으로 성별에 의한 차별"이라고 밝혔는데(헌법재판소 1999.12.23. 98헌바33; 1999. 12.23. 98헌마363), 이는 평등에 관한 헌법조문을 실제적으로 적용했다는 점에서, 또한 1999년 2월 8일 「남녀고용평등법」 개정시 도입된 간접차별 규정[41] 및 같은 날 제정됐던 구 「남녀차별금지 및 구제에 관한 법률」상의 남녀차별 개념[42]과 궤를 같이한다는 점에서 의미가 있었다.

그런가 하면, 때때로 통계적으로 드러난 성차별적 결과가 차별의 증거로 작용하기도 한다. 미국의 평등고용위원회(Equal Employment Opportunity Commission)는 차별이 있었을 것이라고 판단하는 통계적 불균형의 정도를 4/5규칙으로 정하고 있으며 미국 법원에서는 이를 법적으로 인정하고 있다.[43] 우리 국가인권위원회도 명시적인 수치상의 기준은 제시하지 않으나 통계적 불균형에 대해 차별을 문제삼은 예가 있다. 즉, 2006년 11월 6일 국가인권위원회는 남자직원이 승진하는 데 평균 7년이 소요되는 반면, 여자직원이 평균 12년이 소요되고 있는 것에 대해 성별에 의한 차별로 보았다. 명시적인 성차별 규정은 없었지만 여성의 노동이 평가절하될 수 있는 평가항목, 고과자의 성적 편견의 개입, 고과자의 주관적 판단에 근거한 형식적 인사고과가 이루어져 온 것이 그 이유가 되었다.[44]

그런데 위와 같은 직접차별과 간접차별의 분기는 날로 교묘해지고 있는

---

41) 동법 제2조 제1항 후단: 사업주가 채용 또는 근로의 조건은 동일하게 적용하더라도 그 조건을 충족시킬 수 있는 남성 또는 여성이 다른 한 성에 비하여 현저히 적고 그로 인하여 특정 성에게 불리한 결과를 초래하며 그 기준이 정당한 것임을 입증할 수 없는 경우에도 이를 차별로 본다.

42) 동법 제2조 제1호: '남녀차별'이라 함은 정치적·경제적·사회적·문화적 생활의 모든 영역에서 인간으로서의 기본적 자유를 인식·향유하거나 권리를 행사함에 있어서 합리적인 이유 없이 성별을 이유로 행하여지는 모든 구별·배제 또는 제한을 말한다.

43) 어떤 기준에 의해 소수집단의 비율이 다수집단의 비율의 4/5 미만일 경우, 그 기준은 소수집단에게 불리한 영향을 준 것으로서 차별이라고 판단하는 것이다. U.S. Equal Employment Opportunity Commission, *Theories of Discrimination*, 1995; 정금나, "고용차별개념의 새로운 이해를 위하여," 조순경 편, 『노동과 페미니즘』, 이화여대출판부, 2000. 일단 통계적으로 차별혐의가 있으면 고용주는 차별적인 기준이 아니라 '업무상 필요성(business necessity)' 또는 '직무수행에 필수적인 능력과의 관련성(job-relatedness)'이 있음을 입증해야 한다. 또 이때의 '업무상 필요'는 '업무상의 편의(business convenience)'와는 달리 "업무수행에 있어 특정 기준을 선택하지 않으면 그 업무의 본질(essence)이 심각하게 훼손되는 경우"임을 입증해야 한다. 차별연구모임, 『국가인권위원회법의 '차별'판단을 위한 지침』, 2002, 10면.

44) 국가인권위원회 결정 06진차42, 2006.11.6.

차별의 양상에 대처하기 위한 고육지책이긴 하지만, 양자 모두 '성별에 근거한 차별'로서, 궁극적인 반가치성에서는 차이가 없음에도 불구하고[45] 질적인 차이가 있는 것처럼 보이는 문제도 있다.

Ⅳ. 한국 헌법상 여성의 평등권과 그 적용, 그리고 문제점

1. 여성을 잘 알지 못하는 헌법

(1) 평등과 차별의 법적 정의

헌법은 1948.7.17. 제정시부터 작금과 같은 평등권 및 차별금지를 규정하고 있었다. 즉 현행 헌법(1987.10.29. 제9차 개정헌법)은 "모든 국민은 법 앞에 평등하다. 누구든지 성별…에 의하여 정치적·경제적·사회적·문화적 생활의 모든 영역에 있어서 차별을 받지 아니한다"(제11조 제1항)라고 규정하고 있다. 또 「여성에 대한 모든 형태의 차별철폐에 관한 협약」 제5조 a항은 남성과 여성 어느 한 성의 우월함이나 열등함, 성역할 고정관념을 개선하도록 규정하고 있다. 그런가 하면 「국가인권위원회법」 제2조는 합리적인 이유 없이 특정한 사람에 대하여 우대·배제·구별하거나 불리하게 대우하는 행위 및 성희롱을 평등권 침해의 차별행위로 규정하고 있다. 이를 종합하면, 성차별이란 합리적인 이유 없이 성별을 이유로 발생하는 모든 구별, 배제,[46] 제한 그리고 폭력을 의미하며, 고정된 성 관념이나 관행을 근거로 하여 이루어지는 차별[47]도 이에 해당한다고 할 수 있다.

---

45) 그러므로 사용자의 정당화 가능성은 양자 모두에서 엄격하게 적용되어야 할 것이다. 박주영, "'성별에 근거한 차별' 개념의 재고찰 —고용상 직접차별과 간접차별을 중심으로—," 서울대 석사학위논문, 2006.

46) 이에 관한 사례로는 YMCA가 여성이라는 이유로 총회의결권을 배제한 것은 평등권 침해라는 국가인권위원회 결정(2004.5.10. 04진차12)이 있다.

47) 고정된 성관념이나 관행은 남녀를 다르게 대할 이유가 안 된다는 원칙에 입각한 국가인권위원회 결정들은 다음과 같다. 동일한 외모의 흉터에 대해 남성보다 여성에 대한 등급을 상위로 정한 것은 차별이라는 결정(2002.11.25. 02진차2, 36; 2003.6.30. 03진차5; 2004.6.21. 04진차130), 여성이 검찰사무직을 수행할 수 없지 않은데 양성평등채용목표제 실시지침 중 검찰사무직렬을 제외한 것은 차별이라는 결정(2003.9.1. 03진차10), 초등학교에서 남학생에게 앞 번호를 부여한 것은 차별이라는 결정(2005.9.28. 05진차517).

(2) 젠더가 생소한 헌법

그런데 헌법은, 젠더에 대해 여전히 생소해 하는 것 같다. 젠더를 파악하는 데 있어서의 서투름은 성차별 관련 규정의 운용에서부터 엿보인다. 즉, 헌법은 평등권에 대해 제헌헌법 이래로 지금까지 그것은 삶의 모든 영역에 있어 '성별'에 의한 차별을 받지 않는다고 규정하고 있을 뿐이어서, 무엇이 성별에 따른 차별이고 무엇이 아닌지는 결국 해석에 의존할 수밖에 없었는데, 그 과정에서 종종 성고정관념적인 오류를 반복하고 있는 것이다. 일종의 간접차별이라고 할 만한 제대군인 가산점제에 대해 차별성이 확인되기도 했지만(헌법재판소 1999.12.23. 98헌바33; 98헌마363), 이제 성차별 여부는 국가인권위원회법상의 '평등권침해의 차별행위', 즉 성별 등을 이유로 특정한 사람을 우대·배제·구별하거나 불리하게 대우하는 행위 및 성희롱행위(동법 제2조 제4호)에 해당하는지에 대한 판단에 맡겨져 있는 상황이다.

(3) 면피로서의 평등권

또한 헌법은, 평등이라는 기본이념과 기본적인 근거조항 뒤에 숨어서, 실제적인 여성의 모습을 인식하고 문제 상황을 개선하는 데는 종종 인색하다. 예컨대 헌법 제8조 제2항은 "정당은 그 목적·조직과 활동이 민주적이어야 하며, 국민의 정치적 의사형성에 참여하는 데 필요한 조직을 가져야 한다"고 규정하고 있지만 여성의 정치참여 확대를 위한 제도는 아직 부실하며, 여성의 공무담임권 확보를 위한 적극적 조치제도도 부분적으로만 시행되었을 뿐이어서 여성의 저대표성 문제는 여전히 과제로 남아 있는 것이다.

다양한 공간에서 빚어지는 각종 형태의 여성에 대한 폭력 역시 헌법이 손 놓고 있는 부분이다. 성폭력특별법이나 가정폭력특별법을 두고 있기는 하지만 적용상·해석상에 있어 그와 같은 폭력이 인간의 존엄과 가치, 행복추구권, 평등권 등 시민권 전반을 위협하는 것임은 충분히 인식되지 않는다. 또한 여성에 대한 폭력은 엄연히 여성의 신체의 자유를 침해하는 것이지만 형사절차에 한정된 신체의 자유에 대한 우리의 협소한 규정과 이해는 이를 담아내지 못하고 있다.

여성의 제한된 자원으로 말미암아 헌법규정이 유명무실한 경우도 많은데, 헌법논의는 흔히 이것도 슬쩍 비껴간다. 예컨대 "모든 국민은 직업선택의 자유를 가진다"고 규정하고 있는 헌법 제15조는 남녀고용평등법이란 안전장치에도 불구하고 성별 직종분리와 취업차별을 일상적으로 겪는 여성들에게는 다분히 비현실적으로 느껴진다. 인간다운 생활권을 규정하면서 특히 여성의 복지를 강조하고 있는 헌법조문 역시 빈곤의 여성화라는 현실 앞에 공허하게 울리기는 마찬가지이다.

(4) 사회변화에 기댄 법적 판단

대체로 보아 법원은 사회에서 가장 늦게 움직이는 체제 중 하나이며, 우리 법원의 많은 결정 역시 사회변화에 부응한 입법상의 조치와 조응하여 내려졌다. 예컨대 헌법재판소는 국적법이 개정된 후 부계혈통주의에 입각했던 구국적법 조항에 대해 헌법 제11조 제1항의 남녀평등원칙, 헌법 제36조 제1항 가족생활에 있어서의 양성평등원칙에 위배된다는 결정(헌법재판소 2000.8.31. 97헌가12)을 손쉽게 내릴 수 있었으며, 父姓主義에 대한 헌법불합치결정 역시 동 사건의 법률조항에 대한 개정 법률이 공포되어 2008. 1. 1. 그 시행이 예정되어 있으므로 2007. 12. 31.까지 이 사건 법률조항의 잠정적인 적용을 명함이 상당하다고(2005.12.22. 선고 헌법재판소 2003헌가5 민법 제781조 제1항 헌법불합치결정) 산뜻하게 정리할 수 있었다. 동성동본금혼규정 헌법불합치결정(헌법재판소 1997.7.16. 96헌가6-13)이나 여성의 종중자격 인정(대법원 2005.7.21. 2002다1176)에 있어서도 변화된 사회환경이 주요한 근거로 작용했다.

2. 봉건적 성차별의 지양과 여성의 시민적 동일성 인정

그렇지만 평등권 등 헌법상 기본권에 입각해, 전통이나 관습이라는 명목으로 자행되어 온 봉건적 성차별과의 단절을 꾀하고 있는 점은 인정된다. 근대적 성문법이 비로소 현실적으로 작동한 셈인데, 타자의 인정보다 어려운 진짜 문제는 오히려 동일성의 인정이라는 점을[48] 감안한다면, 1980년대 후반 이후 소위 여성관련 입법을 통해 그간 배제되어 온 여성을 법적 범주에 포함시킨 후에야 여성의 동등한 시민권을 인정하게 된 것이 그다지 부자연스럽지만은 않다.

48) 알랭 바디우, 『윤리학』, 동문선, 2001, 35면.

봉건성을 탈피하고 근대적 여성주체의 평등권을 공고히 하고자 한 대표적인 판결은 동성동본금혼규정 헌법불합치 결정(헌법재판소 1997.7.16. 96헌가6-13), 전통적 가족제도의 부당성을 천명한 호주제 헌법불합치 결정(헌법재판소 2005.2.3. 2004헌가5), 남성에게만 종중자격을 부여했던 관습법의 효력을 부인하고 여성의 종중자격 인정한 판례(대법원 2005.7.21. 2002다1176) 등이 있다.

3. 간접차별-중립적 법규의 성차별성 인정

헌법재판소에서 외관적인 법문상으로는 여성을 언급하지 않은 제대군인 가산점 규정의 실질적 성차별성이 확인된 것 역시 차별에 대한 이해가 성장한 결과라고 할 수 있다. 즉 헌법재판소는 "전체여성 중의 극히 일부분만이 제대군인에 해당될 수 있는 반면, 남자의 대부분은 제대군인에 해당하므로 가산점제도는 실질적으로 성별에 의한 차별"이라고 밝혔는데(헌법재판소 1999.12.23. 98헌바33; 1999.12.23. 98헌마363), 이는 "모든 국민은 법 앞에 평등하다. 누구든지 성별…에 의하여 정치적·경제적·사회적·문화적 생활의 모든 영역에 있어서 차별을 받지 아니한다"(헌법 제11조 제1항)라고만 규정하고 있는 헌법조문을 실제적으로 적용했다는 점에서, 또한 1999년 2월 8일 「남녀고용평등법」 개정시 도입된 간접차별 규정[49] 및 같은 날 제정됐던 「남녀차별금지 및 구제에 관한 법률」상의 남녀차별 개념[50]과 궤를 같이한다는 점에서 의미가 있었다.

4. 기회균등의 원칙과 최소수혜자의 이익 존중

또한 위의 제대군인가산점 위헌결정은 "제대군인에 대하여 여러 가지 사

---

49) 동법 제2조 제1항 후단: 사업주가 채용 또는 근로의 조건은 동일하게 적용하더라도 그 조건을 충족시킬 수 있는 남성 또는 여성이 다른 한 성에 비하여 현저히 적고 그로 인하여 특정 성에게 불리한 결과를 초래하며 그 기준이 정당한 것임을 입증할 수 없는 경우에도 이를 차별로 본다.

50) 동법 제2조 제1호: '남녀차별'이라 함은 정치적·경제적·사회적·문화적 생활의 모든 영역에서 인간으로서의 기본적 자유를 인식·향유하거나 권리를 행사함에 있어서 합리적인 이유 없이 성별을 이유로 행하여지는 모든 구별·배제 또는 제한을 말한다.

회 정책적 지원을 강구하는 것이 필요하다 할지라도, 그것이 사회공동체의 다른 집단에게 동등하게 보장되어야 할 균등한 기회 자체를 박탈하는 것이어서는 아니 된다"고 함으로써 존 롤즈(John Rawls)의 '공정한 기회균등의 원칙'에 비견되는 입장을 시사하며, "우리 법체계 내에 확고히 정립된 기본질서라고 할 '여성과 장애인에 대한 차별금지와 보호'에도 저촉되는"(헌법재판소 1999.12.23. 98헌바33; 1999.12.23. 98헌마363) 점을 중요하게 거론함으로써 역시 존 롤즈의 최소수혜자의 이익을 존중하는 '차등원칙'[51]과 유사한 입장을 보여주고 있다.

5. 차이와 차별의 연관 단절

한편 대법원은 '동일가치노동의 기준'은 남녀고용평등법이 정한 것처럼 "직무수행에서 요구되는 기술, 노력, 책임 및 작업조건 등"(남녀고용평등법 제8조 제2항 전단)이어야 함을 분명히 하면서, 따라서 "체력이 우세한 남자가 여자에 비하여 더 많은 체력을 요하는 노동을 한다든가 여자보다 남자에게 적합한 기계작동 관련 노동을 한다는 점만으로 남자근로자에게 더 높은 임금을 주는 것이 정당화되지는 않는다"(대법원 2003.3.14. 2002도3883)고 판시했다. 남녀의 육체적 차이가 차별로 연결되는 것을 차단한 것이다.

6. '합리적 차별'이 기대고 있는 남성 편향적 통념

그런데 우리 법에서의 차별 여부의 판단은 합리성이라는 기준을 시금석으로 작용하게끔 되어 있다. "헌법 제11조 제1항의 평등의 원칙은 일체의 차별적 대우를 부정하는 절대적 평등을 의미하는 것이 아니라 입법과 법의 적용에 있어서 합리적 근거 없는 차별을 하여서는 아니 된다는 상대적 평등을 뜻하고 따라서 합리적 근거 있는 차별 내지 불평등은 평등의 원칙에 반하는 것이 아니다. 그리고 합리적 근거 있는 차별인가의 여부는 그 차별이 인간의 존엄성 존중이라는 헌법원리에 반하지 아니하면서 정당한 입법목적을 달성하기 위하여 필요하고도 적정한 것인가를 기준으로 판단되어야 한다"(헌법재판소

---

51) 존 롤즈, 『정의론』, 이학사, 2003.

1994.2.24. 92헌바43)는 것이다.

그리하여 우리 법에는 군데군데에서 '합리적인 이유가 있다면' 차별이 아니라는 문구가 등장하며 명시적으로 그런 문구가 없더라도 법적 판단에서는 당해 행위가 '그럴 만한' 이유가 있다고 판단되는 예(정당방위,[52] 긴급피난[53] 등)가 허다하다. 그런 식으로 합리성은 그밖에도 대부분의 차별 여부의 판단에 활용된다. 이와 같은 것은, 무조건 똑같이 취급하는 게 평등은 아니라는 점을 알고 있는 것이며 구체적 타당성을 감안해야 한다는 요청에서라면 그럴 듯하다.

합리적인 이유라 함은 예컨대 고용의 경우 그 개인이 가진 속성이 직무를 수행하는 데 반드시 필요하다는 것을 입증하는 경우[진정직업자격: Bona Fide Occupational Qualification(BFOQ)]나 모성보호, 그리고 특정 소수자 집단을 우대하는 적극적 조치 등을 말하며 이는 법적으로 차별의 예외임을 명시하고 있지만 무엇을 '합리적인' 것으로 볼 것인지는 여전히 모호하며 판단이 따라야 한다.

문제는 이 다분히 막연한 합리성이라는 기준은 종종 실은 기존의 남성 또는 권력자의 시선 또는 통념에 입각해 판단된다는 점에 있다.[54] 때문에 금혼의 범위를 동성동본인 혈족, 즉 남계혈족에만 한정하여 성별에 의한 차별을 하는 것은 이를 시인할 만한 합리적인 이유를 찾아볼 수 없으므로 헌법상의 평등의 원칙에도 위반된다(헌법재판소 1997.7.16. 96헌가6-13)는 식으로 적용되기도 하지만, 일반직 직원의 정년을 58세로 규정하면서 거의 대부분 여성으로 구성되어 있는 전화교환직렬 직원만은 정년을 53세로 규정하여 5년간의 정년

---

52) 형법 제21조 (정당방위) ① 자기 또는 타인의 법익에 대한 현재의 부당한 침해를 방위하기 위한 행위는 상당한 이유가 있는 때에는 벌하지 아니한다.
② 방위행위가 그 정도를 초과한 때에는 정황에 의하여 그 형을 감경 또는 면제할 수 있다.
③ 전항의 경우에 그 행위가 야간 기타 불안스러운 상태하에서 공포, 경악, 흥분 또는 당황으로 인한 때에는 벌하지 아니한다.

53) 형법 제22조 (긴급피난) ① 자기 또는 타인의 법익에 대한 현재의 위난을 피하기 위한 행위는 상당한 이유가 있는 때에는 벌하지 아니한다.
② 위난을 피하지 못할 책임이 있는 자에 대하여는 전항의 규정을 적용하지 아니한다.
③ 전조 제2항과 제3항의 규정은 본조에 준용한다.

54) Genevieve Lloyd, *The Man Of Reason: 'Male' and 'Female' in Western Philosophy*, 2nd edition, University of Minnesota Press, 1993.

차등을 둔 것에 대해 대법원은 사회통념상 합리성이 있다고 보기도 한다(대법원 1996.8.23. 94누13589).

7. 개체적 자율성에 대한 인식과 한계

또한 법원이 개인의 개체적 자율성을 표방하는 기본권을 중시하게 된 것 역시 주목할 만한 대목이다. 평등과 자유의 실질적 보장을 원하는 여성에게 개체성의 권리로서의 인정은 그야말로 가장 기본적인 요건이기 때문이다.[55]

(1) 인격권과 행복추구권의 중심적 위치

우선 헌법재판소는 인격권과 행복추구권[56]에 대해 그것은 모든 기본권 보장의 종국적 목적(기본이념)이라 할 수 있는 인간의 본질이며 고유한 가치(헌법재판소 1990.9.10. 89헌마82)임을 천명했다. 이후 많은 판결에서 인격권과 행복추구권은 가장 중요한 근거로 작용했거니와, 예컨대 헌법재판소가 父姓主義 규정에 대해 그것이 입법형성의 한계 내에 있다고 하면서도 헌법불합치 결정(헌법재판소 2005.12.22. 2003헌가5)을 내렸던 것도 인격권 때문이었다.

(2) 성적 자기결정권의 기본권성 인정과 한계

1) 인격권의 내용으로서의 성적 자기결정권

또한 헌법재판소는 "개인의 인격권·행복추구권은 개인의 자기운명결정권을 그 전제로 하고 있으며, 이 자기운명결정권에는 성행위여부 및 그 상대방을 결정할 수 있는 성적(性的) 자기결정권 특히 혼인의 자유와 혼인에 있어서 상대방을 결정할 수 있는 자유가 포함되어 있다"(헌법재판소 1990.9.10. 89헌마82; 헌법재판소 1997.7.16. 95헌가6 등; 헌법재판소 2001.10.25. 2000헌바60; 헌법재판소 2002.10.31. 99헌바40 등)고 함으로써 여성의 성적 주체성을 확보할 근거를 마련했다. 동성동본금혼제의 위헌성(헌법재판소 1997.7.16. 96헌가6-13)과

---

55) D. Cornell, *At the Heart of Freedom —Feminism, Sex, & Equality*, Princeton University Press, 1998, p.20.

56) 헌법 제10조: 모든 국민은 인간으로서의 존엄과 가치를 가지며, 행복을 추구할 권리를 가진다. 국가는 개인이 가지는 불가침의 기본적 인권을 확인하고 이를 보장할 의무를 진다.

성희롱의 위법성(대법원 1998.2.10. 95다39533)을 확인하는 데에도 인격권과 행복추구권, 그리고 이에서 도출된 성적 자기결정권이 주요한 근거로 작용했음은 물론이다.

2) 성적 자기결정권 범주의 협소함

다만 위와 같은 성적 자기결정권이 혼인과 섹슈얼리티 영역에만 한정되어 이해될 뿐, 선진 외국처럼 낙태와 같은 재생산영역에서도 인정되지 않는 것은 한계라고 할 것이다. 우리 최고재판소에서 낙태를 원칙적으로 범죄로 규정하고 있는 형법조항에 대해 본격적인 검토가 행해진 적은 없지만 대법원은 "의사가 기형아 판별확률이 높은 검사 방법에 관하여 설명하지 아니하여 임산부가 태아의 기형 여부에 대한 판별확률이 높은 검사를 받지 못한 채 다운증후군에 걸린 아이를 출산한 경우, 모자보건법 제14조 제1항 제1호는 인공임신중절수술을 할 수 있는 경우로 임산부 본인 또는 배우자가 대통령령이 정하는 우생학적 또는 유전학적 정신장애나 신체질환이 있는 경우를 규정하고 있고, 모자보건법시행령 제15조 제2항은 같은 법 제14조 제1항 제1호의 규정에 의하여 인공임신중절수술을 할 수 있는 우생학적 또는 유전학적 정신장애나 신체질환으로 혈우병과 각종 유전성 질환을 규정하고 있을 뿐이므로, 다운증후군은 위 조항 소정의 인공임신중절사유에 해당하지 않음이 명백하여 부모가 태아가 다운증후군에 걸려 있음을 알았다고 하더라도 태아를 적법하게 낙태할 결정권을 가지고 있었다고 보기 어렵다고 할 것이어서 부모의 적법한 낙태결정권이 침해되었다고 할 수 없다"(대법원 1999.6.11. 98다22857)고 판시함으로써 재생산에 있어서의 자기결정권을 문제삼지 않고 현행 낙태 관련 규정들을 그대로 인정하고 있다.

3) 성적 자기결정권에 대한 부권주의적 해석에서 탈피하기 시작

아울러 섹슈얼리티 영역의 경우 성적 자기결정권을 기조로 하면서도 여성의 성적 자기결정권을 '보호'한다는 명분 아래 오히려 여성의 성에 대한 가부장적 통제가 엿보이는 해석도 있었다. 즉, "아직도 우리 사회에는 남녀 간의 성에 대한 신체적 차이, 성행위에 대한 인식과 평가가 다른 것이 엄연한 현실인바, 혼인빙자간음죄를 규정한 형법 제304조는 사회적 약자인 여성의

성적 자기결정권을 보호하려는 정당한 목적이 있고, 차별의 기준이 그 목적의 실현을 위하여 실질적인 관계가 있고, 차별의 정도도 적정한 것으로 보여지므로 평등원칙에 위반되지 않는다"[헌법재판소 2002.10.31. 99헌바40, 2002헌바50 (병합)]고 했다.

그런데 근래 헌법재판소는 "이 혼인빙자간음죄는 다수의 남성과 성관계를 맺는 여성 일체를 '음행의 상습 있는 부녀'로 낙인찍어 보호의 대상에서 제외시키고 보호대상을 '음행의 상습 없는 부녀'로 한정함으로써 여성에 대한 남성우월적 정조관념에 기초한 가부장적·도덕주의적 성 이데올로기를 강요하는 셈이 된다. 이는 남녀평등의 사회를 지향하고 실현해야 할 국가의 헌법적 의무(헌법 제36조 제1항)에 반하는 것이자, 여성을 유아시(幼兒視)함으로써 여성을 보호한다는 미명 아래 사실상 국가 스스로가 여성의 성적 자기결정권을 부인하는 것이 되므로, 이 사건 법률조항이 보호하고자 하는 여성의 성적 자기결정권은 여성의 존엄과 가치에 역행하는 것"(헌법재판소 2009.11.26. 2008헌바58)이라고 판단하여 부권주의적 해석에서 탈피하기 시작한 모습을 보여주고 있어 고무적이다.

(3) 젠더 구조를 무시한 자발성 판단

기실 우리의 몸과 욕망은 전적으로 나의 것이라기보다는 사회적으로 구성되고 사회적 승인에 의존하고 있으며 존재론적으로 외부에 의해 상처입기 쉽다는 점[57]을 감안할 때 자율성의 운영은 제한적일 수밖에 없다. 그럼에도 우리 법원은 성차별적인 관행을 감당해야 하는 여성의 결정을 다분히 형식적, 외관적으로 파악하여 자율적이고 자발적인 것으로서 문제가 없다고 한다.

예컨대 사내부부를 대상으로 한 정리 해고시 사표를 낸 여성들에 대해 대법원이 그것이 자발적이며 진정한 사직의 의사표시로 본 것(대법원 2002.11. 8. 2002다35379)은, 비슷한 사안(대법원 2002.7.26. 2002다19292)에서, 그와 같은 사직서는 "내심의 효과의사 없는 비진의표시로서 이는 의원면직의 외형만을 갖추고 있을 뿐 실질적으로는 피고 회사에 의한 해고에 해당하고, 나아가 원고들을 해고할 만한 정당한 사유가 있고 정당한 징계절차를 밟아 해고하였다거나 근로기준법 제31조에 따른 정리해고의 요건을 갖추었다는 점에 관하여

---

57) J. Butler, *Undoing Gender,* Routledge, 2004, pp.18-33.

피고로부터 아무런 주장, 입증이 없으므로 위 해고는 부당해로고서 당연 무효"라고 판단한 것과 사뭇 대조된다.

때문에 대법원은 이례적으로 설명자료를 내어 위 두 판결이 결론을 달리한 것에 대해, " i) 이번 사건(2002다35379 농협사건, 이하 같다)에서는 지난번 사건(2002다19292 알리안츠사건. 이하 같다)과 달리 금융기관 전체에 걸쳐 구조조정을 하여야 하였고 특히 농협의 경우 축협 등과의 통합을 앞두고 있어 인력감축의 필요성이 절실하였음. ii) 이번 사건에서는 인력감축방안으로 명예퇴직제도를 대폭 확장하는 순환휴직제도(Job-sharing)를 도입하는 등 나름대로 합리적인 방안들을 마련하였는데, 지난 번 사건에서는 이러한 방안들을 전혀 도입하지 않은 채 부부사원이라는 이유만으로 명예퇴직을 강권한 것임. iii) 이번 사건의 경우에는 인력감축의 절실한 필요로 인하여 원고들의 향후 정리해고의 대상이 될 수도 있는데 그럴 경우에는 명예퇴직수당 등 명예퇴직에 따른 이익을 전혀 보지 못하게 되는 데 반하여, 당시에 명예퇴직을 하는 경우 다액의 명예퇴직수당을 받고 1년간 계약직으로 근무할 수 있는 등 많은 혜택을 누리게 되므로 원고들이 최선의 선택은 아니지만 차선의 선택으로 자발적으로 명예퇴직을 신청한 것임. 이 점에서도 지난 번 사건과는 완연히 그 내용을 달리하는 것임, 즉, 지난 번 사건에서는 명예퇴직이라는 명목하에 명예퇴직수당도 지급하지 않는 등 아무런 혜택도 주지 않은 채 실질적으로 강제적인 해고를 단행한 것임"이라고 설명하고, "결론적으로, 이번 사건은 여자사원이거나 아내사원임을 이유로 원고들에게 특별한 불이익을 가한 것이 아니라 절실한 인력구조조정의 필요성에서 농협의 나름대로의 기준을 세워 그 기준에 따라 인력감축노력을 하였고, 원고들도 스스로 명예퇴직을 신청하였던 것이어서 실질적인 해고로서는 볼 수 없다고 판단한 것이므로 지난 번 사건과 그 결론이 달라졌다고 판단할 사항이 아니"라고 정리했다. 궁극적으로 농협사건의 경우 퇴직수당이라는 조건이 붙은 명예퇴직을 사내부부 중 여성측이 자발적으로 선택했다는 것인데, 이는 자율성이란 가치있는 기회들 사이에서 의미 있을 뿐[58] 궁지에 몰린 공정하지 못한 상황에서 주어지는 선택지란 실은 강요에 다름없으며, 유독 여성들이 그와 같이 선택한 데에는 젠더 구조가 깔려 있음을 간과한 것이라 하겠다.

---

58) J. Raz, *The Morality of Freedom,* Oxford University Press, 1986, p.417.

심지어, 이처럼 젠더 구조 내에 있는 여성의 결정을 파편화된 자율적인 것으로 봄으로써 최고재판소는 이미 남녀고용평등법에 의해 금지된 결혼퇴직제를 용인하는 결과를 가져오기도 했다. 즉 대한제분사건에서 대법원은 결혼퇴직관행에 의한 사직서 제출은 비진의표시가 아니라는 판결(대법원 2001.12. 27, 2000두7797[59]; 대법원 2004.4.28. 2003다66745)을 잇달아 내렸다.

V. 평등에 대한 여성주의적 변환

1. 평등 너머로의 지향

맥키넌(MacKinnon)이 잘 지적하듯이, 페미니즘에 있어 평등은 젠더 차이가 아니라 젠더 위계제를 철폐하고자 하는 열망을 의미하지만,[60] 자유주의 국가의 헌법은 평등이라는 신화(Myth of Equality)를 강화하고 있을 뿐이다. 때문에 맥키넌은 평등과 차이모델을 불평등과 지배모델로 전환할 것을 주장했으며,[61] 여전한 성별 권력의 불균형과 일상적 억압을 고려하면 그처럼 구체적인 불이익과 억압의 현장을 중시하는 것은 물론 필요하다. 그렇지만 여성들 간의 성별 외의 다른 요소로 인한 다양성이 증대된 상황을 감안한다면, 그리고 평등이란 말이 갖는 혁명성을 생각한다면 평등담론은 간단히 버릴 것은 아니다. 한편으로, 여성주의자는 성 평등은 여성주의의 목표가 아니고 여성의 차이는

---

59) "참가인이 원고회사에 입사할 당시 결혼과 동시에 사직하겠다는 내용의 여직원계약서를 작성, 제출하였거나 원고회사에서는 여직원이 결혼을 하면 퇴직하는 관행이 있었고 사직서 제출 당시 박씨 등 원고회사측에 의하여 사직서 제출이 강요되었다는 피고 및 참가인의 주장에 부합하는 증거 및 증언은 이를 믿지 아니하고, 위 사실만으로는 원고회사에 여직원이 결혼을 하면 퇴직하는 관행이 있음을 추단하기 부족하며, 참가인이 사직서 제출 무렵 사직의사가 없음을 표시하였다는 점에 관하여도 이를 인정할 아무런 증거가 없으므로 이를 전제로 하여 참가인의 사직서 제출이 근로기준법 및 남녀고용평등법에 위반되는 것으로 비진의 의사표시에 해당하여 무효로서 원고회사가 참가인의 사직서를 수리한 것은 부당해고에 해당한다는 피고 및 참가인의 주장은 이유 없다."

60) Catharine MacKinnon, *Feminism Unmodified —Discourses on Life and Law*, Harvard University Press, 1987, p.22.

61) 심영희도 같은 입장이다. 심영희, "권력 · 성: 몸의 권리와 성 관련법의 개선안," 조형 엮음, 『양성평등과 한국 법체계』, 이화여대 출판부, 1996, 173면.

평등 너머에 있으며, 남성에 의해 중재되거나 모델화되지 않는 여성의 자유를 바란다면 평등과 권리 패러다임을 넘어서는 것은 불가결하다는 입장에서, '관계의 정치학'을 발전시키고 있다. 이는 인간을 팔루스적 고착에서 해방시켜서 남성이든 여성이든 우리 모두는 저마다 부족하고 의존적인 존재들일 뿐이라는 점을 강조하며,[62] 정확한 이해라고 할 수 있다. 그렇지만 그렇더라도 관계에서는 권력이 작동하기 마련이며 그 과정에서 순간순간 어떤 사람이나 집단은 부당하게 될 수 있으므로[63] 여전히 평등은 단념할 기획은 아니라고 할 것이다.

2. 평등을 위한 정치

그렇지만 평등은 형이상학적이라기보다는 정치적인 것이다.[64] 저마다의 자기다움을 동등한 권리로서 확보하는 성 평등 역시, 남녀의 같음과 다름의 내용에 대해서는 말하지 않으며 말할 수도 없으므로 남성적 기준을 수용할 뿐인 법적인 판단으로 완성되는 것이 아니며, 그와 아울러 사회적 · 문화적 · 정치적인 담론과 투쟁을 통해서만 행해질 수 있다.[65] 무페(Mouffe)가 민주주의에 대해 지적하듯이,[66] 페미니즘 역시 본질적으로 투쟁적이고(agonistic) 수행적인(performative) 정치학인 것이다.[67]

---

62) Luisa Muraro, "The Passion of Feminine Difference beyond Equality," Graziella Parati & Rebecca West(eds.), *Italian Feminist Theory and Practice —Equality and Sexual Difference*, Fairleigh Dickinson University Press, 2006, pp.77-78, 80, 83-85.

63) 푸코(M. Foucault)는 종래의 권력에 대한 이해와 달리, 관계 자체에서의 영향력을 권력으로 보고 권력은 어디에나 있다고 갈파함으로써 비록 그가 의도한 바는 아니지만 피억압자의 주체성의 가능성을 보여줬다. 그렇지만 여전히, 편재하는 권력은 어떤 지점에서는 불균형적으로 작용한다는 점을 간과해서는 안 될 것이다.

64) Christoph Menke, *Reflections of Equality*, Stanford University Press, 2006, preface의 제목.

65) 조주은은 남성적 기준에서의 평등이 이루어져야 그 기준을 바꿀 것을 기대할 수 있다는 이유에서 법적 평등을 논할 경우는 특별한 대우보다는 동일한 대우를 요구하며, 새로운 다름의 정의를 늘 병행하여 남성적 기준의 평등 개념 자체를 바꾸기를 시도할 것을 주장한다. 조주은, "여성주의에서 본 평등 문제: 대안적 다름의 정치학," 조형 엮음, 『양성평등과 한국 법체계』, 이화여대 출판부, 1996, 51-52, 54-55, 62-63면.

66) 샹탈 무페, 『민주주의의 역설』, 인간사랑, 2006.

67) '투쟁적 페미니즘'이란 용어는 호니히에게서 따왔다. B. Honig, "Toward an Agonistic Feminism: Hannah Arendt and the Politics of Identity," Judith Butler and Joan W.

3. 구체적 공감과 연대, 그리고 탈주

종래의 평등은 다분히 추상적으로 도출되는 것으로 이해되었다. 칸트에 따르면, 보편적인 입장은 모든 사람을 평등하게 고려하는 반성(reflection) 과정을 통해 형성되며, 그 과정은 각각의 구체적인 입장에서 출발하지만, 추상적인 관점을 획득하기 위해서는 나와 다른 모든 이를 평등하게 간주하고 다른 사람과 나를 비교해야 한다.[68] 또한 롤즈 역시 '무지의 베일' 아래에서만 정의로운 규칙을 확립할 수 있는 것으로 보았다.[69]

그렇지만 평등의 기초는 규범적으로 중립적인 데 있지 않으며 오히려 모든 개인의 고통을 고려하는 데 있다. 그리고 개인에게 정의롭게 대하는 것은 기존의 평등에 대해 이의를 제기하는 모든 개인의 고통을 배제하지 않는다는 점에서 마찬가지로 보편적이라고 할 수 있다.[70] 또한 평등은 추상적인 원리에서 나온다기보다는 고통받는 개인에 대한 공감과 판단 없는 연대감에 의해 실현될 수 있는바,[71] 누구든 자기다움의 동등권을 가져야 한다는 믿음은 데리다(J. Derrida)가 말하는 시민적 우애(civic friendship)로서의 민주주의[72]를 가능케 할 것이다.그리고 어쩌면 그러한 공감과 연대감은 다만 고통의 공유가 아니라 그 자체로 자신 안의 분자들의 들끓음으로 인한 탈주[73]의 시작이기도 할 것이다.

Scott(eds.), *Feminists Theorize the Political*, Routledge, 1992, pp.215-235. 이 글에서 호니히는 아렌트의 수행적 정치학의 개념은 공/사 구분과 같은 아렌트의 이론을 넘어서 오히려 이분법적 성 구분을 타파하는 것으로 급진화될 수 있음을 보여주고 있다.

68) 칸트, 『도덕 형이상학을 위한 기초 놓기』, 책세상, 2002.

69) 존 롤즈, 『정의론』, 이학사, 2003.

70) Christoph Menke, *Reflections of Equality*, Stanford University Press, 2006, pp.39-40.

71) Adorno, *Negative Dialectics*, Routledge, 1973.

72) Jacques Derrida, *Politics of Friendship*, Verso, 1997.

73) 고병권, "대중이란 무엇인가 —코뮌주의 신체론," 맑스코뮤날레 조직위원회, 『21세기 자본주의와 대안적 세계화』, 문화과학사, 2007, 109면.

제5장
여성과 노동

I. 왜 여성노동을 분리하여 논하는가?

▶ **강의개요**

전통적으로 여성은 노동과 친밀한 존재가 아닌 소비의 주체로 인식되어 왔다. 그러니 이러한 인식은 여성이 노동을 하지 않았기 때문이라기보다는 노동에 대한 정의가 여성의 삶과 경험을 토대로 정의되지 않았기 때문이었다. 여기서는 역사적으로 여성의 노동이 어떻게 평가되었는지 살펴본다.

▶ **주제어**

노동의 역사, 사회적 가치, 생산적 노동, 노동의 개념, 평등한 노동권, 산업화

1. 여성은 노동자인가?

(1) 노동의 역사와 의미의 변화

노예제도에 기반했던 고대 그리스에서 노동은 바로 노예들에게 맡겨진 물질적 필요악을 의미했기 때문에 그것은 정신을 야비하게 만들어 인간으로서의 덕을 행할 수 없게 한다고 여겨졌다. 중세에 이르러서도 노동은 원죄에

기원하는 고통스러운 벌로 인식되었지만, 신이 내린 명령이라는 점에서 그것의 정당성을 인정해야 했고 타락한 영혼과 육체를 건강하게 함으로써 구원을 받을 수 있는 수단으로서 동시에 게으름과 같은 악을 물리치는 윤리적 가치가 부여되기에 이르렀다. 따라서 노동은 보편적 덕성을 실현하는 수단으로서 인정받았고, 루터의 종교개혁에 의하여 노동에 의해 자기 생활을 유지하는 일은 하나님에게 봉사하는 길로 인식되기 시작하였으며 직업은 곧 '천직'이라고 강조되었다. 그리하여 초기 프로테스탄티즘을 근대 자본주의가 요구하는 이윤의 추구를 정당화하는 현세적 금욕주의로서 물질적 노동에 긍정적인 의미를 부여하는 역할을 하였다. 나아가 애덤 스미스(Adam Smith)에 이르면 물질 생산만을 생산적 노동으로 규정하고 노동의 직접적 결과가 비물질적으로 나타나는 경우에는 모두 비생산적 노동으로 보았다. 르네상스 시기가 되면서 인간 그 자체에 사회적 가치가 놓이게 되며 노동은 강제이기보다는 인간 본성의 실현이라는 특성으로 파악되고, 이로부터 소외되지 않은 자기실현적 노동이라는 개념이 가능하게 되었다. 이러한 노동 개념의 역사적인 변화 과정은 결국 무엇이 노동인가 아닌가의 경계선이 갖는 정치적 · 역사적 의미를 보여준다.[1)]

(2) 노동의 개념적 요소

노동이 취미와 구별될 수 있는 기준으로서는 다음과 같은 특징들이 제시될 수 있다. 첫째, 노동은 무상으로 하는 것이 아니라 대가가 지불되는 것이고, 둘째, 노동은 힘들이지 않고 저절로 행해지는 것이 아니라 대가가 나름대로의 힘든 노력이 요구되는 수고이며, 셋째, 노동은 심심해서 하는 것이 아니라 '필요'이기 때문에 행해지고, 넷째, 노동은 어딘가에 쓰이는 유용한 생산이며, 다섯째, 노동은 타인에 의해 제한됨으로써 특정 규율에 처하게 되고, 마지막으로 노동은 주체의 정신 상태에 따라 노동이 될 수도 있고 취미가 될 수도 있다.[2)] 즉, 어떤 활동을 노동이라고 규정할 수 있는 것은 특정 행위의 내용 그 자체 때문이 아니라 그 활동이 행해지는 맥락 때문이다. 노동은 최소한의 조직화된 규율을 전제하기 때문에 단순한 '행위'와는 구별된다. 노동

---

1) 정고미라, "페미니즘과 노동, 노동개념 새로 보기: 감정노동의 이해를 위해," 『노동과 페미니즘』(조순경 엮음), 이화여자대학교출판부, 2000, 18-21면.

2) 정고미라, 위의 글, 16-17면.

은 기본적으로 특정 행위를 지칭하는 것이 아니라 특정행위가 행해지는 구조를 지시한다.3)

(3) 역사 속의 여성과 일

우리는 흔히 '일하는 여성'과 '주부'를 나누면서, 여성들 대부분이 실제적인 노동을 하고 있음을 잊곤 한다. 그러나 여성의 노동은 다음 세대를 재생산하는 영역뿐만 아니라 생산과 유통, 소비 등 경제의 전 분야에서 없어서는 안 될 기여를 해 왔다. 그럼에도 불구하고 여성을 노동자로 자리매김하는 것은 여전히 구조적인 한계에 부딪치게 된다. 그 원인에 대하여 여성사 연구자들은 사회적으로 의미가 있다고 규정된 노동에서 여성이 배제된 까닭을 자본주의 경제 체제의 도래에서 찾았다. 1955년 영국의 베버리지(William Beveridge)는 "600년 전에 이미 동일노동 동일임금의 원칙이 시행되었다"고 주장하고, 중세사가인 아일린 파우어(Eileen Power)는 중세를 여성이 광범위한 경제적 역할을 수행하면서 남성과 "거칠지만 실질적인 평등"을 누린 시절이었다고 평가하였다.

특히 앨리스 클라크(Alice Clark)의 『17세기 여성의 노동생활(Working Life of Women in the Seventeenth Century)』(1919)에 관한 연구에서 중세 이래의 생산은 '가내 산업(domestic industry)', '가족 산업(family industry)', '자본주의 산업(capitalist industry)'의 세 단계로 변해 갔다고 보았다. 가내 산업이란 오늘날 우리가 자급자족 경제라고 부르는 것과 같은 것으로, 여기서는 생산이 한 가구 내에서 완결되어 이루어지며 생산된 것은 모두 가족생산으로서 생산이 한 가구 내에서 완결되어 이루어지며 생산된 것은 모두 가족 내에서 소비된다. 이 체제에서 남편과 부인은 가계 경제에 동등하게 기여하였으며, 가사 노동과 운영의 기술은 가족의 생존에 절대적인 것으로서 큰 장원에서건 작은 오두막집에서건 마찬가지로 존중받았다. 두 번째 단계인 가족 산업에서 가족 성원의 일부는 임금을 위한 노동에 종사할 수도 있으나, 여전히 대부분의 일은 가구 단위로 이루어지며 모든 노동은 남녀 사이에 공유된다. 마지막으로 자본주의적 산업이 이러한 방식을 대신하게 되어 당대까지 지속된다고 보았다. 자본주의적 산업에 이르면 모든 생산을 공장에서 상업적으로 이루어지게 됨에 따라

3) 정고미라, 위의 글, 22면.

서, 자본가의 부인은 이전 단계의 생산 방식에서 지녔던 '동반자'의 지위를 잃고 이제는 더 이상 아무런 생산적인 일이 일어나지 않는 '기생적'이고 '건강하지 못한' 가정 내에 갇히게 되었다는 것이다.[4)]

반면에 여성의 노동에 대한 평가에 상반된 입장은 여성이 언제나 노동을 해 왔다는 사실은 분명하지만, 역사상 모든 사회가 남성의 일과 여성의 일 사이에 뚜렷한 구분을 두었다는 것 또한 사실이라고 보는 입장이 있다. 즉, 중세 경제에서 가구(家口, household)는 생산의 기본 단위였다. 도시와 농촌에 모두 임금을 받고 일하는 노동자들이 존재하였지만, 그들은 가구를 기본으로 한 생산 단위에 고용되어 있었으므로 기본적으로는 가구 경제에 속해 있었다고 보아야 하지만, 이 시기에도 여성들의 노동경험은 대부분가구를 벗어나지 못했고 도시와 농촌을 막론하고 여성의 일이 이루어지는 영역은 집안이었으므로 '여성의 일=집안일'로 분류가 되었다는 것이다. 가구에 기반을 둔 경제에서 여성과 남성의 일은 모두 생존을 위해 없어서는 안 될 부분이었지만, 서로의 영역이 세세히 규정되어 있었다. 농촌에서 여성의 영역은 집, 남성의 영역은 바깥이었다.[5)] 여성의 일이 '집안일'로 규정되고 결혼으로 부과되는 생애 주기에 맞춰 바뀜에 따라 낮은 보수, 낮은 숙련도와 낮은 지위, 잦은 이동은 근대 이전(사실은 그 이후까지도 지속되는) 여성 노동의 특징이 되었다.

즉, 한 가구가 살아가는 데 여성의 노동이 남성의 노동과 보완 관계로써 필수적이었음을 사회가 인식하고 있었다고 해서, 남성과 여성의 노동이 평등한 지위를 누리지는 못한 것이었다. '동일노동 동일임금'의 신화와는 달리 12~3세기 여성과 남성은 임금을 받고 일하는 사람의 수가 상대적으로 적기도 했지만, 액수뿐만 아니라 고용 방식에서도 차이를 보였다. 남성은 1년 단위로 고용된 데 비해 대부분의 여성은 일당을 받고 일했다. 여성의 일로 치부된 것은 모두 숙련 노동이 아니었고, 낮은 임금을 받았으며, 그나마 일의 종류도 많지 않았는데 이 양상은 중세 이후까지 지속되었다. 이러한 인식은 영국에서 1363년 제정된 노동법에서 남성 직인은 오직 한 업종에서 일할 수 있도록 규제한 데 비해, 여성은 여러 업종을 옮겨 다니도록 허용한 데서도 나타난다.[6)]

---

4) 백경영 · 이남희, "역사속의 여성과 일," 『새 여성학 강의』(한국여성연구소 엮음), 동녘, 2002, pp.210-212.

5) 백경영 · 이남희, 위의 글 215-216면.

15세기 중반 이후에는 원거리 무역이 활발해지면서 수출에 필요한 물품을 생산하기 위한 산업이 급속히 팽창하였고 수공업에는 남성뿐만 아니라 여성도 많은 수가 고용되었으며, 이 과정에서 점차 생산의 일차적인 목적은 소비를 위한 필요가 아니라 이윤의 축적으로 전환하게 되었다. 그 결과로 노동을 평가하는 데도 단순히 가구가 생존을 하는 데 필요한가 여부가 아니라, 얼마만큼 돈이 되는 일인지가 중요한 기준으로 등장하게 되었고 '일'이라는 것은 임금을 받고 하는 일만을 뜻하게 되었다. 다시 말해 중세의 성별 분업이 남녀가 일하는 영역을 공간적으로 구분함으로써 차별했다면, 자본주의가 시작되면서부터는 여성이 담당하는 집안일의 가치를 인정하지 않을 뿐 아니라 임금 노동에서는 미숙련 분야에 국한시킴으로써 여성 노동의 가치를 평가절하하기 시작한 것이라 할 수 있다.[7] 16세기 종교 개혁 이후 강조되기 시작한 핵가족과 가족 내 가부장의 권위는 여성 노동에 다시 영향을 미치게 되었고 특히 근대 초기의 정치사상이 가정 안에서 가부장의 위치를 국가에서 국왕이 차지하는 위치와 동일시하였다는 사실을 감안할 때 여성도 가부장적 지배를 벗어나지 못하도록 규제가 이루어졌으며, 남성의 재배 아래 있지 않은 여성은 '주인 없는 노예'에 비유되곤 하였다. 결국 모든 여성은 남성의 지배 아래 있어야 한다는 원직이 더욱 강조되고 임금은 여전히 매우 낮은 수준에 머무름에 따라, 가내 공업뿐만 아니라 이 시기에 확산된 작업장 단위의 공업에서도 여성이 경제적 독립을 누릴 수 있는 삶은 허용되지 않았다.[8]

가부장적 근대국가의 출현과 산업혁명의 결과로 여성의 노동은 점차 비가시화의 단계를 경험하게 된다. 산업화 시기에 여성들의 노동은 대부분의 통계에서 따로 잡혀 있지 않을 뿐더러 잡혀 있는 경우에도 수치가 정확한지 확신할 수 없다. 노동 계급의 여성은 일생 동안 어떤 형태로든 가족의 생계를 위한 경제 활동을 해야 했고 참여한 노동의 분야도 다양했다. 그러나 여성의 일은 결혼하기 전이나 아이를 낳기 전 또는 부득이한 사정이 있을 경우에 하는 임시적인 일이라는 통념이 만연했으며, 특히 집에서 하는 일에 대해서는 노동으로 인정받지 못했다. 이런 태도는 정부정책에도 반영되어 1869년 독일

6) 백경영 · 이남희, 위의 글, 218-219면.
7) 백경영 · 이남희, 위의 글, 221면.
8) 백경영 · 이남희, 위의 글, 223-224면.

의 산업 규정에서는 남자들이 임금을 받고 자기 집에서 신발이나 양복 짓는 일을 하는 경우에는 노동자로 인정했으나 여자들이 임금을 받고 자기 집에서 실잣기, 세탁, 다림질, 편물을 하는 경우에는 노동자로 인정하지 않았고 여성은 노동자가 아니므로 연금에서 배제될 수밖에 없었다.

이 시기에는 집안일과 바깥일의 구분은 이제 공·사 영역 차원으로 분리됐고, 사업과 정치 등 공무가 진행되는 외부 세계는 남성들의 무대였고, 세속적 현실로부터 벗어난 가정은 일종의 신성한 분위기까지 풍기며 여성들에게 맡겨졌다. 남성 가장이 돈을 벌고 부인은 살림을 해야 한다는 관념은 중간계급뿐 아니라 노동자 계급에까지도 수용되면서 남성 가장이 혼자 벌어서 달린 식구들이 먹고 살 만한 정도의 임금이 지급되어야 한다는 가족 임금(family wage)이란 개념은 특히 영국에서는 노동자들의 구호로까지 등장했다. 그러나 실제로는 한 번도 이런 수준의 임금이 성취된 적이 없었고 노동자의 생존 임금 확보를 위한 상징적 구호에 불과했으나, 고용주 입장에서 가족 부양을 담당하지 않는 여성에게는 임금을 적게 주어도 된다는 변명의 구실을 톡톡히 했다. 여성은 저임금 직종으로 내몰렸고 반대로 여성이 하기 때문에 임금이 낮게 책정되거나 하찮은 일로 간주되었다.[9]

[논의주제]

- 노동의 가치를 평가하는 데 임금을 유일한 기준으로 두게 된 것이 여성 노동에 어떤 영향을 미쳤는지 생각해 보자. 또 상공업의 확대와 전문 지식의 확대가 왜 여성들의 입지를 축소시켰는지 생각해 보자.
- 여성 노동은 왜 그리고 언제부터 저임금·미숙련·낮은 지위·잦은 이동이라는 특징을 띠게 되었으며, 어떻게 해야 이를 극복할 수 있을지 생각해 보자.
- 임금노동 중심으로 노동을 평가하는 입장이 가져온 사회적 효과와 법적 영향력은 무엇이라고 생각하는가?
- 법의 제정 과정에서 보편적 사회 현상으로 전제되는 어떠한 상황을 결정짓는 요인은 무엇인가?

9) 백경영·이남희, 위의 글, 235-237면.

2. 한국 여성 노동의 현황과 문제점

한국 여성의 경제 활동 참가율은 1980년 42.8%에서 1997년 49.5%로 높아져 계속 상승하고 있으며 여성 인구의 절반이 노동 시장에 참여하고 있다는 사실을 알 수 있다. 이러한 현상은 미혼 여성뿐만 아니라 기혼 여성들도 경제활동에 참가하는 비율이 매우 높아진 데서 주요한 원인을 찾을 수 있다. 우리나라에서 여성의 경제활동 참가는 1960년대 이후 자본주의적 공업화 초기 중심 산업이었던 제조업의 섬유와 전자 산업에서 젊은 생산직 여성 노동자들이 참여하면서 본격화되었고 이들이 제공하는 저렴한 노동력으로 노동집약적 수출 산업을 발판으로 한국이 세계 11위의 무역국으로 발돋움하는 데 기초가 되었다. 이후 1980년대 이후에는 금융·보험·유통 산업 등 3차 산업이 확대됨에 따라 여성 사무직 종사자들도 크게 늘어났으며 1990년대 중반부터는 전문·기술직에 종사하는 여성들도 증가하는 추세를 보이고 있다.

임금 노동시장에 여성들의 참여가 꾸준히 증가해 왔음에도 불구하고 한국 여성들의 노동 시장 참여에는 몇 가지 부정적인 특징을 가지고 있다. 첫째, 연령별 경제 활동 참가율에서 연령·취업률 곡선을 보면 아직도 M자형의 참가 형태를 보이고 있다. 이것은 미혼인 20세 무렵과 초기 양육기를 지낸 40대 이후의 취업률이 가장 높은 데 비해 결혼·임신·출산이 집중적으로 이루어지는 25~34세까지의 시기에 취업률이 급격히 저하하는 현상을 가리킨다. 한국 여성들이 노동 시장에 참여하는 데 생애주기가 민감한 영향을 미치고 있음을 알 수 있다.[10] 노동 시장 참여의 불연속성은 이후 노동 시장에 재진입하는 여성들의 지위를 하향 이동시키는 결과를 가져와 여성의 경제 활동에 부정적인 요인이 된다. 둘째, 우리나라 여성 취업자의 직종별 구성을 살펴보면 노동 시장에서 하위의 직종에 많은 여성들이 집중되어 있음을 알 수 있다. 다른 국가들과 비교해 볼 때 우리 나라의 여성들은 서비스직이나 판매직 및·단순노무직, 사무직, 농림·어업직에 많은 수가 집중되어 있으며 전문가 및 관리자로 일하는 사람의 수가 대단히 적다. 여성취업은 고졸자와 저학력자가 대다수를 이루고 있다. 셋째, 남성의 시간당 임금을 100으로 했을 때 여성

10) 신경아, "현대사회와 여성의 일," 『새여성학 강의(한국여성연구소 엮음)』, 동녘, 2002, 249면.

의 시간당 임금수준을 비교하면 여성의 시간당 임금이 남성의 60%에 가까워짐을 알 수 있다. 넷째, 1990년대 이후 남녀 모두 다 비정규직이라고 할 수 있는 임시직과 일용직의 비율이 높게 나타났으나, 특히 여성의 경우 비정규직의 비율이 매우 높게 나타나고 있다. 다섯째, 여성노동자의 지위와 관련된 가장 큰 문제는 노동 시장에서 성에 따라 직업과 지구가 분리되어 있다는 점이다.[11] 특히, 성별 직업(직무)분리는 수평적인 분리와 수직적인 분리로 이루어진다. 수평적인 분리란 여성과 남성이 일하는 산업과 직업이 서로 분리되는 현상을 말한다. 수직적인 분리란 같은 직업이나 직무 내에서도 여성은 남성에 비해 숙련도가 낮고 책임과 자율성, 권한이 작은 직무를 수행하는 것을 뜻한다.[12]

여성노동의 특징은 현실에 나타나는 노동시장이 하나의 동질적인 완전경쟁 시장이 아니라 고용 안정성, 높은 임금, 승진 사다리, 직업 훈련 등을 보장받는 직업들로 구성되는 1차 노동시장과, 고용이 불안정하고 임시적이며 저임금, 저기술, 승진기회가 없거나 극히 적고, 직업 훈련 기회도 거의 없는 2차 노동시장으로 구별되며 여성은 2차 노동시장을 구성하는 대표적 집단이다.[13]

[논의주제]

- 한국 여성 노동 시장에 나타나는 특징들을 찾아보면, 생애 주기에 따른 불연속성이 강하게 나타나고 행정 관리직이나 전문직과 같은 상위직으로의 진출이 매우 제한되어 있다. 그 이유에 대해서 생각해 보자.
- 우리 사회의 여러 조직에서 나타나는 남성 중심적 문화는 어떤 것인지 논의해 보고 대안적 문화를 모색해 보자.
- 성평등한 노동 환경을 형성하기 위해 우리가 현재, 그리고 앞으로 할 수 있는 실천에는 어떤 것이 있는지 논의해 보자.

---

11) 신경아, 위의 글, 251-257면.
12) 신경아, 위의 글, 259면.
13) 신경아, 위의 글, 268면.

• 최근 대졸자의 취업에서 여성이 더욱 높은 취업률을 나타내고 여성이 취업에 더 빠르게 성공한다는 발표가 있었다. 이것이 의미하는 바는 무엇일까? 이제 노동 시장에서 여성은 평등한 지위를 확보한 것으로 볼 수 있는가?

3. 법적 개념으로서 근로자와 여성 노동법체계

(1) 임금노동의 근로자

노동법은 근로자의 생존권 또는 사회권의 보호를 그 이념으로 하는 헌법 제32조와 제33조에 규정된 노동기본권을 구체화한 법률이다. 따라서 노동법의 보호를 받기 위해서는 우선적으로 노동법의 적용대상이 되는 근로자의 요건을 충족하여야 한다. 「근로기준법」은 근로자를 직업의 종류에 관계없이 임금을 목적으로 사업이나 사업장에 근로를 제공하는 자로 정의한다(동법 제2조 제1항 제1호). 대법원은 대체로 사용종속관계의 여부를 근로자로 판단할 수 있는 가장 중요한 기준으로 삼고, 사용자의 구체적인 지휘 감독을 받는 관계를 사용종속관계가 있는 것으로 해석함으로써 근로자의 요건을 엄격하게 해석하고 있는 경향을 보이고 있다.[14]

'직업의 종류와 관계없다'는 것은 근로의 내용이 정신노동이거나 육체노동임을 묻지 않으며, 계약의 형식이 도급계약이든 위임형식을 가졌는가의 여부도 묻지 않으며, 근로의 형태가 상용근로자이거나 일용근로자 또는 단시간 근로자임을 묻지 않는다는 것을 의미한다. 여기서 '임금'이라 함은 사용자가 근로의 대가로 근로자에게 임금, 봉급, 그 밖에 어떠한 명칭으로든지 지급하는 일체의 금품을 말한다(근로기준법 제2조 제1항 제5호). 따라서 임금은 사용종속관계 아래에 있는 근로자가 사용자로부터 근로제공의 대가로 받는 일체의 이익을 말하는 것으로써 반드시 금전에 한정되는 것이 아니기 때문에, 영업시설의 이용에서 나오는 이익이나 이에 준하는 수입에 의하여 생활하는 자도 근로자에 해당된다. '사업 또는 사업장'은 일정한 장소에서 유기적인 조직 아래에서 업(業)으로서 계속성의 요건을 갖춘 이상 영리목적의 기업은 물론 비

---

14) 한경식, "근로자 요건의 재구성 -판례비판을 중심으로-," 『법학연구』, 한국법학회, 2008, 368면.

영리 또는 공익목적의 사업, 사업이 1회적이거나 일시적이라도 무방하다.[15)]

학설과 판례는 '근로를 제공하는 자'를 실질적 사용종속관계에서 노무를 제공한 자로 정의하고 있다. 구체적 사용종속관계의 징표로서 대법원은[16)] 근로기준법상의 근로자에 해당하는지 여부는 그 실질에 있어 근로자가 사업 또는 사업장에 임금을 목적으로 종속적인 관계에서 사용자에게 근로를 제공하였는지 여부에 따라 판단하여야 하고, 여기에서 종속적인 관계가 있는지 여부는 ① 업무 내용을 사용자가 정하고 취업규칙 또는 복무(인사)규정 등의 적용을 받으며 ② 업무 수행 과정에서 사용자가 상당한 지휘·감독을 하는지, ③ 사용자가 근무시간과 근무 장소를 지정하고 근로자가 이에 구속을 받는지, ④ 노무제공자가 스스로 비품·원자재나 작업도구 등을 소유하거나 제3자를 고용하여 업무를 대행케 하는 등 독립하여 자신의 계산으로 사업을 영위할 수 있는지, ⑤ 노무 제공을 통한 이윤의 창출과 손실의 초래 등 위험을 스스로 안고 있는지, ⑥ 보수의 성격이 근로 자체의 대상적 성격인지, ⑦ 기본급이나 고정급이 정하여졌는지 및 근로소득세의 원천징수 여부 등 보수에 관한 사항, ⑧ 근로제공 관계의 계속성과 사용자에 대한 전속성의 유무와 그 정도, ⑨ 사회보장제도에 관한 법령에서 근로자로서의 지위를 인정받는지 등의 경제적·사회적 여러 조건을 종합하여 판단한다.

「근로기준법」은 상시 5명 이상의 근로자를 사용하는 사업장에 대하여 적용되지만, 5명 이상의 근로자를 사용하더라도 '동거하는 친족만을 사용하는 사업 또는 사업장'에 대해서는 근로기준법을 적용하지 않는다(제11조 1항 단서).

「근로기준법」의 근로자 개념과 달리 「노동조합법」상 근로자란 무엇인가? 임금·급료, 그 밖에 이에 준하는 수입으로 생활하려는 자를 의미한다. 따라서 「근로기준법」상의 근로자는 '임금으로 생활하는 자'에 포함되고, 임금에 준하는 수입으로 생활하는 자는 근로기준법상의 근로자는 아니지만 노동조합법상의 근로자에 포함된다. 또한 '임금 등 이에 준하는 수입으로 생활하려는 자'를 포함하므로 임금 등의 수입을 받으려는 자 즉 노동의사를 가진 실업자도 노동조합법상 근로자에 해당한다.[17)]

---

15) 임종률, 『노동법』, 박영사, 2009, 28면.
16) 대법원 2006.12.7. 2004다29736.
17) 임종률, 위의 책, 30면.

[논의주제]

- 현행 판례의 입장에 의하여 근로자의 지위를 판단할 때, 여성이 종사하는 다양한 노동형태들 중 근로자의 지위를 인정받을 수 없는 것은 어떠한 것들이 있는지 논의해 보자.
- 근로자의 개념이 상대적이라고 한다면, 위에서 살펴본 노동의 개념을 고려하여 여성노동자의 현실을 고려하여 근로자 개념을 정의한다면 어떠한 것이 가능할지 생각하고 정의해 보자.

근로기준법이 정하고 있는 '근로'는 광의의 인간 활동 가운데 법적 판단이 이루어진 일부 활동만을 의미하는 것이므로 그와 같은 법적 판단은 헌법 제32조의 근로권에서 도출되어야 한다. 헌법 제32조의 '근로권'의 의미와 관련성을 갖는 기본권은 헌법 제15조의 '직업선택의 자유'라고 할 수 있으므로 근로기준법상의 근로는 생존의 필요성을 충족시키는 경제활동의 의미로 이해할 수 있다.[18)]

「① 근로계약 체결 여부와 관계없이 사업 또는 사업장에서 ② 임금을 목적으로 사용자의 지시에 의하여 ③ 근로를 제공하는 자」에 해당하기만 하면 근로기준법상 근로자의 요건을 충족한 것으로 해석함이 타당하다. 여기서 ① '사업 또는 사업장'의 의미는 반드시 기업의 경영활동 또는 고정적인 근무 장소를 말하는 것이 아니라 사용자의 지시권에 따른 근로제공 그 자체를 의미하는 것으로 해석하여야 할 것이고, ② '근로의 대가성'의 요건만 충족되면 임금으로 해석하고, ③ '근로제공'은 사용자의 지시권에 구속되어 노동력의 처분을 위탁한 상태를 의미하는 것으로 해석함이 타당하다고 본다.[19)]

18) 한경식, 위의 글, 379면.
19) 한경식, 위의 글, 383면.

(2) 돌봄노동과 근로자

근대 가부장 국가가 보편적인 형태로 자리잡게 되면서 공·사 영역의 분리는 당연한 사회구조로 인식되었다. 공·사영역이 분리되는 과정에서 여성이 속한 분야는 가정이라고 하는 사적 영역이었으며, 여기서 여성은 가사노동을 담당한다. 그러나 공적 영역으로 대표되는 남성 중심의 노동시장 구조는 가사노동에 대한 공적인 관심을 두지 않았고 무보수 저평가로 가사노동을 노동의 분류에서 배제하는 결과를 가져왔다.

현행 노동법도 이러한 노동시장의 구조를 그대로 반영하고 있다. 우리나라의 「근로기준법」 제11조, 「최저임금법」 제3조, 「근로자퇴직급여 보장법」 제3조, 「남녀고용평등과 일·가정 양립 지원에 관한 법률 시행령」 제2조와 「기간제 및 단시간근로자 보호 등에 관한 법률」 제3조는 가정 내 사용인이라는 용어를 사용하면서 해당 법령을 적용하지 않는다고 규정하고 있다. 다만 이 법령들은 가정 내 근로 사용인의 개념을 정의하지 않고 해석에 맡기고 있다. 가사사용인을 "사업에 사용되어 오로지 또는 주로 사업주의 가사에 종사하는 자"라고 보는 견해가 있는데,[20] 이 견해는 사업주라는 개념을 사용함으로써 일반 가정에서 가사 업무에 종사하는 자는 「근로기준법」에서 말하는 가사사용인이 아닌 것으로 이해될 수 있다. 그러나 가사사용인은 가정부, 간병인 등과 같이 가정의 가사에 사용되는 자[21]로 이해되어야 할 것이다.[22] 결과적으로 현행 노동관련법은 가사사용인에 대해서 법 적용을 하지 않음으로써 구조적으로 가사사용인은 법적인 보호가 전무한 상태가 되어 있다.

현행 「근로기준법」 제1조와 제3조는 「근로기준법」이 근로자의 기본적 생활을 보장하기 위한 최저기준임을 밝히고 있다. 즉, 「근로기준법」을 통하여 보호하려는 근로자의 지위는 인간다운 생활을 하기 위한 최저기준인 것이다. 그럼에도 불구하고 동법은 가사사용인에 대해서는 그 적용을 배제하여 사실상 가사사용인이라는 업무에 가장 많이 종사하고 있는 것은 여성 노동자들에게 최저기준의 법적인 보호조차도 배제하고 있는 것이다.

---

20) 임종률, 앞의 책, 322면.

21) 김유성, 『노동법 I』, 법문사, 2005, 51면; 이상윤, 『노동법』, 법문사, 2007, 90면.

22) 민현주·김종숙·김난주·하갑래, "사회서비스 분야 여성일자리 창출을 위한 정책과제 II －여성인력공급 활성화를 중심으로－," 한국여성정책연구원, 2008, 145면.

노동 관련법의 이러한 구조는 전술한 바와 같이 공・사영역의 분리를 전제로 사적 영역에서 이루어지는 여성의 가사노동을 노동으로 정의하지 않고 배제하는 입장을 전제로 한다. 그러나 노동에 대한 이러한 전통적인 정의는 가족의 변화와 함께 더 이상 부합하지 않게 되었다. 즉, 근대 공・사 분리의 사회구조에서 가족은 부부와 자녀로 구성된 핵가족 보편론의 입장이 지배적으로 수용되고 있었다. 근대 핵가족은 그 고유의 기능으로 아동의 양육 및 노인과 약자에 대한 보호 등의 역할을 수행해 왔다. 그러나 최근의 가족구조의 변화는 근대 핵가족이 수행하던 돌봄의 역할을 더 이상 가족에게만 기대하기에는 한계를 보이고 있다. 또한 여성의 노동시장에의 진출이 과거에 비하여 활발히 됨에 따라서 돌봄 그 자체가 하나의 새로운 임금노동의 영역으로 공적 노동시장에 자리매김하는 현상이 나타나고 있다.

돌봄노동이란 어린 자녀, 고령자, 장애인을 포함하여 보호와 간호, 보살핌이 필요한 가족을 돌보는 일을 말한다. 이러한 돌봄노동은 노동시장의 영역으로 상당 부분 전환이 되었으며, 향후에도 지속적으로 노동시장에서 그 영역을 확장하게 될 것으로 본다. 그러나 돌봄노동이 노동시장에 편입하게 되었다는 것이 성별분업의 틀이 해체되었다고 볼 수는 없다. 대다수의 돌봄노동 종사자는 여성이다. 따라서 노동시장에서도 성별분업의 틀은 그대로 유지되고 있으며, 전술한 바와 같이 이들이 종사하는 가사사용인의 직종에 대해서 노동 관련법의 법적 보호는 배제되고 있다.

그러나 이들 돌봄노동자에 대한 법적인 보호의 필요성은 절실하게 증가되고 있다. 현재 가내근로는 근로자 자신이 선택한 장소에서 업무를 수행하는 조건 아래 계약자들을 위하여 재화를 생산하거나 용역을 제공하는 근로형태로 이해하기 때문에 이들은 당사자의 관계가 근로계약이 아니라 민법상 도급계약이라는 이유로 근로기준법이 적용되지 않고 있다. 그러나 국제노동기구는 1996년 「가내근로에 관한 협약」을 채택하였다. 협약의 핵심적 내용은 가내근로 종사자와 다른 임금근로자와 동등한 대우를 규정하고 있는 평등대우원칙이다. 즉 협약 제4조는 가내근로에 관한 국가정책은 가내근로의 특수성과 기업에서 행하는 동일 또는 유사 형태의 일에 적용되는 조건들을 고려하여 가내근로자와 고용된 임금소득자 사이에 가능한 한 동등한 대우가 되도록 촉진하도록 하여야 할 의무를 부가하고 있다(가내근로협약 제4조 1항). 또한 동등한 대우는 a. 가내근로자의 자유로운 선택에 의한 단체의 설립 또는 단체가입 및 그러한 단체에서 활동에 참가할 권리, b. 고용과 직업에 있어서의 차별에 대한 보호, c. 직업상의 안전과 보건분야에서의 보호, d. 보수, e. 사회보장에 관한 법령에 의한 보호 f. 훈련을 받을 기회, g. 고용 또는 취업에서의 최저연령, h. 모성보호와 관련하여 더욱 촉진하도록 하고 있다.

또한 협약 제5조는 가내근로에 관한 국가정책은 법률, 규칙, 단체협약, 결정 또는 국내 관행과 일치하는 적당한 방법으로 실시하며, 근로에 있어서의 안전 및 보건에 관한 국내법령은 가내 근로자의 특수성을 고려하여 가내근로에 대해서도 적용하도록 하고 있다(협약 제7조).

가내 근로자에 대해서 독일은 1911년에 가내근로법(Hausarbeitgesetz)를 제정하였으며 일본도 가내노동법을 1970년 제정하였다. 그러나 현재 우리나라는 가내 근로자를 위한 법이 따로 제정되어 있지 못하므로 이는 향후 가내노동자의 다수를 차지하고 있는 여성 노동자의 인권 보호를 위하여 그 제정이 반드시 이루어져야 할 것이다.

II. 여성노동에 대한 현행법의 차별규정의 구조

— 직접차별과 간접차별의 법리를 중심으로 —

▶ 강의 개요

여성과 노동에 관한 법률문제의 가장 중요한 부분은 무엇을 노동에 있어서 성차별로 보는가의 문제이다. 그리고 성차별 여부를 판단하는 기준으로는 「남녀고용평등과 일·가정 양립지원에 관한 법률」에 직접차별과 간접차별의 개념을 적용함으로써 이루어진다. 여기서는 직접차별과 간접차별에 대한 기존의 이해 방식을 소개하고 그 한계점을 검토한 후, 이를 재구성하는 이론을 살펴본다.

▶ 주제어

개별적 평등권, 직접차별, 간접차별, 차별의도, 성별, 불이익한 결과, 인과관계

1. 고용차별 금지에 대한 헌법적 근거

(1) 헌법 제11조 제1항

헌법 제11조 제1항 제1문은 "모든 국민은 법 앞에 평등하다"라고 하는 일반적 평등원칙을 규정하고 있으며, 제2문은 개별적 평등권으로서 "누구든지 성별, 종교 또는 사회적 신분에 의하여 정치적, 경제적, 사회적, 문화적 생활의 모든 영역에 있어서 차별을 받지 아니 한다"로 규정하고 있다. 이로부터 개별적 평등권의 하나로 성별에 의한 차별금지원칙이 도출된다.

(2) 여성의 고용차별에 대한 관련 특별조항

헌법 제32조 제4항: "여자의 근로는 특별한 보호를 받으며 고용, 임금 및 근로조건에 있어서 차별을 받지 아니한다."

헌법 제34조 제3항: "국가는 여자의 복지와 권익의 향상을 위하여 노력하여야 한다.

헌법 제36조 제1항: 혼인과 가족생활은 개인의 존엄과 양성평등의 기초

헌법 제39조 제2항: 병역의무의 이행으로 인한 차별의 금지 등

(3) 평등개념의 상대성과 한계

전통적으로 평등은 "같은 것을 같게 다른 것은 다르게" 라고 하는 아리스토텔레스의 상대적 정의를 채택하여 비교와 균등화를 본질로 한다. 따라서 두 집단 사이의 차이가 본질적이면 다르게 대우하고 그렇지 않으면 같게 대접해야 하므로 상대적 평등의 개념은 때로는 같게 대접하는 것이 때로는 다르게 대접하는 것이 평등 원칙에 부합한다.

무엇이 차등대우를 허용하는 본질적인 표지인지에 대해서는 주관적인 가치 판단에 의하여 좌우될 여지가 있다는 한계를 가지고 있다. 법질서에서는 평등권 침해 여부를 판단함에 있어서 일련의 변화된 심사 기준을 제시하고 있다.[23)]

---

23) 구미영, "고용상 성차별의 개념과 판단," 서울대학교 대학원 박사학위논문, 2009, 14면; 황도수, "헌법상 평등개념의 이해,"『헌법논총』, 헌법재판소, 1993, 239-242면; 계희열,『헌법학(중)』, 박영사, 2004, 230-231면.

(4) 평등개념의 한계성과 심사기준 강화 — 자의금지의 원칙에서 비례성 심사의 원칙으로 —

1) 자의금지의 원칙

자의금지의 원칙이란? 법률에 의한 차등 대우에 있어서 어떠한 합리적인 이유도 찾아볼 수 없기 때문에 그 규정을 자의로 볼 수밖에 없는 경우에 한하여 평등원칙을 위반한 차별로 인정하는 것이다. 이 원칙을 적용할 경우 차별적 대우에 아무런 합리성도 없는 경우를 상정하기 어려우며, 결과적으로 대다수의 사례가 평등권 침해가 존재하지 않는 것으로 판단하게 된다.

2) 단계별 비례성의 심사의 세계적 경향

자의금지 원칙이 가지는 이와 같은 한계로 인하여 평등권 침해 여부의 판단에 있어서 각국은 좀더 엄격한 심사 기준을 제시하기 시작하였다. 미국의 경우 민권법 제정 이후인 1960년대 이후 인종, 종교, 국적 관련 차별로 의심되는 법률의 경우 엄격심사 기준을 적용하기 시작하였고, 1970년대 후반 이후 여성문제가 본격적으로 평등권 문제로 사법심사의 대상이 되면서 성별 및 적출을 이유로 한 차별은 중간심사 기준을 적용하는 것으로 발전해왔다.

독일의 경우 개별적 평등원칙 규정의 위반시 엄격심사기준을 적용하며, 일반적인 평등원칙 조항 위반이 문제되는 경우 1980년까지 자의(恣意) 금지 원칙을 적용하였다. 그러나 1980년 '새로운 정식(neue Fomel)'을 제시, 일반적 평등원칙 조항에 근거하여 평등권 침해를 주장하는 사건에서도 인적 집단을 차별 근거로 삼는 경우에는 다른 평등권 침해 사건보다 엄격한 심사기준을 적용하고 있다.[24)]

우리나라의 경우 헌법재판소는 평등권 심사에 대해 아무런 기준을 설명하지 않았으나, 제대군인 가산점 제도에 대한 위헌 결정에서 엄격한 평등권 심사척도를 처음으로 언급하였다.

(5) 형식적 평등에서 실질적 평등개념의 수용으로

1) 형식적 평등권 침해: 과거 평등권 침해의 문제는 구체적으로 성별・인

24) 구미영, 앞의 글, 17면; 김현철, "미국연방대법원의 평등보호에 관한 판례와 위헌심사기준," 『헌법논총』 제11집, 2000, 354면; 계희열, 앞의 책, 237-240면.

종 등에 따라 다르게 대우함을 명시한 법률의 위헌 여부가 다투어진 사건으로, 이미 차별임이 명백한 상황에서 이러한 차별을 정당화할 수 있는지의 여부만을 판단대상으로 하였다.

2) 최근에는 이러한 명백한 법문의 차이 이외에 법률 문언에 의하면 성별을 차별의 이유로 언급하지 않으나 사실상 그 결과에 있어서 여성에게 더욱 불이익으로 다가오는 문제를 평등권 침해로 인정할 것인지 여부가 판단대상이 되고 있다. 예컨대, 헌법재판소는 제대군인 가산점제도에 있어서 관련 법률은 남성과 비장애인에게만 가산점을 준다고 규정하지는 않으나 제대 기준이라는 기준을 제시하여 여성과 장애인이 그 기준을 충족하지 못하여 불이익을 받게 됨에 따라 성차별 여부가 문제될 수 있다고 판단하였다.

3) 실질적 평등개념의 의의와 수용

실질적 평등 개념 오랫동안 차별을 당해온 소수집난에게 형성된 차이와 특징으로 인하여 결과적으로 더 불리한 상황에 처하게 되는 경우도 위법한 차별로 포함시킬 수 있게 되었다.

4) 실질석 평등개념의 특징

① 차이의 고려

소수집단의 차이와 특징을 고려하여 평등권 침해를 판단한다. 성별이나 인종을 제외한 모든 면에서 동일한 비교 대상이 없더라도 차별이 성립할 수 있다고 인정하는 것이 가능하게 되었다. ex) 임신차별 — 비교대상 집단이 없으나 성별을 이유로 하는 차별에는 임신·출산 및 관련 질병을 이유로 하는 차별도 포함됨(Pregnancy Discrimination Act).

② 불이익한 결과에 바탕한 간접차별 개념의 수용

실질적 평등의 관점은 하나의 제도나 기준을 적용해도 그 영향이 차별적인 결과를 가져오는 경우도 차별로 보는 것이다. 가해자의 차별의도가 아니라 피해자에게 발생한 차별적 결과에 주목하여 평등권 해석이 요구되며 이는 간접차별로 설명되고 있다.

간접차별 개념을 헌법상 평등개념에도 포함시킬지에 대한 논란이 되고 있다. 미국 연방대법원은 헌법상 평등권 침해가 성립하려면 당해 법률이 여성이나 소수인종을 차별할 의도와 목적을 가지고 입법되었음을 근로자측에서 입증할 것을 요구하며 헌법에서 금지하는 차별에는 의도적인 차별만 포함되며 간접차별은 포함되지 않는 것으로 판단하고 있다[Washington v. Davis 426 U. S. 229, 253(1976)].

반면에 캐나다 독일 등의 국가에서는 헌법상 평등권 조항이 간접차별도 금지하는 것으로 해석하고 있다. 독일 기본법 제3조 2항 1문은 "국가는 여성과 남성의 동등한 권리의 실질적 실현을 지원하며 현존하는 차별을 철폐하는데 기여하여야 한다"고 규정하고 있다. 동 조항에 의하여 입법재량을 벗어나지 않는 범위에서 일정한 생활영역에서 양성간 수적 평등을 달성하거나 여성을 대규모 직업생활의 영역에 편입시키기 위해 여성지원 정책을 추진하는 것은 합헌(독일의 통설)으로 본다.[25]

우리헌법은 "여자의 복지와 권익 향상에 노력하여야 한다"(제34조 5항)고 규정하고 있는데, 동 조항을 국가가 양성평등을 사실상 관철하고 여성이 받은 기존의 불이익을 제거하기 위하여 적극적으로 노력할 것을 의무화한 규정으로 이해하는 것이 가능하다.[26]

2. 「남녀고용평등과 일·가정 양립지원에 관한 법률」의 차별 정의에 대한 이해

(1) 관련규정

남녀고용평등과 일·가정양립지원에 관한 법률(이하, '고평법'으로 칭함) 제2조 제1호는 "차별이란 사업주가 근로자에게 성별, 혼인, 가족 안에서의 지위, 임신 또는 출산 등의 사유로 합리적인 이유 없이 채용 또는 근로의 조건을 달리하거나 그 밖의 불이익한 조치를 취하는 경우(사업주가 채용 또는 근로의 조건은 동일하게 적용하더라도 그 조건을 충족할 수 있는 남성 또는 여성이 다른 한 성에 비하여 현저히 적고 그로 인하여 특정 성에게 불리한 결과를 초래하며 그 조건이 정당한 것임을 입증할 수 없는 경우를 포함한다)를 말한다. 다만, 다음 각 목의 어느 하나에 해당하는 경우를 제외한다.

가. 직무의 성격에 비추어 특정 성이 불가피하게 요구되는 경우

---

25) 구미영, 앞의 글, 28-34면.

26) 김주환, "양성평등원칙의 구체화," 『공법학연구』 제8권 3호, 2007, 202면.

나. 근로여성의 임신·출산·수유 등 모성보호를 위한 조치를 취하는 경우
다. 그 밖에 이 법 또는 다른 법률에 의하여 적극적 고용개선조치를 취하는 경우"

따라서 고평법에서 의미하는 차별의 첫 번째 유형은 ① 성별 등을 사유로 ② 합리적인 이유 없이 ③ 채용 또는 근로의 조건을 다르게 하거나 그 밖의 불리한 조치를 한 경우가 해당한다(직접차별). 두 번째 유형은 ① 채용조건이나 근로조건은 동일하지만 ② 그 조건을 충족할 수 있는 남성 또는 여성이 다른 한 성에 비하여 현저히 적고 그에 따라 특정 성에게 불리한 결과를 초래하고 ③ 그 조건이 정당한 것임을 증명할 수 없는 경우가 해당한다(간접차별).

(2) 고평법의 차별개념을 이해하는 방식

일반적으로 고평법 제2조 제1호 제1문은 직접차별규정으로 제2문은 간접차별규정으로 "의도" 여부에 따라 각각 달리 이해되는 것으로 해석한다. 직접차별 규정의 "성별 등을 사유로"는 사용자의 주관적 차별의도를 의미하는 것으로 해석하여 직접차별의 성립요건은 주관적 구별대우 의도 + 구별대우가 있으면 이를 차별로 판단한다. 반면에 간접차별의 성립요건은 구별대우 의도의 부재 + 동일한 대우 + 불균등한 영향 등이 요구된다.

그러나 직접차별과 간접차별을 그 의도의 유무에 따라 이원론적으로 이해하는 것은 실질적으로 발생하는 차별을 모두 포섭할 수 없다는 한계가 있다는 점이 지적되고 있다. 즉, 의도적인 차별은 직접차별로, 의도의 입증이 필요 없는 경우를 간접차별로 설명하는 입장은 현실에서 발생하는 고용차별을 적절히 포섭하지 못하는 문제가 있다. 예컨대, 간접차별의 경우 남성에 비해 '당해 기준을 충족할 수 있는 여성의 비율이 현저히 떨어진다'는 것은 이에 대한 통계 등이 없으면 간접차별 조항은 적용하기조차 어렵다.

동시에 기존의 직접차별 VS. 간접차별 이원론적 이해는 공개적인 분리차별이나 직접증거가 확보된 차별사건에만 직접차별 규정이 적용되어 직접차별의 범위가 지나치게 협소하게 될 우려가 있다. 결과적으로 성별 등을 사유로 한 차별개념을 사용자의 악감정이나 구별대우 의도를 성립요건으로 설명

하는 주관적 의사에 바탕한 차별개념은 근로자측에 과중한 입증 부담을 부과한다.[27)]

(3) 성별 등을 사유로의 이해 방식: 직접차별에 대한 새로운 접근

전술한 문제의 극복을 위하여 '성별 등을 사유로'를 '성별'과 '불이익한 결과' 사이의 인과관계로 이해하는 입장이 미국과 캐나다를 중심으로 등장하고 있다. 이에 의하면 사용자의 주관적 의도나 바람은 고려할 필요 없이 자신의 행위로 특정 소수집단 구성원에게 불이익한 결과가 발생할 것임을 인식했거나 인식할 수 있었을 정도의 인과관계면 충분한 것으로 판단할 수 있게 된다. 이때, 근로자의 성별에 대한 고려가 유일하거나 결정적일 필요 없이 성별이 차별적인 결과가 발생하는 데에 영향을 미쳤음을 입증하는 것으로 성차별로 판단하는 데 충분하다고 볼 것이다.

반면에, 성별이 아닌 다른 요인이 문제된 처분이나 결정을 했음을 입증할 책임은 사용자에게 돌아가는 것으로 하여 '성별 등을 사유로'의 입증책임의 전환이 가능하게 될 수 있다. '성별 등을 사유로'를 이와 같이 이해할 경우 직접차별과 간접차별의 경계가 모호해지며, 중요한 것은 증거를 가지고 차별을 입증할 수 있는지의 문제이지 반드시 유형에 따라 차별을 검증해야 하는 것은 아닌 것이 된다.[28)]

III. 성차별 사례

1. 모집・채용상의 성차별(군 가산점제 위헌 여부)

* 헌재 1999.12.23. 선고 98헌마363 결정

[사건개요]

청구인들은 모두 7급 또는 9급 국가공무원 공개경쟁채용시험에 응시하기

27) 구미영, 앞의 글, 90-99면.
28) 구미영, 앞의 글, 181-187면 참고.

위하여 준비 중에 있는 여성들과 신체장애가 있는 남성으로서, 제대군인이 6급 이하의 공무원 또는 공·사기업체의 채용시험에 응시한 때에 필기시험의 각 과목별 득점에 각 과목별 만점의 5퍼센트 또는 3퍼센트를 가산하도록 규정하고 있는 「제대군인 지원에 관한 법률」 제8조 제1항, 제3항 및 동법 시행령 제9조가 자신들의 헌법상 보장된 평등권, 공무담임권, 직업선택의 자유를 침해하고 있다고 주장하면서 1998. 10. 19. 헌법소원심판을 청구하였다.

이에 헌법재판소는 전원일치의 의견으로 「제대군인 지원에 관한 법률」 제8조 제1항, 제3항 및 동법 시행령 제9조가 청구인들의 평등권과 공무담임권을 침해하였다는 위헌 판결을 내렸다.

[결정내용]

(1) 가산점제도의 위헌 여부

헌법 제39조 제1항에 규정된 국방의 의무는 외부 적대세력의 직·간접적 침략 행위로부터 국가의 독립을 유지하고 영토를 보전하기 위한 의무로서, 헌법에서 이러한 국방의 의무를 국민에게 부과하고 있는 이상 병역법에 따라 군복무를 하는 것은 국민이 마땅히 하여야 할 이른바 신성한 의무를 다하는 것일 뿐, 국가나 공익 목적을 위하여 개인이 특별한 희생을 하는 것이라고 할 수 없다. 그러한 의무를 이행하였다고 하여 이를 특별한 희생으로 보아 일일이 보상하여야 한다고 할 수는 없는 것이다.

그러므로 헌법 제39조 제2항은 병역 의무를 이행한 사람에게 보상 조치를 취하거나 특혜를 부여할 의무를 국가에게 지우는 것이 아니라, 병역 의무의 이행을 이유로 불이익한 처우를 하는 것을 금지하고 있을 뿐이다. 이 조항에서 금지하는 "불이익한 처우"라 함은 법적인 불이익을 의미하는 것으로 보아야 한다. 그런데 가산점제도는 이러한 헌법 제39조 제2항의 범위를 넘어 제대군인에게 일종의 적극적 보상 조치를 취하는 제도라고 할 것이므로 이를 헌법 제39조 제2항에 근거한 제도라 할 수 없다.

(2) 평등권 침해 여부

1) 차별의 대상

가산점 제도는 제대군인과 제대군인이 아닌 사람을 차별하는 형식을 취하고 있다. 현행 법체계상 실제 거의 모든 여성은 제대군인에 해당하지 아니한다. 그리고 남자의 대부분은 제대군인에 해당하여 … 자료에 의하면 우리나라 남자 중의 80% 이상이 제대군인이 될 수 있음을 나타낸다. 이와 같이 전체 남자 중의 대부분에 비하여 전체 여성의 거의 대부분을 차별 취급하고 있으므로 이러한 법적 상태는 성별에 의한 차별이라고 보아야 한다.

2) 심사의 척도

평등위반 여부를 심사할 때 엄격한 심사척도를 따를 것인지, 완화된 심사척도를 따를 것인지는 입법자에게 인정되는 입법형성권의 정도에 따라 달라지게 될 것이나, 헌법에서 특별히 평등을 요구하는 경우와 차별적 취급으로 인하여 관련 기본권에 대한 중대한 제한을 초래하게 된다면 입법형성권은 축소되어 더욱 엄격한 심사척도를 적용해야 할 것이다. 그런데 가산점 제도는 엄격한 심사척도를 적용하여야 하는 위의 두 경우에 모두 해당한다. 헌법 제32조 4항은 "여자의 근로는 특별한 보호를 받으며, 고용, 임금 및 근로조건에 있어서 부당한 차별을 받지 아니한다"고 규정하여 '근로' 내지 '고용'의 영역에 있어서 특별히 남녀평등을 요구하고 있는데, 가산점제도는 바로 이 영역에서 남성과 여성을 달리 취급하는 제도이기 때문이다. 또한 가산점 제도는 헌법 제25조에 의하여 보장된 공무담임권이라는 기본권의 행사에 중대한 제약을 초래하는 것이기 때문이다(가산점제도가 민간기업에 실시될 경우 헌법 제15조가 보장하는 직업선택의 자유가 문제될 것이다).

이와 같이 가산점 제도에 대하여는 엄격한 심사척도가 적용되어야 하는데, 이것은 비례성 원칙에 따른 심사, 즉 차별취급의 목적과 수단 간에 엄격한 비례관계가 성립하는지를 기준으로 한 심사를 행함을 의미한다.

3) 가산점제도의 평등 위반성

① 가산점제도의 입법 목적

가산점제도의 주된 목적은 군복무 중에는 취업할 기회와 취업을 준비하는 기회를 상실하게 되므로 이러한 불이익을 보전해 줌으로써 제대군인이 군복무를 마친 후 빠른 기간 내에 일반사회로 복귀할 수 있도록 해 주는 데에 있다. 인생의 황금기에 해당하는 20대 초·중반의 소중한 시간을 사회와 격

리된 채 통제된 환경에서 자기 개발의 여지없이 군복무 수행에 바침으로써 공무원 채용시험 응시 등 취업 준비에 있어 제대군인이 아닌 사람에 비하여 상대적으로 불리한 처지에 놓이게 된 제대군인의 사회 복귀를 지원한다는 것은 입법 정책적으로 얼마든지 가능하고 또한 매우 필요하다고 할 수 있으므로 이 입법 목적은 정당하다.

② 차별취급의 적합성 여부

제대군인에 대한 사회복귀의 지원은 합리적이고 적절한 방법을 통하여 이루어져야 한다. 그런데 가산점제도는 공무원채용시험의 필기시험의 각 과목별 만점의 5% 또는 3%를 제대군인에게 가산토록 함으로써 제대군인의 취업기회를 특혜적으로 보장하고, 그만큼 제대군인이 아닌 사람의 취업의 기회를 박탈·잠식하는 제도이다. 그런데 절대 다수의 여성들과 상당수의 남성들(심신장애가 있어 군복무를 할 수 없는 남자, 보충역에 편입되어 복무를 마친 남자) 즉, 여성과 장애인은 이른바 우리사회의 약자들이다. 헌법은 실질적 평등, 사회적 법치국가의 원리에 입각하여 이들의 권익을 국가가 적극적으로 보호하여야 함을 여러 곳에서 천명하고 있다.

그럼에도 불구하고 여성과 장애인은 사실상의 차별, 편견으로 생활의 모든 영역에서 어려움을 겪고 있고, 특히 능력에 맞는 직업을 구하기 어려운 것이 현실이다. 이러한 현실을 불식하고 평등과 복지라는 헌법 이념을 구현하기 위하여 여성·장애인 관련 분야에서 이미 광범위한 법체계가 구축되어 있다.「여성에 대한 모든 형태의 차별 철폐에 관한 협약」등의 각종 협약, 위 헌법 규정과 법률 체계에 비추어 볼 때 여성과 장애인에 대한 차별금지와 보호는 이제 우리 법체계 내에 확고히 정립된 기본질서라고 보아야 한다. 그런데 가산점 제도는 아무런 재정적 뒷받침 없이 제대군인을 지원하려 한 나머지 결과적으로 이른바 사회적 약자들의 희생을 초래하고 있으므로 우리 법체계의 기본 질서와 체계 부조화성을 일으키고 있다고 할 것이다.

③ 차별취급의 비례성 여부

차별 취급을 통하여 달성하려는 입법 목적의 비중에 비하여 차별로 인한 불평등의 효과가 극심하므로 가산점제도는 차별 취급의 비례성을 상실하고 있다.

a. 가산점제도는 우선 양적으로 수많은 여성들의 공무담임권을 제약하는

것이다.

b. 공무원 채용시험의 합격 여부에 미치는 효과가 너무나 크다. 각 과목별 득점에 각 과목별 만점의 5% 또는 3%를 가산한다는 것은 국가공무원 채용시험의 경우 경쟁률이 매우 치열하고 합격선도 평균 80점을 훨씬 상회하고 있으며, 그 결과 불과 영점 몇 점 차이로 합격, 불합격이 좌우되고 있는 현실에서 각 과목별로 과목별 만점의 3% 또는 5%의 가산점을 받는지의 여부는 결정적으로 영향을 미치게 되고, 가산점을 받지 못하는 사람은 시험의 난이도에 따라서는 만점을 받고서도 불합격될 가능성이 없지 아니하다.

c. 더욱 심각한 것은 공무원 채용시험이야말로 여성과 장애인에게 거의 유일하다시피 한 공정한 경쟁시장이라는 점이다. 공무원 채용시험은 국가가 능력주의와 평등 원칙에 입각하여 공개적으로 실시하는 것이고, 또 그러하여야 하므로 이들을 공무원 채용시험에서마저 차별을 기한다면 그만큼 이들에게 심각한 타격을 가하는 것이 된다.

d. 가산점제도가 추구하는 공익은 입법정책적 법익에 불과하다. 그러나 가산점제도로 인하여 침해되는 것은 헌법이 강도 높게 보호하고자 하는 고용상의 남녀평등, 장애인에 대한 차별 금지라는 헌법적 가치이다. 그러므로 법익의 일반적·추상적 비교의 차원에서 보거나, 차별취급 및 이로 인한 부작용의 결과에서 법익 균형성을 현저히 상실한 제도라는 결론에 이르지 아니할 수 없다. 결론적으로 가산점제도는 제대군인에 비하여, 여성 및 제대군인이 아닌 남성을 비례성 원칙에 반하여 차별하는 것으로서 헌법 제11조에 위배되며, 이로 인하여 청구인들의 평등권이 침해된다.

[논의주제]

1. 제대군인 지원에 관한 법률을 위헌으로 보는 헌재의 논리는 어떠한 것인지 요약해 보시오.
2. 현행 「남녀고용평등법」에서 규정하고 있는 차별 유형에 의하면 「제대군인 지원에 관한 법률」에 포함되어 있는 차별은 어떠한 유형들인지 결정문을 보고 정리해 보시오.

⇒ 위 결정문에서 알 수 있듯이 「제대군인 지원에 관한 법률」은 형식상 제대군인과 제대군인이 아닌 사람을 차별하므로 성차별적 직접차별에 해당하지 않으나 결과적으로 실제 거의 모든 여성은 제대군인에 해당하지 아니하며, 우리나라 남자 중의 80% 이상이 제대군인이 될 수 있음으로 이는 여성에게 차별적 결과를 가져오는 간접차별에 의한 성차별에 해당한다.

3. 헌재 결정문에서 제대군인의 지위는 어떠하게 규정되어 있는가? 동 결정문에 의하면 제대군인은 병역복무기간으로 인하여 불이익을 받는 집단인가?

⇒ 헌재는 결정문에서 "헌법 제39조 제1항에 규정된 국방의 의무는 외부 적대세력의 직·간접적 침략 행위로부터 국가의 독립을 유지하고 영토를 보전하기 위한 의무로서, 헌법에서 이러한 국방의 의무를 국민에게 부과하고 있는 이상 병역법에 따라 군복무를 하는 것은 국민이 마땅히 하여야 할 이른바 신성한 의무를 다하는 것일 뿐, 국가나 공익 목적을 위하여 개인이 특별한 희생을 하는 것이라고 할 수 없다. 그러한 의무를 이행하였다고 하여 이를 특별한 희생으로 보아 일일이 보상하여야 한다고 할 수는 없는 것이다"라고 하였다.

반면에, 가산점제도의 목적의 정당성을 판단함에 있어서는 "군복무 중에는 취업할 기회와 취업을 준비하는 기회를 상실하게 되므로 이러한 불이익을 보전해 인생의 황금기에 해당하는 20대 초·중반의 소중한 시간을 사회와 격리된 채 통제된 환경에서 자기 개발의 여지없이 군복무 수행에 바침으로써 공무원 채용시험 응시 등 취업 준비에 있어 제대군인이 아닌 사람에 비하여 상대적으로 불리한 처지에 놓이게 된 제대군인의 사회 복귀를 지원한다는 것은 입법 정책적으로 얼마든지 가능하고 또한 매우 필요하다고 할 수 있으므로 이 입법 목적은 정당하다"라고 하여 제대군인을 불리한 처지에 있는 자로 정의하고 있다.

동일 결정문에서 헌재의 입장이 다소 모순적이므로 이 결정문이 궁극적으로 제대군인을 불이익 집단으로 보고 있는지 애매하다.

4. 제대 군인에게 공무원 시험 응시에서 3% 내지 5%의 가산점을 인정하는 가산점제도는 제대군인에 대한 적극적 조치를 규정하는 것으로 볼 수 있는가? 이것이 긍정된다면 제대군인은 적극적 조치의 대상이 될 수 있는가? 있다면 그 근거는 무엇인가?

⇒ 가산점제도 방식은 적극적 조치의 경우와 유사하다고 본다. 다만 제대군인이 적극적 조치의 수혜자가 되는 집단인지는 의문이다. 적극적 조치의 대상이 되는 집단은 역사적으로 차별받은 집단으로 볼 수 없다. 따라서 적극적 조치를 제대군인에

게 적용하는 가산점제는 인정될 수 없다.

5. 만일 제대군인이 보상을 요하는 불이익을 받은 집단으로 인정된다면 이들의 평등권은 침해된 것인가? "보상을 요하는 불이익 집단"의 범주에 해당하는 또 다른 유형의 집단으로 어떠한 것이 있을지 생각해 보고 이들 집단을 제대군인 집단과 비교해 보시오.

6. 제대군인 지원에 관한 법률을 노동시장의 진입과정과 노동기간의 측면에서 검토할 때, 집단의 평등의 관점에서 제대군인에 대한 가산점제를 시행하는 것은 어떠한 문제를 가지는가?

⇒ 제대군인이 노동시장에의 진입과정에서 학업과 경력의 단절을 이유로 불이익을 경험하는 집단으로 정의되는 것은 적어도 노동시장에서 여성의 경력단절과 비교할 때 더 나쁘다고 볼 수 없다. 이미 각종의 통계가 의미하듯이 여성의 노동시장 진입에의 차별과 노동시장 내에서의 여성 이탈 및 경력단절은 여성의 노동곡선이 M자형을 구성하고 있다는 점을 볼 때, 제대군인이라는 남성집단과 비교하여 더욱 열약한 상황에 있다. 그럼에도 불구하고 지속적이고 모든 제대군인을 대상으로 하는 가산점제는 차별적인 제도이다.

[해 설]

이 결정문은 헌법상의 평등권 침해가 존재하는지에 관하여 엄격심사 기준을 적용하여 성차별 여부를 판단한 것이다. 성차별을 판단하는 기준으로 엄격심사 기준을 채택하고 있으며, 간접차별의 개념을 수용한 점에서 매우 중요한 의미를 가지며, 특히 제대군인지원에 관하여는 입법목적의 정당성을 인정하면서도 다른 성의 기회의 평등을 침해하면서 지원하는 방식이 정당성을 결여된 것으로 판단하였다는 점에 의미가 있다.

2. 정년・퇴직상의 성차별

* 1차사건 1심: 서울지법 1983.6.21. 선고 83가합221 판결
* 1차 사건 상고심: 대법원 1988.12.27. 선고 85다카657 판결
* 2차 사건 상고심: 대법원 1996.8.23. 선고 94누13589 판결

[사건개요]

교환원 W씨는 1961년 교환원으로 임용되어 1981년 12월 31일까지 체신부 서울시외전화국 교환기장인 기능직 공무원으로 근무하여 오던 중, 1982년 1월 1일자로 체신부의 전기통신 업무가 한국전기통신공사로 이관됨에 따라 공사의 서울시외전화국 일반직 5급 교환원으로 옮겨 근무하였다. 공사는 1982년 5월 20일 인사규정을 개정하면서 교환직렬 직원의 정년만을 43세로 단축하는 단서 조항을 신설하였고, 이러한 인사규정에 의해 W씨는 1982년 12월 31일 공사로부터 교환원의 정년인 43세에 달하였다는 이유로 정년퇴직 발령을 받았다. 이에 W씨는 이러한 정년 퇴직 조치는 헌법과 근로기준법의 남녀평등 규정에 위배되며 근로자의 동의 절차를 거치지 않은 것이라고 주장하며 1983년 1월 13일 서울지법에 정년퇴직 무효확인 소송을 제기했다. 이 사건에 대해 제1심과 제2심은 원고 패소 판결을 내렸으나 대법원은 원심 판결을 파기하고 사건을 고등법원으로 환송했다. 이에 따라 서울고법은 공사의 정년퇴직 발령이 무효라는 확정판결을 내렸고 W씨는 1989년에 원직 복직되면서 사건은 일단락되었다. 그러나 소송이 진행되는 과정에서 공사측이 고등법원 판결 당시 일반식은 58세, 교환원은 53세로 정년 연장 조치를 하였다. 1992년 12월 31일 W씨는 정년 규정에 따른 53세로 정년퇴직하게 되자 차별 정년 규정에 의한 부당해고를 주장하며 서울지방노동위원회에 부당해고구제 신청을 제기하였으나 기각되었다. 이에 W씨는 중앙노동위원회에 재심을 청구하였으며 중노위는 초심 결정을 취소하고 여성 전용 직종을 이유로 한 정년 차별에 해당하여 퇴직 조치는 무효라고 판정하였다. 이후 공사측이 항소하여 항소심에서 패소 판결을 받았으나 대법원은 원심 판결을 파기하였고, 이 사건을 환송 받은 고등법원은 위 사건 퇴직 조치는 정당하다는 부당해고구제 재심판정 취소 판결을 내렸다.

[판결내용]

(1) 1차 사건 1심 판결: 서울지법 1983.6.21 선고 83가합221 판결

정년퇴직 무효 확인에 대한 원고의 청구를 기각하는 판결 이유는 다음과 같다.

첫째, 법 앞에서의 평등이란 각 직종 및 직급의 특수성, 노동시장의 수급관계, 근로의 난이도 등 모든 여건을 합리적으로 판단하여 사회적 상당성이 인정되도록 처리할 것을 요구하는 상대적 평등을 의미하는 것이므로 헌법 제10조와 근로기준법 제5조를 위반한 것이 아니다. 둘째, 원고가 국가공무원으로 재직하던 당시의 교환원의 정년은 43세였으므로 피고공사의 인사 규정은 한국전기통신공사법 부칙 제10조 제2항에 위반되지 않는다. 셋째, 피고공사는 1982년 근로기준법의 규정에 따라 피고공사 노동조합과 단체협약을 체결하면서 위 인사규정의 개정에 대한 동의를 받았으므로 1982년 개정 인사규정은 시행일 이후에 입사하는 직원뿐 아니라 기존에 종사하던 직원에게도 그 효력이 미치는 것이다. 넷째, 근로기준법에서의 취업규칙 변경의 신고의무는 단순한 행정감독상의 편의를 위한 훈시적 규정이라고 해석되므로 피고공사가 위 신고의무를 게을리하였다 하여 피고공사의 개정 인사 규정의 효력이 부인되는 것이 아니고 취업규칙이 단체협약보다 근로자에게 유리할 경우에는 취업규칙이 우선하는 효력이 있다는 주장에 대해서는 단체협약이 동인들에게 불리한 합의를 할 수도 있는 법리이기 때문에 이유 없다.

(2) 1차 사건 상고심: 대법원 1988.12.27 선고 85다카657 판결

본 사건의 모든 사정들을 종합하여 보았을 때 교환직렬은 여성 전용 직종으로 보여지는 데도 합리적인 이유 없이 여성 근로자들을 조기 퇴직하도록 부당하게 낮은 정년을 정한 것이라면 이는 근로기준법의 남녀차별금지 규정에 해당되어 무효로 보아야 할 것이다. 대법원의 판결 이유는 다음과 같다.

첫째, 근로기준법에서 말하는 남녀간의 차별적인 대우란 합리적인 이유 없이 남성 또는 여성이라는 이유만으로 부당하게 차별대우하는 것을 의미하므로 피고 공사의 차별 정년을 인정한 인사규정이 여성이라는 이유만으로 불합리한 차별 내용을 정한 것이라면 무효라고 할 것이다. 둘째, 피고 공사의 교환직은 전통적으로 여성 근로자로 충당되어 왔고 남녀 근로자의 수나 비율 등으로 보더라도 교환 직렬 직종이 여성 전용 직종으로 볼 여지가 있으므로 남성 근로자가 교환원으로 취업하게 된 경위와 위 직종에서 앞으로도 남성 근로자를 필요로 하는지 여부, 위 직종에 대한 남성들의 취업 경향을 살펴서 교환직렬 직종이 여성 전용 직종인지의 여부를 살펴보아야 할 것이며, 다른

일반직 정년에 비해 12년 낮게 정해진 것이 여성에 대한 불합리한 차별에 해당하는지의 여부를 검토해야 할 것이다. 셋째, 비록 이들 직렬에 대해서는 원심 인정과 같이 과거부터 낮은 정년을 정하여 오기는 하였지만 이와 같은 사실만을 가지고는 그것이 여성에 대한 합리적인 이유 없는 부당한 차별이 아니라는 이유로 삼기는 어렵다고 보여지므로 이들 직종 근로자의 근로 내용, 이들 근로자가 갖추어야 할 능력, 근로 시간, 이용자에 대한 역할, 특별한 복무 규율이 필요한 여부나 인력 수급 사정 등 이들 근로자와 피고 공사에 관한 여러 사정을 모두 고려하여 정년을 낮게 정할 상당한 이유가 있었는지, 아니면 합리적인 이유 없이 부당하게 정년을 낮게 정한 것인지의 여부 등을 자세히 검토해야 할 것이며, 위의 모든 사정들을 종합하여 여성 전용 직종으로 보여지는데도 합리적인 이유 없이 여성 근로자들이 조기 퇴직하도록 부당하게 낮은 정년을 정한 것이라면 이는 위 근로기준법의 남녀 차별 금지규정에 해당되어 무효로 보아야 할 것이다.

(3) 2차 사건 상고심: 대법원 1996.8.23 선고 94누13589 판결

교환직은 여성전용 직종이라 하더라도 원심이 다른 직종과 비교하여 정년의 차이를 둔 것이 합리적인 이유가 없다고 판단한 것은 선뜻 납득하기 어렵다. 현재 총 인원 수 6,208명 중 30세 이하는 30명에 불과하고 40세 이상은 2,352명에 이르게 되자 교환직렬 직원들도 젊은 교환원들의 채용을 원하고 있을 뿐 아니라 오히려 단축해야 한다는 의견이 있고, 교환직렬에 잉여인력이 발생하여 1982년 11월 26일 이후 신규채용을 중지하고 있을 뿐만 아니라 교환직렬 상당수는 교환직렬 업무가 아닌 고장신고 업무나 전화국 창구보조 업무 등을 담당하고 있고 이들에 의한 원고의 인건비 증가분도 상당한 사실이 인정된다. 공사의 설립 당시 55세였던 교환직렬의 정년은 각 노사간의 협의를 거쳐 1982년 43세, 1984년 50세, 1987년 53세로 조정되어 오다가 1992년 5월 18일부터 본인의 희망에 따라 인사위원회의 심의를 거쳐 1년 간의 정년 연장이 가능하도록 변경되었고 1987년 9월 4일부터 1994년 5월 30일까지의 원고 교환직렬 직원의 퇴직자 869명 중 53세의 정년으로 퇴직한 자는 1명뿐이고 그 나머지는 모두 정년에 이르기 전에 조기퇴직한 사실이 인정된다. 이러한 점에 비추어 볼 때 53세가 넘는 고령의 여성 근로자가 야간근

무 등을 수반하는 교환직의 업무를 담당하는 것이 적합한지도 의문이다.

교환직렬의 정년을 다른 직렬의 경우와 같이 58세로 연장하면 교환직렬은 더욱 고령화되고 신규인력의 유입이 더욱 어려워짐에 따라 연공서열제를 채택하고 있는 공사의 고용비용은 더욱 증가되고 생산성은 더욱 낮아질 수밖에 없다. 위와 같은 사실이 인정된다면 공사가 교환직렬에 대하여 다른 일반직 직원과 비교하여 5년 간의 정년차등을 둔 것은 사회 통념상 합리성이 없다고 단정하기 어렵다.

[논의주제]

1. 이 사건에서 원고와 피고 회사의 주장을 각각 정리해 보시오.

2. 1차 사건 1심판결에서 전개하고 있는 법 앞의 평등의 개념은 어떤 것이며 그 문제점은 어디서 찾을 수 있는가?

⇒ 법 앞에서의 평등이란 각 직종 및 직급의 특수성, 노동시장의 수급관계, 근로의 난이도 등 모든 여건을 합리적으로 판단하여 사회적 상당성이 인정되도록 처리할 것을 요구하는 상대적 평등을 의미하는 것이므로 헌법 제10조와 근로기준법 제5조를 위반한 것이 아니다.

1차 사건 1심 판결은 상대적 평등의 의미와 자의적 판단의 정당성을 구별하지 못하고 있다.

3. 1차 사건 대법원 판결에서 여성전용 직종에 해당하는지의 여부를 판단하기 위한 기준으로 제시한 것은 무엇인가? 여성전용 직종이라는 점을 주장하기 위한 요건은 어떠한 것이 되어야 하는가?

⇒ 1차 사건에서 대법원은 ① 피고 공사의 교환직이 전통적으로 여성 근로자로 충당되어 왔다는 점, ②남녀 근로자의 수나 비율 ③ 남성 근로자가 교환원으로 취업하게 된 경위와 위 직종에서 앞으로도 남성 근로자를 필요로 하는지 여부, ④ 위 직종에 대한 남성들의 취업 경향 등을 가지고 교환직렬이 여성 전용 직종인지의 여부를 판단하였다. 대법원의 입장은 결과적으로 남녀 근로자의 충원 및 현황에 대한 통계가 요구되며 이 과정에서 어느 정도를 여성전용직종으로 볼지에 대한 판단이 요구될 것이다.

4. 우리 판례는 합리적 이유가 있는 경우 남녀를 달리 대우하는 것이 용인되

며 이는 차별이 아니라는 입장에 있다. 대법원이 차등적 정년이 합리적 차별을 인정할지 여부를 판단할 때, 검토되어야 할 사항으로 제시한 것은 무엇인가? 대법원이 제시하고 있는 차등 정년의 합리성 인정 여부를 판단하기 위한 항목들은 성차별의 합리성을 정당화하기 위한 기준으로 적당하다고 생각하는가? 이 기준만으로 모든 유형의 성차별적 정년 규정의 합리성을 판단할 수 있다고 보는가?

⇒ 반면에 1차 사건 대법원 판결에서는 교환직렬의 조기 정년의 합리성을 판단하기 위해서는 이들 직종 근로자의 근로 내용, 이들 근로자가 갖추어야 할 능력, 근로 시간, 이용자에 대한 역할, 특별한 복무 규율이 필요한 여부나 인력 수급 사정 등을 모두 고려하여 정년을 낮게 정할 상당한 이유가 있었는지, 아니면 합리적인 이유 없이 부당하게 정년을 낮게 정한 것인지의 여부 등을 자세히 검토해야 한다는 입장을 취하였다.

그리고 2차 사건에서 차등정년을 정당한 것으로 판단하고 있는 근거로 ① 교환직렬 직원들도 젊은 교환원들의 채용을 원하고 있나는 것, ② 교환직렬의 잉여인력이 발생하고 있다는 것 ③ 교환직렬 정년을 58세로 할 경우 공사의 고용비용은 더욱 증가되고 생산성은 더욱 낮아질 수밖에 없다는 것을 원인으로 한다.

이 3가지 요건 중 ①과 ③은 근로자와 직접적으로 관계있는 판단이 아니므로 이를 기준으로 성차별 성년의 합리성을 판단하기에는 부적절하다. ②의 경우 잉여인력의 발생으로 더 이상의 인원충원이 필요 없는 경우가 아니라면 차등정년의 합리성을 판단하고 있는 2차사건 대법원 판결은 기업의 고용비용 증가라고 하는 주장을 일방적으로 채택한 것이다. 기업의 고용비용 증가는 성차별적 정년을 인정할 수 있는 합리화 사유에 해당할 수 없다.

5. 연공서열제를 채택하고 있는 우리 기업의 인사구조에서 교환직렬 직원의 고령화 등이 가져오는 영향은 조직의 효율성에 저해된다는 2차 사건 대법원 판례의 입장에서 우리나라 여성노동의 문제점의 핵심은 무엇으로 정의할 수 있을 것인가 ?

[해 설]

이 사건은 여성전용직종에 대한 정년차별의 가장 대표적인 사건이다. 1차 사건에서 교환직렬 여성의 정년을 43세로 남성근로자에 대하여 차등규정한 것은 남녀차별에 해당하는 것으로 대법원은 판단하였으나, 2차 사건에서는 연공서열제를 채택하고 있는 원고회사의 인건비 상승 문제를 제기하면서 차등정년이 차별적이지 않다고 판단하여 대법원 스스로의 입장을 바꾼 사례이다. 또한 이 사건은 여성전용직종에 대한 판단의 기준 등을 제시하였다는 점에서 중요한 의미가 있으나 동시에 여성전용직종=비전문적 분야=조기정년의 정당화의 틀을 가지게 됨으로써 여성의 노동을 부수적 보조노동으로 격하하며 이를 판결을 통하여 정당화하고 있다는 점에서 한계를 가지고 있다.

3. 여성에게 차별적인 단체협약의 효력

(1) 남녀를 차별하여 정년을 규정한 단체협약서 및 취업규칙의 효력

* 대법원 1993.4.9 선고 92누15765 판결

[사건개요]

W는 1975년부터 소외 H섬유주식회사에 생산직 사원으로 근무하였고, 1985년 이래 그 노동조합대표로 노동조합 활동을 전임해 왔다. 그런데 1990년 H섬유 M산업사(이하 '원고업체')에 양도되어 원고가 고용관계를 승계하였다. W는 원고업체의 노동조합의 대표로 재선임된 후 계속 노동조합 활동만을 전임하다가 1991년 2월 26일 만 53세에 달하였다는 이유로 원고업체에서 정년퇴직을 당하였다.

한편, H섬유와 그 노동조합 사이에 체결되어 원고업체와 그 노동조합 사이에 승계된 단체협약 제21조는 "조합원의 정년은 남자 55세, 여자 53세로 하되 일반직 부서에 해당되는 조합원은 제외된다. 일반직 부서는 3차검사, 최종검사, 기계부서를 제외한 부서를 말한다"라고 정하고 있다. 그리고 위 단체협약에 따른 원고업체의 취업규칙은 그 제12조(정년퇴직 연령) 제1항에서 "종업원의 정년퇴직 연령은 남자 만 55세, 여자 만 53세가 되는 다음날로 한다"라고 규정하고 있다. W는 원고업체기계부에 소속되었으나, 노동조합 활동 전임자로 인정되어 사실상 근로에는 종사하지 않다가 위 기계부서 근무 여자의 정년이 53세라는 이유로 정년퇴직 처리된 것이다. 이에 W는 1991년 4월 지방노동위원회에 부당노동행위 및 부당해고 구제신청을 하였으며, 지방노동위원회는 1991년 6월 부당노동행위 구제신청 부분에 관하여는 기각하고, 부당해고는 W의 구제신청을 받아들여 원고에 대하여 원직 복귀와 그 동안 받을 수 있었던 임금의 지급을 명하는 내용의 구제명령을 하였다. 이에 회사측이 재심신청을 하였으나, “W가 5년 이상 노조 전임자로 활동하였고 실제로 기계 부서에서 근무한 바가 없으므로 단지 기계부 소속 근로자라는 사유만으로 53세의 조기정년규정을 적용함은 부당하고, 또한 합리적 이유 없이 남녀에 따라 차등을 둔 단체협약의 정년 조항은 강행법규에 위배되므로 그에 따른 퇴직 조치는 부당하여 초심위원회의 결정이 정당하다”는 이유로 재심신청을 기각당했다.

이에 대하여 회사측은 재심 판정은 위법하므로 취소를 면할 수 없다고 주장하며 행정소송을 제기했으나 패소하였고 다시 대법원에 상고했으나 고등법원과 같은 이유로 기각당했다.

[판결내용]

원고가 경영하는 M산업사의 단체협약서 제21조는 “조합원의 정년은 남자 55세, 여자 53세로 하되 일반직 부서에 해당되는 조합원은 제외된다”라고 규정하며…, 취업규칙 제12조 제1항은 “종업원의 정년퇴직 연령은 남자 만 55세, 여자 만 53세가 되는 다음날로 한다”고 규정하고 있음을 알 수 있다. 따라서 위 각 규정의 해석상 위 M산업사는 그 소속 근로자의 정년에 대하여 원칙적으로 남녀를 달리 취급하여 남자는 55세, 여자는 53세로 하되, 3차 검사부, 최종검사부, 기계부를 제외한 7개 일반 부서의 근로자의 경우에는 그 적용을 배제하여 남녀 모두 55세로 정하고 있다… 위 3개 부서에 관하여 성별 작업구분이나 근로조건의 구분을 명확히 하지 아니한 채 남녀를 차별하여 정년을 규정한 것은 합리적인 이유 없이 남녀의 차별적 대우를 하지 못하도록 한 근로기준법 제5조와 근로자의 정년에 관하여 여성인 것을 이유로 남성과 차별해서는 아니 된다고 한 남녀고용평등법 제8조 등 강행 법규에 위배되어 무효라고 할 것이다.

(2) 여성이 대부분 종사하는 직종의 정년을 낮게 정한 단체협약 규정의 효력

*서울고법 1993.5.11 선고 92나67621 판결

[사건개요]

원고는 1978년 7월, 상시 5인 이상의 근로자를 사용하는 사업체로서 지류 제조, 가공 및 판매를 목적으로 하는 피고 회사에 입사하여 선별 포장직에 근무하다가 1992년 4월 피고 회사의 정년 규정(단체 협약상 기능직: 만 55세, 선별 포장직 : 만 52세)에 따라 퇴직 조치되었다. 이에 원고는 이 사건 청구원인으로 피고회사 단체협약상의 정년 규정은 실질적으로 남녀의 차별적 대우를 내용으로 하고 있는 것으로 근로기준법 및 남녀고용평등법에 위배되어 무효이고, 따라서 위 정년 규정에 의하여 원고에게 행해진 위 퇴직 조치는 무효이므로 그 확인을 구함과 아울러 위 퇴직 조치 다음날부터 이 사건 판결 확정시까지 위 무효인 퇴직 조치로 인하여 받지 못한 임금의 지급을 구하였다.

이에 대하여 피고회사는 업무 내용에 따라 정년에 차이를 두고 있을 뿐 남녀를 차별적으로 대우하고 있지 않고, 선별 포장직의 정년을 기능직보다 단축하여 정한 이유는 선별 포장직이 제조된 제품의 불량품을 선별하고 남은 합격품을 박스(box)에 넣어 포장하여 운반하는 일을 내용으로 하여 팔과 허리의 사용이 많아 고령의 근로자가 수행하기 어려운 노무의 특성을 고려한 때문이므로 위 정년 규정에 따라 선별 포장직에 근무하던 원고를 퇴직 조치한 것은 정당하다고 주장하였다.

[판결내용]

피고회사는 1989년 4월 30일자 단체협약서 제20조에 생산직 근로자의 정년에 관하여 남자는 55세, 여자는 50세로 규정되었을 뿐 직종의 구분이 없었는데, 1990년 3월 28일 이를 개정하면서 기능직 만 55세, 선별 포장직 만 52세로 수정하였다. 원고가 퇴사 당시인 1992년경 피고회사 2개 공장 통틀어 기능직 162명, 선별 포장직 49명 중 기능직에 여자 1명, 포장직에 남자 1명(포장직의 남자는 주임인 것으로 인정된다)이 있는 이외에는 기능직이 모두 남자

이고 선별 포장직이 모두 여자이다. 그러나 기능직으로 분류된 남자 근로자들에 대하여는 특별한 기능을 요한다고 하여 분리채용된 것이 아니라 아무런 특별한 기능의 구분 없이 채용되었고, 선별 포장직인 여자 근로자들 무거운 물체를 운반하는 기계장치 등 운반설비가 갖추어져 있어 기계의 작동을 주로 하는 남자 근로자들과도 서로 상대방의 일을 대신 하여 주는 경우가 있어 업무 내용에 뚜렷한 구분이 있지도 않았다.

위 인정 사실에 의하면, 피고 회사의 1990년 3월 28일자 단체협약서 제20조 정년 규정에 정한 기능직과 선별 포장직의 구별은 성별 작업 구분이나 근로조건의 구분이 명확한 작업의 특성에 따른 합리적인 구분이라기보다 실질적으로 기능직과 선별 포장직의 정년을 달리해야 할 근로조건 및 작업 내용의 차이가 없음에도 합리적인 이유 없이 남녀를 차별적으로 대우하는 규정이라고 인정되므로 이러한 남녀를 차별하는 규정은 사용자는 근로자에 대하여 남녀의 차별적 대우를 하지 못한다는 근로기준법 제5조와 근로자의 성별에 관하여 여성인 것을 이유로 남성과 차별해서는 아니 된다고 한 남녀고용평등법 제8조 등 강행법규에 위배되어 무효라고 할 것이며, 원고에 대하여 정년을 이유로 행해진 피고 회사의 퇴직 조치는 무효라고 할 수밖에 없다.

[논의 주제]

1. (1)(2)사건은 단체협약에서 차등 정년을 규정한 것의 부당함을 주장한 사건이다. 단체협약의 정당성을 근거로 이루어지는 성차별적 취업규칙은 어디에서 기인하는 문제인가? 이를 극복하기 위한 대안으로 어떠한 제도적 보완이 요구되는가?

2. 사례 (2)는 정년 차등을 규정하고 있는 단체협약에 성별분리표시가 없는 경우에도 이를 성차별적 정년 규정으로 놓고, 근로기준법 6조(남녀동권) 및 남녀고용평등법 제8조(현행 제11조)의 강행법규 위반 규정으로 인정하고 있다. 법원이 관련된 단체협약을 성차별 규정으로 인정하고 있는 근거를 정리해 보시오.

⇒ ① 원고가 퇴사 당시 기능직 162명, 선별 포장직 49명 중 기능직에 여자 1명, 포장직에 남자 1명 이외에는 기능직이 모두 남자이고 선별 포장직이 모두 여자인 점.

② 기능직 남자 근로자들은 특별한 기능의 구분 없이 채용되었고, 선별 포장직인 여자 근로자들은 무거운 물체를 운반하는 기계장치 등 운반설비가 갖추어져 있어 기계의 작동을 주로 하는 남자 근로자들과도 서로 상대방의 일을 대신 하여 주는 경우가 있어 업무 내용에 뚜렷한 구분이 있지 않았다.

③ 차등정년은 작업의 특성에 따른 합리적인 구분이라기보다 합리적인 이유 없이 남녀를 차별적으로 대우하는 규정이라고 인정된다.

3. 만일 근로자의 채용시 특정 목적을 명목으로 하여 기능직과 포장직 등을 분리하여 채용하고 각각 55세, 53세의 차등적 정년을 부여하였으나 실질적으로 업무 구별 없이 상호 교차적 지원으로 업무를 수행한 경우 차등정년의 정당성은 인정될 수 있다고 보는가? 위의 판례들의 입장에서 이를 판단해 보시오.

[해 설]

두 사건은 모두 여성에게 차등정년을 규정하고 있는 취업규칙 내지 단체협약의 효력에 관한 정당성에 의문을 제기하고 있는 사례들이다. 근로자와 사용자 사이에서 체결되는 단체협약은 많은 경우 여성노동자에 대한 차별적인 처우를 묵인해 왔다. 그럼에도 불구하고 이는 단체협약으로서 정당한 효력을 가지고 사용되었다는 점에서 여성노동의 문제가 반드시 노동자의 문제와 일치할 수 없는 차이를 가지고 있다는 것을 잘 나타내 주는 예에 해당한다. 이것은 결국 여성노동이 가지는 특수성과 노동조합을 통한 근로여성의 지위 향상이 한계를 가지고 있다는 것을 의미하기도 하다.

4. 임금상의 성차별

(1) Y대학교 일용직 청소원 사건

* 서울가법 1991.6.27 선고 90가단7848 판결

[사건개요]

원고(여성 근로자)는 피고가 경영하는 Y대학교의 일용직 청소원인데, 원고

가 피고법인의 일용직 청소원으로서 하고 있는 노동은 정식 직원으로서 청소 일을 하는 남자 방호원들이 하는 노동과 동일가치의 노동임에도 불구하고 피고는 원고에게 같은 경력의 정식직원인 남자 방호원보다 훨씬 낮은 금액의 급여를 지급하였으므로 피고는 원고에게 원고와 같은 경력의 정식 직원인 남자 방호원이 위 같은 기간 동안 지급받았을 월 급여(합계 금 924만 2,800원)에서 원고가 실제로 지급받은 위 급여 총액의 차액금(610만 5,200원)을 지급할 의무가 있다고 주장하며 법원에 소를 제기하였다.

[판결내용]

피고법인(Y대학교)의 직원인사규정 제3조에서는 직원을 행정직, 전문직, 기능직, 별정직으로 구분하고 용원직에 해당하는 기능직의 직급을 방호 및 경비로 세분하여 동 업무에 종사하는 자를 방호원으로 칭하고 있는 사실, 피고법인의 방호직 방호원의 업무는 건물 및 시설 등의 관리 업무로서 그들이 배치된 건물 및 시설의 방화, 방범, 외부인 출입의 감시와 통제, 일직, 숙직 및 시설 유지 등이고, 경비직 방호원의 업무는 수위실 근무 및 학교 외곽순찰 등으로서 모두 주·야간을 불구하고 방호 등의 업무에 종사하고 있는 사실, 방호직 방호원은 그들이 배치된 건물 및 시설의 청소 업무 특히 외부의 장애물 철거, 낙엽, 눈 치우기, 쓰레기 소각, 시위 후의 청소 등 주로 많은 노동력을 필요로 하는 옥외청소 업무도 수행하고 있으나 청소 업무가 그들의 고유 업무도 아닐 뿐만 아니라 청소 업무만을 전담하는 방호원도 없는 사실, 위와 같이 청소 업무가 방호원의 본래의 업무도 아니고 또한 기존의 방호원만으로 업무수행이 어려운 도서관, 기숙사, 수영장, 천문대 등이 있기 때문에 피고법인에서는 남녀 일용직 청소원을 고용하여 활용하고 있는바, 여자 일용직 청소원은 모두 옥내청소업무에 종사하는바, 위와 같이 여자 일용직 청소원의 업무는 건물 내의 청소에 국한되는 것이고 또한 그 청소담당 구역이 미리 정하여져 있으므로 실제의 업무처리 시간이 그다지 길게 걸리지 않는다. 위 여자 일용직 청소원은 피고법인의 정식 직원이 아니고 임시직이므로 피고법인의 직원인사규정상의 임면, 승진, 전보, 보수, 징계 등의 제반 규정의 적용을 받지 아니하고 특별한 임용절차를 거침이 없이 결원이 생기는 경우 Y대학교 총무처 관리과에서 학교 주변의 가정주부들에게 일자리를 주는 형태로 고용하고 있다.

무릇 위 남녀고용평등법이 동일가치 노동의 징표로 들고 있는 요소 중 '기술'은 자격증, 학위, 습득된 경험에 의한 능력을, '노력'은 육체적 및 정신적 노력, 작업 수행과 관련된 물리적 및 정신적 긴장 즉 노동 강도를, '책임'은 직업에 내재한 의무의 성격, 범위, 복잡성, 그리고 고용주가 피고용주에게 의지하는 정도를, '작업조건'이란 소음, 일, 물리적 위험, 고립, 추위 등의 물리적 환경을 각 의미한다 할 것인바, 피고법인의 일용직 청소원인 원고의 노동과 정식 직원인 남자 방호원의 노동은 그 담당하는 업무의 성질, 내용, 책임의 정도, 작업조건 등에 비추어 위 남녀고용평등법 제6조의2 제1항 소정의 동일가치 노동에 해당된다고 볼 수 없다 할 것이다.

(2) 한길사건

* 대법원 2003.3.14. 선고 2002도3883 판결

[사건개요]

이 사건에서 원고는 사용자는 근로자에 대하여 남녀의 차별적 대우를 하여서는 아니 되며 동일한 사업 내의 동일가치의 노동에 대하여는 동일한 임금을 지급하여야 함에도, 피고인은 공소 외 주식회사의 대표이사로서, 신규채용자 중 남자근로자의 임금에 비교하여 여자근로자의 임금을 낮게 책정하여 지급함으로써 여자근로자 23명에 대한 임금 합계 금 22,409,607원을 부족하게 지급하는 등 성별을 이유로 근로자들을 부당하게 대우하였음을 주장하고 동일가치 노동에 대한 동일 임금을 주장하였다.

[판결내용]

구 남녀고용평등법(2001.8.14. 법률 제6508호로 전문 개정되기 전의 것) 제6조의2 제1항은 "사업주는 동일한 사업 내의 동일가치의 노동에 대하여는 동일한 임금을 지급하여야 한다"고 규정하고 있는바, 여기에서 '동일가치의 노동'이라 함은 당해 사업장 내의 서로 비교되는 남녀 간의 노동이 동일하거나 실질적으로 거의 같은 성질의 노동 또는 그 직무가 다소 다르더라도 객관적인

직무평가 등에 의하여 본질적으로 동일한 가치가 있다고 인정되는 노동에 해당하는 것을 말하고, 동일가치의 노동인지 여부는 같은 조 제2항 소정의, 직무 수행에서 요구되는 기술, 노력(勞力), 책임 및 작업조건을 비롯하여 근로자의 학력·경력·근속연수 등의 기준을 종합적으로 고려하여 판단하여야 하며, '기술, 노력, 책임 및 작업조건'은 당해 직무가 요구하는 내용에 관한 것으로서, '기술'은 자격증, 학위, 습득된 경험 등에 의한 직무수행능력 또는 솜씨의 객관적 수준을, '노력'은 육체적 및 정신적 노력, 작업수행에 필요한 물리적 및 정신적 긴장, 즉 노동 강도를, '책임'은 업무에 내재한 의무의 성격·범위·복잡성, 사업주가 당해 직무에 의존하는 정도를, '작업조건'은 소음, 열, 물리적·화학적 위험, 고립, 추위 또는 더위의 정도 등 당해 업무에 종사하는 근로자가 통상적으로 처하는 물리적 작업환경을 말한다.

기록에 의하면, 공소외 회사는 1996.4.1. 제정된 취업규칙 제53조에서 "종업원에 대한 임금은 성별, 학력, 연령, 경력, 기술 정도에 따라 결정한다"고 규정하고 있어 성별을 임금 결정의 중요한 기준으로 삼아왔고, 실제로 일용직 근로자를 신규채용함에 있어 취업규칙에 근거하여 학력, 경력, 기술 등 다른 기준에서 별다른 차이가 없는 남녀근로자에 대하여 성별에 따라 미리 일률적으로 책정된 일당을 적용하여 1995.6.경부터 1996.9.경까지 남자는 금 17,600원, 여자는 금 15,600원, 1996.10.경부터 남자는 금 19,100원, 여자는 금 17,100원을 지급한 사실을 알 수 있다.

그런데 앞서 본 법리를 전제로 하여 기록에 의하여 살펴보건대, 우선 수사기록 138쪽 이하에 붙은 공소외 회사의 신규직원 채용서류에 의하면, 공소외 회사는 이 사건 공소사실 기재 일시경에는 신규생산직원 채용시 근무부서를 생산부라고 포괄적으로 지정하는 외에 성형, 시유, 소성, 포장, 제유의 5개 공정만을 지정하였는데 그 중 포장과 시유 공정은 남녀 구분 없이 공통으로 지정하였던 사정을 알 수 있어서, 공소외 회사의 공정 구분 및 남녀직원 배치에 관한 원심의 사실인정이 정당한 것인가 자체가 의심스럽다.

나아가 공정 구분과 남녀직원 배치에 관한 원심의 사실인정을 수긍한다고 하더라도, 공소외 회사의 신규채용 일용직 근로자의 경우, (1) 남녀 모두 하나의 공장 안에서의 연속된 작업공정에 배치되어 협동체로서 함께 근무하고 있고 공정에 따라 위험도나 작업환경에 별다른 차이가 있다고 볼 수 없어 그 '작업조건'이 본질적으로 다르다고 할 수는 없고, (2) 이들은 모두 일용직 근로자로서 그 '책임'의 면에서 별다른 차이가 있다고 보기도 어려우며, (3) 일반적으로 앞서 본 '기술'과 '노력'의 면에서 임금 차별을 정당화할 만한 실질적 차이가 없는 한 체력이 우세한 남자가 여자에 비하여 더 많은 체력을 요하는 노동을 한다든가 여자보다 남자에게 적합한 기계 작동 관련 노동을 한다는 점만으로 남자근로자에게 더 높은 임금을 주는 것이 정당화되지는 않는 것인데, 공소외 회사의 공장의 경우에 남녀근로자가 하는 작업이 작업의 성격이나 기계 작동의 유무의 면에서 다소의 차이가 있고, 작업공정에 따라서는 남자근로자가 무거운 물건을 운반하고 취급하는 등 여자근로자에 비하여 더 많은 체력을 소모하는 노동에 종사한 것이 사실이지만, 그렇다고 하여 남자근로자의 작업이 일반적인 생산직 근로자에 비하여 특별히 고도의 노동 강도를 요하는 것이었다든가 신규채용되는 남자근로자에게 기계 작동을 위한 특별한 기술이나 경험이 요구되었던 것은 아닌 것으로 보이므로, 원심 인정과 같은 정도의 차이만으로 남녀 간 임금의 차별 지급을 정당화할 정도로 '기술'과 '노력'상의 차이가 있다고 볼 수는 없다고 할 것이다.

그렇다면 이 사건 사업장 내에서 일용직 남녀근로자들이 하는 일에 다소간의 차이가 있기는 하지만 그것이 임금의 결정에 있어서 차등을 둘 만큼 실질적으로 중요한 차이라고 보기는 어려우므로, 그들은 실질적으로는 거의 같은 성질의 노동에 종사하고 있다고 봄이 상당하고, 따라서 달리 위와 같은 남녀근로자 사이의 임금 차별이 합리적인 기준에 근거한 것임을 알아볼 수 있는 자료가 없는 이상, 공소외 회사는 임금 책정에 있어 성에 따라 그 기준을 달리 적용함으로써 여자근로자에게 동일가치의 노동에 종사하는 남자근로자보다 적은 임금을 지급한 것이라고 보아야 할 것이다.

그럼에도 원심은 그 판시와 같은 이유만으로 이 사건 사업장 내 남녀근로자의 일이 동일가치의 노동이라고 볼 수 없다고 판단하였으니, 거기에는 동일가치노동에 관한 법리를 오해하여 판결에 영향을 미친 위법이 있다고 할 것이다.

그러므로 원심판결 중 무죄 부분을 파기하고 이 부분 사건을 다시 심리・판단하도록 원심법원에 환송하기로 하여, 관여 법관의 일치된 의견으로 주문과 같이 판결한다.

[논의 주제]

1. 위 사건 (1)과 사건 (2)에서 법원이 동일가치 노동에 대한 동일임금의 지급 원칙에 있어 동일가치 노동을 평가하는 기준으로 제시한 것은 무엇인가?

⇒ (1) 사건 : 동일가치 노동의 징표로 들고 있는 요소 중 '기술'은 자격증, 학위, 습득된 경험에 의한 능력을, '노력'은 육체적 및 정신적 노력, 작업 수행과 관련된 물리적 및 정신적 긴장 즉 노동 강도를, '책임'은 직업에 내재한 의무의 성격, 범위, 복잡성, 그리고 고용주가 피고용주에게 의지하는 정도를, '작업조건'이란 소음, 일, 물리적 위험, 고립, 추위 등의 물리적 환경을 각 의미한다.

(2) 사건 : 동일가치의 노동인지 여부는 '기술'은 자격증, 학위, 습득된 경험 등에 의한 직무수행능력 또는 솜씨의 객관적 수준을, '노력'은 육체적 및 정신적 노력, 작업수행에 필요한 물리적 및 정신적 긴장 즉, 노동 강도를, '책임'은 업무에 내재한 의무의 성격 · 범위 · 복잡성, 사업주가 당해 직무에 의존하는 정도를, '작업조건'은 소음, 열, 물리적 · 화학적 위험, 고립, 추위 또는 더위의 정도 등 당해 업무에 종사하는 근로자가 통상적으로 처하는 물리적 작업환경을 말한다.

2. 동일가치 노동인지 여부를 평가하는 기준으로 반드시 직무 범위의 동일성이 전제되어야 하는가?

⇒ (2)사건에서 판례는 '동일가치의 노동'이라 함은 당해 사업장 내의 서로 비교되는 남녀 간의 노동이 동일하거나 / 실질적으로 거의 같은 성질의 노동 또는 그 직무가 다소 다르더라도 객관적인 직무평가 등에 의하여 본질적으로 동일한 가치가 있다고 인정되는 노동에 해당하는 것을 말하는 것으로 판단된다. 따라서 직무 범위의 동일성이 필수적인 것은 아니다.

3. 남녀 간의 임금 격차를 극복하기 위해 동일가치노동 동일임금의 원칙이 지향되어야 할 원칙으로 인정되고 있다. 이 원칙은 먼저 동일가치 노동인지 여부를 판단하여야 하며 그 기준으로 기술, 노력, 책임, 작업조건 등의 요건을 제시하고 있다. 이러한 평가 방식이 여성노동자가 주로 참여하고 있는 노동방식에 비추어 어떠한 점이 문제가 될 수 있을 것인가?

⇒ 여성노동자가 주로 진출하고 있는 거대한 노동시장의 하나는 돌봄노동이다. 그러나 돌봄노동의 가치를 평가하는 기준은 여전히 경제적으로 미비되어 있다. 이는 특히 생산 노동과 같이 일정한 생산물이 만들어지지 않는 노동으로 그 가치를 환산

하는 것이 어렵다. 따라서 이에 동일임금을 지급하는 것 또한 불가능하다.

4. 동일가치노동 동일임금의 원칙을 현행 임금체계에 비추어 적절히 구현될 수 있는 기준인지 검토해 보시오.

⇒ 동일가치노동 동일임금의 문제는 현행 임금체계에서 볼 때는 동일임금을 지급하여야 하는 대상을 판단하기 위한 전제로서 동일노동 및 동일가치노동이 존재하였는지 판단하는 것이다.

우리나라에서 가장 대표적인 임금체계는 연공급과 직능급 그리고 직무급체계를 들고 있다. 그 각각의 특성을 보면, 광의에서 연공급과 직능급은 모두 속인적 요소를 임금결정의 요인으로 삼는 임금체계라 할 수 있는 반면, 직무급은 직무의 성질과 가치에 의하여 임금이 결정되는 직무요소를 임금결정의 요인으로 하는 임금체계를 말한다. 같은 속인적 요소에 기초한 임금체계라 하더라도 연공급은 개인의 변하지 않는 속성(학력, 근속 등)을 기준으로 하는 반면, 직능급은 개인의 변화 가능한 속성(직무수행능력)을 바탕으로 한다는 점에 차이가 있다. 그러므로 근로자 스스로가 자기개발을 하여 자격을 획득하고 그것이 직무수행에 유익한 결과를 가져올 수 있는 전제가 될 경우에는 직능급제 하에서는 임금의 결정요인에 반영될 것이지만, 연공급제 하에서는 반영될 여지가 적다.

기업이 어떠한 임금결정요인을 토대로 어떠한 임금체계를 구축할 것인가는 강행법률로 금지하는 차별요소를 구별기준으로 하는 경우 이외에는 사용자의 자유이다.

그런데 남녀고용평등법 제8조 제2항은 동일가치노동의 평가기준으로 기술, 노력, 책임, 작업조건 등을 설정하고 있으며, 그 의미를 자격증, 습득된 경험 등 업무수행 능력 또는 솜씨의 객관적인 수준(기술), 업무수행에 필요한 육체적・정신적 힘의 작용(노력), 업무에 내재된 의무의 성격・범위, 사업주가 당해 직무에 의존하는 정도(책임), 소음, 열, 물리적・화학적 위험의 정도 등 당해 업무에 종사하는 근로자가 통상적으로 처하는 작업환경(작업조건)으로 나타내고 있다.[29]

이러한 4가지 요소는 근로자가 가지고 있는 본래의 속인적 속성에 대한 평가라기보다는 근로자가 구체적으로 수행하게 되는 당해 직무를 중심으로 이루어진 평가의 의미로 볼 수 있다.[30] 즉 직무급의 판단기초인 것이다.[31]

---

29) 대법원 2003.3.14, 2002도3883.

30) 정연앙, 직무분석과 직무평가, KLI 문고 003, 한국노동연구원, 1996, 43면 이하, 특히 61면 이하 김태홍・양혁승・이승길, “동일가치노동의 판단을 위한 비교기준 및 평가방법 연구,” 『노동부 용역보고서』 2001/12, 167면 이하 참조.

31) 동일가치노동에 대한 동일임금원칙이 이와 같은 직무평가적 요소로 입법되어 있다고 해

그렇다면 이러한 4요소의 잣대는 다른 임금체계, 예컨대 연공급체계에서의 동일(가치)노동에 대한 판단기준으로 적절하지 못할 수도 있다. 연공급 체계하에서는 이러한 요소보다는 연공급의 토대를 이루는 학력이나 경력 그리고 근속연수가 오히려 중심적인 판단기준으로 작용할 수 있을 것이다.

또한 임금을 다른 측면에서 분석할 경우 그 결정요인으로는 근로자가 제공한 노동력(manpower)의 대가에 초점을 두는 경우도 있지만, 그 반면에 근로자가 제공한 고과(merit)에 따라 결정되는 경우도 있다. 특히 후자의 경우 그 성과는 단순한 투입한 노동력에 비례한 개별성과를 전제로 하는 경우도 있지만 투입한 노동력과는 별개로 근로자가 지닌 창의력을 그 대상으로 삼는 경우도 있다. 전자는 고정급의 기초를 이루며 주로 연공급이나 능력급의 토대를 이루며, 후자는 직무급을 위시하여 성과, 역할, 업적 내지 공헌도에 기초하여 이루어지는 경우를 들 수 있다.[32]

그러므로 동일가치노동 동일임금이라 하더라도 성과급의 특징하에서는 각 개인이 지니는 역할이나 능력 등에 따라 임금액이 달리 산정되더라도 이는 합리적인 이유를 갖춘 것으로 볼 수 있다.[33]

5. 3인의 근로자가 있는 A사업장에 다니는 甲녀는 입사 후 자신의 급여가 乙남과 비교하여 낮게 책정되었다는 사실을 발견하였다. 甲녀는 어떠한 주장을 할 수 있는가?

⇒ − 남녀고용평등법과 근로기준법이 적용되는 사업장
− 양 법의 적용이 되지 않는 사업장의 경우 헌법소원 제기 가능성 검토
: A기업의 임금기준이 남성에 비교하여 여성을 차별하는 것으로 헌법 제11조 제1항의 법앞의 평등, 헌법 제32조 제4항의 여성근로자의 특별보호 조항에 위반되지 않는지 검토한다.
: A기업이 사기업인 경우 甲녀는 헌법 제11조 제1항 및 제32조 제4항을 기본으로 A기업의 취업규칙의 무효를 주장할 수 있는가? 기본권의 대 사인적 효력을 검토한다.

서 직무평가방법도입이 강제되어 있는 것으로는 볼 수 없다 김엘림, "동일가치노동 · 동일임금원칙," 『2003 노동법학회 하계학술발표회 자료집』, 43면 이하 김태홍/전윤구, "동일가치노동에 대한 동일임금모델 개발," 노동부용역보고서, 2002/11, 19면 이하, 193면 이하 심재진, "남녀고용평등법의 실효성문제에 대한 고찰," 『민주법학』 제22호, 123면 이하.

32) 김환일, "임금관리와 임금법제," 중앙경제사, 2004, 31면 이하.

33) 김태홍 · 양혁승 · 이승길, "동일가치노동의 판단을 위한 비교기준 및 평가방법 연구," 2001/ 12, 234면.

6. 여성노동자의 임금이 남성노동자에 비교하여 낮은 현실을 극복하기 위한 대안을 '동일가치 노동' '동일임금 지급' 원칙을 제시하였다. 이 원칙이 남녀간의 임금 격차를 극복할 수 있다고 보는가? 만일 그렇지 않다면 어떠한 한계를 나타낼 수 있다고 보는가?

⇒ 동일가치노동 동일임금의 원칙을 관철하기 위해서는 먼저 비교의 대상군이 적절히 존재하여야 한다. 즉, 판례는 '동일가치의 노동'이라 함은 당해 사업장 내의 서로 비교되는 남녀 간의 노동이 동일하거나 / 실질적으로 거의 같은 성질의 노동 또는 그 직무가 다소 다르더라도 객관적인 직무평가 등에 의하여 본질적으로 동일한 가치가 있다고 인정되는 노동으로 정의하고 있다.

이 중 후자인 직무가 다소 다르더라도 객관적으로 직무평가 등에 의하여 본질적으로 동일한 가치가 있다고 그 가능성이 인정되는 노동이 적어도 비교 대상으로 존재하지 않는다면, 동일가치 노동 여부를 판단할 수 없고 동일임금의 지급원칙은 관철될 수 없다.

문제는 임금노동 시장에서 남녀간의 노동시장의 분리 현상은 직무가 다소 다르더라도 객관적인 직무평가 등에 의하여 본질적으로 동일한 가치가 있다고 인정될 가능성이 있는 노동으로 인정받기 어려운 경우가 많으므로 동일가치 노동 동일임금의 원칙이 고용평등의 지표로 역할을 기대하기 어려운 점이 있다.

[해 설]

두 사건은 '동일가치노동 동일임금'의 원칙을 근거로 문제제기를 한 사건이다. 특히 사례 (2) 한길사건의 경우 '동일가치노동 동일임금'의 원칙의 규범적 내용을 확인한 최초의 대법원 판결로서 의미를 가진다. 다만 동일임금 지급의 대상이 되기 위해서는 동일가치 노동임을 판단하여야 하는데, 이에 대한 객관적 평가 지표를 계량화 하는 평가를 하지 않고 있다는 점에서 한계를 가지고 있다.

5. 해고상의 성차별

(1) 알리안츠 성차별적 정리해고사건

* 서울지법 2000.11.23. 선고 99가합48608 판결
* 서울고등법원 2002.2.26. 선고 2001나25018 판결
* 대법원 2002.7.26. 선고 2002다19292 판결

[사건개요]

1997.12.경 IMF 외환위기가 발생하자, 우리나라 보험업계는 효율적인 구조조정이 필요하다는 인식이 넓게 확산되었다. 그러던 중 사내부부 중 1명을 자연스럽게 퇴직시킨다는 것이 마치 좋은 구조조정의 사례인 것처럼 여겨지는 사회적 분위기가 형성되었다. 이에 따라 회사의 방침에 의해서 부부사원은 그 동안 두 사람이 회사에서 혜택을 받았으나 한 사람만 벌어도 살 수 있으니 부인이 사표를 제출하도록 설득하였고, 원고들은 피고회사의 요구에 불응할 경우 장차 남편이 피고회사로부터 어떠한 불이익을 받을지 모른다는 우려와 그로 인하여 부부관계마저 깨질 수 있다는 심한 압박감을 견디지 못하고 "1998년 8월 31일 자로 사직합니다"라는 내용의 사직서를 1998.7.25.자로 작성하여 피고회사에 제출하게 되었다.

1998. 8.경까지 피고회사의 본사 및 전국 각 영업소에서 근무하는 사내부부 88쌍 중 86쌍의 한쪽 배우자가 모두 위와 같이 사직서를 제출하였는데 (그 중 여자사원은 원고들을 포함한 86명이고, 남자사원은 손○○, 송○○ 등 2인이며, 사내결혼 여자사원인 박○○는 1998.7.28.부터 같은 해 10.8.까지 출산휴가 중이었는데도 피고회사는 동인으로부터도 "1998.8.31.자로 사직하고자 한다"는 내용의 사직서를 제출받아 같은 날자로 퇴직발령을 하였다), 퇴직사원들은 피고회사의 취업규칙소정의 퇴직금 이외에 아무런 금원도 수령한 바 없었고 피고회사가 퇴직사원들의 배우자들에게 인사상의 이익을 준 바도 없었다.

1999년 피고회사는 서울지방노동청에 근로기준법 위반으로 고발되었고, 2000년 퇴직사원들에게 기본급 12개월분과 위로금 1,000,000원을 지급하는 조건으로 피고회사와 피고회사 임직원들에 대하여 일체의 청구권을 포기하기로 합의하여 71명은 고소를 취하하였다.

[1심 판결내용]

원고들의 퇴직 경위와 그 전후사정에 비추어, 비록 피고회사의 지점장 등이 원고들의 남편을 통하거나 원고들에게 직접 퇴직을 권유하는 과정에서 피고회사의 어려운 상황을 다소 과장하거나 퇴직하지 않을 경우 남편에게 인사상의 불이익을 입을 수 있다는 취지의 설명을 한 바가 있다고 하더라도, 그와 같은 사정만으로는 원고들이 사직의 의사가 없었음에도 불구하고 우월적 지위에 있는 피고회사의 협박, 강요로 인하여 어쩔 수 없이 위 사직서를 제출하였다고 볼 수는 없고, … 피고회사가 퇴직자들에게 위로금을 지급하고 합의하였다는 사실만으로는 퇴직을 강요했다고 인정하기에 부족하고 달리 이를 인정할 증거가 없으며, 오히려 원고들은 위 사직서를 제출할 당시 진정으로 사직하기를 원하지는 않았다고 할지라도 그 당시 또는 장래의 피고회사를 비롯한 동종업계의 실정이나 경영상황, 퇴직할 경우와 계속 근무할 경우에 있어서의 이해관계 등을 종합적으로 고려하여 당시의 상황으로써는 그것이 최선이라고 판단하여 위 사직서를 제출하기에 이르렀다고 보이므로, 원고들의 위 사직원 제출이 진의 아닌 의사표시에 해당한다고 할 수는 없다고 할 것이다.

그렇다면 원고들의 퇴직 당시 원고들이 피고회사의 권유에 따라 사직의 의사표시를 하고 피고회사가 이를 받아들임으로써 원고들과 피고회사 사이에 근로계약은 유효하게 합의해지되었다고 할 것이고, 그 이외에 원고들의 퇴직을 실질적으로 해고에 해당하는 것으로 볼 만한 특별한 사정이 없는 이 사건에서, 원고들 주장의 정리해고의 요건 결여, 남녀고용평등법 제8조 제1항 및 제2조의2 제1항 위반은 원고들과 피고회사 사이의 근로계약 합의해지의 효력을 좌우할 사유가 되지는 못한다고 할 것이므로, 이와 다른 전제에 선 원고들의 주장은 나머지 점에 대하여 판단할 필요 없이 이유 없다.

[2심 판결 내용]

근로자가 사용자에게 사직서를 제출하고 사용자가 사직서 제출에 따른 사직의 의사표시를 수락함으로써 사용자와 근로자 사이의 근로계약관계는 합의 해지에 의하여 종료되는 것이므로 사용자의 의원면직처분을 해고라고 볼 수 없고(대법원 1996.7.30. 선고 95누7765 판결, 1997.8.29. 선고 97다12006 판결 등 참조), 진의 아닌 의사표시에 있어서의 진의란 특정한 내용의 의사표시를 하고자 하는 표의자의 생각을 말하는 것이지 표의자가 진정으로 마음속에서 바라는 사항을 뜻하는 것은 아니므로, 표의자가 의사표시의 내용을 진정으로 마음속에서 바라지는 아니하였다고 하더라도 당시의 상황에서는 그것을 최선이라고 판단하여 그 의사표시를 하였을 경우에는 이를 내심의 효과의사가 결여된 진의 아닌 의사표시라고 할 수는 없다 할 것이지만(대법원 1996.12.20. 선고 95누16059 판결 참조), 의원면직의 형식을 취하여 근로계약관계를 종료시킨다고 할지라도 사직의 의사 없는 근로자로 하여금 어쩔 수 없이 사직서를 작성・제출케 한 경우에는 실질적으로는 사용자의 일방적 의사에 의하여 근로계약관계를 종료시키는 것이어서 해고에 해당하고, 정당한 이유 없는 해고는 부당해고에 다름없는 것으로서 무효라 할 것인데(대법원 1993.1.26. 선고 91다38686 판결 등 참조), 위 인정사실에서 나타난 중간관리자들의 퇴직권유또는 종용과 위 권유 또는 종용을 받아들이지 아니할 경우에 입게 될 것이라고 고지된 불이익이 본인뿐만 아니라 배우자들에게까지 미친다고 할 경우에는 그 압박감이 훨씬 가중되고 지속될 것이라는 점과 더 이상 저항하여도 달리 선택의 여지가 없을 것이라는 자포자기의 상태에 빠지게 될 것임은 능히 짐작할 수 있는바, 이러한 상황하에서, 원고들이 위와 같이 1998.8.31.자로 퇴직을 원하는 내용의 사직서를 제출함으로써 표명한 사직의사는 피고의 강요에 의하여 어쩔 수 없이 이루어진 것으로서 내심의 효과의사 없는 비진의표시라 할 것이고 따라서 이는 의원면직의 외형만을 갖추고 있을 뿐 실질적으로는 피고회사에 의한 해고에 해당한다 할 것이다.

나아가 원고들에 대한 위 해고에 있어서 정당한 이유가 있었는지에 관하여 보건대, 원고들에 대한 위 해고가 정당하기 위하여는 근로기준법 소정의 규정이 허용하는 범위 내에서 피고회사의 취업규칙에서 정한 징계해고사유가 존재하고 그 소정의 절차를 거쳤거나 아니면 위 법 제31조에 따른 정리해고의 요건을 갖추어야 할 것인데, 이에 관하여는 피고가 아무런 주장, 입증을 하지 아니하고 있으므로, 결국 원고들에 대한 위 일자 해고는 부당해고로서 무효라할 것이니, 원고들의 이 부분 청구는 모두 이유 있다.

[대법원 판결 내용]

사용자가 근로자로부터 사직서를 제출받고 이를 수리하는 의원면직의 형식을 취하여 근로계약관계를 종료시킨 경우, 사직의 의사 없는 근로자로 하여금 어쩔 수 없이 사직서를 작성, 제출하게 하였다면 실질적으로 사용자의 일방적인 의사에 의하여 근로계약관계를 종료시키는 것이어서 해고에 해당한다 할 것이다(대법원 1992.5.26. 선고 92다3670 판결 등 참조).

원심의 위와 같은 사실인정과 판단은 정당하고, 거기에 채증법칙위배로 인한 사실오인, 자진사직 및 해고나 비진의 의사표시에 관한 법리오해의 위법이 없다.

(2) 농협 중앙회 사건

* 서울지법 2000.11.30. 선고 99가합48608 판결
* 서울고등법원 2002.5.17. 선고 2001나1661 판결
* 대법원 2002.11.8. 선고 2002다35379 판결

[사건 개요]

농업협동조합중앙회는 구조조정의 과정에서 '상대적 · 경제적 생활안정자' 등을 대상으로 감원 조치를 하였는데, 이 과정에서 농협은 사내 부부사원 중 1명이 명예퇴직 신청을 하지 않을 경우 휴직명령 조치를 한다고 통보함으로써 명예퇴직 시행 결과 762쌍의 사내 부부 중 10쌍만 남게 되었고 퇴직한 752쌍 가운데 여성 쪽이 퇴직한 경우는 688명이 되었으며 명예퇴직한 여성근로자 1,932명 중에서 66%가 계약직으로 재고용되었다.

이로 인해 명예퇴직한 사내 부부였던 여성 근로자 2명이 위 해고는 정리해고의 요건을 갖추지 못하였고 남녀고용평등법을 위반한 것이므로 무효라고 주장하면서 그 확인을 구함과 동시에 복직될 때까지의 임금의 지급을 구하였다.

[1심 판결 내용]

이 사건의 쟁점은 원고들의 사직원 제출이 피고 중앙회의 강요, 협박 등에 의한 것이고 나아가 그것이 사직의 의사 없는 비진의 의사표시에 해당하

여 그에 따른 원고들의 퇴직을 피고 중앙회의 일방적 의사에 의한 해고로 볼 수 있는지의 여부라고 할 것이다.

원고들의 퇴직 경위와 전후사정을 비추어, 비록 피고 중앙회가 원고들의 남편을 비롯한 많은 근로자들을 그들의 의사와 무관하게 순환명령휴직 대상자에 포함시키고 원고들에 대해 명예퇴직을 권유하는 과정에서 피고 중앙회의 어려운 상황을 다소 과장하거나 명예퇴직하지 않을 경우 어떠한 불이익을 입을 수 있다는 취지의 설명을 한 바가 있다 하더라도, 그와 같은 사정만으로는 원고들이 사직의 의사가 없었음에도 불구하고 우월적 지위에 있는 피고 중앙회의 협박, 강요로 인해 어쩔 수 없이 사직원을 제출하였다고 볼 수 없다. 오히려 원고들은 위 사직원을 제출할 당시 진정으로 사직하기를 원하지는 않았다고 할지라도 그 당시 또는 장래의 피고 중앙회를 비롯한 동종 업계의 실정이나 경영 상황, 피고 중앙회가 제시하는 명예퇴직의 조건, 퇴직할 경우와 계속 근무할 경우의 이해관계 등을 고려하여 당시의 상황으로써는 그것이 최선이라고 판단하여 사직원을 제출하기에 이르렀다고 보이므로, 원고들의 위 사직원 제출이 진의 아닌 의사표시에 해당한다고 할 수 없다. 그렇다면 퇴직 당시 원고들이 피고 중앙회의 권유에 따라 사직의 의사표시를 하고 피고 중앙회가 이를 받아들임으로써 원고들과 피고 중앙회 사이에 근로계약은 유효하게 합의 해지되었다고 할 것이고, 그 외에 원고들의 퇴직을 실질적으로 해고에 해당하는 것으로 볼 만한 특별한 사정이 없는 이 사건에서 원고들 주장의 정리해고의 요건 결여, 남녀고용평등법 제8조 제1항 및 제2조의2 제1항 위반은 원고들과 피고 중앙회 사이의 근로계약 합의 해지의 효력을 좌우할 사유가 되지는 못한다고 할 것이므로, 이와 다른 전제에 선 원고들의 주장은 나머지 점에 대하여 나아가 판단할 필요 없이 이유 없다.

[2심 판결 내용]

1. 해고무효확인 청구에 대한 판단

앞서 본 바와 같이 피고가 부부직원들인 원고들과 그 남편들에 대하여 수차례 명예퇴직을 종용하면서 그렇지 않으면 원고들의 남편들이 순환휴직대상자가 될 것이고, 그 후에 복직이 불투명하며, 그들이 바로 정리해고 대상자가 될 것이라는 점을 고지하였다는 사실은 인정된다. 그러나 피고가 순환명령휴직대상자를 선정하거나 정리해고를 실시할 경우 사회·경제적 관점에서 보아 경제적 충격이 상대적으로 덜한 부부직원의 일방을 그 대상자로 정하는 것이 합리적인 정리기준에 어긋나는 것이라고 판단되지는 아니하고, 피고가 인원감축계획을 수립함에 있어 부부직원의 일방을 대상으로 정하였을 뿐 아내인 직원만을 대상으로 한 것이 아님은 앞서 본 바와 같으니 그 어느 편이 퇴직할 것인가는 당해 부부가 자율적으로 판단할 사항(실제로 남편이 퇴직한 경우도 있음)이라 할 것이므로 사회·경제적 관점에서 용인되는 그와 같은 퇴직의 종용을 두고 실제로는 아내인 사원이 퇴직하는 사례가 많을 수밖에 없다는 사정만을 들어 곧바로 헌법이나 근로기준법이 정하는 남녀평등에 반하여 여성을 차별한 것이라고도 볼 수 없다 할 것이다.

원고들은 퇴직 후 퇴임식 및 송별회에 별다른 이의 없이 참석한 사실, 원고들은 스스로 계약직으로 취업하여 1년간 더 근무하였으며, 퇴직금 및 그에 버금가거나 초과하는 금액의 별도 명예퇴직금을 이의 없이 수령한 사실, 당시 명예퇴직금 지급에 대하여 사회적 비난이 고조되어 있어 향후에도 그와 같은 제도가 유지될 수 있을지에 대한 회의론이 일었던 사실 등이 인정되므로, 이에 의하면 원고들은 위 퇴직원을 제출할 당시 선뜻 퇴직하기를 원하지 않았다고 할지라도 그 당시 또는 장래의 피고를 비롯한 동종업계의 실정이나 경영상황, 피고가 제시하는 명예퇴직의 조건, 퇴직할 경우와 계속 근무할 경우에 있어서의 이해관계 등을 종합적으로 고려하여 당시의 상황으로써는 그것이 최선이라고 판단하여 위 퇴직원을 제출하기에 이른 것으로 보인다.

따라서 원고들의 이 사건 퇴직의 의사표시가 그 내심의 의사가 아닌 강요된 의사라거나 강행법규에 반하는 것으로서 무효이므로 그 사직의사의 수리가 실질적으로는 사용자인 피고의 일방적 의사에 의하여 근로계약관계를 종료시키는 해고에 해당한다고는 볼 수 없으므로 이를 전제로 한 원고들의 이 사건 해고무효확인 청구는 나아가 판단할 필요 없이 이유 없다.

2. 명예퇴직처분 무효확인 청구에 대한 판단

원고들이 한 이 사건 명예퇴직의 의사표시가 강박에 의한 것이거나 비진의표시에 해당하지 아니하는 점은 앞서 해고무효확인 청구에 대한 판단에서 살펴본 바와 같고, 예상을 넘은 명예퇴직 신청자 등으로 인하여 피고가 결과적으로 정리해고를 실시하지 않았다거나 순환명령휴직을 받은 직원들이 사후에 모두 복직하였다는 점만으로는 피고가 실시하지도 않을 명예퇴직 등을 거론하여 원고들을 기망하였다고는 볼 수 없고, …. 원고들이 착오에 빠졌거나 피고의 기망에 의하여 이 사건 명예퇴직의 의사표시에 이른 것이라고 인정할 만한 증거는 없다.

[대법원 판결 내용]

진의 아닌 의사표시에 있어서의 진의란 특정한 내용의 의사표시를 하고자 하는 표의자의 생각을 말하는 것이지 표의자가 진정으로 마음 속에서 바라는 사항을 뜻하는 것은 아니므로 표의자가 의사표시의 내용을 진정으로 마음 속에서 바라지는 아니하였다고 하더라도 당시의 상황에서는 그것이 최선이라고 판단하여 그 의사표시를 하였을 경우에는 이를 내심의 효과의사가 결여된 진의 아닌 의사표시라고 할 수 없다(대법원 1996.12.20. 선고 95누16059 판결, 2000.4.25. 선고 99다34475 판결, 2001.1.19. 선고 2000다51919, 51926 판결 등 참고).

원심은, 채용증거를 종합하여, 피고가 명예퇴직제를 시행할 당시의 우리나라 경제상황과 당시 모든 금융기관이 경쟁력확보를 위하여 대대적인 인력감축을 시행하고 있어 피고 또한 인력감축이 필요하였고 더욱이 2000년으로 예정된 축산업협동조합 등과의 통합을 앞두고 있어 인력감축이 절실히 필요하였으며, 이를 위하여 '구조조정비상대책위원회'를 구성하여 나름대로의 기준을 세우고 노동조합으로부터의 의견수렴과 동의를 얻어 명예퇴직제와 순환명령휴직제를 병행 시행한 사실과 원고들이 사직원을 제출하게 된 경위 등에 관하여 판시와 같은 사실을 인정한 다음, 이러한 사실관계에 의하면, 원고들이 피고에게 사직원을 제출함으로써 사직의 의사표시를 한 데에 원고들의 내심의 효과의사가 결여되었다고 볼 수 없으며, 나아가 피고가 명예퇴직제 등 인력감축방안을 시행하는 과정에서 원고들에게 명예퇴직 권유에 응하지 않을 경우 어떤 불이익을 입을 수도 있다는 취지의 설명을 하였다거나 예상을 넘은 명예퇴직 신청자 등으로 인하여 피고가 결과적으로 정리해고를 실시하지 않았고 순환명령휴직을 받은 직원들이 사후에 모두 복직되었다는 사정만으로는 피고가 원고들을 기망하였다거나 강박하였다고 보기 어려우며, 원고들이 사기·강박에 의하여 사직의 의사표시를 하였다고 볼 수 없을 뿐만 아니라 원고들의 사직의 의사표시가 선량한 풍속 기타 사회질서에 위반하거나 헌법상의 기본권 및 근로기준법과 남녀고용평등법상의 제한 규정에 위반된다고 볼 수 없다고 판단하였다.

위와 같은 법리와 기록에 비추어 보면, 원심의 위와 같은 사실인정과 판단은 정당하고, 거기에 의사표시 하자에 관한 법리오해, 채증법칙 위배로 인한 사실오인, 심리미진 및 이유모순 등의 위법이 없다.

사용자가 사직의 의사 없는 근로자로 하여금 어쩔 수 없이 사직서를 작성·제출하게 한 후 이를 수리하는 이른바 의원면직의 형식을 취하여 근로계약 관계를 종료시키는 경우에는 실질적으로 사용자의 일방적인 의사에 의하여 근로계약관계를 종료시키는 것이어서 해고에 해당한다고 할 것이나, 그렇지 않은 경우에는 사용자가 사직서 제출에 따른 사직의 의사표시를 수락함으로써 사용자와 근로자의 근로계약관계는 합의해지에 의하여 종료되는 것이므로 사용자의 의원면직처분을 해고라고 볼 수 없다고 할 것이다(대법원 1996.7. 30. 선고 95누7765 판결, 2000.4.25. 선고 99다34475 판결, 2001.1.19. 선고 2000다51919, 51926 판결 등 참조).

원심이 인정한 사실관계에 의하면, 원고들이 피고의 기망, 협박, 강요로 인하여 어쩔 수 없이 이 사건 사직원을 제출하였다고 볼 수 없어, 원고들과 피고 사이의 근로계약관계는 원고들이 사직원을 제출하고 피고가 이를 수리함으로써 합의해지에 의하여 종료되었다고 할 것이므로, 이 사건 퇴직이 실질적인 정리해고에 해당함을 전제로 한 원고들의 주장은 받아들일 수 없다고 할 것이다.

원심이 같은 취지에서 원고들의 이 사건 퇴직을 실질적으로 정리해고에 해당하는 것으로 볼 수 없고, 원고들과 피고 사이의 이 사건 근로계약관계가 합의해지로 종료되었다고 판단한 조치는 정당하고, 거기에 실질적 해고나 정리해고의 정당성에 관한 법리오해 및 이유모순 등의 위법이 없다.

*** 대법원의 설명자료**(대법원 공보관 오석준 판사)

이번 사건과 2002가단19292 해고무효사건(알리안츠 생명보험 주식회사, 이하 '지난번 사건'이라고 함)의 결론이 다른 이유

* 이번 사건에서는 지난 번 사건과 달리 금융기관 전체에 걸쳐 구조조정을 하여야 하였고 특히 농협의 경우 축협 등과의 통합을 앞두고 있어 인력감축의 필요성이 절실하였음.

* 이번 사건에서는 인력감축방안으로 명예퇴직제도를 대폭 확장하는 순환휴직제도(Job-sharing)를 도입하는 등 나름대로 합리적인 방안들을 마련하였는데, 지난 번 사건에서는 이러한 방안들을 전혀 도입하지 않은 채 부부사원이라는 이유만으로 명예퇴직을 강권한 것임.

* 이번 사건의 경우에는 인력감축의 절실한 필요로 인하여 원고들의 향후 정리해고의 대상이 될 수도 있는데 그럴 경우에는 명예퇴직수당 등 명예퇴직에 따른 이익을 전혀 보지 못하게 되는 데 반하여, 당시에 명예퇴직을 하는 경우 다액의 명예퇴직수당을 받고 1년간 계약직으로 근무할 수 있는 등 많은 혜택을 누리게 되므로 원고들이 최선의 선택은 아니지만 차선의 선택으로 자발적인 명예퇴직을 신청한 것임. 이 점에서도 지난번 사건과는 완연히 그 내용을 달리하는 것임, 즉, 지난 번 사건에서는 명예퇴직이라는 명목하에 명예퇴직수당도 지급하지 않는 등 아무런 혜택도 주지 않은 채 실질적으로 강제적인 해고를 단행한 것임.

결론적으로, 이번 사건은 여자사원이거나 아내사원임을 이유로 원고들에게 특별한 불이익을 가한 것이 아니라 절실한 인력구조조정의 필요성에서 농협의 나름대로의 기준을 세워 그 기준에 따라 인력감축노력을 하였고, 원고들도 스스로 명예퇴직을 신청하였던 것이어서 실질적인 해고로는 볼 수 없다고 판단한 것이므로 지난 번 사건과 그 결론이 달라졌다고 판단할 사항이 아님 (참고로 전체 명예퇴직신청자는 기능직 외에 정규직만도 2,205명에 이르렀음).

[논의 주제]

1. 알리안츠 생명보험 제1심과 농협사건에서 법원은 비진의 의사표시를 부인하면서 강박·기망의 의사도 인정하지 않고 있다. 법원의 이러한 입장은 정당한가?

⇒ 위의 두 사건에서 법원이 근로자의 사직의 의사표시를 비진의가 아닌 것으로 판단하여 유효한 것으로 인정하면, 그 이외의 기망·강박의 의사의 존재유무는 실질

적으로 문제의 결론에 큰 영향을 주지 않는다. 따라서 비중 있게 다루어 검토하여야할 의미가 축소된다.

그러나 두 사건에서 사용자가 제시한 기준은 성차별적 기준 (즉, "원고 당사자가 퇴직 신청을 하지 않을 경우 남편이 정리해고 된다")으로 명예퇴직신청요구를 하였고, 그에 응한 퇴직신청은, 강행법규 위반의 계약으로 그 효력 자체를 부인할 수 있어야 한다.

농협사건에서 법원은 「피고회사의 지점장 등이 피고회사의 어려운 상황을 다소 과장하거나 퇴직하지 않을 경우 남편에게 인사상의 불이익을 입을 수 있다는 취지의 설명을 한 바가 있다고 하더라도, 그와 같은 사정만으로는 원고들이 사직의 의사가 없었음에도 불구하고 우월적 지위에 있는 피고회사의 협박, 강요로 인하여 어쩔 수 없이 위 사직서를 제출하였다고 볼 수는 없다」고 판단하여 "남편에게 인사상의 불이익을 입을 수 있다는 취지의 설명"을 한 것이 위법한 것인지의 문제는 전혀 판단하지 않고 있다. 그러나 이는 직접 피고회사의 협박 강요는 아니더라도 원고 입장에서는 사실상 협박으로 판단할 수 있을 것이다.

특히 법원은 '부부직원의 일방'이라는 기준이 성 중립적이라는 피고의 주장을 그대로 받아들이고 있는데, 실제 그러한 기준을 제시했더라도 사실상 우리 사회에서 여성의 퇴직이 기정사실화될 것임은 명백하며, 실제 사용자는 "아내 직원이 사직하지 않으면 남편직원에게 불이익"이라는 기준을 제시하였다. 따라서 이는 성 차별적 구조조정 기준으로 강행법규 위반의 기준에 의하여 사직종용된 것이므로 이 경우 사직의사는 효력이 부인되어야 할 것이다.

2. 알리안츠 사건의 판결과 농협 사건 대법원 판결은 각각 사직서를 제출한 여성근로자의 의사가 비진의 의사표시인지의 여부를 중심으로 이 사건의 핵심적인 판단의 기준을 두고 있다. 위의 사건을 이러한 이론으로 접근하는 것은 어떠한 한계를 가지고 있다고 보는가?

⇒ 알리안츠 생명사건의 제1심 법원과 농협사건 1~3심의 판결에서 법원은 모두 a. 진정으로(내심으로) 사직하기를 원하지는 않았다고 하더라도 당시 사정과 이해관계를 종합적으로 고려하여 당시의 상황으로써는 그것이 최선이라고 판단하여 위 사직서를 제출하였으므로 비진의 의사표시가 아니고 b. 경제적 상황을 다소 과장하거나 명예퇴직을 하지 않을 경우 어떠한 불이익을 입을 수 있다는 취지의 설명을 한 것만으로 기망·강박의 의사(민법 제110조)에 의해 사직서를 제출한 것으로 볼 수 없다고 하고 있으며, c. 사직 의사의 효력을 부인한 알리안츠 생명 사건의 제2, 3

심 법원 역시 관리자들의 계속·반복적인 강요로 인해 어쩔 수 없이 이루어진 것으로 내심의 효과의사 없는 '비진의 의사표시'라고 판단하고 있다.

그러나 이는 그 동안 법원이 적용해 온 '실질적 해고' 법리를 지나치게 축소 해석한 것이다. 본디 근로기준법이 정당한 이유 없이 근로자를 해고하는 것을 금지하고 있는 것은, 근로를 제공함으로써 생계를 유지하는 근로자들이 사용자의 일방적 의사에 의하여 일자리를 잃게 되는 것을 막고 그 지위를 보호하기 위한 것이다. 경제적·사회적으로 우월한 지위에 있으며 정보를 독점하고 있는 사용자는 이러한 근로기준법상의 제한을 피하기 위하여 이러저러한 수단으로 실질적으로 해고에 해당하는 효과를 누려 왔으며, 특히 오늘날에는 '명예퇴직' 제도를 통하여 정리해고의 법적 규제를 벗어날 수 있는 방법을 자주 사용하고 있다. 이에 대해 법원은 그 형식에도 불구하고 '사용자의 일방적 의사표시에 의하여 근로계약 관계를 종료시키는 것'은 실질적으로 해고에 해당한다고 하여 해고 제한의 원칙을 적용해 왔으며, 이러한 원칙은 비진의 의사표시 등 의사표시 하자에 관한 법리와는 그 실질을 달리하는 것임을 명시적으로 한 바 있다. 그리고 이는 민법상 의사표시에 대한 해석이 아니라, 노동법상 해고제한 법리의 독자적 해석에 의한 것으로 보아야 한다. 즉, 대법원 1993.2.9. 91다36666 판결에서 "…근로자의 의사표시가 비진의 의사표시에 해당하는지의 여부와 관계없이…"라고 하고, 대법원 2000.4.25. 99다34475 판결도 "그 수리행위를 실질적으로 사용자의 일방적 의사에 의하여 근로계약 관계를 종료시키는 해고라고 볼 수 있는 경우가 아닌 한…"이라고 하여 사직서 제출의 "의사표시"가 무효이기 때문에 합의해지를 무효라고 하는 것이 아니라 이를 "사용자의 일방적 의사에 의하여 근로계약관계를 종료시키는 해고"로 보고 있는 것이다. 이는 법률행위의 효력을 부인하여 그러한 해지가 없었던 것과 같은 상태(근로자의 지위를 유지하는 것)로 회복시키는 것이 아니라 근로관계가 "사용자가 사직의 의사 없는 근로자로 하여금 어쩔 수 없이 사직서를 작성·제출하게 한 것," 즉 사용자의 일방적 의사에 의한 것이라는 점을 중시하여, 일단 '해고'로 보고, 사용자측에서 그 정당한 사유를 입증하지 못하면 부당한 해고가 된다는 것이다.[34)]

이러한 접근방식은 시민법질서에 대한 법 기술적 수정을 특징으로 하는 노동법원리로부터 나오는 필연적인 결론이므로 해고제한 법리에서도 관철되어야 한다. 따라서 위 판결이 근로자의 구조조정과 관련되는 모든 결정의 핵심으로 민법의 비진의 의사표시의 시각에서 접근하는 것은 노동사안 본질에 반하는 접근 방식이다

34) 김진, "사내부부 중 아내 직원에 대한 사직권고와 그 효력," 『사법정의와 여성』, 민주사회를 위한 변호사 모임, 2006, 47-50면.

3. 양 사건은 매우 유사한 사건 경과 과정을 가지고 있음에도 불구하고 서로 상이한 결론을 내리고 있다. 이러한 이유에 대해 대법원 공보관의 설명이 있었다. 이 설명이 여성근로자를 해고하는 데 상이한 결론을 내릴 수 있다는 근거로 적절하다고 생각하는가? 만일 여러분이 대법원 공보관의 설명이 적절하지 않다고 반박하여야 한다면 어떠한 반박이 가능할 것인가?

⇒ 대법원의 설명 자료에 의하면 두 사건은 a. 구조조정의 필요성, b. 합리적 대안 설정의 유무, 그리고 c. 명예퇴직금의 유무에 따라 차이점이 있다고 한다. 그러나 구조조정의 필요성은 당시 두 사업체의 경영실적이 어느 상황에 있었느냐, 퇴직 대상자인 여성 근로자들이 잉여적 노동력의 성격을 가지고 있는지에 따라 판단될 것이나, 농협 사건의 경우 퇴직 이후 대거 계약직으로 재고용한 것 등을 볼 때, 불필요한 잉여 노동력이라고 보기 어렵다. '순환명령휴직'은 실질적으로 구조조정의 전 단계로 명예퇴직을 촉진시키는 수단이었을 뿐 구조조정은 실시도 되지 않았다. 결국 법원이 실질적 차이로 본 것은 명예퇴직금이 있는지 여부에 의한 차이였다. 그러나 반대급부가 존재하는 것과 존재하지 않는 것에는 차이가 있으나, 이러한 반대급부가 자진사퇴 결정의 동인으로 역할을 할 만큼의 상가관계를 가지지 못한다면 실질적으로 반대급부의 존재 유무 자체가 사건의 정당성을 설정해 주는 기준이 될 수는 없을 것이다. 1년 연봉 남짓한 명예퇴직금과 임금이 훨씬 적은 계약직으로의 전환 제안이 10년 이상 다닌 직장에 퇴직의 반대급부로 (특히 원고 중 1인은 과장 승진시험에 합격하여 발령을 기다리는 중이었음) 퇴직결정의 상가적 동인이 되는 것은 아닐 것이다.[35)]

또한 미약한 경제적 이익의 유무가 법적 판단을 요하는 사안 전체를 다른 사건으로 판단할 수 있는지 의문이다. 법적 판단에 있어서 경제적 이익의 유무가 사실관계의 본질 자체를 다르게 해석할 수 있는 근거가 되는지는 회의적이다. 미소한 반대급부가 있었다는 것 이외에 두 사건의 사실관계는 거의 차별이 없다고 본다.

4. 농협 사건의 판결에 의하면 농협이 인원 감축을 위하여 부부직원 일방을 대상으로 하였을 뿐 아내인 직원만을 대상으로 한 것이 아니라는 점을 강조하고 누가 퇴직할 것인가는 당해 부부의 자율적인 판단사항이라고 판시하며, 실제로 남편이 퇴직한 사례도 있다는 점을 지적하고 있다. 그러나 총 762쌍의 부부를 대상으로 인원 감축한 결과 688명(사직자의 95.1%)이 여성이었다. 이 사건을 남녀고용평등법을 적용할 경우 법원의 입장에 어떠한 점

35) 김진, 위의 글, 56-57면.

이 문제가 있다고 보는가?

⇒ 이 사건이 적용될 시점에 남녀고용평등법 제8조 제1항은 "사업주는 근로자의 정년 및 해고에 관하여 여성인 것을 이유로 남성과 차별하여서는 아니 된다"는 규정만 두고 있었고, 간접차별에 관한 명문 규정이 없었다. 그러나 이 판결에서 법원은 해고가 아니라 사직임을 명확히 하였기 때문에 남녀고용평등법의 적용 자체는 큰 의미를 두지 않았다.

그러나 간접차별 규정이 남녀고용평등법에 포함된 2001년 이후의 동법을 적용한다면 부부직원 일방을 대상으로 하였을 뿐이라는 성 중립적 기준의 적용에도 불구하고 결과적으로 이는 어느 한 성이 충족하기 어려운 결과를 가져온 점을 볼 때, 통계적 결과로 남녀차별적 기준이었음이 명확하다고 볼 수 있을 것이다.

[해 설]

두 사건은 사건의 진행 방식이 사내 부부인 여성근로자를 대상으로 회사의 요구대로 자진 명예퇴직을 하지 않을 경우 남편에게 불이익이 돌아간다는 것을 강조하면서 여성근로자를 명예퇴직하도록 유도하였다는 점에서 매우 유사하다. 특히 당시의 시대적 배경이 IMF 경제위기 시기에 이러한 방식의 명예퇴직 유도를 통한 구조조정이 긍정적인 방식의 하나로 인정되었다는 점에도 공통점이 있다. 법적 쟁점도 민법의 비진의 의사표시에 대한 대법원의 기존 입장을 고수하면서 명예퇴직 의사가 비진의 의사표시에 해당하는지의 여부만을 판단하고 사실상의 해고 여부를 검토할 필요성조차 부각시키고 있지 않은 점에서도 유사하다. 다만 양 사건의 차이는 명예퇴직에 대한 추가적 급부가 있었느냐 없었느냐의 점이다. 그러나 대법원이 서로 상반된 결론을 내리고 있어서 성차별 사건에 대한 대법원의 성인지 의식의 정도를 가름할 수 있는 판결이 된다.

6. 결혼퇴직제로 인한 해고의 정당성 여부

* 서울행법 2000.2.15 선고 99구18615 판결
* 서울고법 2000.8.30 선고 2000누2817 판결

[사건 개요]

D제분회사는 결혼퇴직을 명시한 사규는 없으나 여성 근로자의 입사시 결혼하면 사직한다는 계약서를 작성할 것을 요구해 왔고 이로 인해 사무직 여성 중 기혼여성이 한 명도 없었다. 그런데 결혼을 앞둔 한 여성근로자가 결혼 후에도 계속 근무할 의사가 있음을 밝혔으나 회사측은 입사시의 결혼퇴직계약서를 근거로 사직서를 쓸 것을 요구하여 결국 사직서를 제출하여 같은 날짜로 의원면직 처리되었다. 이에 이 여성 근로자는 G지방노동위원회에 결혼을 이유로 회사에서 퇴직당한 것이므로 의원면직 처리는 부당해고에 해당한다는 취지로 부당해고 구제를 신청하여 구제명령을 받았으며, 회사는 중앙노동위원회에 위 구제명령에 대한 재심 신청을 하였으나 기각당했다. 이에 따라 회사는 서울행정법원에 항소하였으나 역시 결혼 퇴직을 이유로 한 해고는 부당하다는 판결을 받았으며, 다시 항소하였다. 이후 항소심에서 이 사건은 결혼퇴직을 이유로 한 부당해고에 해당하지 않는다고 판시하여 원심을 파기하였다. 대법원 판결은(대법원 2001.12.27, 2000두7797) 고등법원과 같은 결론을 내렸다.

[1심 판결 내용]

원고회사의 창립 이래 참가인이 퇴직할 때까지 결혼한 여성이 정식 직원으로 근무한 사례가 없는 점, 여성 근로자의 인사에 관여하지도 않고 여성 근로자가 노조원도 아닌 상황에서 한 노조위원장인 위 강○○의 진술의 신빙성이 높다고 볼 수 없는 점 및 변론의 전 취지를 종합하면…결국 원고회사는 결혼과 동시에 퇴직할 것을 조건으로 여성 근로자를 채용하거나 그렇지 않다고 하더라도 여성 근로자가 결혼하면 퇴직하는 관행을 확립하고 있었다고 인정되며, 이에 어긋나는 반대 증거는 이를 모두 믿지 않는다.

한편 원고회사는 "참가인이 내심으로 결혼 때문에 사직하기를 원하지 않았다고 하더라도, 사직서를 제출할 당시에는 그것을 최선이라고 판단하여 사직의 의사를 표시하였으므로 참가인에게는 사직 의사는 비진의 의사표시라고 할 수 없고, 원고회사가 위 사직서를 수리함으로써 근로계약이 합의 해지된 것"이라는 취지로 주장한다. 그러나 이 사건과 같이 참가인이 "원고회사에 입사할 당시의 '결혼하면 퇴직한다'는 조건 내지 '결혼한 여성 근로자는 퇴직시킨다'는 원고회사의 방침이 있는 이상 의사와 무관하게 어쩔 수 없이 퇴직할 수밖에 없다"고 생각하여 사직서를 제출하였고, 원고회사도 그러한 사정을 알고 있었다고 인정되는 경우, 이러한 사직 의사의 표시와 그 수리행위에 의한 근로계약의 합의해지는 "여성근로자에 대하여 혼인을 퇴직사유로 하는 근로계약을 금지"하는 강행규정인 남녀고용평등법 제8조 제2항에 위반하여 당연 무효라고 할 것이다. 따라서 원고회사가 참가인의 사직서를 수리하여 의원면직 처리한 것은 근로기준법 소정의 해고에 해당한다.

사용자로부터 해고된 근로자가 퇴직금 등을 수령하면서 아무런 이의의 유보나 조건을 제기하지 않았다면, 특별한 사정이 없는 한 그 해고의 효력을 인정하였다고 할 것이어서, 그로부터 오랜 기간이 지난 후에 그 해고의 효력을 다투는 소를 제기하는 것은 신의칙이나 금반언의 원칙에 위배되어 허용될 수 없다. 그러나 이와 같은 경우라도 '해고의 효력을 인정하지 아니하고 이를 다투고 있었다'고 볼 수 있는 객관적인 사정이 있는 경우에는, 명시적인 이의를 유보함이 없이 퇴직금을 수령한 경우라고 하여도 일률적으로 해고의 효력을 인정하였다고 볼 것은 아니다(대법원 1993.9.24. 선고, 93다21736 판결 참조).

이 사건에 관하여 보건대, 원고회사가 1998.11.25. 참가인에 대한 퇴직금 등을 참가인 명의의 예금계좌로 송금한 사실은 이를 인정할 수 있으나, 위와 같이 단순히 원고회사가 참가인의 계좌로 퇴직금을 송금한 사정만으로는 참가인이 아무런 이의의 유보나 조건 없이 퇴직금을 수령하였다고 인정하기 어렵다. 오히려 참가인은 1998년 11월 말경 실업급여를 청구하기 위하여 원주지방노동사무소를 방문하였다가 '결혼을 이유로 여성 근로자를 퇴직시키는 것은 남녀고용평등법에 위반된다'는 점을 알게 되었고, 이에 원고회사에 대하여 '적절한 조치를 취하여 줄 것'을 요구한 사실, 그러나 이에 대하여 아무런 조치가 취해지지 않자, 같은 해 12월 22일 G지방노동위원회에 부당해고 구제

신청을 한 사실을 인정할 수 있는바, 이와 같이 참가인이 퇴직금이 송금된 직후 원고회사에 적절한 조치를 요구하였다가 아무런 조치가 없어 바로 부당해고 구제 신청을 하는 등 이 사건 해고의 효력을 다투어 왔다면, 참가인이 이 사건 해고의 효력을 인정하였다고 보기 어렵다.

[2심 판결 내용]

판례 평석은 김엘림, "결혼퇴직의 부당해고 여부," 『노동법률』, 2000년 11월호, pp.6-30 참고.

① 사용자가 사직의 의사 없는 근로자로 하여금 어쩔 수 없이 사직서를 작성・제출하게 한 후 이를 수리하는 이른바 의원면직의 형식을 취하여 근로계약관계를 종료시키는 경우처럼 근로자의 사직서 제출이 진의 아닌 의사표시에 해당하는 등으로 무효이어서 사용자의 그 수리행위를 실질적으로 사용자의 일방적 의사에 의하여 근로계약관계를 종료시키는 해고라고 볼 수 있는 경우가 아닌 한, 사용자가 사직서 제출에 따른 사직의 의사표시를 수락함으로써 사용자와 근로자 사이의 근로계약관계는 합의해지에 의하여 종료되는 것이므로 사용자의 의원면직처분을 해고라고 볼 수 없으며(대법원 1996.7.30 선고 95누7765 판결, 2000.4.25. 선고 99다34475 판결 등 참조), 이 경우 진의 아닌 의사표시에 있어서의 진의란 특정한 내용의 의사표시를 하고자 하는 표의자의 생각을 말하는 것이지 표의자가 진정으로 마음속에서 바라는 사항을 뜻하는 것은 아니므로 표의자가 의사표시의 내용을 진정으로 마음속에서 바라지는 아니하였다고 하더라도 당시의 상황에서는 그것을 최선이라고 판단하여 그 의사표시를 하였을 경우에는 이를 내심의 효과의사가 결여된 진의 아닌 의사표시라고 할 수 없다 할 것이다(대법원 1996.12.20. 선고 95누16059 판결, 2000. 4.25 선고 99다34475 판결 등 참조).

② 참가인이 원고회사에 입사할 당시 위 여직원계약서(일명 결혼퇴직 각서)를 작성, 제출하였거나 원고회사에 여직원이 결혼을 하면 퇴직하는 관행이 있었고 사직서 제출 당시 박○○ 등 원고회사측에 의하여 사직서 제출이 강요되었다는 피고 및 참가인의 위 주장에 대하여는… 달리 이를 인정할 아무

런 증거가 없고, 참가인이 사직서 제출 무렵 박○○에게 사직의사가 없음을 표시하였다는 점에 관하여도 앞서 이미 배척한 증거들 이외에는 이를 인정할 아무런 증거가 없으므로 이를 전제로 하여 참가인의 사직서 제출이 근로기준법 및 남녀고용평등법에 위반되는 것으로 비진의 의사표시에 해당하여 무효로서 원고회사가 참가인의 사직서를 수리한 것은 부당해고에 해당한다는 피고 및 참가인의 주장은 더 나아가 살펴볼 필요 없이 이유 없다 할 것이다.

③ 또한 위 인정 사실만으로는 참고인의 사직서 제출에 따른 원고회사의 참고인에 대한 의원면직처분을 근로자의 사직서 제출이 진의 아닌 의사표시에 해당하는 등으로 무효이어서 사용자의 그 수리행위를 실질적으로 사용자의 일방적 의사에 의하여 근로계약관계를 종료시키는 해고에 해당한다고 볼 수도 없다 할 것이다.

[논의 주제]

1. 결혼퇴직제를 서면으로 명시화하지 않은 경우 이러한 성차별적 고용관행이 법적으로 차별로 인정받고 사용자에 대해 권리 주장을 하기 위해서는 어떠한 이론이 요구되는가?
2. 동 사안에서도 법원은 사직의 의사를 비진의 의사표시로 볼 수 없다는 이유로 사직서를 유효한 것으로 판단하고 있다. 이것은 알리안츠 및 농협사건에서도 지속적으로 나타나는 비진의 의사표시에 대한 법원의 입장에 따른 것이다. 의사표시 이론에서 볼 때 비진의 의사표시에 대한 법원의 이러한 입장은 비진의 의사표시를 적절하게 정의하고 있는 것인가? 법원이 판결한 비진의 의사표시 이론의 문제는 사실의 영역의 불명확함으로부터 기인하는가? 또는 규범에 대한 오류에서부터 발생하는가?
3. 위 사건을 「남녀고용평등법」의 차별사건으로 접근할 경우 어떠한 차별로 정의할 수 있는가? 있다면 직접차별인가 간접차별인가? 이에 따라 어떠한 결과가 가능한가?
4. 이 사건을 「국가인권위원회법」을 적용해 보시오.

[해 설]

이 사건은 혼인과 동시에 퇴직하도록 하는 회사의 고용방식에 대하여 남녀고용평등법 위반여부를 문제시한 것으로 지방법원과 고등법원이 서로 상반된 결론을 내리고 있다. 사직의 의사표시가 비진의 의사표시에 해당하는지의 여부는 기존의 대법원 판례의 입장을 고수한다는 점에서 차이가 없다. 다만 관련 회사가 창업 이래 기혼여성 근무자가 없었다는 사실은 명확히 인정되는 사실임에도 불구하고 고등법원은 이러한 결혼차별로 인정할 만한 설득력 있는 통계를 무시하고 단지 비진의 의사표시 해당 여부만 판단하여 노동차별의 문제로 접근하지 않고 있다.

IV. 여성노동자와 모성보호

1. 여성노동의 지원을 위한 법 정책

(1) 모성보호법의 변천[36)]

우리나라 여성노동자의 모성휴가제도는 1953년 근로기준법상의 모성보호조항에서부터 언급되고 있다. 당시 근로기준법상의 모성보호규정 내용은 산전산후 60일의 유급휴가와 이 기간을 전후한 해고의 제한, 생리휴가 등이 포함되는 것이었다. 이후 한동안 변화가 없다가 1987년 제정된 남녀고용평등법에서 임신 등 모성기능을 이유로 한 차별을 명시적으로 금지하였고, 대상을 여성노동자로 한정하고 무급이기는 하지만 육아휴직을 규정하였다. 1차 고평법개정을 통해서 육아휴직기간을 근속기간에 포함시켜 육아휴직을 하더라도 승급, 승진, 퇴직금 등에 불이익이 없도록 개선하였다.

1989년에는 근로기준법상 모성보호규정에 대한 벌칙이 다소 강화되었다. 산전산후 휴가기간 동안과 그 후 30일간의 해고금지 규정 위반에 대한 벌칙이 종전에는 2년 이하의 징역 또는 500만원 이하의 벌금이었던 것이, 5년 이하의 징역 또는 3000만원 이하의 벌금으로 강화되었고, 산전산후휴가 및 임

36) 이하는 장지연 외, "여성근로자 모성보호의 현황과 정책방안," 『한국노동연구원 정책연구』, 1004, 61-64면을 참조하였다.

신 중에 경미한 작업으로 전환하는 경우도 처벌이 강화되었다. 또한 근로기준법을 5인 이상 사업장에 적용하고, 생리휴가의 경우에 "사용자는 여자가 생리휴가를 청구하는 경우"에 주던 것을 "사용자는 여자인 근로자에 대하여 월 1일 유급생리휴가를 주어야 한다"로 바뀌면서 청구를 하지 않아도 생리휴가가 지급되게 되었다.

1994년 2월에는 여성정책심의위원회의 심의의결로 확정된 "제1차 근로여성복지 기본계획"이 수립되었는데, 여기서 모성보호에 관련된 계획안은 태아검진 휴일제도 신설, 출산휴가는 ILO 규정인 12주로, 유・사산휴가 법제화, 육아휴직은 남성근로자까지 확대, 모성보호비용의 공공부담화의 내용을 담고 있으며, 여성일반에 대한 과보호를 완화하고 그 일환으로 생리휴가의 무급화를 계획하고 있다. 이러한 제1차 근로 여성복지기본계획의 성과로 육아휴직 장려금제도가 도입되었다.

1995년 8월에 남녀고용평등법이 2차로 개정되었는데 개정의 주요 내용은 모집・채용에 관련된 내용이었지만, 모성휴가와 관련해서도 중요한 변화가 있었는데, 육아휴직 적용대상을 "근로여성"에서 "근로여성 또는 그를 대신한 배우자인 근로자"로 확대하였다는 점이다. 이것은 남녀고용평등법이 보편적인 국제적 동향에 부응하여 종래의 전통적 성별 역할관을 탈피하고, 육아에 대한 남녀공동의 참여와 책임을 지향하는 의미 있는 질적 변화라 할 수 있다. 그러나 기본적으로 "근로여성"이 우선적인 양육책임자로 정의되고 있다는 한계를 벗어나지는 못하였다.

이후 2001년 11월 근로여성 모성보호 3법 개정시에 육아휴직제도를 대폭 보완하여, ① 육아휴직 대상을 남녀근로자로 확대, ② 육아휴직 근로자에 대한 소득보전을 위한 육아휴직급여 신설, ③ 육아휴직 종료 후 휴직전과 동일한 업무 또는 동등 수준의 임금을 지급하는 직무로의 복귀 보장, ④ 육아휴직기간 중 해고금지, ⑤ 육아휴직을 이유로 한 불리한 처우 금지, ⑥ 사업주에 대한 벌칙강화(벌칙강화 참고 규정은 남녀고용평등법 제19조 제3항, 제19조 제4항, 제37조 제2항, 제37조 제3항에서 발견할 수 있다) 등의 내용을 추가하였다.

2005년에는 다시 남녀고용평등법 개정을 통해 육아휴직신청 시점을 변경하여 영아가 생후 1년 미만일 조건에서 생후 3년 미만일 조건으로 바꾸었다. 2005년 12월 법 개정 이전 육아휴직기간은 1년 이내로 하고 생후 1년이 되는 날을 경과할 수 없도록 하고 있었다. 만약 산전후휴가 90일을 출산 후에 사용했다면 9개월밖에 사용하지 못함을 의미한다. 2005년 12월 법 개정을 통해 실질적으로 1년이 보장되어 산전후휴가 90일 이후에 연속으로 육아휴직을 사용할 경우 총 455일을 사용할 수 있게 되었다. 다만 시행시점을 2008년 1월 1일로 미룸으로써 육아휴직제도 변경으로 인한 기업의 충격을 완화하도록 했다.

육아휴직은 기본적으로 무급휴직이다. 육아휴직기간은 무급으로 사업주에게 급여지급 의무가 없기 때문에 배우자의 소득이 낮거나 고용이 불안정한 근로자의 경우 이를 활용하기가 쉽지 않다. 2001년 남녀고용평등법 개정시 근로자의 생계지원을 위하여 육아휴직급여를 신설하였다. 육아휴직급여의 재원은 고용보험에서 마련되었다. 고용보험에서 지급되는 근거는 출산한 여성근로자가 육아문제로 인해 노동시장을 이탈하지 않고 계속 고용을 유지할 수 있도록 지원하기 때문이다. 육아휴직급여를 받을 수 있는 근로자는 육아휴직 요건을 갖춘 근로자로서 고용보험 피보험단위기간이 180일 이상인 근로자이다. 육아휴직급여는 출산 전 임금액과 무관하게 정액으로 지급되는데 처음 도입될 때 20만원이었고 2003년에 30만원, 2004년에 40만원으로 인상되었으며 2007년부터는 월 50만원이 지급되고 있다.[37)]

(2) 여성근로자의 모성보호제도 신청과 기업의 모성보호 실시 현황

우리나라의 경우 종업원 수 30인 미만 사업체에 근무하는 여성의 산전후휴가 신청률은 38.8%인 데 비해, 30인 이상은 70% 내외이었다. 소기업의 경우 법규위반 사항은 기업의 모성보호 규정이 법규를 위반한 경우, 법규에 맞게 규정이 갖추어져 있으나 실질적으로 운영하지 않거나 또는 기업 관행이나 문화가 신청을 불가능하게 하는 경우도 많았다. 이외에도 90일 산전후휴가에 대해서 복직을 보장해주지 않는 경우도 다수 있었다. 이와 같은 사실은 산전후휴가제도의 실시율이 최근 상당히 높아졌으나 사업체의 약 70%를 차지하는 종업원 수 30인 미만 사업체의 실시율은 상당히 저조하는 등 기업규모 간

37) 한국조세연구원 정책 토론회 2007, 현행 모성보호제도에 대한 비판적 문제 제기 : 제2주제 여성고용정책의 핵심내용에 대한 진단: 모성보호 비용의 사회화를 중심으로(김혜원 한국노동연구원, 127-128면.

에 현격한 차이를 보이고 있으며, 실시하고 있어도 모성보호관련 법규를 위반하는 기업비율이 높음을 나타낸다.

산전후휴가를 실시(희망)하지 않는 원인을 사유에 따라 구분해 본 결과 30인 이하 사업체의 경우 산전후휴가를 실시(희망)하지 않은 여성은 대부분이 출산 직후에 퇴직하였는데, 이들의 56.0%가 자녀양육을 부모가 직접 해야 하기 때문에, 자녀를 직접 양육하는 것이 경제적이기 때문에, 그리고 출산 이후까지 일하고 싶지 않기 때문에 출산한 이후 자발적으로 산전후휴가를 실시(희망)하지 않고 퇴직하였다. 비자발적으로 퇴직한 경우는 기업의 결혼 및 출산 퇴직 압력, 결혼 및 출산에 따른 퇴직 관행이나 관례 때문인 것으로 나타났다.[38] 따라서 이러한 경우는 소규모 기업에 남아 있는 명시적 또는 암묵적인 결혼 및 출산 퇴직 압력이나 문화를 개선시킴과 동시에, 모성보호제도의 실시를 강화시켜야 할 것이다.

우리나라의 소규모 사업체의 경우 기혼여성이 있음에도 불구하고 출산한 여성이 전혀 없는 기업비율이 58.5%이고, 나머지 10.5%는 산전후휴가를 신청하지 않았거나 일부 출산여성만 신청한 것으로 나타났다. 이에 비해 대기업은 이러한 비율이 각각 19.0%, 8.0%에 불과하고, 73.0% 기업에서 출산한 여성근로자 대부분이 산전후휴가를 신청한 것으로 나타났다. 산전후휴가제도 운영의 법규 준수 여부는 법규에서 정한 것보다 짧은 휴가일수를 제공하는 규정을 가진 기업비율은 소규모 기업의 경우 27.0%, 대기업은 9.5%이었다. 기업들은 실제 이러한 규정에 따라 휴가일수를 부여하였다. 또한 산전후휴가 중 임금지급기간이 법규보다 짧은 기업비율은 소규모 기업의 경우 19.8%, 대기업은 4.0%이었다. 즉, 전반적으로 산전후휴가 제도의 운영은 법규를 잘 준수하고 있었으나, 일부 소규모 기업은 위법적으로 휴가제도를 운영하고 있었다.[39]

38) 김태홍 · 김난주, "우리나라 모성보호제도의 실시 현황 분석과 개선방안," 한국여성개발원, 2003 연구보고서 230-19, 187면.

39) 김태홍 · 김난주, 위의 글, 190면.

2. 모성보호와 임신차별

(1) 임신 등을 이유로 한 재계약 불허

* 국가인권위 사건 07진차797

[사실관계]

W는 2005.1.10. C시에 소재한 M금고에 계약직 직원으로 입사하여 약 2년 6개월간 총 5회의 재계약을 하며 별다른 문제없이 근무하여 왔는데, 결혼 후 임신 7~8개월째인 2007.6.4. M금고는 W에게 계약만기를 이유로 근로계약 해지를 통보하였다.

M금고는 시간제업무보조원인 계약직 직원에 대한 재계약 여부는 대표자인 이사장과 실무책임자인 전무 또는 이사장 및 해당 지점장이 해당 직원의 근무성적 평정 결과와 근무태도, 고객응대 등을 종합적으로 고려하여 판단하고 있다. W와 M금고가 체결한 시간제업무보조원 근로계약서에는 사용자와 근로자의 근로계약기간 연장 의사표시가 있는 경우에는 근로계약서를 재작성하여 근로계약 기간을 연장하는 것으로 하고 사용자 또는 근로자가 재계약을 원하지 않을 경우에는 계약기간 만료시점에서 자동해지 되는 것으로 기재되어 있으며, M금고는 W와의 근로계약 체결시 이러한 내용을 충분히 설명하였고 W 또한 근로계약 내용을 인정하고 자필 서명으로 근로계약을 체결하였다.

2007.2.5. 개최된 인사위원회에서 W와 같은 해 입사한 시간제 업무보조원인 B는 일반직으로 전환하는 것으로 의결하였고 W는 “품위유지 관련 사안”으로 인해 일반직 전환이 부결되었고, 2007.6.1. W의 계약기간이 종료되는 시점인 같은 해 7.9.자로 근로계약기간이 만기된다는 내용과 퇴직처리에 이의가 있는 경우에는 이의신청하고 이의신청이 없는 경우 퇴직처리에 동의하는 것으로 간주하겠다는 내용을 통지하였으나 진정인은 이의를 제기하지 않았다. M금고는 이미 후임자를 모집하여 W의 퇴직 후 2007.7.12.부터 근무하도록 하고 있다. W는 임신을 원인으로 한 고용차별을 주장하고 있다.

[관련규정]

• 헌법 제11조 / 남녀고용평등과 일·가정 양립 지원에 관한 법률 제11조 / 근로기준법 제6조(균등한 처우) / 국가인권위원회법 제2조(정의) 제4호 평등권침해의 차별행위 / 여성에 대한 모든 형태의 차별철폐에 관한 협약 제5조 및 제11조

• M금고의 "시간제업무보조원 운용규정"

제2조 【정의】 ① 이 규정에서 "업무보조원"이라 함은 일정기간(1일, 1주 또는 1개월)의 소정 근로시간이 일반직원보다 짧고 일정한 기간을 정하여 근로계약을 체결한 단시간 근로자를 말한다.

② 업무보조원은 다음 각호와 같이 구분한다.

1. 일반 업무보조원 : 1주간의 소정근로시간이 15시간 이상인 자
2. 단시간 업무보조원 : 1주간의 소정근로시간이 15시간 미만인 자

제4조 【업무보조원의 업무범위】 업무보조원은 다음의 업무를 담당한다.

1. 창구보조업무 2. 파출업무 및 이동금고 업무 3. 공제청약업무 4. 창구안내업무 5. 서무보조업무 6. 청소 및 경비업무 7. 기타 이사장이 필요하다고 인정하는 업무

제5조 【채용】 ① 업무보조원은 M금고연합회 지부 업무보조원 등록센터에 등록된 자 중에서 선발하여 채용함을 원칙으로 하되, 필요한 경우 금고에서 직접 선발하여 채용할 수 있다.

② 제1항에 의한 업무보조원의 채용은 이사장이 채용한다.

③ 근로계약기간은 2년 이내로 하되 필요한 경우 1회에 한하여 계약기간을 갱신할 수 있다.

제19조 【퇴직】 ①업무보조원은 다음 각호의 1에 해당될 때에는 퇴직한다.

1. 계약기간이 만료되었을 때
2. 퇴직원(사직서)을 제출하였을 때
3. 사망한 때

[논의 주제]

1. 남녀고용평등과 일·가정 양립 지원에 관한 법률 제11조에 의하면 사업주는 근로자의 정년·퇴직 및 해고에서 남녀를 차별하여서는 아니 되며(동조 제1항), 또한 사업주는 여성 근로자의 혼인, 임신 또는 출산을 퇴직 사유로 예정하는 근로계약을 체결하여서는 아니 된다(동조 제2항). 위 사안을 동 조항의 위반 여부를 판단하고자 할 때, W가 주장하여야 할 내용을 정리해 보시오.

⇒ ① W는 2005.1.10. 계약직 사원으로 입사한 이래 임신 7~8개월 상태인 2007. 6.4. 까지 근로계약 중단 없이 재계약을 체결해 왔다는 점.

② 피진정인도 진정인의 근무성적이나 근무태도에 대해서는 문제삼지 않고 단지 "품위유지 관련 사안"을 원인으로 재계약 거부를 하고 있는 점 등을 종합할 때 진정인의 업무처리 능력에는 문제가 없었다는 점.

③ M금고는 W의 계약기간이 만료되기 전부터 후임자를 모집하였고, W가 퇴직한 직후인 2007.7.12.부터 후임자를 계약직으로 근무하게 한 점을 보면 회사의 경영상 어려움 또는 인력 구조조정을 위해 진정인을 퇴직시킨 것이 아니라는 것을 알 수 있음.

④ 그 동안 W와의 근로계약을 계속해서 갱신해 온 점을 보면 W의 담당업무가 단기적·임시적 업무가 아니라 상시적·필수적인 업무임을 알 수 있다는 점.

⑤ W가 2007.1.28. 결혼 후 개최된 인사위원회에서 동 시기에 입사한 계약직 남자 B는 정규직 일반사원으로 임용된 반면 W는 일반직으로 전환되지 못하였고, 이에 대해 M금고는 전환임용 부결 사유인 "품위유지 관련 사안"의 내용이 무엇인지 명확히 설명을 하지 못하고 있음.

⑥ 계약기간 만료통지서를 보낸 같은 해 6.경에는 진정인이 임신 7~8개월의 상태였던 점을 감안하면 진정인의 결혼과 임신이라는 사유가 일반직 전환과 재계약 체결 여부 결정과 무관하지 않다고 판단됨.

2. 남녀고용평등법에 의하여 이 사건의 입증은 누가 어떻게 부담하는가?

⇒ 제30조 【입증책임】 이 법과 관련한 분쟁해결에서 입증책임은 사업주가 부담한다.

3. 이 사건에서 M금속은 W의 임신차별 주장에 대해서 차별이 아니라는 점을 주장하려면 무엇을 입증하여야 하는가?

⇒ 피진정인은 진정인이 기간의 정함이 있는 계약직 사원이었고 근로계약 체결 당시

사용자 또는 근로자가 재계약을 원하지 않을 경우에는 계약기간 만료시점에서 자동해지 되는 것으로 기재되어 있으며, M금고는 W와의 근로계약 체결시 이러한 내용을 충분히 설명하였고 W 또한 근로계약 내용을 인정하고 자필 서명하였으므로 이러한 내용을 잘 알고 근로계약을 체결하였다.

(2) 임신 등을 이유로 한 승진 차별

[사실관계]

W는 대한적십자사 동부혈액원 소속으로 육아휴직 중에 있다. 대한적십자사는 직원들의 승진임용은 매년 1월 1일, 7월 1일 2회만 실시하는데 5급까지는 최저 승진소요년수(6급→5급 및 7급→6급은 3년)만 경과하면 자동으로 승진시키고 있으나 「직원운영규정」 제12조 제1항에서 육아휴직사를 포함하여 휴직기간 중인 직원은 승진을 제한하고 있고, 이에 따라 피해자 W는 2003.7.1. 6급으로 임용되었으나 2006.5.20.부터 2007.5.19.까지 육아휴직 중에 있어 지난 2006.7.1. 승진시기였음에도 승진에서 제외되었다 W는 대한직십사사의 승진소요연수 3년이 경과하여 6급에서 5급으로 특별한 사유가 없으면 승진하였어야 함에도 "육아휴직중인 자는 승진에서 제외한다"는 「직원운영규정」에 따라 승진을 하지 못하게 되자, 이는 육아휴직중인 자를 부당하게 차별하는 것이라며 2006년 6월 국가인권위에 진정을 제기하였다.

[관련 규정]

- 남녀고용평등법 제19조

- 대한적십자사 「직원운영규정」

제11조 【승진】 ① 승진임용은 근무성적평정, 경력평정 기타 능력의 실증에 의한다. 다만, 1급 내지 3급직원에의 승진임용에 있어서는 능력과 경력 등을 고려하여 임용하며, 4급직원에의 승진임용은 승진고시를 거쳐야 하며, 5급 이하 직원의 승진임용에 있어서는 필요하다고 인정할 때에는 승진고시를 병용할 수 있다.

② 5급직원으로서 당해 직급에 10년 이상 근무하고 근무성적이 우수한 자는 승진고시 또는 전형을 거치지 아니하고 4급으로 특별승진하게 할 수 있다. 다만, 이 경우 그 이상의 계급으로 승진할 수 없다.

③ 삭제

④ 총재는 본조 제2항에 의한 특별승진 외에 사 발전에 지대한 공로가 있는 직원에 대하여 특별승진하게 할 수 있다.

제11조의2 **【승진소요 최저년수】** ① 직원이 승진함에 있어서는 다음 각호의 기간을 당해 계급에 재직하여야 한다.

1. 2급 : 3년 이상
2. 3~4급 : 5년 이상
3. 5급 : 5년 이상
4. 6급 및 7급 : 3년 이상
5. 기술직원 : 5년 이상

② 제1항의 기간에는 휴직, 직위해제, 징계 처분기간 및 제12조의 규정에 의한 승진 임용의 제한기간을 포함하지 아니한다. 다만, 공무상 질병 또는 부상으로 인한 휴직, 법률의 규정에 의한 의무이행을 위한 휴직 및 육아휴직은 제외한다.

제12조 **【승진제한】** ① 징계의결 요구, 징계처분, 직위해제, 휴직기간 중이거나 징계처분에 따른 승진제한기간이 경과하지 않은 직원은 승진할 수 없다.

[논의 주제]

- W는 자신이 승진 대상자에 해당한다는 것을 주장하기 위해서는 어떠한 것을 주장하여야 하는가?

⇒ ① 육아휴직제도는 남녀 근로자가 계속 피고용자의 신분을 유지하면서 출산 휴가 후 일정기간 자녀의 양육을 위해 직무에 종사하지 않고 휴직을 하는 보호제도이므로 본질적으로 육아휴직자에게 인사상 불이익을 주지 않으면서 아동의 양육에 전념할 수 있도록 하는 데 목적이 있다는 점.

② 대한적십자사가 매년 1월1일, 7월 1일 2회만 직원을 승진시키면서 5급까지는

특별한 사유가 없으면 승진되는 제도를 시행하고 있는바, 육아휴직 기간 중에 승진에서 제외되는 자는 복직 후 바로 승진이 되는 것이 아니라 다음 승진 일자까지 기다려야 하므로 실질적으로 승진이 늦어지는 불이익을 받게 된다는 점.

③ 노동부에서도 대한적십자사의 「직원운영규정」은 승진소요 최저 연수에 육아휴직 기간을 포함하도록 규정하고 있으면서 육아휴직자를 승진대상자에서 제외시키는 것은 「남녀고용평등법」 제19조 제3항의 규정의 취지에 반한다고 유권해석을 함.

④ 승진 소요 연수에 도달한 승진대상자임에도 육아휴직 중인 것을 이유로 승진에서 제외하는 것은 합리적 이유가 없는 차별이라 판단하고 대한적십자사 총재에게 육아휴직제도의 근본취지가 훼손되지 않도록 승진관련 「직원운영규정」을 개정할 것을 권고함.

3. 모성보호의 국제법적 영역

(1) ILO 협약 제183호 모성보호협약(2000)의 주요내용

협약 제1조와 제2조에서는 적용범위를 규정하고 있으며, 제3조는 어머니와 영아에 대한 건강보호를, 제4조는 출산휴가, 제5조는 질병 또는 합병증으로 인한 휴가를 규정하고 있으며, 제6조와 제7조에서 출산휴가 또는 질병 또는 합병증으로 인한 휴가 중인 여성의 급여보장, 제8조와 제9조는 임신 중인 여성과 출산휴가 후 여성의 고용보호 및 비차별에 대한 보장을 명시하고 있으며, 제10조는 수유여성의 권리, 제11조에서 각 회원국의 출산휴가 또는 이와 관련한 급여에 대해 정기적인 검토를 하여야 함을 규정하고 있다. 마지막으로 제12조 내지 제21조에서 협약의 효력 및 이행과 관련한 규정을 두고 있다.

1) 건강보호 : 국가는 임신 중이거나 수유기간에 있는 여성이 본인과 자녀의 건강에 중대한 위험을 초래할 수 있는 작업을 수행하지 않을 수 있는 적합한 조치를 취해야 한다.

2) 모성휴가(Maternity Leave) : 산전후휴가는 14주 이상으로 한다. 산후 6주의 휴가기간을 보장해야 한다.

3) 관련 질환으로 인한 휴가 : 임신이나 출산과 관련된 질병이나 합병증

이 있을 경우, 산전후휴가기간의 이전이나 이후에라도 일정기간의 휴가를 주어야 한다.

4) 모성수당 : 산모와 자녀의 건강과 기초생활을 보장할 수 있는 수준의 현금수당(cash benefits)을 지급하여야 한다. 기존 소득을 근거로 수당의 액수를 결정할 때에는 이전 소득의 3분의 2 이상이 되어야 한다. 법이 정한 현금수당 수급기준을 충족시키지 못하는 여성에게는 소득수준에 대한 검증 절차를 거친 후 사회부조의 기금에서 수당을 지급해야 한다. 분만과 산전・후 진료, 필요시 입원진료를 포함하는 의료혜택을 제공하여야 한다. 현금 수당은 강제적인 사회보험이나 공공기금에서 충당하여야 하고, 고용주가 현금수당을 책임지도록 해서는 안 된다. 단, 국가가 이 조약이 채택되기 이전에 이미 법에 정하여 고용주의 임금보전을 시행하고 있었거나, 정부와 노사단체 간에 충분한 합의가 있는 경우는 예외적으로 인정한다.

5) 고용보장과 차별금지 : 임신 중이거나 또는 모성휴가 중, 또는 휴가 후 복귀한 지 얼마 되지 않은 기간 이내에 있는 여성을 임신출산과 관련 없는 다른 중대한 사유가 없는 한 해고하지 못한다. 여성은 모성휴가 이전의 자리 또는 그와 유사한 자리로 복직할 권리가 있다.

6) 수유기간의 여성 : 수유를 위하여 하루 1회 이상의 휴식을 갖거나 근로시간을 단축할 수 있다.

(2) ILO 권고 제191조 모성보호에 관한 권고(2000)의 주요내용

국제노동기구는 사무국 이사회가 2000년 5월 30일 제네바에서 소집한 제88차 총회에서 금번 회기 네 번째 의제인 「모성보호에 관한 제안」 채택을 결정하며 동 제안이 2000년 모성보호협약(이하 '협약'이라 한다)을 보충하는 권고의 형태를 갖출 것을 결정하며 2000년 6월 15일 다음의 권고를 채택하고 이를 「모성보호에 관한 권고(2000)」라 부르기로 한다.

1) 모성휴가 : 국가는 협약에 명시된 모성휴가를 최저 18주 이상으로 연장하도록 노력해야 한다.

2) 모성수당 : 노사대표와의 협의를 거쳐 가능하면 이전소득전액을 보전해 주도록 한다.

3) 모성수당의 재원 : 모성수당을 지급하기 위해서 강제적 사회보험이나 소득에 근거한 세금을 조성할 때에는(사용자가 내든, 사용자와 근로자가 같이 내든 간에) 성의 구분 없이 남녀근로자 모두가 기여하여야 한다.

4) 건강보호 : 산모와 자녀가 위험한 상황에 있을 때에는, 건강진단서에 근거하여 위험요인을 제거하고, 근로조건을 변경하며, 변경이 불가능할 때에는 소득손실 없이 다른 위치로 배치전환을 시행한다. 전환이 불가능할 때에는 유급휴가를 지급한다. 임신 중인 여성에게 위험한 상황은 짐을 들어올리거나 옮기거나 밀거나 끄는 작업, 생식 보건에 유해한 생물학적·화학적·물리적 매체에 노출되는 작업, 공간적인 균형감각을 요구하는 작업, 장시간 앉아 있거나 서 있어야 하는 작업, 온도가 매우 높거나 낮은 상태에서 하는 작업, 진동이 있는 상황에서 하는 작업이다. 임신 중이거나 수유기간의 여성은 의료전문가의 진단서가 있는 경우 야간근무를 시키지 않는다. 여성은 임신 중이 건강검진을 하기 위하여, 사용자에게 알리고 나서 작업장을 이탈할 권리가 있다. 가능하다면 작업장 가까운 곳에 위생적인 조건을 갖춘 수유시설을 제공한다.

5) 관련 휴가 : 산모가 출산 후 아프거나 입원한 경우, 태어난 아기를 돌보기 위하여 남아 있는 산전후휴가 기간만큼의 휴가를 아기의 아버지에게도 제공한다. 신생아의 부모는 산전후휴가기간을 소진한 후 연속해서 부모휴가(육아휴직)를 사용할 권리를 가진다. 육아휴직의 기간, 소득보전, 부모 중 사용하는 사람 등에 대하여는 법으로 정한다.

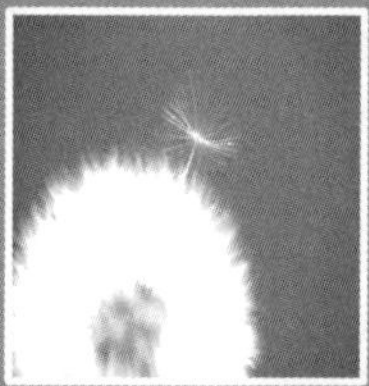

제6장 여성과 가족 —가정 영역

▶ 강의개요

가정 영역에서 관련된 규정들을 여성주의적 시각에서 검토하고자 한다. 가정 내에서 이루어지는 남녀의 성역할분담, 이를 근거로 구성된 법규정들을 살펴보고자 한다. 자녀양육, 가사노동, 돌봄노동 등 주로 여성들이 담당하는 무임금 노동에 대한 가치평가가 어떻게 이루어지고 있으며, 법은 이를 어떻게 제도화하는지 살펴보고자 한다. 그리고 법여성학적 시각에서 이에 대한 문제들을 어떻게 해결할 수 있는지 논의하고자 한다.

▶ 주제어

가사노동, 공적 영역, 사적 영역, 돌봄노동, 가족, 친권, 양육권, 이혼, 국민연금, 부부재산분할, 배우자상속, 무임금노동, 성역할, 역할분담, 가족, 혼인, 자의 성

I. 혼인과 가족의 보호

1. 제도로서 혼인과 가족

(1) 혼인이란

헌법 제36조 제1항은 혼인과 가족생활은 국가의 보호를 받는다고 규정하고 있다. '혼인과 가족'은 고전적인 제도를 설명함에 있어서 자주 첫 번째로

언급되곤 한다. 그러나 독자성을 지닌 제도로서 혼인과 가족은 상대적으로 새로운 것이다.[1] 혼인에 대한 법적 보호문제는 무엇보다도 혼인의 자유에 대한 보호로 시작되었다. 혼인이 타의에 의하여 이루어지는 것을 타파하고 당사자의 자유의사에 기초한 시민적 혼인제도를 도입하면서 혼인의 자유는 법적으로 보장되었다.

제도의 개념은 학문의 영역에서 다양하게 해석되고 있으며, 혼인과 가족의 개념 역시 다양하다. 헌법 제36조 제1항에서 혼인과 가족은 직접 정의되고 있지 않으나 우선 '혼인'이란 한 남자와 한 여자의 결합이 법적으로 승인받은 것을 말한다.[2] 이에 헌법상 동성간의 결합은 혼인으로 승인될 수 없으며, 혼인은 일부일처제를 기본원칙으로 하기 때문에 일부다처나 일처다부제 역시 헌법상 혼인으로 허용되지 않는다. 또한 혼인은 한 남자와 한 여자의 자유로운 의사에 의한 결합이므로 강제혼인은 이에서 배제되며(민법 제815조), 혼인은 국가의 승인을 필요로 하기 때문에 혼인신고를 통하여 그 효력을 발생한다(민법 제807조 이하). 이에 사실혼이나 동거 등은 혼인 외 생활공동체로 헌법상 혼인으로 인정되지 않는다.

(2) 가속이란

1) 가족에 대한 일반적 정의

가족에 대한 정의는 일반적으로 다양하다. 가족학적 정의에 의하면 가족은 특별한 내부구조체계로 표현되거나 또는 감정 그리고 친밀한 삶의 공동체로 표현된다. 다수는 가족을 부모와 그들 자녀로 구성된 공동생활의 그룹으로 정의하거나 어떤 이는 특별한 가족적인 급부를 가족의 정의에 연결시키기도 하는데, 이것은 가족의 사회화기능 또는 재생산, 다양화 또는 보살핌기능 등으로 설명되고 있다.[3] 또한 가족은 전통적 의미로 부부와 그들의 자녀로 구성되는 기본적인 사회집단으로서 이익관계를 초월한 애정적인 혈연집단이 기본이며, 또한 동일한 장소에 기거하고, 양육과 사회화를 통하여 인격형성을

1) Manfred, Rechtssoziologie, 2. Aufl., Berlin, New York, 1989, S. 54.

2) 계희열, 『헌법학(중)』, 박영사, 2000, 714면.

3) Berger, Ehe und Familie als Institution, Feministische Rechtswissenschaft, Bulletin 12, Universitätsduruckerie der HUB, 1996, S. 90.

이루는 집단이라고 본다.[4] 한편 가족은 혈연적 관계가 아닌 2인 이상의 친밀한 관계를 갖는 다양한 집단을 구성하여 살아가는 그리고 사회의 정치적 개입에 의해 변화하며, 그러한 변화에 대하여 역동적으로 적응할 수 있는 사회제도의 하나라고 설명되고 있다.[5]

2) 헌법 · 민법 · 건강가정기본법에서의 가족의 범위

① 헌 법

헌법 제36조 제1항에서 가족은 구체적으로 정의되고 있지 않다. 그러나 해석상 가족은 부모와 자녀의 포괄적인 생활공동체를 의미하며, 일반적으로 가족은 부모와 자녀간의 혈연에 기초를 둔 공동체로 의붓자녀, 피양육자녀 등으로 구성된 공동체도 가족에 포함시키고 있다.[6] 독일연방헌법재판소는 헌법적 보호를 받는 가족은 법질서에 의해서 특정되거나 인정된 생활영역에서의 부모와 자녀의 결합체 내지 공동체 또는 자녀의 양육과 교육을 위한 권리와 의무가 발생하는 부모와 자녀의 포괄적 공동체로 보고 있다.[7] 이러한 입장에 의하면 부모의 혼인 유무에 관계없이 친생부모와 자녀의 관계 및 입양자녀의 관계는 가족의 개념에 수용된다.

② 민 법

2005년 호주제폐지 이후 민법은 가족을 새롭게 정의하고 있다. 민법이 개정되기 이전 가족은 "호주의 배우자, 혈족과 그 배우자 기타 본법의 규정에 의하여 그 家에 입적한 자"로 家制度를 중심으로 가족을 정의하였다. 이로 인해 실질적으로 장남이 아닌 차남 등이 결혼하여 분가한 경우, 딸이 결혼하여 호적에서 삭제된 경우 부모와 가족이 아니었고, 이혼한 모와 함께 사는 자녀도 그 자가 부의 가에 입적되어 있는 이상 이들은 서로 가족이 아니었다.

이러한 가족의 정의는 호주제 폐지 이후 민법 제779조 제1항에 따라 1. 배우

---

4) 조홍식 외, 『가족복지학』, 학지사, 2007, 25면.

5) 조홍식 외, 위의 책, 28면.

6) 계희열, 『헌법학(중)』, 박영사, 2000, 716면 ; BVerfGE 10, 59, 66; 18, 97, 105; 68, 176, 187; 80, 81, 90 참조.

7) BVerfGE 10, 59(66), BVerfGE 48, 327; 허영, 『한국헌법론』 신2판, 박영사, 2002, 166면: 허영 교수도 동일한 의견이다.

자, 직계혈족 및 형제자매 2. 직계혈족의 배우자, 배우자의 직계혈족 및 배우자의 형제자매 제2항은 제1항 제2호의 경우에는 생계를 같이하는 경우에 한하여 가족으로 그 범주를 규정하고 있다. 이 규정에 따라 가족은 부모의 혼인여부와 관계없이 직계혈족인 경우 가족이 되기 때문에 기존의 호주제도하에서 직계혈족이라도 가족의 범주 안에 들지 못했던 것에 대한 문제는 해결되었다.[8)]

그러나 개정민법상 가족의 개념에 대한 정의가 바람직한가에 대하여는 비판적 시각이 존재한다. 이에 대한 비판적인 의견은 우선 민법상의 가족구성원 사이에 부부, 친자, 형제자매 사이에 존재하는 법률관계 외에 가족구성원이라는 지위에서 특별한 법률관계가 생기는 것도 아닌데, 굳이 가족개념을 민법에 둘 현실적 필요는 없다고 보며, 또한 다른 이유로 개별 법규는 그 규정에 따라 가족개념을 쓰고 있기 때문에 민법에서의 가족개념은 그 개별법의 입법목적·취지에 따라 그 내용과 의미가 각기 다를 수밖에 없으므로 민법에 가족개념을 정의할 필요가 없다고 본다.[9)]

③ 건강가정기본법

건강가정기본법에서 가족을 혼인·혈연·입양으로 이루어진 사회의 기본단위로 보고 있으며, 이들 가족구성원이 생계 또는 거주를 함께 하는 생활공동체를 이룰 때 이를 가정으로 정의하고 있다(건강가정기본법 제3조). 건강가정기본법 제3조에서는 가족의 범주는 민법상 가족의 범주보다는 좁게 정의하고 있으며, 이에 다양한 가족을 가족의 범주에 포괄적으로 포함하고 있지 않다.

그러나 동법 제15조 제2항 제3호는 건강가정기본계획의 수립에 있어서 "다양한 가족의 욕구충족을 통한 건강가정 구현"을 규정하고 있으며, 또한 동법 제21조 4항에서 가정지원에 있어서 "국가 및 지방자치단체는 한부모가족, 노인단독가정, 장애인가정, 미혼모가정, 공동생활가정, 자활공동체 등 사회적 보호를 필요로 하는 가정을 적극적으로 지원하여야 한다"라고 규정하여 다양한 가족(가정) 지원을 따로 예시하고 있다.[10)]

---

8) 이화숙, 『2005년 개정가족법 해설 및 평가』, 세창출판사, 2005, 36면.

9) 이승우, "한국가족법의 최근의 동향," 『성균관법학』 제18권 제2호, 성균관대학교비교법연구소, 2006, 193면: 본 논문에서 가족개념을 민법에 규정할 필요가 없는 여러 가지 이유를 설명하고 있다.

10) 건강가정기본법은 제3조에서 가정의 범주를 좁게 규정하고 있으면서 가정지원 부분인

2. 혼인과 가족에 대한 새로운 시각

(1) 다양한 삶의 형태와 다양한 가족에 대한 수용

오늘날에도 혼인제도와 가족제도는 여전히 중요한 의미를 갖는다. 그러나 그동안 혼인과 가족에 대한 인식에 상당한 변화가 있었다. 과거에는 혼인이 합법적인 성관계의 독점성을 가지고 있었고, 출산을 위한 그리고 후대를 성장시키는 곳으로 작용했다. 공동의 사회질서의 구성을 위하여 혼인은 삶의 중요한 것이었고, 이에 대한 보장과 안정적 기능은 가치 있는 것이었다.

그러나 오늘날 이러한 것들은 혼인제도의 틀 안에서만 행해지지 않으며, 남녀의 생활방식은 법 밖에서 다양하게 시도되고 있다. 이에 혼인을 통한 전통적 가족의 형태에서 혼인 밖의 남녀의 결합은 사실혼, 동거, 더 나아가 동성간의 결합은 새로운 삶의 형태로 자리매김되고 있다. 이에 따라 구성되는 사실혼가족, 동거가족, 비혼모가족, 비혼부가족, 자녀가 있는 이혼한 한부모가 재혼하지 않고 파트너와 함께 사는 가족, 위탁가족, 그룹홈, 동성가족, 혼인관계 없이 정자를 제공받아 인공출산을 통해 형성된 가족 등 가족의 형태는 다양하다. 이러한 다양한 가족의 유형을 전통적 가족제도로 수용하기는 어려우며, 이러한 다양한 삶의 형태 그리고 이들로 구성된 생활공동체인 다양한 가족은 제도적으로 수용되어야 할 것이다.

이런 의미에서 계속해서 헌법상 혼인과 가족과의 분리문제에 대해서 생각해보자.

(2) 헌법상 혼인과 가족의 관계분리

헌법상 혼인은 하나의 제도로서 보호되고 있다. 그러나 현대 사회에서 가족은 혼인을 통해서만 이루어지지 않는다. 이러한 점에서 혼인과 가족과의 관계는 분리해서 생각할 필요가 있다. 헌법 제36조 제1항은 혼인과 가족생활은 개인의 존엄과 양성의 평등을 기초로 하고 국가의 보호를 받는다고 규정하고 있다. 국가법학에서 다수 혼인을 옹호하는 자들은 혼인은 사회의 생식세포로써 그 근간이 되고 자녀가 있는 가족을 기본 틀로 보았다. 가족은 기본적으로 혼인을 기초하여 형성된다고 보는 것이 지배적이며,[11] 이것은 근대사

제21조 제4항에서는 가정의 범주를 넓게 설정하고 있다.

회 이후 가장 모범적이고 이상적인 형태라고 여겨져 왔다.

이에 계속해서 헌법의 변천과정에서 혼인과 가족의 개정내용을 살펴보고자 한다. 건국헌법 제20조를 살펴보면, "혼인은 남녀동권을 기본으로 하며 혼인의 순결과 가족의 건강은 국가의 특별한 보호를 받는다"라고 규정하였고, 1962년 제3공화국 헌법 제31조에서는 "모든 국민은 혼인의 순결과 보건에 관하여 국가의 보호를 받는다." 그리고 1980년 제5공화국 헌법 제36조 제1항은 현행법과 동일하게 "혼인과 가족생활은 국가의 보호를 받는다"라고 규정하고 있다. 1962년의 헌법은 가족에 대한 보호를 따로 언급하지 않았다. 그러나 1980년에 "혼인과 가족생활은"이라고 규정함에 따라 국가의 보호 의무에 혼인과 가족생활을 동등하게 언급하였다.

이러한 헌법의 변화과정은 독일헌법의 경우에서도 유사한 현상을 찾아볼 수 있다. 1919년 독일의 바이마르헌법 제119조에서는 "혼인은 가족생활의 기초로서 헌법의 특별한 보호 속에 있다"라고 하여 바이마르헌법에서는 가족에 대한 직접적인 보호 규정을 두고 있지 않았다. 그러나 독일기본법 제6조는 "혼인과 가족은 국가질서의 특별한 보호를 받는다"라고 규정하여, 가족을 새롭게 기본법에 추가하여 개정하였다. 우리 헌법 제36조 제1항과 독일기본법 제6조는 혼인과 가족생활을 동시적으로 명시하고 있다는 측면에서 혼인과 가족은 각각 국가의 보호를 받는다.

가족생활은 그동안 많은 변화가 있었다. 가족은 혼인을 기초로 형성될 수 있으나, 가족의 형성과 발달과정을 통해서도 알 수 있듯이, 가족의 형성은 혼인을 통해서만 이루어진다고 볼 수는 없다. 현 사회에서 혼인은 가족을 형성하는 일부분에 지나지 않는다. 우리나라에서도 사실혼 또는 자녀가 없는 부부의 수가 증가하고 있다. 따라서 혼인의 보호와 가족의 보호는 분리되어 고찰하지 않으면 안 되게 되었다.[12)]

혼인과 가족은 관련이 있으나, 혼인을 따로 제도적으로 보호하고 있는 차원에서 혼인과 가족을 반드시 연결시킬 필요는 없을 것이다.

헌법상 가족은 혼인에서 이탈된 가족도 가족의 확정에 있어서 반영되어야 하며, 혼인한 부모와 자녀가 결합된 생활공동체뿐만 아닌 그 외의 다양하

---

11) 전광석, 『헌법』, 법문사, 2006, 362면.
12) 계희열, 위의 책, 2007, 814면.

게 구성된 가족 등 다양한 생활공동체는 헌법상 보호되어야 한다.[13)]

(3) 가족과 복지

가족의 범주를 설정하는 것은 가족의 범주에 속하는 가족과 속하지 않은 가족으로 분류될 수 있으며, 이런 의미에서 가족의 범주를 좁게 설정하면 적은 가족공동체가, 넓게 적용하면 보다 많은 가족공동체가 복지의 혜택을 누릴 수 있을 것이다. 이에 복지를 위한 가족의 범주는 보다 폭넓게 적용되어야 할 것이다. 이에 사회적 보호를 위한 사회보장법적 그리고 세금해택 등에 있어서도 혼인과 가족개념을 엄격히 적용하는 것은 바람직하지 않으며, 이런 의미에서 사회 전체에서 기능하고 있는 다양한 가족의 형태는 수용되어,[14)] 이들 역시 가족복지 혜택의 수요자가 되어야 할 것이다.

3. 여성주의적 시각에서 혼인과 가족

우리 사회는 지난 몇 년 동안 가족에 대한 변화와 함께 가족법의 개정 등 가족은 사회적으로 가장 중요한 쟁점 중의 하나가 되었다. 이혼율의 증가, 독신자의 증가, 한부모가족의 증가 등으로 '가족의 위기' 또는 '가족해체' 등이 얘기되면서 가족의 변화를 우려하는 목소리가 높아지기도 하였으며, 이에 국가정책은 가족을 '강화'하려는 방향으로 시도되었다.

반면, 여성주의는 가족에 대한 비판적 분석과 전통적 가족형태를 변화시키고자 노력해 왔으며, 이는 여성운동에 있어서 핵심적인 부분이었으며, 지금도 여전히 그러하다. 그동안 가족과 관련된 것 중에서 낙태권의 요구, 가구와 성관계의 다양한 형태를 가족으로 인정하라는 요구, 남성의 권위와 여성의 경제적 의존성 그리고 여성의 전적인 양육책임에 대한 도전은 가장 논쟁적인 문제가 되어 왔다.

여성주의적 시각에서 가족을 볼 때 핵심적인 주제를 살펴보면 다음과 같다.

---

13) Burgi, in: Friauf/Höfling, Berliner Kommentar zum Grundgesetz, 2002, Art. 6, Rdnr. 21: Gröschner, in: Dreier, GG, Bd.I 1996. Art. 6, Rdnr. 45 참조.

14) 전광석, "혼인과 가족의 보호와 남녀평등권 ―사회보장법에서의 조화적 실현 ―," 『고시연구』 7월호, 1990, 61-74면 참조.

1) 여성주의자들은 가족에 대한 지배적인 가정들에 도전해 왔다. 부양자인 남편과 전업주부이자 어머니로 구성되는 핵가족만이 자연스럽고 '전형적인 가족' '정상적인 가족'이라는 이데올로기에 반대한다. 여성주의자들은 어떤 특정한 가족 형태가 통시적으로 자연스럽고, 기능적이라는 신념에 반대한다.

2) 여성주의자들은 성별 노동의 분업, 이성간의 성관계, 남성지배, 모성 등의 주제를 포함하여 가족을 사회적·역사적으로 재분석하고자 한다.

3) 여성주의자들은 '천국으로 미화되는 가정'의 부정적인 경험과 가족 안팎에서의 남성지배와 여성종속, 갈등, 폭력, 일의 불평등한 분배 등을 지적한다.

4) 여성주의자들은 현대가족이 여성과 아동을 외부와의 접촉, 외적 자원으로부터 차단시키는 결과를 초래하고 있음을 지적하며, 가족의 내적 생활과 경제조직, 국가, 여타 제도들 간에는 밀접한 연관이 있기 때문에, 사적 영역과 공적 영역을 이분법적으로 분류하는 것에 도전한다.[15)]

II. 법에서의 성역할분담과 무보수의 가사노동에 대한 평가

1. 문세제기

자본주의 사회에서 생산조직은 일정한 형태의 가정생활 위에 존재한다. 자본주의하에서 생산이 사회화된 체계, 즉 임금노동체계는 주부들과 어머니들의 사적인 노동에 의해서 지탱된다.[16)] 자본주의 사회에서 임금노동을 하는 남성과 무임금의 가사노동을 하는 여성과의 사이에는 생산권을 지배하는 임금노동자에게 주도권이 주어지고 가사노동을 하는 여성은 남성에게 종속되는 구조를 갖게 된다. 마르크스 페미니즘은 이처럼 자본주의에 의한 생산체제를 설명하면서 생산관계에 있어서 무임금으로 제공되는 가정 내에서의 여성의 노동은 자본주의에 의한 계급적 착취임을 설명하고 있다. 이러한 자본주의 체

15) 배리소온 매릴린 얄롬 지음(권오주 외 4인 번역), 『페미니즘의 시각에서 본 가족』, 한울아카데미, 2009, 10-11면.

16) 엘리 자레츠크, 자본주의, 가족, 개인생활, 『여성해방의 이혼체계』, P. 스트럴/A. 재거 편저 신인령 역, 풀빛, 414면.

제는 또한 가부장제도와 매우 긴밀한 관계를 갖고 있다.

생산권을 지배한 남성과 그렇지 못한 여성의 성별분업이 이루어지고 대부분 가사노동에 종사하는 여성은 결국 이에 대한 불이익과 불평등을 감수해야만 한다. 이에 사회주의 여성주의자들은 작업장과 가정간의 이분법을 배격하며 현 자본주의 사회의 착취제도를 지탱해 나가는데 있어서 여성의 가사노동을 사회 기능적으로 이해하는 일이 매우 중요하다고 보았다.[17)]

오늘날 경제발전과 사회의 변화에도 불구하고 자본주의, 가부장제, 성역할분담, 가사노동의 무임금 상태는 여전히 존속되고 있다. 가사노동이 가정의 경제를 이끌어 가는 주요한 활동임에도 불구하고 사회적 활동에 비해 평가절하되고 있으며, 여성의 사회진출로 인해 다수의 기혼여성들은 경제활동뿐만 아니라 가사노동이라는 이중부담을 안고 있다. 가정 내에서 무임금의 가사노동에 대한 평가는 그리 쉽지 않은 일임이 분명하다. 그러나 어떠한 형태로든 남녀간 역할분담에서 오는 지불되지 않은 노동에 대한 불평등은 해소되어야 하며, 궁극적인 해결은 역할분업이라는 남녀간 노동의 형태에 변화가 있어야 할 것이다.

그러므로 법에서 경제활동에 비해 가정 내의 노동이 고려되지 않은 부분 또는 고려되었으나 충분치 않은 부분을 검토하여 법제도적 측면에서 문제의 해결방법이 모색되어야 한다.

2. 무보수의 가사노동에 대한 평가와 딜레마

(1) 법이 이상형으로 생각한 가정주부형모델

경제활동을 공적 영역으로 보는 반면 육아나 가사는 개인의 일 또는 개인의 책임으로 본다. 18세기 산업혁명이 시작된 이후, 민법에서 혼인의 '성공모델'은 경제활동과 가사노동 간의 노동분업이며, 이것은 최소한 당시 19세기의 '성계약(Sexual Contract)'에서 담고 있었다.[18)]

---

17) 곽삼근 외 4인, 『일상의 여성학』, 박영사, 2005, 24면.

18) 칸트에 의하면 여성은 혼인계약을 통하여 단지 남성의 소유물이 된다. 사회계약은 성계약을 근거하고 있다[Carlo Pateman, in: Herta Nagl-Docerkal.u.a.(Hg.), Philosophie, 1996. 174(191ff.)].

혼인의 이상적인 모델은 남성과 여성의 교환관계를 기본으로 한다. 남편은 재정공급을 통하여 가정을 부양하는 반면, 아내는 가사노동과 복종을 통하여 서로의 역할을 교환하게 된다. 당시 성역할의 양극은 법에서도 지배적이었으며, 시민의 이상적 모델이었다. 가정주부형인 이상적 모델은 단지 가족법에서뿐만 아니라 노동법, 세법 그리고 사회법을 제정하는 데도 작용하였다.

(2) 가족법에 나타난 성역할분업과 가사노동

1960년 제정민법은 당시 가정 내에서의 성역할분담과 이에 따른 부부간의 권력관계를 잘 보여 주고 있다. 민법 제833조 제1항에 따르면 부부의 공동생활에 필요한 비용의 부담은 당사자간에 특별한 약정이 없으면 부가 이를 부담하도록 하였다. 남성에게 가족의 부양책임을 지도록 한 것은 대부분의 경제활동을 하는 자는 남성이기 때문이다. 경제활동을 하는 남성은 공적 영역에 속한 자이며, 가정 내에서는 가족의 부양자이다. 반면 처와 자녀는 피부양자로 존재하였다. 당시 가정 내에서 가사노동과 자녀양육 그리고 시부모 봉양 등 여성의 역할은 노동으로의 가치를 평가받지 못했으며, 역할의 중요성에 대해서도 그다지 인식하지 못했다.

이러한 규정들은 점차적으로 여성과 남성의 역할을 구분하는 형태를 성 중립적인 형태로 바꾸기 시작했다. 1990년 개정을 살펴보면, 앞서 소개한 민법 제833조의 규정은 가족의 부양을 위해서 따로 약정하지 않는 한 남녀 모두에게 동등한 의무가 있다고 개정되었다.

이렇듯 가족법의 개정은 성역할을 구분짓는 규정에서 중립적인 입장으로 변화하였으며, 가사노동에 대한 가치평가가 이루어지기 시작했다. 1990년 재산분할청구권의 신설은 가사노동과 자녀양육의 역할을 맡아 생활하여 온 여성의 노동을 제도적으로 평가한 것으로 볼 수 있다. 부부별산제하에서 가정주부인 여성은 실질적인 소득을 얻을 기회가 없어 자신의 재산을 형성하는 데 배제되었다. 그러나 1990년 이후 재산분할청구권을 통하여 이혼하는 여성은 가사노동을 평가받을 수 있게 되어, 혼인 중 협력하여 이룬 재산을 분할받을 수 있게 되었다.

(3) 가사노동에 대한 가치평가

1) 남성의 가사노동 참가율 및 가사노동의 경제적 가치평가

가정은 은신처, 보금자리라고 말하기도 한다. 여성보다 가사노동을 훨씬 덜 하는 남성에게 가정은 은신처로서 적어도 여가의 장소로 경험될 수 있다. 그러나 거의 모든 여성에게 가정은 상당량의 일을 해야 하는 장소이다. 시간 할당에 대한 연구는 여성이 상황과 관계없이 남성보다 훨씬 많은 가사 노동을 하는 일관된 패턴을 보여준다. 전일제 취업을 한 여성은 직무 이외에도 가사노동을 하지만, 남편들의 가사노동에 대한 참가율은 저조하다.[19]

가사노동의 가치평가에 대하여 2004년 한국여성개발원의 연구에 의하면 국내 20세 이상 전업주부의 무급 가사노동 가치가 1인당 월 111만원 연간 1,337만원이었으며 무급 가사노동 시간은 1일 평균 5시간 49분으로 나타났다. 이러한 가치평가는 일반 가사노동이 어느 정도의 경제적 가치가 있는가를 제공해 준다. 물론 이러한 산정은 처로서 또는 모로서 추가될 수 있는 가치를 제외한 단순한 노동의 경제적 가치를 환산한 것이다. 부부재산분할에서 이러한 평가가 수용될 수 있는 부분은 가사노동의 가치가 최소한 이 정도의 수준은 된다는 것을 의미이며, 가사노동의 가치가 일괄적으로 이 정도 가사노동의 가치라는 의미는 아닐 것이다.[20] 2009년 한국여성정책연구원은 홈페이지

19) 2008년 서울시 여성가족재단이 발표한 '서울 여성의 성인지 지표(GSI)'에 따르면 맞벌이 부부의 경우 여성은 하루 평균 2시간 55분을 가사노동에 할애하는 반면 남성은 1시간 1분을 할애했다. 1999년에 비해 여성은 11분이 줄고 남성은 3분 늘었다(http://kefplaza.com/labor/cm/news_view.jsp?idx=24596).

20) 이와 관련하여 지난해 이계경 의원 발의로 '소득세법일부개정법률안'이 발표되었다. 이 "법률안은 종합소득세 납세자의 배우자로서 연간 소득금액의 합계액이 100만원 이하인 자의 경우 연 1200만원을 기본공제대상으로 삼고 있다. 그리고 이 법안의 그 취지가 가사노동의 경제적 가치를 법 체계에 포함시키는 것으로 가치 평가 틀을 만드는 것이라 밝히고 있다. 그러나 결론적으로 한국여성민우회는 전업주부의 노동의 가치를 제대로 인정하려는 사회적 노력은 매우 중요하다. 그러나 이 개정안은 그 가치를 인정하는 것이 아니라 오히려, 가사노동을 132만원 정도의 사회적 노동에 준한 것으로 일률적으로 한정시키며, 나아가 전업주부만이 수행하는 것으로 전제하는 가운데 결국은 가사노동의 가치와 그 중요성을 오히려 평가 절하시킬 수 있으며, 가사노동은 전업주부의 몫이 아닌 가구 구성원 모두에게 동일하게 수행되는 것이라는 인식을 사회적으로 확산하는 한편 남녀 모두 함께 수행하는 속에서 그 가치가 새롭게 평가되어야 한다"고 발표하였다(가사노동 가치를 편협하게 왜곡시키는 이계경 의원 발의 '소득세법일부개정법률안'을 반대한다, 2005.6.6. 한국여성민우회).

이는 가사노동의 가치를 어떻게 인정하여야 할 것인가에 대한 딜레마가 아닌가 생각한

(www.kwdi.re.kr)에서 가동하기 시작한 "전업주부, 연봉을 찾아라"는 전업주부의 가사노동 가치를 현실적으로 평가하기 위해 고안된 프로그램으로 음식준비, 세탁 등 의류관리, 청소, 시장 보기, 자녀나 부모 돌보기 등 37개 항목에 드는 시간을 1일 단위로 산정해 이를 월급으로 환산해주는 프로그램이다.[21)]

2) 법원의 평가

전업주부의 가사노동 가치에 대한 적절한 평가 및 인정은 전업주부에게 있어 사실 매우 중요한 사안인데, 그것은 이혼 등에 있어 재산분할청구권의 행사, 손해배상청구권의 행사, 세법이나 국민연금법의 적용 등 실제 사례에서 아내의 노동에 따른 경제적 기여부분이 객관적으로 측정됨으로써 여성의 권리를 인정받는 데에 큰 도움이 되기 때문이다. 우리나라의 경우 주부가 교통사고를 당했을 때, 보험회사로부터 일용직 근로자 임금에 준하는 월 68만원(1997년 기준)으로 보험금을 산정한 사례가 있다.[22)]

이에 대하여 판례는 손해배상사건에서 사망이나 불구로 인한 가정주부의 일실수익의 산정방법으로서 '소득상실산정방식'을 취하고 있다. 즉, 가정주부의 일실이익은 학력·경력·가정주부로서 구체적인 사례에 맞게 산정해야 하며 가정부의 수입반으로 산정한 것은 위법하다고 한다(대판 1968.12.24야 68다536). 그리고 가정주부의 수입은 최소한 농촌의 일용노동임금을 초과해야 한다고 하면서(대판 1971.4.30, 71다467), 보통 도시에 사는 전업주부에 대해 도시의 일용노임을 기준으로 일실수입을 산정한다(대판 1987.10.26, 87다카346). 그러나 판례가 소득상실산정방법을 취하는 것은 가사노동의 가치를 매우 낮게 평가하는 결과를 가져오므로 부당하다.[23)]

다. 여성의 직업과 가족생활의 양립화를 위한 정책을 펴면서 한쪽으로는 전업주부의 가사노동의 가치만을 고평가하려는 시도로 보이기 때문이다. 여성의 가사노동은 정당하게 평가되어야 한다. 그러나 여성을 집안에 안주시키려는 정책은 경계하여야 할 것으로 생각한다. 그것은 결과적으로 여성을 위한 정책이 아니라고 생각하기 때문이다.

21) 예를 들어 초등학교 2학년 아들과 4개월 된 딸을 키우는 38세의 전업주부 김희정 씨의 경우를 보자. 음식 준비 및 정리 시간 3시간 30분, 세탁·다림질·바느질 등 의류관리 1시간 30분, 청소 및 정리 40분, 시장 보기 등 가정관리 관련 물품 구입 30분, 가계부 정리, 은행·관공서 일 보기 등 가정경영 30분, 미취학 자녀 보살피기 5시간, 초등생 자녀 보살피기 2시간, 배우자 보살피기 20분으로 김씨의 1일 총 가사노동시간은 14시간. 이를 월급으로 환산하면 432만 9000여 원이 된다.

22) 이은영, 『법여성학강의』, 박영사, 2006, 149면.

2005년에 서울남부지방법원에서는 전업주부의 가사노동 가치를 숙련도 높은 특수인부의 일당으로 계산하여 일당 65,000원으로 산정되기에 이른다. 이 경우는 월 143만원, 연봉 1,716만원의 수준에 이른다. 이러한 판결이 매우 전향적이긴 하지만 전업주부 피해보상액 산정에 있어 정규직 노동자의 경우에 준해 22일을 기준으로 한다는 것은 전업주부의 가정 내 역할이 22일로 한정될 수 없다는 점에서 재평가에 대한 재론 가능성여지가 있다고 본다.[24] 이처럼 전업주부들은 많은 가사노동을 하고 있지만 실질적으로 돈을 벌어오는 것은 아니라는 이유로 그들의 정당한 노동의 가치를 제대로 인정받지도 평가받지도 못하고 있다.

(4) 가족법에서의 경제활동에 대한 가사노동의 가치

1) 가사노동과 경제활동과의 동등한 역할교환

민법은 부부의 공동생활에 필요한 비용의 부담은 당사자 간에 특별한 약정이 없으면 부부가 공동으로 이를 부담한다 라고 규정하고 있다(제833조 1항).

여기서 부양이라고 하는 것은 부부의 일방이 상대방의 생활을 자기의 생활과 같은 정도로 보장하는 것을 의미한다. 부부가 공동으로 공동생활에 필요한 비용을 부담한다는 것은 부부가 공동으로 생활비용을 부담해야 한다는 것을 의미하지만 여기서 공동부담의 원칙이 반드시 혼인생활비용을 균등하게 부담해야 한다는 의미는 아니다. 이는 본질적으로 부양의무의 이행문제이므로 부부의 일방에게 경제적 능력이 없을 때에는 다른 일방이 모든 비용을 부담하여야 함은 물론이다. 가사노동도 생활비용의 부담으로 인정된다.[25]

법에서 이러한 중립적인 형식으로 규정된 민법 제833조의 규정은 첫 번째 선상에서 역할교환(Rollentausch)을 가능케 하였다. 여기에서는 두 가지의 원칙이 특징적이다. 부부관계가 성립되어 있는 동안 헌법적으로 보호된 각자의 노동역할에 대하여 부부가 결정할 자유가 보장되었으며, 자녀를 양육하거나 가사노동은 부양의 기여로 경제활동을 통한 부양의 기여와 동일한 가치가 있다는 것이다.[26] 일방은 경제활동을 다른 일방 배우자는 가사노동을 하게 되는

---

23) 이은영, 위의 책, 148면.

24) 설대우, "전업주부 연봉을 찾아라," 『젠더리뷰』, Vol.11, 2008, 46-49면.

25) 이경희, 『가족법』, 법원사, 2008, 82, 83면.

경우 이는 각각의 위치에서 각자의 노동이 생활비용을 부담하는 것으로 본다.

2) 동등한 가치평가에 대한 허구

민법에서 혼인 생활 중 부부간의 부양의무는 경제활동과 가사노동이 동일한 가치를 지니는 것으로 해석될 수 있으나, 실질적으로 가사노동에 대한 가치평가는 동등하게 이루어지고 있지 않다. 이 문제는 이혼으로 부부관계가 종료되는 경우 재산분할에 나타나거나 또한 부부가 이혼을 하게 되는 경우 부양에 대한 문제에서 나타난다. 이혼시 부부 재산분할청구에서 법원은 재산분할청구자의 혼인재산의 형성의 기여도를 참작하여 재산을 분할하고 있다. 이에 대체로 아내의 재산분할 비율은 33~50%선에서 결정되는 편이다. 경우에 따라서는 가사업무에 대해 더 인색하여 20% 정도만을 인정하기도 한다.

3) 딜 레 마

오늘날의 여성에게서도 무임금의 가사노동은 중요한 작용을 한다. 연구결과에 의하면 가정 내에서 가사노동은 여성이 경제활동을 하든지 하지 않든지 간에 작용한다.[27] 결국 자녀를 양육하고 가족을 돌보는 일은 항상 여성의 몫으로 존재한다.

남성들은 직업을 선택할 때 출산과 육아에 커다란 고민을 하지 않는다. 그러나 여성은 가정을 위하여 직업을 포기하거나 개인의 가정일로 노동시간을 제한한다. 여성은 가정과 직장의 합일점을 찾기 어려운 문제에 봉착한다. 이러한 현상은 결국 여성의 경제활동인구의 증가에도 불구하고 여성노동률은 시간제 노동의 증가시켰으며, 이것은 경제활동주기나 생존의 안전을 위하여 좋지 않은 결과를 가져왔다.[28]

이미 1970년대 사회학자들은 여성들이 현대사회에서 경력과 노동시간의 요청을 충족하기 위해서는 무보수의 가사노동을 위한 제2의 노동력을 필요로 한다고 보았다.[29] Maria Mies는 "여성을 위한 여성은 누구인가?"라는 질문을

26) BVerfGE 17, 1.

27) Statistisches Bundesamt/BMFSFJ(Hg.), Wo bleibt die Zeit? 2004, S.15.

28) Christian dressel/Waltraud Cornelißen/karin Wolf, in: Waltraud Cornelißen(Hg.), Genderda-teneport, 2005, 268(289); siehe zu dieser Problematik Kapitel VI, Rn. 4, 25f.

29) Elisabeth beck-gernsheim, Das halbierte Leben -Männerwelt beruf, Frauenwelt familie, 1980.

던진다. 이 질문에 대한 답은 여성의 가사와 육아에 대한 노동은 다른 여성(실업 또는 외국인 노동자)에게 위임된다는 것이다.[30] 그러나 또한 이러한 질문에서 우리가 생각해야 할 것은 '왜 여성을 위해 다른 여성이 필요한가?'이다. 왜 청소하고, 음식을 만들고 세탁을 하고 아이들을 돌보는 일은 '여성의 일'인가? 여성은 왜 이러한 일에서 탈피하지 못하는가?

여성에 대한 이러한 가사노동에 있어서의 책무와 사회적인 딜레마로부터 해결방안을 찾기 위한 사회학적 연구가 증가되기 시작했다. 법은 개인의 가사 일에서 그 임무를 수행하는 자의 노동조건에 대해서 눈감고 있는 상태였으나, 결국은 점차적으로 세금의 비용의 삭감을 통해서 이에 대한 접근을 시도하였다.

(5) 계속되는 질문

가사노동의 연구와 이를 정치행동의 주요한 쟁점으로 부각시키는 데 여성운동은 많은 도움이 되었다. 비천하고 반복적이며, 소외된 채로 수행되는 것이 보통인 가사노동의 본질이 무엇인가에 관심을 기울여 왔다. 가사노동은 임금노동보다 덜 가시적이며, 사회적 지위를 부여하는 것도 아니고 경제적 독립을 가능케 하는 것도 아니다. 이러한 가사노동의 문제를 어떻게 해결해야 할 것인가는 앞으로 주목되는 과제이다.

법여성학은 무보수의 가사노동에 대한 다양한 문제를 던진다. 이것이 법에서 어떻게 발생하고 어떻게 사회적으로 보장받을 수 있으며 그리고 남녀 사이에서 성에 따라 역할을 분담하는 동기는 어디서 발생하는가? 하는 문제에 대한 답은 다양한 법영역에서 그리고 그들의 상호작용 속에서 연구되어야 할 것이다. 이러한 질문은 계속해서 보다 구체적으로 가족법상・세법상 그리고 사회법상의 테마이며, 이에 대한 관련법을 중심으로 검토되어야 할 것이다.

---

30) Maria S. Rerrich, in: Bernhard Schäfers (Hg.), Lebensverhältnisse und soziale Konflikte im neuen Europa, 1993, 93-102; Bridget Anderson, Doing the dirty work? The global politics of domestic labour, 2000; Grace Chang, Disposable domestics. Immigrant workers in a global economy, 2000; Marianne Friese, in: Claudia Gather u.a. (Hg.), Weltmarkt Privathaushalt, 2002, 223-237.

III. 이 혼

1. 유책주의 및 파탄주의 이혼

우리 민법상 이혼에는 협의이혼과 재판상 이혼이 있다. 협의이혼은 당사자의 협의에 의해 가정법원의 확인을 받아 가족관계등록법이 정하는 바에 따라 신고함으로써 그 효력이 발생한다(민법 제834조 및 제836조).

협의이혼제도는 당사자간에 이혼에 대한 합의가 이루어진 경우라도 새롭게 이혼숙려제도가 도입되어 당사자에게 일정한 기간 동안 이혼을 숙고하는 기간을 갖도록 하였고, 이외에 자녀양육에 관한 사항 등에 대한 협의가 있어야 이혼이 가능하도록 하였다(민법 제836조의2, 제837조).[31] 이 법은 2007. 12. 21.부터 시행되고 있다.

재판상 이혼은 당사자가 이혼에 협의할 수 없는 경우 부부일방은 민법 제840조가 규정하고 있는 이혼사유가 있는 경우 법원에 이혼을 신청할 수 있다. 법원은 청구에 따라 유책을 판단하고 이혼여부를 판결한다. 재판상 이혼에 있어서 우리 이혼법은 유책주의이혼을 근간으로 하고 있다. 유책주의와 파탄주의는 모두 기본적으로 헌법에 합치된다고 할 것이며,[32] 이 중 어떠한 것을 취할 것인가는 입법자의 재량에 속한다고 볼 수 있다.[33] 서구의 이혼법은 대부분 파탄주의 이혼을 채택하고 있는데, 파탄주의 이혼은 배우자의 유무책과 상관없이 일방 배우자가 이혼을 원하면 별거를 통하여 혼인의 관계가 파탄된 것으로 간주되고 이에 부부의 이혼은 가능하다. 그러나 우리의 재판상 이혼에서 이혼의 가능성은 상당히 제한받고 있다. 민법 제840조 제6호는 혼인관계가 파탄되었을 경우 이혼사유가 된다고 규정하고 있으나, 판례에서 혼인 파탄에 원인을 제공한 유책배우자의 이혼 청구는 인용되지 않는다.[34] 결국

---

31) 방혜신, "협의이혼제도에 관한 연구," 단국대학법학연구소, 2005; 김상용, "협의이혼제도의 개정방향," 『민법개정공청회자료』, 법무부, 2006.6, 29, 4면; 김매경, "협의이혼 어떻게 바꿀 것인가?," 『가사조정』 제7호 2005, 서울가정법원 조정위원협의회, 48-50면: 김진, "협의이혼제도의 개선방안에 관한 연구," 『가족법연구』, 2006, 238면.

32) BVerfGE 53, 224; Richter, in: AK-GG, 3. Aufl., 2001, Art. 6, Rdnr. 38 참조.

33) 최갑선, "헌법 제36조 제1항에 의한 혼인과 가족생활의 보장," 『헌법논총』 제14집, 2003, 510면.

34) 박종용, "유책배우자의 이혼청구와 허용기준 — 대법원 2004.9.24. 선고 2004므1033 판

부부간 이혼이 합의되지 않는 한 혼인관계가 파탄되었다 하더라도 유책배우자의 이혼이 허용되지 않기 때문에 부부관계는 유지될 수밖에 없는 상황에 빠지게 된다.

2. 판례연구

유책배우자의 이혼청구 인용(대법원 2004.9.24. 2004므1033)

[사안의 개요]

원고(처)와 피고(남편)는 1970.8.4. 혼인신고를 마치고, 슬하에 아들 소외 1(1970.6.24.생), 딸 소외 2(1973.5.25.생), 아들 소외 3(1975.11.17.생)을 둔 법률상 부부인바, 혼인신고를 마치기 전인 1969.9.경 피고 본가에서 동거를 시작하여 1969.12.경부터 1970.7.경까지 서울에서 동거하다가, 피고가 정신질환을 앓게 되어 충남 연기군에 있는 본가에서 요양하게 되자 원고는 시댁 근처의 친정에서 생활하였고, 피고가 1970.10.경 군에 입대하자 원고는 친정 및 시댁을 오가면서 생활하였으며, 피고가 제대하면서 마산에서 직장생활을 하게 되자 마산에서 다시 동거하기 시작하였고, 원고가 마산에서 이웃 주민과 다툰 후 고향으로 돌아감으로써 원·피고는 다시 별거하기 시작하였으며, 그 후 피고가 서울로 직장을 옮기게 되자 원고는 시댁 또는 친정에 머물면서 생활한 사실, 원·피고가 혼인한 후 피고의 부 소외 4가 절도죄로 형사처벌을 받고, 앞서 본 바와 같이 피고가 일시적으로 정신질환을 앓게 되자, 피고 부모는 며느리를 잘못 들여 불행한 일들이 생기는 것으로 생각하여 원고에 대하여 좋지 않은 생각을 하였고, 원고는 시댁에서 생활하는 동안 나태한 생활로 가사에 소홀한 경우가 많았으며, 때로는 원고의 가사 소홀 등을 나무라는 피고 부모에게 대들기도 하였는데, 그 무렵 소외 4가 자신의 밥을 가지고 장난치는 원·피고의 아들 소외 1을 나무라자, 원고는 소외 1을 두둔하면서 소외 4에게 대들었고, 원고와 소외 4는 서로 욕설을 하면서 몸싸움을 벌였으며, 그 과정에서 소외 4는 원고의 머리채를 잡았고, 원고는 소외 4의 멱살을 잡고 소외 4의 얼굴을 할퀴기까지 한 사실, 원고는 피고가 군대에서 복무하거나

결 —," 『가족법연구』, 2006, 20권 1호, 321면 이하 참조.

마산에서 직장 생활을 하는 동안 피고 부모와의 갈등으로 2회에 걸쳐 가출하여 약 2년 정도 피고와 연락을 단절한 채 생활하기도 한 사실, 원고는 1976.2.경 소외 3이 백일이 되기 직전 친정 부의 장례식에 참석하고 돌아온 후, 당시 서울에서 별거하고 있다가 일시 본가로 돌아온 피고에게 시댁에서 살 수 없으니 따로 근처에 방을 얻어 줄 것을 요구하였고, 피고는 경제적인 사정 때문에 그럴 만한 형편이 되지 않는다는 이유를 들어 원고의 요구를 거부하였으며, 이에 원·피고는 서로 때리는 등 몸싸움을 벌이면서 다투었고, 원고는 그 무렵 이 일로 가출하였으며, 원·피고는 이후 현재까지 별거하고 있는 사실, 피고는 부모의 도움을 받아 자녀들을 양육하여 왔고, 원고는 1983.8.경 소외 5를 만나 1984.1.경부터 현재까지 소외 5와 동거하면서 소외 5와 사이에 아들 소외 6(1984.2.22.생)을 둔 사실, 피고는 원고가 가출한 후, 원고의 가출이 피고의 경제적 무능력으로 인한 것이라고 생각하여 1981년경부터 중동에서 약 7년간 전기기술자로 일하는 등 경제력을 갖추려고 노력하였고, 그 후 수회에 걸쳐 원고를 찾기 위해 노력하였으며, 원고를 만나게 된 후에는 원고에게 가정으로 돌아올 것을 설득하였고, 그 후 2003.1.15. 피고는 2회에 걸쳐 원고 및 원고 언니 소외 7에게 합계 55만원을 송금하기도 하였으나, 원고는 피고의 재결합 요구를 계속 거부한 사실, 피고는 현재도 원고와의 재결합을 원하고 있으며, 원·피고의 아들 소외 3은 현재 양극성 정동장애 등의 정신질환을 앓고 있다.

[판결내용]

원심 판결 서울가법 2004.5.6. 선고 2003르1251 판결

원고와 피고의 혼인생활은 이미 장기간에 걸친 별거로 인하여 파탄에 이르렀다고 할 것이고, 위와 같이 파탄에 이르게 된 데에는, 군 입대 및 경제적인 여건 때문에 장기간 피고와 별거하면서 시부모와 적잖은 갈등을 겪고 있었던 원고의 심정을 잘 헤아려 적절한 시기에 적절한 방법으로 분가할 계획을 세운 후 그 때까지 인내하여 달라고 원고를 설득하는 등과 같은 최선의 노력을 하지 아니한 채 일방적으로 원고의 분가 요구를 묵살하고 원고와 몸싸움을 벌이기까지 한 피고의 잘못과 전근대적인 사고로 뚜렷한 근거도 없이

원고에 대하여 좋지 않은 감정을 가진 채 원고를 따뜻하게 대해 주지 아니한 피고 부모의 잘못도 없지는 아니하나, 피고 부모와의 갈등을 해소하기 위한 적극적인 노력을 하기보다는 가사에 소홀하면서 피고 부모에게 무례하게 행동하였을 뿐만 아니라, 경제적인 여건 때문에 현실적으로 분가가 어렵다는 점을 잘 알면서도 분가를 위한 적절한 시기와 방법을 찾고자 하는 노력은 하지 아니한 채 일방적으로 피고에게 분가를 요구하고 자신의 뜻이 관철되지 아니하자 어린 자녀들을 내버려 둔 채 무작정 가출하는 데까지 이르러 부부로서의 동거·부양·협조 의무를 저버린 원고의 잘못이 더 크다고 판단하였다.

나아가 원심은, 피고가 원고를 찾기 위하여 노력하였고 지금도 원고와의 재결합을 간절히 원하고 있는 점 등을 고려하면 피고가 혼인을 계속할 의사가 없음이 객관적으로 명백한데도 오기나 보복적 감정에서 이혼에 응하지 아니하고 있는 것으로 보기는 어렵다고 하면서도, 유책배우자의 이혼청구라도 부부의 별거가 쌍방의 연령 및 동거기간에 비추어 볼 때 상당히 장기간에 이르고 부부간에 어린 자녀가 없는 경우에는, 상대방이 이혼으로 인하여 정신적·사회적·경제적으로 심히 가혹한 상태에 처하게 되는 등 이혼청구를 인용하는 것이 현저하게 사회정의에 반한다고 할 만한 특별한 사정이 인정되지 않는 한, 유책배우자의 이혼청구라는 이유만으로 당해 청구가 허용되지 않는다고는 할 수 없다고 해석함이 상당하다고 전제한 후, 원·피고가 사실혼 및 법률혼으로서의 혼인생활을 유지한 기간은 1969. 9.경부터 1976. 2.경까지 약 6년 반 정도에 불과한 데 반하여 별거기간은 1976. 2.경 이후 현재까지 약 28년간에 이르는 점, 원고가 이미 1984. 1.경 이후 약 20년간 소외 5와 실질적으로 중혼적 사실혼관계를 유지하여 오고 있고 그 사이에서 아들까지 두고 있는 점, 원·피고의 아들 소외 3이 정신질환을 앓고 있어 원고의 도움이 어느 정도 필요한 것으로 보이기는 하나 피고가 원고 없이도 큰 문제없이 생활하면서 원·피고의 자녀들을 양육하여 온 점, 원·피고의 나이가 50대 중반이고, 원·피고의 자녀들도 이미 성장하여 성인이 된 점 등 여러 사정을 고려하면, 비록 원고가 유책배우자이기는 하나 원고의 이 사건 이혼청구를 허용하여야 할 특별한 사정이 있는 것으로 봄이 상당하다는 이유로, 원고의 이 사건 이혼청구를 인용한 제1심판결을 유지하였다.

[대법원의 판결]

혼인생활의 파탄에 대하여 주된 책임이 있는 배우자는 원칙적으로 그 파탄을 사유로 하여 이혼을 청구할 수 없고, 다만 상대방도 그 파탄 이후 혼인을 계속할 의사가 없음이 객관적으로 명백한데도 오기나 보복적 감정에서 이혼에 응하지 아니하고 있을 뿐이라는 등 특별한 사정이 있는 경우에만 예외적으로 유책배우자의 이혼청구가 허용된다(대법원 1999.10.8. 선고 99므1213 판결 참조).

원심이 위와 같이 원・피고 사이의 혼인관계가 파탄에 이르게 된 데에 부부로서의 동거・부양・협조 의무를 저버린 원고의 잘못이 피고의 잘못보다 더 크다고 판단하고, 피고가 혼인을 계속할 의사가 없음이 객관적으로 명백한데도 오기나 보복적 감정에서 이혼에 응하지 아니하고 있는 것으로 보기는 어렵다고 하면서도, 원・피고의 별거기간이 약 28년에 이르고 원고는 소외 5와 실질적인 중혼관계를 유지하면서 아들까지 두고 있는 점 등을 이유로 유책배우자인 원고의 이혼청구를 인용하여야 할 특별한 사정이 있다고 하여 원고의 이혼청구를 인용한 것은, 필경 혼인관계의 파탄에 더 큰 책임이 있는 당사자도 이혼청구를 할 수 있음을 인정하는 것이 되어 유책배우자의 이혼청구에 관한 법리를 오해하였거나 판결 이유에 모순이 있어 판결에 영향을 미친 위법이 있다고 할 것이다.

결론적으로 혼인생활의 파탄에 대하여 주된 책임이 있는 배우자는 원칙적으로 그 파탄을 사유로 하여 이혼을 청구할 수 없고, 다만 상대방도 그 파탄 이후 혼인을 계속할 의사가 없음이 객관적으로 명백한데도 오기나 보복적 감정에서 이혼에 응하지 아니하고 있을 뿐이라는 등 특별한 사정이 있는 경우에만 예외적으로 유책배우자의 이혼청구가 허용된다고 볼 수 있으므로 위의 사건은 혼인관계의 파탄에 주된 책임이 있는 처의 이혼청구는 인용하여야 할 특별한 사정이 없다고 판단하였다.

[논의 주제]

위의 판례는 유책배우자의 이혼청구에 관한 것이다. 판례에서 다음과 같은 문제들에 대하여 생각해 보자.

- 유책주의이혼과 파탄주의이혼의 장단점에 대해서 생각해 보자.
- 판결문을 통해서 처에 대한 차별적 시각 또는 성역할 분담에 따른 아내와 남편에 대한 역할기대는 없는가?
- 재판상 이혼에 있어서 판사가 혼인관계 파탄의 유책여부를 판단함에 있어서 남성판사와 여성판사가 남성 또는 여성에 대한 역할기대가 달라 판단이 달라질 수 있는지 생각해 보자. 만약 그렇다면 위의 판결내용에서 구체적으로 어떤 부분에서 여성판사와 남성판사가 달리 볼 수 있는 가능성이 있다고 보이는가?
- 사건을 보는 측면에서 여성과 남성의 판단이 다를 수 있다고 생각할 수 있다면 그 이유는 무엇인가? 법과 법에 대한 판단이 중립적이어야 한다고 믿는 법의 판단에 대한 기대와 이 문제를 관련하여 생각해 보자.

[해　설]

1. 판례에 대한 해설

인간은 성별, 종교, 인종 등을 불문하고 자유를 향유할 기본적 권리를 가지고 있다. 자유는 우리가 자유로운 결정을 할 수 있을 때 실현된다.

이혼이 혼인보다는 복잡하고 책임이 뒤따르는 여러 가지 문제가 발생하지만, 혼인의 자유가 인정되듯 이혼의 자유 역시 인정되어야 할 것이다.

그러나 우리나라의 현행법은 유책자의 이혼청구를 용인하고 있지 않은 상황에서 이혼의 자유는 상당한 제한을 받는다. 또한 유책주의 이혼하에서는 이외에도 여러 가지 문제점이 있다. 즉, 현행법하에서 판사는 혼인관계의 파탄에 책임이 있는 배우자가 누구인가를 가려내야 한다. 그러나 이 일은 쉽지 않은 일이다. 왜냐하면 당사자간의 유무책을 가려내기 위하여 판사는 혼인관계의 내부적 사정, 파탄에 이르게 된 경위 등 상당히 복잡한 부부간의 내부

사정을 알아야 하는데, 이러한 복잡한 상황을 일일이 파악하는 것은 어려운 일이며, 어느 한쪽 배우자가 파탄의 원인을 제공했다고 하더라도 부부관계의 파탄을 전적으로 어느 한쪽 배우자에게 책임을 돌리기에는 어려울 수 있다. 이는 부부관계의 파탄은 많든 적든 양 당사자 모두에게 다소의 책임이 있다고 볼 수 있기 때문이다.

위 판례는 이런 관점에서 유책배우자의 이혼청구를 받아들이고 있지 않는 유책주의 이혼의 문제점을 보여주고 있다. 또한 위 판례는 처를 혼인파탄의 유책자로 인정하고 있으나, 사실관계의 내용상 반드시 처에게 혼인파탄의 책임이 있다고 보기 어려운 점들을 보여 주고 있다. 이러한 점은 판사가 남성이냐 또는 여성이냐 또는 남녀 역할에 대한 기대를 어떻게 하고 있느냐에 따라 파탄의 유무책을 가리는 데 있어서 달리 판단할 수 있다는 점을 보여준다.

2. 이혼과 여성[35)]

법적으로 여성은 자유로운 의사결정으로 이혼에 합의할 수 있다. 그러나 여성의 자유로운 의사는 하나의 허구에 지나지 않았다. 1911년부터 1966년까지의 이혼율은 평균 0.5%를 넘지 못하였다. 이렇게 낮은 이혼율에 대한 원인을 생각해 보면, 우선 여성은 불행한 혼인 관계가 지속되는 경우라도 이혼을 감행할 만한 자의식을 갖지 못했을 것이다. 여성은 오랜 가부장적, 남성중심적인 전통 속에서 자의식을 발전시키지 못했고, 여성은 남편과 자녀를 위한 존재로서 교육받아 왔고, 여성들을 지배했던 여성상은 일부종사, 현모양처로서 혼인파탄의 원인을 누가 제공했든 여성은 스스로 이혼을 용인하기 어려웠을 것이다.

또한 이혼을 하게 되면 호적을 정리해야 하고, 이는 사회적으로 자녀에게 불이익을 준다는 생각과 여성 자신 역시 호주제도하에 어느 한 家, 즉 부의 가에 속하여야 했으므로 형식적으로나마 여성은 자신의 존재의미를 그 곳에서 찾았을 수밖에 없었을 것이다. 또한 당시 이혼녀를 냉대했던 사회적 상황에서 여성이 이혼을 감행하기 어려웠을 것이다. 무엇보다 경제적 능력이 없었던 여성이 이혼 후 경제적으로 자립할 수 없었던 점은 이혼을 할 수 없는

35) 조은희, "여성의 인권과 이태영 변호사의 한국이혼연구," 『공익과 인권』 제3권 제1호, 2006 참고; 이태영, "한국이혼연구," 서울대박사학위논문, 1968.

가장 실질적인 이유가 되었을 것이다.

오늘날의 이혼율은 상당히 증가하였다. 오늘날의 여성들은 파탄된 혼인관계를 계속적으로 유지하기보다는 차라리 이혼을 선택한다. 많은 여성들은 이혼에 합의를 한다. 이러한 현상은 여성의 사회진출, 자의식의 고양, 개인주의, 높은 교육수준, 경제활동으로 인한 경제력 확보, 부부재산분할청구, 가사노동의 인정, 호주제도폐지 등에 기인한다고 볼 수 있다. 현대 여성들은 예전에 이혼을 감히 감행할 수 없었던 많은 요인들을 상당히 극복하였다.

여성주의적 시각에서 이혼율 증가는 여성의 자아발전, 경제적 독립성, 양성평등, 자유와 깊은 연관성이 있으며, 이를 긍정적으로 볼 수 있는 측면이 있다.

그렇다면 이제 여성은 이혼에 있어서 자유로운가? 오늘날 여성의 법적 지위는 상당히 개선되었다. 그럼에도 불구하고 대부분 다수의 여성은 이혼에 있어서 여전히 사회적 약자이다. 특히 이혼한 여성은 여전히 경제적으로 고통받고 있다. 현재 이혼율은 세계적 수준이라고 우려하지만 이혼배우자의 생계와 자녀양육에 대한 법적 제도는 여전히 미흡한 상태이다. 다른 나라의 예를 들면 독일에서는 이혼 후 자녀를 양육하는 배우자가 자녀를 양육하기 때문에 경제활동을 할 수 없을 경우, 상대배우자는 자녀양육비뿐만이 아니라 이혼배우자의 부양비를 지급하도록 규정하고 있다. 중국은 이혼시 부부의 공유재산은 쌍방의 협의에 의하여 처리하고 협의가 되지 않는 경우에는 법원이 재산의 구체적인 정황 및 여자와 자녀의 권익을 배려하는 원칙에 따라 분할하도록 하여, 이혼시 재산분할에서 여성과 자녀의 권익을 보호하는 규정을 두고 있다(중국개정혼인법 제39조). 21세기를 살아가는 오늘날 우리의 이혼법은 어떤 모습으로 존재하여야 할까? 이혼은 혼인생활의 청산을 의미한다. 혼인생활 동안 공동으로 이룩한 것에 대한 것들이 공평하게 청산되어야 한다. 남녀의 동등한 혼인생활에서 남성이 아닌 여성이기 때문에 받는 불이익을 받아선 안 될 것이다. 이혼법은 여성이 혼인하였기 때문에, 출산을 하였기 때문에, 그리고 가사노동과 자녀를 양육하였기에 불이익을 당하도록 해서는 안 된다.

이런 의미에서 혼인과 혼인생활 속에서의 남녀 간의 평등 그리고 이혼시에 있어서의 공정한 분할과 분배는 이혼법의 중요한 과제가 아닐 수 없다.

Ⅳ. 이혼 후 배우자 간 부양의무

1. 이혼 후 현재의 상황

부부가 이혼을 하는 경우 부양의무는 소멸한다. 그러므로 각자는 이혼 후 자신의 생활을 책임져야 한다. 그러나 가정주부인 여성의 경우 경제적 생활능력이 없거나 또는 직업 활동을 하기 어려워 취직하는 것 자체도 어려운 경우, 처는 생활비에 대한 도움이 필요하다. 이혼한 다수의 여성들은 친정부모와 주변사람들로부터 경제적 정신적인 도움을 받는다. 이혼한 여성이 자녀를 양육할 때 그녀의 부모가 손자를 돌보는 경우가 많다. 외국의 입법례는 이러한 경우 전 배우자가 경제적 능력이 있을 경우, 일정한 기간 동안 어려움에 처한 배우자를 돕는다(그것이 다소 장기화될 수도 있지만). 이것은 이혼 후 배우자 부양법을 통하여 나타난다.

우리나라 민법에서는 이혼 후 배우자부양에 대한 규정이 없다. 그러나 이혼과 관련한 이혼 후 배우자부양은 중요한 의미가 있기 때문에 이에 관하여 생각해 보고자 한다.

2. 이혼 후 배우자 부양에 대한 이론적 근거

유럽에서 파탄주의 이혼은 1970년 이후 세계적으로 대세를 이루고 있으며 이러한 경향은 이혼 자체에 대한 국가의 개입은 줄어들고 이혼의 결과에 대한 국가의 관심이 보다 집중되었다. 이것은 특히 이혼 후의 자녀양육 및 전배우자에 대한 부양의무, 재산분할 등과 관련된 것으로 이혼 후 사회적 약자인 배우자에 대한 그리고 자녀를 배려하고자 한 것이다.[36)]

독일의 경우 예를 들면 이혼법이 파탄주의 이혼으로(1977년 이후) 전환하면서 이혼 후 배우자의 부양문제도 개정을 보게 되었다. 파탄주의로 이혼의 문제는 보다 간단히 해결을 보았지만 이혼 후 배우자 부양의 정당성이 다시 정의되어야 한다는 주장이 잇따랐고,[37)] 파탄주의하에서의 부양법은 이혼 후의

---

36) 김상용, “이혼제도 개선을 위한 하나의 대안,” 『가족법연구』, 2002, 27면.

37) Dieckmann, “Rueckkehr zum Verschuldensprinzip im nachehelichen Unterhaltsrecht?,”

부양에 대한 정당성을 설명하기에 더욱 어렵게 만들었다는 비판도 따랐다.[38] 그것은 이혼의 유무책의 여부를 판단하는 대신 이혼시 무책배우자가 사회적 약자인 유책배우자에게 이혼 후에도 계속적으로 부양비를 지불해야 하는 것에 대한 합당한 이유를 설명하기 어려웠기 때문이다. 때로 유책과는 무관한 부양비 지불에 대한 이론은 단지 도덕률을 근거로 한 것임으로 설득력이 약하다는 지적도 있었다.[39]

그러나 다수의 독일 학자들은 이혼 후 부양의 정당성 문제에 대하여 다음과 같이 설명하고 있다. 슈밥 교수[40]의 의견은 이혼 후에도 한 배우자가 경제적 어려움에 처하게 되면 상대배우자는 이를 도덕적인 관점에서도 협력하여야 한다고 주장한다. 특히 많은 이혼한 사람들의 경우에 있어서 한 배우자가 자녀를 양육해야 하는 경우 자신의 생계를 책임지는 것은 거의 불가능한 것으로 본다. 한 배우자가 자녀를 양육해야 하는 입장에서 전 배우자들 간에 책임은 소멸될 수 없는 것이다.

뤠더리츠 교수의 주장은 남녀가 결혼을 하게 되면 부부관계는 한 배우자가 다른 배우자에게로 경제적 측면에서 볼 때 종속되어 간다. 이는 결혼 후에 특히 여성들이 자녀를 돌보거나 집안일을 하게 되므로 경제력의 종속은 심화되어 가고 여성은 결혼생활로 인하여 직업교육을 시작하지도 않거나 직업을 갖고 있었던 경우 포기해야만 하는 경우가 생기고 또는 계속 직장생활을 한다 하더라도 승진에 있어서도 많은 제약을 받게 된다. 그러므로 한 배우자는 오랫동안 자녀를 양육하는 데 책임을 도맡게 되는데, 이는 결혼을 통하여 여성이 얻는 불이익이다. 그러므로 이러한 경제적인 종속성은 혼인을 통해 발생된 결과이므로 이혼 후의 부부에게 발생된 문제들에 부부가 서로 책임을 져야 한다는 것이다.[41] 결혼은 배우자들이 서로간의 책임을 수용한다는 것을 의미한다.[42] 이러한 의미에서 다수설은 오늘날에 이혼 후의 부양은 이혼

FamRZ 1984, 946, 948; Engelhardt, “Zur Bemessung des nachehelichen Unterhalts,” FamRZ 1985, S. 433, 435.

38) Heinrich, Unterhalt nach der Scheidung, Betrag-Dauer-Billigkeit, 1989, S. 72.

39) Heinrich, Unterhalt nach der Scheidung, Betrag-Dauer-Billigkeit, 1989, S. 72. 독일민법 제1579조의 사항은 처음엔 3가지에서 나중에(1986.4.1) 4가지가 더 첨가되어 7가지가 되었다.

40) Schwab, Familienrecht, 1995, S. 157.

41) Luederitz, Familienrecht, 1999, S. 197.

한 부부에게 있어 서로 사후적인 책임이 있다는 데 주지하여 왔다. 하인리히 교수는 법윤리적인 설명, 즉 이혼한 배우자들이 서로 간에 연대책임을 져야 한다는 설명은 정당성을 설명하기에 충분치 못하다고 주장한다. 그러나 결혼을 하게 되었기 때문에 얻게 되는 한 배우자의 불이익[43]은 이혼을 하는 경우 그 형평성은 조정되어야 한다고 주장한다. 그러나 이러한 형평성의 조정은 사회적 약자인 배우자가 그의 독자성을 확립할 수 있기 위한 과도기의 기간 동안이며 부양책임자에게 이러한 과도기의 시기를 넘어서 계속적으로 부양비를 지불해야 하는 책임은 없는 것이라고 주장하였다.[44] 위의 주장에서와 같이 독일에서 일반적으로 이혼 후 배우자 부양은 혼인생활을 통해 발생되는 한편 배우자의 불이익은 이혼 후에 그 형평성이 조정되어야 한다는 것을 내용으로 하고 있으며, 일반적으로 경제적으로 능력이 있는 배우자가 경제적 능력이 없는 배우자와 연대의 책임의식[45]을 같이해야 하는 것으로 보고 있는 것이다.

파탄주의하에서 이혼의 효과는 책임의 문제에 보다 많은 비중을 둠으로써 이혼사실 그 자체보다는 이혼을 통해 야기될 수 있는 자녀양육문제, 이혼 후 배우자의 부양의 문제, 재산분할 등에 관심이 집중된다. 유책주의에서 파탄주의로의 전환은 민사혼인법을 가진 현대 국가들이 부부 프라이버시 영역에서 철수한 것으로 이해되며 이는 충분히 받아들여지고 있는 것으로 당시 타임지(Die Zeit)[46]는 표현하고 있다.[47]

파탄주의 이혼으로 국가는 부부의 사적 영역인 이혼사유에 대해서 간섭을 하지 않게 될 것이다. 이혼 후 배우자는 각자의 생활을 스스로 책임져야 한다. 그러나 국가의 개입은 사회적 약자를 보호하는 쪽으로 가야 할 것이다. 사회적 약자인 배우자와 자녀가 이혼을 통해 가혹한 상황에 처하지 않도록(특히 경제적인 측면에서) 배려되어야 한다.

---

42) BGH FamRZ, 1956, 144, 146; FamRZ, 1981, 242.
43) 예를 들어 여자가 승진을 포기할 수밖에 없었던 일 등이다.
44) Heinrich, Familienrecht, 1995, S. 154.
45) NJW 1981, 1771, 1772. = BVerfG FamRZ 1981, 745, 746; FamRZ 1981, 1163.
46) Die Zeit, 1976, 4. 23, S. 1.
47) 한복용(역), “파탄주의 이혼법의 도입필요성,” 『인권과 정의』, 2005, 265면.

[논의 주제]

- 유책배우자가 이혼을 청구할 경우 법원은 이를 용인하지 않는다. 이것이 여전히 사회적 약자인 여성을 보호하는 것이라고 생각하는가?
- 이러한 경우 '여성이 보호받는다'라는 것은 여성주의적 시각에서 무엇을 의미하는가 생각해 보자.

V. 부부재산법상 가사노동에 대한 평가

1. 부부재산제

부부재산제도도 모든 다른 제도와 마찬가지로 사회적, 경제적 조건, 부부평등의 관념, 전통적 제도의 변천과 더불어 변화의 과정을 거치며 오늘에 이르렀다. 부부재산제도의 변천은 여성의 법적 지위의 변화와도 깊은 관련이 있다.

종래의 부권적 가족제도에 있어서는 처의 인격과 함께 그 재산도 부에 흡수되었으므로 부부재산 관계를 정할 필요는 없었다(재산흡수제). 그 후 여성의 경제적 지위의 향상, 상속권의 취득 등으로 부부 사이의 재산관계를 어떻게 규율할 것인가가 문제되었다. 이에 여성의 재산소유권이 인정되었으나, 혼인한 여성이 자신의 재산을 독자적으로 관리·처분할 수는 없었으며, 그 관리·수익권은 부에게 통일적으로 귀속되는 관리공통제가 행하여졌다. 근대에 들어와서야 부부평등주의의 확대·강화로 여성에게 자신의 특유재산에 관리·수익·처분권까지도 허용하게 되었다. 부부 사이에 재산관계는 독립된 인격 상호간의 관계로 다루어지는 부부별산제의 유형을 취하게 된 것이다.

2. 재산분할청구권

여성도 자신의 재산을 자기 마음대로 수익, 관리, 처분할 수 있게 한 부부별산제는 형식상 성중립이라는 측면에서 남녀평등에 커다란 의미를 지닌다.

그러나 법정재산제인 부부별산제는 일상의 혼인공동생활에 있어서 무상으로 제공되는 처의 가사노동을 평가하지 않은 것으로 혼인관계가 해소되는 경우 부부가 공동으로 협력하여 이룩한 재산의 청산은 이루어지지 않기 때문에 여성에게 귀속되는 재산은 존재하지 않는다. 이러한 문제점을 보완하기 위하여 1990년 재산분할청구권이 새로이 도입되었다.

재산분할청구권은 협의이혼시 쌍방의 협력으로 이룩한 재산을 분할하는 것으로 부부재산의 형성은 경제활동을 위한 재산의 축적뿐만 아니라 처의 가사노동과 자녀양육 역시 부부의 재산을 형성하는 데 협력한 것으로 평가받게 되었다. 이 제도를 통해 여성의 가사노동의 가치가 인정되었다는 측면에서 그 의의가 크다.[48] 민법 제839조의2 제2항에서는 "당사자 쌍방의 협력으로 이룩한 재산의 액수 기타 사정을 참작하여 분할의 액수와 방법을 정한다"라고 규정하고 있다. 여기서 '쌍방의 협력'은 부부 공동의 협력을 의미하며, 이는 경제활동을 하는 일방배우자의 협력뿐만 아니라 가사노동을 하는 다른 일방의 노동도 협력으로 인정하고 평가함을 의미한다.[49]

부부의 혼인생활이 계속되면 상호협력에 의하여 이룩된 재산의 축적이 있게 마련이다. 그 재산의 증식이 남편은 경제적 활동을 통하여 처는 가사노동에 종사하면서 가족공동체를 이루게 된 결과 축적된 것일지라도 이것이 상호 협력하여 이룬 재산임은 부인할 수 없는 것이 사실이다.[50] 판례는 실질적인 공동재산은 물론 "고유재산(특유재산)이라 하더라도 일방 배우자가 가사노동 등 직·간접으로 기여한 것이라면 재산분할의 대상이 된다"[51]라고 판시함으로써 가사노동이 공동재산은 물론 특유재산의 유지에도 기여하였다면 이를 협력으로 인정하고 있다.

재산분할청구권의 법적 성질로 재산분할청구권은 실질적 공유재산의 청산과 이혼 후 부양을 포함하는 것으로 보고 있다. 전자는 부부가 혼인 중 그

48) 이화숙, "부부재산제와 혼인해소시의 경제적 효력," 『가족법연구』, 1991, 118면.

49) 재산분할청구권은 가사노동도 평가되어야 한다는 사상을 기초로 하고 있다(배경숙·최금숙, 친족상속법, 2001, 181): 이에 대한 참조판례, 대법원 1998.4.10. 선고 96므1434 판결: 부부 중 일방이 상속받은 재산이거나 이미 처분한 상속재산을 기초로 형성된 부동산이더라도 이를 취득하고 유지함에 있어 상대방의 가사노동 등이 직·간접으로 기여한 것이라면 재산분할의 대상이 된다.

50) 배경숙·최금순, 『친족상속법』, 2001, 180면.

51) 대법원 1998.4.10. 선고 96므1434 판결.

협력에 의해 얻은 재산은 반드시 부부공동명의로 되어 있지 않더라도 이혼 시 이를 분할하는 것으로 상대방의 잠재적 지분을 반환・청산하여야 한다는 것이다. 후자는 재산분할을 이혼 후의 당사자의 생계유지를 위한 제도로 보는 것으로 이혼 당시 재산관계의 청산의 결과를 고려해도 당사자의 일방이 이혼 후에 생활이 곤궁해지는 것이 예상되는 경우 이를 고려하는 것으로 부양적 요소는 청산적 요소에 대한 보충적인 것으로 '기타 사정을 참작하여' 재산분할의 액수를 정한다.[52)]

그러나 현재 실질적인 재산의 청산 이외에 이러한 부양적 요소를 어느 정도 고려하여 법원이 판단하고 있는가에 대하여는 판례에서 찾아보기 어려운 상황이다.

3. 판례연구

부부재산분할청구시 가사노동에 대한 평가는?(대법원 1994.12.2. 94므1072)

[사안의 개요]

원고(처)가 피고(부)와 결혼한 이후 처는 가사에 종사하면서 남편을 뒷바라지하였고 남편은 1987년경 원심판결 별지 목록 기재 건물(이하 '이 사건 건물'이라고만 한다)을 신축함에 있어 건축자금이 일부 부족하여 원고의 친정오빠(원고의 처남이라 기재된 것은 오기로 보인다)로부터 금 4,000,000원을 차용하였고, 증인의 증언에 따르면 부는 농업협동조합으로부터 1,800,000원을 차용하여 건축비로 사용하고 건물이 완공된 뒤 위 건물에 관하여 타인과 전세계약을 체결하여 전세금을 받아 원고의 친정오빠로부터 빌린 금 4,000,000원을 갚았다.

[판결내용]

1. 부부 일방이 혼인 중 제3자에게 채무를 부담한 경우에 그 채무 중에서 공동재산의 형성에 수반하여 부담하게 된 채무는 청산의 대상이 되는 것

52) 이경희, 『가족법』, 2008, 법원사, 125, 126면.

이므로, 부부 일방이 위와 같이 청산의 대상이 되는 채무를 부담하고 있는 경우에 재산분할의 비율 또는 액수를 정함에 있어서는, 이를 고려하여, 금전의 지급을 명하는 방식의 경우에는 그 채무액을 재산가액으로부터 공제한 잔액을 기준으로 지급액을 산정하여야 하고, 목적물의 지분을 취득시켜 공유로 하는 방식의 경우에는 상대방의 취득비율을 줄여 주는 등으로 분할비율을 합리적으로 정하여야 한다.

2. 재산분할대상인 건물의 형성에 관한 처의 기여행위가 가사를 전담하는 뒷바라지에 불과하고 별다른 경제적 활동은 없었다는 사정 등을 함께 고려하면, 재산분할로 부에 대하여 처에게 그 건물의 2분의 1 지분 소유권이전등기를 명한 것은 과다한 것으로서 형평의 원칙에 현저하게 반한다는 이유로 대법원은 원심판결(광주고등법원 1994.7.7. 선고 94르30 판결)을 파기하였다.

3. 대법원의 판단이유를 살펴보면 다음과 같다.

원심은, 제1심판결을 인용하여, 원고가 피고와 결혼한 이후 가사에 종사하면서 피고를 뒷바라지하였고 피고는 1987년경 원심판결 별지 목록 기재 건물(이하 '이 사건 건물'이라고만 한다)을 신축함에 있어 건축자금이 일부 부족하여 원고의 친정오빠(원고의 처남이라 기재된 것은 오기로 보인다)로부터 금 4,000,000원을 차용하여 이 사건 건물을 건축한 사실을 인정하고, 이 사건 건물이 원고와 피고 쌍방의 협력으로 이룩한 재산이라고 한 다음, 그 설시의 여러 사정을 고려하면 원고로 하여금 피고 명의인 이 사건 건물에 대한 2분의 1 지분을 취득하게 함이 상당하다고 판단하였다.

그러나 부부 일방이 혼인 중 제3자에게 채무를 부담한 경우에 그 채무 중에서 공동재산의 형성에 수반하여 부담하게 된 채무는 청산의 대상이 되는 것이므로(당원 1993.5.25. 선고 92므501 판결 참조), 부부 일방이 위와 같이 청산의 대상이 되는 채무를 부담하고 있는 경우에 재산분할의 비율 또는 액수를 정함에 있어서는, 이를 고려하여, 금전의 지급을 명하는 방식의 경우에는 그 채무액을 재산가액으로부터 공제한 잔액을 기준으로 지급액을 산정하여야 하고, 목적물의 지분을 취득시켜 공유로 하는 방식의 경우에는 상대방의 취득비율을 줄여 주는 등으로 분할비율을 합리적으로 정하여야 할 것이다.

그런데 원심이 배척하지 아니한 증인 김○○, 이○○의 각 증언에 의하면, 피고는 이 사건 건물 신축당시 원고의 친정오빠로부터 금 4,000,000원을 차용하고, 한편으로 농업협동조합으로부터 1,800,000원을 차용하여 건축비로 사용하고 건물이 완공된 뒤 위 건물에 관하여 타인과 전세계약을 체결하여 전세금을 받아 원고의 친정오빠로부터 빌린 금 4,000,000원을 갚았다는 것인바, 그것이 사실이라면 위의 경위로 피고가 부담하게 된 채무는 위 공동재산인 이 사건 건물의 형성에 수반하여 부담한 채무라 하지 않을 수 없으므로, 앞에서 설시한 바와 같이 위 채무가 피고 일방에게 귀속하게 되는 사정을 고려하여 분할비율 등을 합리적으로 정하여야 할 것이다. 나아가, 원심이 인정한 사실과 기록에 의하여 알 수 있는 바와 같이, 이 사건 건물의 형성에 관한 원고의 기여행위가 가사를 전담하는 뒷바라지에 불과하고 별다른 경제적 활동은 없었다는 사정 등을 함께 고려하면, 원심이 재산분할로 피고에 대하여 원고에게 이 사건 건물(기록상 건물부지는 재산분할대상재산에 포함되지 아니한 것으로 보인다)의 2분의 1 지분 소유권이전등기를 명한 것은 과다한 것으로서 형평의 원칙에 현저하게 반한다고 하지 않을 수 없어 그대로 유지될 수 없으니, 이러한 점을 포함하고 있는 것으로 보이는 논지는 이유 있다.

[논의 주제]

위의 소개된 판례는 재산분할에 있어서 처의 가사노동을 어느 정도 인정하여야 할 것인가에 관한 것이다. 다음과 같은 문제에 대하여 생각해 보자.

- 처의 가사노동이 경제활동을 한 남편의 노동과 동일하게 취급되어야 하는가?
- 부부의 가사노동과 경제활동을 동등하게 평가하였다면 위의 판례의 결론은 어떻게 달라졌겠는가?
- 가사노동과 임금노동을 동등하게 평가하지 않을 경우 발생하는 불평등은 무엇이며, 동등하게 취급하게 되는 경우 발생하는 불평등은 무엇인가?
- 가사노동에 대한 저평가를 통해 파생될 수 있는 사회적 변화는 무엇인가?

- 가정주부인 여성의 가사노동에 대한 평가와 직장여성 역시 가사노동을 주로 하는 현 상황에서 여성 간에 불평등한 평가가 달라야 하는가?
- 가사노동을 임금화한다면 어떻게 되겠는가?
- 여성이 가사노동으로부터 어떻게 극복될 수 있는가?

[해 설]

이혼시 재산분할청구에 있어서 이에 대한 비율이 어느 정도로 분할되는가는 이혼 후 배우자가 스스로 생활을 유지해야 한다는 측면에서 경제적으로 중요한 문제이다. 현행법은 재산분할의 비율을 법원의 재량에 맡기고 있다(민법 제839조의2). 법원은 일방배우자의 기여도에 따라 분할액수를 결정한다. 기여도는 판사가 가정생활의 전반에 걸친 상황을 판단하여 결정한다. 판례는 재산분할의 비율을 정함에 있어서 처의 가사노동과 경제활동을 통한 노동을 동등하게 취급하지 않으며, 이것은 위의 판례에서도 나타나고 있다. 즉, 위의 판례에서 "처의 기여행위가 가사를 전담하는 뒷바라지에 불과하고 별다른 경제적 활동은 없었다는 사정 등을 함께 고려하면, 재산분할로 부에 대하여 처에게 그 건물의 2분의 1 지분 소유권이전등기를 명한 것은 과다하다"고 보는 것은 이러한 법원의 태도를 말해 주고 있다.

부부재산분할청구권의 도입 이후 법원은 일반적으로 공동재산에 대한 가정주부의 기여도를 공동재산의 1/3 정도로 평가하여 왔다. 2005년 판결에서는 44.8%의 사건에서 아직까지도 여자에게 40% 이하의 재산분할비율을 인정하고 있는 것으로 조사되었다. 이러한 조사결과는 가정주부의 경우 가사노동에 대한 경제적 가치가 전보다는 더 높이 평가되고 있는 것으로 보이나, 다른 직업보유형태에 비하여 낮은 재산분할비율이 인정되고 있다.[53]

재산분할에 있어서 가사노동과 경제활동을 통한 노동은 동등하게 평가되어야 할 것이다. 그러나 맞벌이 부부가 증가하는 현 상황에서 가사노동에 대

---

53) 전주혜, "재산분할제도의 실증적 고찰," 건국대학교 대학원, 석사학위논문, 2005, 147-148면.

한 동등한 참여 역시 필요할 것으로 생각된다.

Ⅵ. 친권과 양육권

1. 이혼시 친권자와 양육권자 결정에 대한 남녀불평등 규정

친권제도의 발전은 남녀평등사상과 밀접한 관련을 가지고 발전하여 왔다. 우리나라 가족법에서 혼인 중 부모공동친권행사주의가 확립된 것은 1990년 가족법개정에 의한 것이다(민법 제909조). 우리가 근대민법전을 갖게 된 일본 강점기는 물론 형행 민법이 시행된 후(1960년) 1977년 개정 전까지도 친권은 사실상 부권에 지나지 않았다. 1977년 민법개정[54]에 의하여 비로소 불완전한 부모공동친권행사주의가 도입되었으며(구민법 제909조 제1항), 이것이 1990년 개정가족법[55]에서는 종래에 인정되지 않았던 이혼모에게 친권을 인정함으로써 뒤늦게나마 시대의 조류에 순응하게 되었다. 이혼모에게 친권을 인정하지 않았던 것은 가부장제 가족제도의 부계우선주의의 산물이었으며 21세기를 앞둔 친권법체계로는 떳떳하지 못한 부끄러운 제도였다.[56]

---

54) 1977년 개정 민법 제909조
① 미성년자인 자에 대한 친권은 부모가 공동으로 행사한다. 다만 부모의 의견이 일치하지 아니하는 경우에는 부가 행사한다.
② 부모의 일방이 친권을 행사할 수 없을 때에는 다른 일방이 이를 행사한다.
③ 혼인외의 출생자에 대하여 전항의 규정에 의한 친권을 행사할 자가 없을 때에는 그 생모가 친권자가 된다.
④ 양자의 친생부모는 출계자(出繼子)에 대하여 친권자가 되지 못한다.
⑤ 부모가 이혼하거나 부의 사망 후 모가 친가에 복적 또는 재혼한 때에는 그 모는 전 혼인 중에 출생한 자의 친권자가 되지 못한다.

55) 1990년 개정 민법 제909조
① 미성년자인 자는 부모의 친권에 복종한다.
② 친권은 부모가 혼인중인 때에는 부모가 공동으로 이를 행사한다. 그러나 부모의 의견이 일치하지 아니하는 경우에는 당사자의 청구에 의하여 가정법원이 이를 정한다.
③ 구조문 2항과 동일
④ 혼인외의 자가 인지된 경우와 부모가 이혼한 경우에는 부모의 협의로 친권을 행사할 자를 정하고 협의할 수 없거나 협의가 이루어지지 아니하는 경우에는 당사자의 청구에 의하여 가정법원이 이를 정한다. 친권자를 변경할 필요가 있는 경우에도 또한 같다.

56) 한봉희, 『가족법』, 2005, 175면.

당시 민법은 이혼시 양육권자(구민법 제837조)[57]와 친권자(구민법 제909조)[58]를 따로 규정하고 있었으며, 부권우선주의원칙에 따라 부가 우선권을 갖고 있었으나, 다만 민법 제837조 제2항에서 양육권자는 당사자의 청구에 의하여 모로 변경될 수 있었으므로 부모가 이혼시 친권자와 양육자가 분리되는 상황이 초래할 수 있으므로 법 규정에 따라 부모가 이혼을 하는 경우 대부분 부가 자를 양육하게 되나 모의 청구에 의하여 모가 양육자로 지정되는 사례도 많았다. 이 경우 모는 양육자로 부는 친권자로 지정된다.

이러한 경우 자녀를 양육하는 모가 친권을 행사할 수 없다면 불합리한 결과가 발생하여 자에게도 피해를 줄 수 있다. 양육권만 가지는 모가 거소지정권, 징계권, 자의 재산관리 등의 행사를 하지 못하는 것은 자를 양육하지 않는 부가 권리를 남용할 소지가 있으며, 또한 부가 사망하는 경우라도 법규정상 부의 처인 계모가 자의 친권자가 되는 것은(구민법 제909조 제2항) 생모의 권리에 반하는 규정이라고 볼 수 있다.

이러한 친권에 관한 규정은 1990년 개정되었다. 부모가 혼인중인 때에는 부모가 공동으로 이를 행사한다. 그러나 부모의 의견이 일치하지 아니하는 경우에는 당사자의 청구에 의하여 가정법원이 이를 정하도록 하였다.

---

57) 제837조

① 당사자간에 그 子의 양육에 관한 사항을 협정하지 아니한 때에는 그 양육의 책임은 父에게 있다.

② 전항의 양육에 관한 사항의 협정이 되지 아니하거나 協定할 수 없는 때에는 법원은 당사자의 청구에 依하여 그 子의 年齡, 父母의 財産狀況 其他 사정을 참작하여 양육에 필요한 사항을 定하며 언제든지 그 事項을 변경 또는 다른 적당한 처분을 할 수 있다.

③ 전항의 규정은 양육에 관한 事項外에는 父母의 권리의무에 변경을 가져오지 아니한다.

58) 제909조

① 미성년자인 자는 그 가에 있는 부의 친권에 복종한다.

② 부가 없거나 기타 친권을 행사할 수 없는 때에는 그 가에 있는 모가 친권을 행사한다.

③ 혼인외의 출생자에 대하여 전항의 규정에 의한 친권을 행사할 자가 없을 때에는 그 생모가 친권자가 된다.

④ 양자의 친생 부모는 출계자에 대하여 친권자가 되지 못한다.

2. 이혼시 공동친권의 행사

친권의 행사자와 양육권자가 분리되는 경우 자녀에 대한 효율적이고 체계적인 성장관리가 어려워질 수도 있기 때문에[59] 양육권자는 친권자이어야 할 것이다. 현행법상 협의이혼시 부모는 양육에 관한 사항을 협의하여야 할 것을 요구하고 있으며(민법 제837조), 양육에 관한 사항의 협의가 이루어지지 아니하거나 협의할 수 없을 때에는 가정법원은 직권으로 또는 당사자의 청구에 따라 이에 관하여 결정한다(제837조 제4항). 현실적으로 이혼시 친권자를 협의할 때 부부가 공동친권을 결정하는 사례는 많지 않다. 양육권자와 친권자를 따로 정하는 사례도 적고 대부분 일방부모가 양육자이며 친권자로 결정된다. 부산지법사례의 분석결과 전체사건에서 95.74%가 동일인으로 양육권자와 친권자를 정하고 있는 것으로 검토되었다.[60]

3. 판례연구

이혼과 관련하여 위자료, 자녀의 친권 및 양육자 결정(서울가법 95드31298)

[사건 개요]

1. 원・피고는 1991.5.경 만나 교제하던 끝에 1992.9.20. 결혼식을 올리고 같은 해 11.2. 혼인신고를 마친 법률상의 부부로서 그들 사이의 자녀로 사건본인을 두고 있다.

2. 그런데 위 결혼 무렵 원고의 부모가 피고에게, 신혼살림할 아파트를 마련하여야 하고 그 장소는 원고의 여동생이 살고 있는 남양주이어야 한다고 요구하는 바람에, 피고는 부득이 부모의 도움을 얻어 1992.9.3. 경기 남양주군 소재 아파트 ○동 ○호를 매수한 다음, 결혼식 후 그곳에서 원고와의 신혼살림을 시작하였다.

---

59) 김연, "이혼후의 자의 양육," 『가족법연구』 제8호, 1994, 374-379면.

60) 박정근・김연, "이혼후 친권행사자 및 양육권자의 결정에 관한 실태조사연구," 『가족법연구』 17권 2호, 2003, 39면.

3. 피고는 1992.12.경부터 월 2회 정도 외박을 하면서 이에 항의하는 원고를 수시로 구타, 폭행하였고, 1993.2.경에는 원고의 부모 집에 잠시 머물면서 술을 마시고 밤늦게 귀가하였으므로 이를 원고가 따지자 원고를 구타한 일도 있다.

4. 한편, 원고는 1993.1.경에 있었던 시할머니의 생신 때에는 친정식구들을 초대하여 집들이를 하는 날과 겹치는 바람에 참석하지 못한 일이 있고, 같은 해 7.경의 시아버지의 생신 때에는 넥타이 등의 선물을 마련하여 찾아가기는 하였으나 그다지 오래 머물지는 아니한 일이 있으며, 같은 해 8.23.경에는 시어머니의 회갑연을 호텔의 뷔페식당에서 거행하였는데 원고가 그 준비 등에 적극적으로 관여하지는 아니한 일이 있었다.

그리고 1993년 말경 피고가 강원도 동해시로 전근되었으므로 원고와 피고는 위 아파트를 전세 놓고 동해시에 전셋집을 얻어 그곳에서 생활하였는데, 그동안 원고의 아버지 역시 근무지가 같았으므로 원·피고가 같이 기거하였고, 원고의 남동생 소외 이○○도 약 5개월간 함께 생활한 바 있었다. 게다가 원고는 서울에 다니러 오는 때에는 시부모는 제쳐둔 채 친정집에 먼저 들러 인사하는 등의 행동을 하였다.

이에 피고나 그 부모들은 원고가 시집식구들을 무시한 채 친정과만 지나치게 가깝게 지내려 한다는 불만을 품게 되었고, 원고 역시 피고의 거친 행동에 불만을 가지게 되어 서로의 불화가 점점 커지게 되었다.

5. 1994.5. 초경 원고가 사건본인을 출산할 무렵에는, 태아의 위치가 잘못되어 의사로부터 제왕절개수술일자를 지정받았는데, 피고의 어머니는 그러한 사정을 잘 알면서도 원고에게 좋은 날을 정하여 자연분만할 것을 요구하였고, 피고 역시 이에 동조하면서 욕설을 하였다. 그러나 원고는 같은 달 14.경 양수가 터지는 바람에 부득이 제왕절개수술에 의하여 사건본인을 출산하게 되었는데, 피고는 원고를 위로하기는커녕 시어머니의 말을 따르지 아니하였다는 이유로 원고에게 욕설을 하였다.

6. 이로 인하여 원고는 피고나 그 어머니에 대하여 더 큰 불만을 가지게

되었는바, 1994.8.경 사건본인과 함께 서울의 친정집에 다니러 와서는 15일간 머문 채 귀가하지 아니하여 피고의 어머니가 전화로 귀가할 것을 종용하자 원고는 "왜 나에게 이래라 저래라 하느냐, 왜 피고가 나를 데리러 오지 않느냐, 빨리 와서 애나 데려가라"는 등의 폭언을 하였다. 이에 피고가 동해시에서 상경하여 사건본인을 데려다가 피고의 어머니에게 맡겨 두고 간 일도 있다.

7. 그 후 원고는 피고의 어머니에게 잘못을 사과하고 동해시로 돌아가 피고와 함께 생활하였으나, 1994. 가을경 피고의 어머니가 동해시로 내려왔는데도 아침 일찍 집을 나가 친정에 다녀오고 식사도 제때에 해주지 않는 일이 있고, 같은 해 12.9.경 피고와 함께 시댁에 다니러 왔을 때에는 피고의 어머니가 김장하는 것을 보고서도 거들지 아니하였다.

8. 그 다음날인 10. 10:00경에는 원・피고가 피고의 친구인 소외 장○○ 및 그 처와 만나기로 약속하였는데, 원고가 일방적으로 아침 일찍 친정으로 갔다가 오후 1:30경에야 귀가하는 바람에 위 장○○ 부부가 원고를 만나지 못하고 돌아가게 되었는바, 이에 격분한 피고가 원고를 구타하였고, 원고 역시 이에 대항하여 서로 싸우는 바람에 원고는 약 7일간의 치료를 요하는 경부 및 우수부 타박상을 입었고, 피고 역시 약 7일간의 치료를 요하는 경부다발성찰과상을 입었다.

9. 그런데, 그날 저녁에 위와 같은 사실을 알게 된 원고의 어머니를 비롯한 친정식구들이 피고의 부모 집에 몰려와 피고의 어머니에게 욕설을 하는 등 항의한 다음 원고를 데리고 친정으로 돌아갔다.

10. 그 후 피고의 화해제의에 따라 원고가 동해시로 내려가게 되었는데, 같은 달 29.경에 이르러 피고는 원고에게, 원고를 무시하는 행동이나 언어는 절대 하지 않고 원고의 말을 존중하고 대화를 많이 하며 어떠한 경우라도 폭력을 행사하거나 외도할 경우에는 이혼하고 사건본인의 양육권을 원고에게 주고 위자료로 5억 원을 지급하기로 약속한다는 내용의 각서를 작성교부하고,

원고는 피고에게, 친정의 생활방식과 사고를 버리고 시댁의 풍습을 익히도록 노력하고 시어른들의 말씀에 따르고 시댁의 대소사에 가능한 한 참석하고 친정에는 시댁어른들의 허락을 받고 간다는 내용의 각서를 작성·교부하여 화해하고, 같은 날 서울로 상경하여 피고의 부모 집으로 갔다.

11. 그런데, 그 다음날 피고의 어머니는 원고에게, 자신의 말을 듣지 않으면 1억이든 2억이든 자신이 요구하는 대로 위자료를 내놓고 집을 나가겠다는 내용의 각서를 작성할 것을 요구하였다. 원고는 이에 반발하여 그 다음날인 같은 달 31. 아침 일찍 사건본인을 그대로 내버려 둔채 집을 나와 친정집으로 돌아가 버렸다.

12. 그 후 1995.1. 초경 원고는 동해시의 전셋집으로 내려가 보았으나, 그전에 이미 피고가 출입문의 열쇠를 바꾸어 버렸기 때문에 집안으로 들어가 보지도 못한 채 되돌아온 이래 현재까지 친정에서 기거하면서 피고와는 별거하고 있다.

13. 원고와 피고는 본소 및 반소로써 각기 상대방에게 책임을 전가하여 이혼 및 위자료의 지급과 사건본인에 대한 친권행사자 및 양육자지정을 구하고 있으면서, 각자의 주장을 굽히지 않고 있다.

[법원의 판단]

1. 원고의 이혼 및 위자료청구에 대한 판단

가. 위 인정사실에 의하면, 원고와 피고의 혼인관계는 이미 정상적인 부부관계로 회복될 수 없을 정도로 파탄에 이르렀다고 할 것이고, 거기에는 원고가 친정식구들과 지나치게 가깝게 지내면서 피고와 생활의 보조를 맞추거나 시어머니를 비롯한 시댁식구들과 화합하려는 노력을 게을리한 채 지내다가 끝내는 집을 뛰쳐나온 데에도 책임의 일단이 있으나,

나. 원고가 위와 같은 행위에 이르게 된 직접적이고 주된 원인과 책임은 피고의 계속적인 폭언과 폭행 및 원고와 피고의 위 5, 11항 설시와 같이 원고를 부당하게 대우한 데에 있다고 할 것이므로 위와 같은 혼인관계 파탄의

주된 책임은 오히려 피고측에 있다고 할 것이고, 이는 민법 제840조 제3호 및 제6호 소정의 재판상 이혼사유에 해당한다고 할 것이다.

따라서 이를 이유로 피고와의 이혼을 구하는 원고의 이 부분 본소청구는 이유 있다.

2. 한편, 위와 같이 피고의 주된 귀책사유로 인하여 혼인관계가 파탄됨으로써 원고가 적지 않은 정신적 고통을 받았고 또 받을 것임은 경험칙상 명백하므로 피고는 이를 금전적으로나마 위자하여 줄 의무가 있다고 할 것인바, 원고와 피고의 연령, 직업, 가족관계, 혼인기간, 그 파탄의 경위와 책임의 정도, 기타 이 사건 변론에 나타나 모든 사정을 참작하여 보면, 피고가 원고에게 지급하여야 할 위자료의 수액은 금 20,000,000원으로 정함이 상당하다고 할 것이다.

따라서 피고는 원고에게 금 20,000,000원을 지급하여 줄 의무가 있다.

3. **피고의 친권행사자 및 양육자지정청구권에 대한 판단**

앞서 든 각 증거에 의하면 원고와 피고 사이에서 태어난 사건본인은 이 사건 변론종결일 현재 1세 10개월 된 유아로서 원·피고가 별거할 무렵인 1994.12.31.경부터 피고 어머니의 양육을 받고 있는 사실을 인정할 수 있는바, 여기에서 원고 역시 스스로 사건본인을 양육할 형편이 되지 못한다고 진술하고 있는 점 및 사건본인의 성별, 나이 등 이 사건 변론에 나타난 여러 사정을 종합하면, 현재의 양육상태를 존중하여 피고가 사건본인을 양육하고 친권을 행사하는 것이 사건본인의 원만한 성장과 복지에 유익하다고 할 것이므로 사건본인의 친권행사자 및 양육자로 피고를 지정하는 것이 상당하다고 할 것이다.

[논의 주제]

위 판례는 부부의 이혼과 관련하여 위자료, 자녀의 친권 및 양육자 결정에 관한 것이다. 특히 양육자 결정에 관하여 다음과 같은 문제를 생각해보자.

- 친권자 및 양육자에 대한 결정에 있어서 주목되는 법원의 판단 기준은 무엇인가?
- 여성이 이혼 후 자녀를 양육하고 싶어도 양육할 수 없는 상황들에 대해서 생각해 보자.
- 이혼한 부모는 자녀가 어떻게 해야 잘 성장할 수 있는가? 단독친권과 공동친권의 문제를 토의해 보자.

[해 설]

위 판례에서 자녀의 나이가 1~2세 정도로 아주 어린 만큼 모가 자녀를 양육하는 것이 적절하다고 생각한다. 그러나 모는 '스스로 자녀를 양육할 형편이 되지 못한다고 진술'하고 있는 점을 비추어 보건데, 상세히는 알 수 없으나 모에게는 무엇보다 경제적 능력이 허락되지 않는 것으로 보인다.

현재 이혼하는 부부 중 자녀를 양육하는 자는 다수가 모이다. 자녀가 어릴수록 모가 양육할 확률이 높다. 이 때 자녀를 양육하지 않는 다른 일방 부모는 양육비를 지불해야 한다. 그동안 양육비가 지불되지 않아 자녀를 양육하는 일방 부모에게 생활과 자녀양육에 대한 어려움이 컸고, 경제적 빈곤은 자녀의 성장에도 큰 문제가 되기 때문에 이에 대한 대책이 요구되었다. 이에 민법의 일부개정으로 협의이혼시 양육비부담조서를 작성하고 이에 집행력을 부여하는 내용이 도입되었고(2009.8.9 시행), 가사소송법 일부개정으로 양육하지 않은 부모 중 일방인 양육비 지급의무자가 의무를 이행하지 않을 경우 일정한 조건하에 위 양육비지급의무자의 소득세원천징수의무자로부터 양육자가 직접 양육비를 지급받을 수 있는 '양육비직접지급명령'이 도입되어 2009.11.9부터 시행되어서 미성년 자녀의 양육비 확보에 실효성을 거둘 수 있는 입법상의 장치가 마련되었다.

가부장제를 탈피하면서 법이 양성평등에 입각하여 모에게도 자녀에 대한 친권과 양육권이 허락되었으나, 이혼한 여성 특히 가정주부로 생활하여 온 여성이 자녀를 양육하게 되는 경우 자녀양육에 대한 부담과 자녀양육으로 인해 직장활동을 하기 어려운 상황 등은 이혼한 여성으로 하여금 경제적인 빈곤상태에 처하게 한다.

이에 일방 부모가 자녀를 양육하게 되어 일을 할 수 없게 된 경우, 자신의 생계를 위한 생활비를 얻기 어려우므로 이에 대한 제도적 장치가 마련되어야 할 것이다. 이에 대하여 외국의 입법례에서는 이혼후 배우자 부양제도를 마련하고 있어, 이혼 후 경제적 능력이 없는 배우자가 공동의 자녀를 양육하게 될 때, 경제적 능력이 있는 부모 중 일방은 자녀의 양육비뿐만 아니라 전 배우자의 생활비의 일정 부분을 조력하도록 하고 있다.

Ⅶ. 상 속

1. 현행 배우자 상속의 문제[61]

(1) 노후의 부양의 문제

일방 배우자의 사망 후 무엇보다 중요한 것은 생존배우자가 스스로 생계를 유지할 수 있는가 하는 문제이다. 고령화로 인해 평균수명이 연장되고 있다. 통계에 따르면 평균수명의 연장으로 2008년 65세 이상 고령사망자는 17만 1백 명(69.1%)으로 1998년에 비해 2만 8천 2백 명(10.8%) 증가하여 상속개시의 시점이 늦추어지고 있다. 2005년 통계청 자료에 의하면 우리나라의 평균수명은 남자 74.4세 여자 81.2세로 평균수명이 77.7세에 이르고 있다. 이것은 직업 활동을 그만둔 이후 장기간 생계에 대한 보장이 필요해지고 있다는 것을 의미한다. 자녀들은 성장하여 독자적인 경제활동능력이 있으나 노령의 생존배우자는 경제활동능력이 없는 상황에 있기 때문에 현행 상속법은 생존

61) 조은희, "배우자의 법정상속 강화에 대한 재검토," 『가족법연구』 제23권 3호, 2009, 145-174면 참조.

배우자의 부양문제가 더욱 고려되어야 한다.

(2) 공유재산의 청산 문제

현행법에서는 일방 배우자의 사망시 부부재산의 청산에 대한 근거 규정을 두고 있지 않다. 혼인관계는 이혼 또는 배우자의 사망 등으로 해소되는데, 현행법은 일방 배우자가 사망하게 되는 경우 재산분할은 생략한 채 상속법에 의하여 피상속인의 재산을 분할하도록 하고 있다. 오늘날의 사회에서 피상속인의 상속재산은 대부분 생존배우자와 협력하여 이룬 재산으로 보는 측면이 강하다. 그렇기 때문에 현재 부부재산을 청산하지 않고, 상속분할만 하는 경우 생존배우자에게 상당한 불이익을 가져올 수 있다.

(3) 배우자 상속분의 문제

현행 상속법상 배우자가 직계비속과 공동으로 상속하는 경우 5할이 가산된다. 그러나 이 방식에 있어서 자녀가 많을수록 생존배우자의 상속분은 감소한다(1009조 3항).

공동상속인의 상속분에 일정 비율을 가산하는 방식은 우리 배우자 상속의 특징으로 이는 아마도 종래 재산상속인이 동시에 호주상속을 하는 경우 고유상속분에 5할을 가산하던 규정(개정 전 제1009조 제1항)을 모델로 한 것으로 추측하고 있다.[62] 이러한 규정은 배우자상속의 순위 및 상속분에 있어 우리 입법자의 독자적인 판단에 기한 규정이라고 평가되기도 한다.[63] 그러나 이러한 가산 방식은 재검토할 필요가 있다. 이러한 가산방식의 문제점은 자녀의 출산과 양육에 많은 헌신과 희생한 부모일수록 배우자상속분이 감소한다는 것이며, 이는 결과적으로 생존배우자에게 불이익이 된다.[64]

과거 농경사회에서 가족의 재산은 가족 구성원의 노동을 통해 축적된 가족의 재산으로 볼 수 있었으나, 오늘날의 사회에서 '家産'이라는 개념은 더 이상 존재하지 않으며, 대부분 피상속인의 재산은 경제활동이나 가사노동을 통해 이룩한 재산이다. 그렇기 때문에 배우자 상속분에서 배우자의 몫은 더욱

62) 곽윤직, 『상속법』, 1997, 107면.
63) 김형석, 위의 논문, 2009, 84면.
64) 박종용, "배우자상속권의 강화에 관한 연구," 『가족법연구』, 2003, 235면.

강화될 필요가 있다.

아래 주의 표에서 보는 바와 같이 오늘날 합계출산율은 1.19명에 이르고 있다.[65] 저출산으로 인해 국가의 인구정책에 적신호가 켜진 상태이다. 상속법상 자녀의 수가 많을수록 배우자에게 적은 상속분이 분할되는 것은 오늘날 출산을 장려하는 가족정책에도 부합되지 않지만, 한 자녀만을 둔 가족이 다수에 이르는 현실을 감안하여 생각해 보아도, 생존배우자에게 자녀보다 상속분의 5할이 더 가산되는 정도라면 생존배우자에 비해 자녀에게는 너무 과도하게 분할된다고 볼 수 있다.

2. 판례연구

상속과 재산분할청구의 관계에 대한 판례

[사건개요 1] (대법원 1994.10.28. 94므246, 94므253)

일방 배우자가 이혼과 재산분할청구 소송을 제기하여 진행하던 중 사망하였다. 이 경우 재산분할이 가능한가?

[판결내용]

이혼소송과 재산분할청구가 병합된 경우, 재판상의 이혼청구권은 부부의 일신전속의 권리이므로 이혼소송 계속 중 배우자의 일방이 사망한 때에는 상속인이 그 절차를 수계할 수 없음은 물론이고, 또 그러한 경우에 검사가 이를 수계할 수 있는 특별한 규정도 없으므로 이혼소송은 종료되고(당원 1985.9.10. 선고 85므27 판결; 1993.5.27. 선고 92므143 판결 등 참조), 이에 따라 이혼의 성립을 전제로 하여 이혼소송에 부대한 재산분할청구 역시 이를 유지할

65) 합계출산율이란 한 여자가 평생 동안 낳는 자녀의 수를 의미한다.

<합계출산율> (단위: 천명, 명)

	2001	2002	2003	2004	2005	2006	2007	2008
출생아 수	555	492	491	473	435	448	493	466
합계출산율	1.3	1.17	1.18	1.15	1.08	1.12	1.25	1.19

*출처: 통계청(2008 출생통계).

이익이 상실되어 이혼소송의 종료와 동시에 종료한다.

[사건개요 2] (대법원 2006.3.24. 2005두15595)

사실혼관계에 있던 중 일방 배우자가 사망함으로 공동생활관계가 해소된 경우 생존하는 사실혼 배우자가 그동안 두 사람이 협력하여 이룬 재산의 분할을 상속인에게 청구할 수 있는가?

[판결내용]

사실혼이란 당사자 사이에 혼인의 의사가 있고 객관적으로 사회 관념상으로 가족질서적인 면에서 부부공동생활을 인정할 만한 혼인생활의 실체가 있는 경우이고, 부부재산에 관한 청산의 의미를 갖는 재산분할에 관한 법률 규정은 부부의 생활공동체라는 실질에 비추어 인정되는 것으로서 사실혼관계에도 이를 준용 또는 유추 적용할 수 있기 때문에, 사실혼관계에 있었던 당사자들이 생전에 사실혼관계를 해소한 경우 재산분할청구권을 인정할 수 있으나(대법원 1995.3.28. 선고 94므1584 판결 등 참조), 법률상 혼인관계가 일방 당사자의 사망으로 인하여 종료된 경우에도 생존 배우자에게 재산분할청구권이 인정되지 아니하고(대법원 1994.10.28. 선고 94므246, 94므253 판결 참조), 단지 상속에 관한 법률 규정에 따라서 망인의 재산에 대한 상속권만이 인정된다는 점 등에 비추어 보면, 사실혼관계가 일방 당사자의 사망으로 인하여 종료된 경우에는 그 상대방에게 재산분할청구권이 인정된다고 할 수 없다. 사실혼관계가 일방 당사자의 사망으로 인하여 종료된 경우에 생존한 상대방에게 상속권도 인정되지 아니하고 재산분할청구권도 인정되지 아니하는 것은 사실혼 보호라는 관점에서 문제가 있다고 볼 수 있으나, 이는 사실혼 배우자를 상속인에 포함시키지 않는 우리의 법제에 기인한 것으로서 입법론은 별론으로 하고 해석론으로서는 어쩔 수 없다고 판시하였다.

[논의 주제]

위의 판례는 일방 배우자의 사망시 이혼소송은 종료되고 재산분할청구 역시 유지할

이익이 없다고 한 판례이다. 위 두 판례에서 다음과 같은 문제에 주목하여 살펴보자.

- 일방 배우자의 사망시 재산분할이 이루어지지 않을 경우가 부당하다면 어떤 것이 있을까?
- 배우자 상속분을 증가시켜야 한다는 주장은 타당한가?
- 사실혼관계에 있던 일방 배우자에게도 재산분할과 상속권을 인정해야 하는가?
- 이러한 판례의 결과를 통해 알 수 있는 것은 일방 배우자의 사망시 여성이 자신이 가사노동과 자녀양육 등 가족을 위한 노동을 하고도 법적으로 그 정당한 대가를 보장받고 있지 못하다고 생각할 수 있는가?

[해 설]

위 두 대법원 판례는 일방 배우자의 사망시 또는 사실혼 배우자의 사망시 생존배우자에게 재산분할청구권을 인정할 수 없다는 것을 보여주고 있다.[66] 그러나 이혼의 경우라면 재산을 분할받을 수 있었으나 일방 배우자가 사망하였기 때문에 재산분할이 인정되지 않는다는 것은 생존배우자의 재산권 보호 측면에서 불공정한 상황을 초래할 수 있다. 결국 혼인한 배우자의 경우 공동으로 협력하여 이룬 공동재산은 다른 공동상속인에게 귀속될 가능성이 있으며, 이혼시 재산분할을 받는 것이 상속을 받는 것보다 유리할 수 있다면 이 또한 이혼을 부추기는 결과를 가져올 수도 있을 것이다.[67] 사실혼 관계에 있었던 생존배우자의 경우에도 관계 중 헤어졌다면 재산분할을 받을 수 있었으나 사망으로 인해 재산분할이 가능하지 않게 되었다.

외국의 입법례를 살펴보면, 스위스,[68] 스웨덴,[69] 그리스,[70] 독일, 이탈리

---

66) 대법원 2006.3.24. 선고 2005두15595 판결. 金時徹, "일방당사자의 사망으로 인하여 사실혼관계가 종료된 경우 그 상대방에게 재산분할 청구권을 인정할 수 있는지" (2006.3.24. 선고 2005두15595 판결), 497면.

67) 이승우, "한국가족법의 최근의 동향,"『성균관법학』제18권 2호, 2006, 성균관대학교 비교법연구소, 211면.

68) 배우자 상속에 있어서 생존배우자가 피상속인의 직계비속과 공동으로 상속하는 때에는 상속재산의 1/2을 인정하고 있으며, 배우자의 부모의 혈족과 공동으로 상속하는 경우에

아[71] 등 유럽의 대부분의 국가는 우리나라와는 달리 부부재산제의 해소에 의한 재산의 청산과 배우자의 사망으로 인한 상속법에 의한 피상속인의 재산에 대한 규정을 달리 두어 혼인 중 공동의 협력으로 이룩한 부부재산을 분할받게 되고 상속법에 의한 피상속인의 배우자로서 재산을 분할받는다.

앞서 배우자 상속의 문제점에서 지적하였듯이 노령화되어 가는 현 사회에서 여성의 노후 부양의 문제는 중요하며, 이는 상속문제와도 관련이 있다. 현재 여성의 가사노동, 가족에 대한 돌봄노동은 상속법에서 제대로 평가받지 못하고 있다. 이에 배우자 상속분의 강화 그리고 재산분할청산으로 인해 이들의 노동의 대가는 정당히 평가되어야 할 것이다.

VIII. 사회보장제도와 남녀의 생활 조건

1. 문제제기

현대 사회는 노령화가 되면서 연금의 중요성이 날로 더해가고 있다. 왜냐하면 연금을 통해 노후의 생활을 보장받을 수 있기 때문이다. 여성의 평균수명은 남성보다 길지만 가정주부로 생활해 온 여성은 연금수급자가 아니며, 남편이 연금수급자인 경우 남편의 연금으로 함께 생활하고 남편이 사망하게 되면 줄어든 연금으로 생활하게 된다. 이에 따라 특히 현행 국민연금제도를 여성주의적 시각에서 재검토해 볼 필요가 있을 것이다.

는 3/4을, 부모 등 혈족이 없는 경우에는 전 재산을 상속받는다(스위스민법 제462조).

69) 스웨덴에서는 생존배우자가 부부재산관계의 청산을 원하는 경우, 부부재산의 청산 후 남은 재산은 상속재산이 된다. 이 때 생존배우자는 직계비속이 있는 경우라도 단독상속인이 된다. 자녀는 생존배우자가 사망한 후에야 비로소 피상속인이 남긴 상속재산에 대한 상속권을 갖게 된다.

70) 부부재산관계의 청산 후 남은 상속재산에 대하여 생존배우자는 직계비속과 공동으로 상속하는 경우에는 상속재산의 4분의 1이며(그리스민법 제1813조), 그 외의 친족(배우자의 부모)과 공동으로 상속할 때에는 2분의 1이다(그리스민법 제1814조).

71) 이탈리아에서 생존배우자는 자와 공동상속하는 경우 자가 1인인 경우는 유산의 2분의 1, 기타의 경우에는 3분의 1을 취득한다.

2. 국민연금보험법

연금보험은 노령 또는 장애로 인하여 소득이 감소 또는 상실되거나 소득근로자가 사망하여 유족이 부양의무자를 상실하게 되는 위험을 보호하는 사회보험의 한 분야이다.[72] 국민연금과 특수직역종사자(군인, 공무원 등)의 연금보험은 현재 그 기능 및 급여조건, 급여내용 등에 있어서 어느 정도 차이가 있다.

우리나라의 국민연금제도는 1988년 도입된 후 1999년 도시 지역에 제도를 확대 적용함으로써 전국민 연금시대를 맞게 되었다. 그러나 저출산·고령화가 급속도로 심화되어가는 상황에서 적게 내고 많이 받는 연금제도를 유지할 수는 없기 때문에 1999년과 그 후 두 차례 개정하였다. 그 후에도 지난 몇 년간 수많은 개혁방향이 제시되었고 논란이 많았던 국민연금 개혁이 2007년 7월 23일 국민연금법 개정법률로 공포되었다.

2007년 개정 전 국민연금법에서는 유족연금 수급자에서 처와 남편을 차별하여 처의 경우 연령을 50세로 남편의 경우 60세로 규정하였다. 이러한 남녀차등규정은 여성은 남성에 비해 일반적으로 경제적 자립능력이 부족하므로 남편이 사망하면 생계유지와 자녀부양이 곤란하게 된다는 인식과 현실에 기초한 것이다. 그러나 경제적 능력의 차이는 성별 차이보다 개인 간의 차이가 더 크다는 관점에서만 보면, 성별에 따라 일률적으로 유족연금 수급요건을 다르게 규정한 것은 성차별로 볼 수 있다. 이에 2007년 7월 23일 개정된「국민연금법」에서는 유족연금 수급자를 '배우자'로 하고 수급재개연령을 55세로 동일하게 조정하였으며, 유족연금과 다른 연금을 함께 받을 수 있는 경우 유족연금의 20%를 계속 받을 수 있도록 개선하였다.[73] 또한 이혼한 배우자가

---

72) 전광석, 『한국사회보장법론』, 법문사, 2005, 283면.

73) 개정법은 유족연금을 지급받을 수 있는 유족 중 최우선 순위자를 가입자 또는 가입자였던 자가 사망할 당시 그에 의하여 생계를 유지하고 있던 자 중 '배우자'로 하였다(제73조). 그리고 배우자의 성별에 관계없이 유족연금의 수급권자인 배우자에 대하여는 수급권이 발생한 때부터 3년 동안 유족연금을 지급한 후 55세가 될 때까지 지급을 정지하되, 장애등급이 2급 이상인 경우, 가입자 또는 가입자였던 자의 18세 미만인 자녀 또는 장애등급 2급 이상인 자녀의 생계를 유지한 경우, 대통령령으로 정하는 소득이 있는 업무에 종사하지 아니하는 경우에는 정지기간 없이 계속 지급되도록 하였다(제76조).

받을 수 있는 분할연금을 재혼시에도 계속 받을 수 있도록 하고 분할연금과 자신의 노령연금 수급권이 함께 발생하는 경우에도 두 가지 급여를 모두 받을 수 있도록 하였다. 또한 연금에 추가하여 지급하는 부양가족연금의 대상이 계자녀를 추가함으로써 재혼으로 가족의 성원이 되는 자녀에 대한 보호를 강화하였다.[74]

3. 국민연금에 대한 성별분석

국민연금의 성별 수급 현황을 알아보기 위하여 노령연금과 유족연금을 분석할 필요가 있다. 노령연금은 개별적 연금수급권 보장과 관련되고, 유족연금은 파생적 연금수급권과 관련되므로 전자를 통해 개별적 연금수급권의 성별 격차를 파악할 수 있고, 후자를 통해 여성의 연금수급 현황을 알 수 있다.

노령연금 수급자 및 급여형황에 대해 살펴보면, 2007년 7월 노령연금 수급자 중 여성의 비율은 전체 대비 31.1%(남성은 전체 대비 45.0%)의 수준으로 개별적 수급권에서 성별격차가 존재한다. 유족연금 수급자 및 급여현황을 보면 유족연금 수급자 수는 2007년 7월 295천명에 이르고, 이 중 남성은 18.3천명, 여성은 277.3천명으로 나타나고 있다. 파생적 수급권의 대표적인 급여인 유족연금의 여성수급자 비율은 93.8%로, 파생연금의 주요 수혜자가 여성인 것이다.[75]

향후 유족연금 제도에 대한 개선이나 노령연금수급권에 대한 여성의 획득 비율의 가시적인 증가가 없다면 연금수급권 및 급여수준에 있어서 성별격차가 더욱 커질 우려가 있다.[76]

74) 정호원, "2007 국민연금 개혁에 관한 소고," 『연금포럼』 2007년 겨울호, 21면.
75) 강성호, "여성의 노후 빈곤화 경향과 유족연금의 의미," 『연금포럼』 2007년 겨울호, 71면.
76) 강성호, "여성의 노후 빈곤화 경향과 유족연금의 의미," 『연금포럼』 2007년 겨울호, 72면.

〈연금규모별 급여수급자 현황〉

(단위: 천 건, %)

유형 \ 금액(만원)		계	10 미만	10~20	20~30	30~40	40~50	50~60	60~70	70~80	80 이상
노령연금	소계	1,627.0	183.0	906.6	247.7	128.0	78.7	43.9	21.1	9.5	4.2
	남자	1,121.4	53.6	617.9	186.8	111.0	74.8	42.9	20.8	9.4	4.1
	여자	505.7	133.7	288.7	60.9	17.1	3.9	1.0	0.3	0.1	0.0
		(31.1)	(71.4)	(31.8)	(24.6)	(13.4)	(5.0)	(2.3)	(1.4)	(1.1)	(0.0)
유족연금	소계	295.5	5.0	190.9	72.0	20.9	6.0	0.8			
	남자	18.3	1.0	14.0	2.9	0.4	0.0	0.0			
	여자	277.3	4.0	176.9	69.0	20.6	5.9	0.8			
		(93.8)	(80.0)	(92.7)	(95.8)	(98.6)	(98.3)	(100.0)			

* 2007. 7 기준, ( )안은 성별 기준 비율임.

〈연도별 노령 및 유족연금〉

연 도	노령연금		유족연금		평균연금격차
	수급자	평균연금(연간)	수급자	평균연금(연간)	
1999년	176	1,706	93	1,417	290
2000년	482	1,351	119	1,714	-362
2001년	602	1,617	146	1,674	-57
2003년	820	1,870	198	1,778	92
2004년	1,156	1,719	227	1,842	-123
2005년	1,350	1,876	254	1,907	-31
2006년	1,518	2,045	287	1,991	54

* 자료: 국민연금공단, 2006 국민연금통계연보, 2007.

4. 국민연금에 대한 여성주의적 비판이론

국민연금에 대한 초기 사회정책은 국가에서 가족 임금을 결정하고 보살핌과 가사노동을 여성에게 부과하는 식의 젠더 관계를 제도화시켰고, 후속적인 사회 정책이 이러한 부계적 복지 제공에 강한 영향을 받았다.[77] 맥킨토시

77) Orloff, Farewell to Maternalism: Welfare Reform, Ending Entitlement for Poor Single Mothers, and Expanding the Claims of Employed Parents, Paper to be presented at Harvard Seminar on Inequality and Social Policy, 2000, p.87

(Mcintosh)와 윌슨(Wilson)은 복지 국가가 가족의 특정 형태에 대한 이데올로기적, 실질적인 지지를 통해 억압하는 것에 동의하고 있다.[78] 복지 국가는 부양하는 남편과 의존적 처가 영속적 단위(a long term unit)인 가족 모델을 가정한 기초 위에 세워졌고, 낮은 생애 수입은 경제적 활동 정지, 임시직, 저임금에서 유래한 것으로 독립적 연금 수입에 영향을 미치는 이들 양태는 연금체계의 구조에 따라 연금 획득에 영향을 미친다.[79] 이것은 결과적으로 국민연금체계가 성역할분업을 전제로 한 성차별적인 체계로 구성되었음을 보여준다.

연금체계는 노동시장과 관련성을 밀접하게 갖고 있고, 여성은 임금 노동시장에서 동일 연령의 남성과 다른 업종에 종사하며 남성 보다 취업기간이 짧고 노후의 정년 수입은 더 낮다. 이러한 남녀간 은퇴 수입 차이의 85%는 노동시장 수입의 차이, 일하는 횟수, 성간의 직업분리(Occupational Segregation)에서 비롯된다.[80] 여성은 노동시장 진입에 따른 사회적 권리를 얻을지라도 그들의 권리는 인종, 계층, 성(sexuality), 연령과 장애에 영향을 받게 된다.[81]

이는 여성이 사회보험보다 사회적 보조에 의존한다는 사실을 보여주고 있으며, 여성의 특별한 욕구를 고려하지 못하고 있음을 입증하는 것이다.[82] 왜냐하면 사회적 보조인 공적 부조는 사회보험과 비교해 볼 때 여성을 부차적이고 이류 시민으로 만들기 때문이다.

이러한 비판 속에서 발견되는 여성 억압의 요인은 가족의 형태, 자본주의와 무급의 노동, 여성에 관한 부적당한 가정, 남성적인 일 개념 등으로 요약할 수 있고, 이들 연금에서 갖는 여성 억압 요소로도 설명될 수 있다.[83]

---

78) Jojnson & Norman, The Welfare State in Transition — The Theory and Practice of Welfare Pluralism —, The University of Massachusetts Press, 1987 p.44

79) Ginn & Arber, Welfare and Ideology, HARVESTER WHEATSHEAF, pp.59-66.

80) Levine Phillip B., Olivia S., Phillips, John W, Worklife Determinents of Retirement Income Between Men and Women, Pension Reserch Council 99-19, 1999

81) Carabine & Jran, New horizons? New insights? Postmodernising social policy and the case of sexuality, Postmodernity and the Fragmentation of Welfare, Edited by John Carter, London and New York, 1998, p.131.

82) George & Vic, Welfare and Ideology, HARVESTER WHEATSHEAF, 1994, p.139.

83) 임미경, "한국 국민연금의 양성 불평등구조," 박사학위 청구 논문, 이화여자대학교 대학원, 2002, 64, 65면.

5. 여성주의적 시각에서 비추어 본 우리나라의 상황

우리의 현실에서 지적되고 있는 국민연금 및 분할연금제도의 문제점은 크게 다르지 않다. 국민연금은 우선 생계유지의 기준이 남성 위주의 전통적인 가족부양원칙에 입각하고 있다는 것이다. 국민연금 가입의 여성가입자 수가 남성의 절반에 불과한 것은 국가의 재정 부담 회피를 위해 상시 근로자 10인 이상 사업장만을 강제 적용한 것과 성 차별적인 고용 구조가 함께 작용하여 발생한 것으로 보고 있다.

국민연금 제도가 취업유무, 사업장 규모, 소득 수준 및 가입기간에 따라 운용되는 능력주의 원칙에 입각하고 있으므로 성 차별적 고용 현실하에서 여성의 소득 보장이 어렵다.[84)]

수익자 부담 형태의 연금 제도는 여성 빈곤의 한 원인으로 지적되고 있다. 여성이 저임금, 하위직에 편중한 성 차별적 노동 시장을 반영한 보험은 남성을 기준으로 산정되고 구조화되어 있어 여성을 급여의 부적격자로 만들 우려가 있다는 것이다.[85)] 또한 여성의 연금수급권이 보장되지 못하는 것은 여성은 남성과 다른 생애주기를 갖고 있다. 남성을 근로자의 기준으로 삼는다면 생애주기가 다른 여성은 주기에 따라 연금가입에 영향을 받을 수밖에 없다. 여성의 연금 가입률이 낮은 이유는 여성의 경제 활동이 단기취업, 조기퇴직의 형태를 띠거나 결혼・육아 등으로 인해 가입기간이 단절되거나 가입할 수 없는 불완전한 취업의 형태를 띠기 때문으로 분석되고 있다.

여성과 연금의 문제점으로서, 기혼 여성의 경우 독립적인 수급권을 갖지 못하고 배우자에게 의존되어 있는데 분할 연금 수급 요건을 충족하지 못한 전업 주부, 재혼한 주부, 연금 수급자격이 없거나 또는 급여액이 낮은 배우자와 사는 여성의 노후에 대한 생계는 문제이다.[86)]

현재 여성의 경제활동인구도 증가하여 맞벌이 부부가 보편화되고 있으며, 1인 가구, 한부모가구도 증가하고 있는 상황에서 연금법은 근본적으로 변화되

---

84) 김엘림, 『여성복지관계법에 관한 연구』, 한국여성개발원, 1990.

85) 이배용 외, "여성빈곤의 실태와 극복방안 — 도시 저소득층여성을 중심으로 —," 이화여자대학교, 1996. 111면.

86) 김태홍 외, "성인지적 관점에서 본 보건복지정책 영향평가 연구 — 국민연금 제도를 중심으로 —," 보건복지부, 2000, 3면.

어야 한다. 이에 EC차원에서 여성사회보험 권리를 고려하는 성 균형적(gender balance)인 사회보험 개혁을 권고하고 있다.

6. 여성주의적 관점에서 고려되어야 할 것들

국민연금 수급현황에서 살펴보았듯이 성별 격차문제는 노동시장 여건과 연금제도 설계이념에 따라서 발생되고 두 소득 간에는 강한 상관관계가 있음을 나타내고 있다. 따라서 노동 시장의 유연화에 따른 불완전 고용의 확산으로 여성노동을 시간제 및 임시계약제 등으로 내몰게 된다면, 근로시기뿐 아니라 은퇴시기에서도 성별 소득격차 문제는 여전할 수밖에 없으므로 노동시장 여건 개선이 무엇보다 중요하며, 더불어 국민연금제도 역시 내적으로 임의가입 활성화 및 여성가사노동에 대한 가입인정 등 여성의 노후소득보장 사각지대 방지를 위한 제도적 노력이 동반되어야 할 것이다.[87)]

정부를 비롯한 사회조직에서 중요한 사회원리로 작용하는 남녀관계가 표면적으로는 성 중립을 견지하고 있을지라도 그 주체의 성 편향성에 의해 제도도 성 편향될 수 있다. 따라서 정책 개발, 평가 및 입법 과정에서 성 인지적 관점을 개입시키는 것은 결과로서 평등을 지향하는 목표에 부합한다고 할 수 있다.[88)]

페미니즘적 분석과 시각의 검토를 통해 알 수 있는 여성 억압을 사회 구조와 연결지어 분석 평가하여야 하며, 젠더적 관점에서 고려하여야 한다. 특히 성을 고려하지 않는 제도의 성 편향과 성차별적인 형태는 젠더적 고려를 통하여 양성평등의 결과적 평등이 실현되어야 한다.

---

87) 강성호 · 김경아, "여성의 노동시장 참여형태 및 국민연금 수급여부에 따른 노후소득보장 격차 분석," 『사회복지정책』 제36권 3호, 2009.9, 사회복지정책학회, 181면; 관련하여 참고할 논문은 장지연, "복지국가에 대한 페미니스트 관점의 기여와 한계," 『한국사회학』 제38집 3호, 2004, 17-200면.

88) 임미경, 위의 논문, 81면.

제7장
폭력과 자유

▶ **강의개요**

폭력으로부터의 자유는 인간 주체성의 기본적인 조건이다. 때문에 인간은 끊임없이 부당한 폭력에 저항해 왔다. 그렇지만 폭력의 종식은 아직은 요원해 보인다. 개인간 집단간의 힘의 차이는 종종 차별을 넘어 폭력으로 귀결되며 윤리에 대한 성찰 없는 파편화된 관계들은 폭력으로부터 개인을 보호하지 못한다. 이 장에서는 특히 젠더관계에서 빚어지는 성폭력과 가정폭력에 주목하여 폭력에 노출된 우리의 삶에 법이 어떤 얘기를 던지고 있는지, 어떤 것이 문제이며 그 극복을 위해서는 무엇이 필요한지 고찰해 보고자 한다.

▶ **주제어**

폭력, 성폭력, 가정폭력, 관계, 자유

Ⅰ. 폭력으로부터의 자유: 인간존엄의 기본

논란의 여지는 있지만 메를로 퐁띠가 지적하는 것처럼, 인간이 육체로 존재하는 한, 폭력은 인간의 존재방식 중의 하나이다.[1] 육체 그 자체로도 사

1) 모리스 메를로 퐁티, 『휴머니즘과 폭력』, 문학과 지성사, 2004, 11면.

람들은 그 힘에 있어 차이를 가지는 까닭에 자원이 부족한데 욕망을 이기적으로 추구하고자 할 경우에는 종종 폭력이 행사된다.

그렇지만 다른 이들과 더불어 살아가는 사회생활에서 폭력은 적당한 방식으로 제어되어야 한다. 특히 모든 사람이 각자가 가진 부나 지위 등에 관계없이 동등하게 존엄한 시민으로 대우받을 것을 규정하고 있는 현대사회에 있어 폭력으로부터의 자유는 기본적인 조건이다.

Ⅱ. 폭력과 젠더

그런데 실제의 생활에서는 여전히 종종 폭력이 발생하곤 한다. 특히 육체적인 힘이나 기타 사유로 말미암은 권력의 차이가 있는 집단이나 개인 사이에서 폭력이 쉽게 종식되지 않는데, 남성과 여성간의 폭력도 그 대표적인 예이다. 그 양태는 다양하긴 하지만 주로 남성이 여성에게 폭력을 휘두른다. 또한 북경여성대회행동강령에서 지적하듯이 그와 같은 여성에 대한 신체적, 성적, 심리적 폭력은 가족 내, 지역사회 내에서 발생하고 있고 종종 국가에 의해 방조·묵인되고 있다.

이처럼 젠더화된 폭력이 발생하는 것은, 무엇보다도 남성이 사회적 가부장적 권력을 가지고 있기 때문이지만 성차별적 사회에서 남녀가 자신의 감정을 표현하고 처리하는 방식에 있어 달리 길들여지고 있기 때문이기도 하다. 즉 남성은 고통을 인정하고 표현하는 것은 남성성을 부정하는 것이자 상징적 거세이므로 스스로의 고통을 표현하기보다는 고통을 야기하는 것, 즉 자신의 괴로움을 타인에게 터뜨리거나 폭력을 행사하는 것이 낫다고 훈육된다. 반면 여성은 일상의 감정표현에 있어서는 좀더 자연스럽지만 기본적으로 '약한 자'이므로 갈등이나 폭력상황은 피하거나 스스로 조심해야 한다거나 심지어 참아야 한다고 얘기되는 것이다.

Ⅲ. 성 폭 력

1. 가혹한 고통과 법의 책임

세상에는 가늠하기 힘든 고통들이 있다. 그리고 그러한 고통의 가장 극명한 예는 바로 성폭력일 것이다. 성폭력의 도저한 파괴성과 그로 인한 혼돈은 가히 그 피해자를 일컬어 '생존자'(survivor)라고 할 만하다. 특히 문제가 되는 것은 정신적 외상 즉 트라우마(trauma)이다. 트라우마는 영구적인 정신 장애를 남기는 것으로 성폭력 피해자의 많은 수는 트라우마로 고통받고 사회로부터 단절된 삶을 사는 경우가 많다.

그렇지만 성폭력의 피해는 제대로 인정되지 않거나 그 고통이 타자화된다. 이는 성폭력이 여성피해자의 비율이 압도적으로 높은 젠더화된 범죄이기 때문이다. 또한 피해를 방지하고 피해자를 보호해야 할 마땅할 법 역시 그에 책임이 없다고 할 수 없다. 근대 이후 보편화, 일반화된 필수적 권력체계인 법은 그 태생에서부터 여성배제에 기초했거니와, 법을 만들거나 적용하는 공간은 물론, 최종적 판단과 해석을 맡는 주체인 법원까지 여전히, 한편으로는 남녀의 구성비 및 권력 점유도 차이에 의해, 다른 한편으로는 중립성과 객관성이라는 포장에 가려진 성맹적(gender-blind)인 법적 기준과 방식에 의해, 남성에 의한 준독점상태를 벗어나지 못하고 있기 때문이다.

그리하여 법이 제때 제자리에 있지 못함으로써, 있더라도 제 역할을 하지 못함으로써 성폭력은 종종 은폐되고 피해는 방치되며, 곪은 상처는 더 가혹한 방식으로 당사자와 사회에게 돌아온다. 9살 때 강간당한 여성이 정신분열증환자가 되어 20여년 후에 심신미약의 상태에서 예전의 강간자를 살해한 것(광주고법 1991.12.20, 91노899)은 그 하나의 예이다.

2. 성폭력에 대한 법적 대응: 그 당위와 문제점

성폭력을 법적으로 처리하는 것은 너무도 당연하며, 우리 역시 관련 규정들을 두고, 보완해 왔다. 그렇지만 당해 규정들은 많은 문제점을 품고 있으며 적용, 해석되는 방식 역시 그러하다.

(1) 법규 증강에 치중된 성폭력 대책

성폭력에 대한 법적 대응의 가장 주된, 기실 거의 유일하다고도 할 만한 방식은 관련 규정을 늘리고 강화하는 것이었다. 물론 그러한 법규의 적극적 동원 역시 처음부터 그러한 것은 아니었다. 우리는 형법에서 강간과 강제추행 등 범죄를 규정하고 다분히 전형적인 방식으로 다뤄 오다가 1990년대에 강간 피해자의 가해자에 대한 일련의 살인사건들이 발생하고 성폭력에 대한 사회적 인식이 높아지자 비로소 성폭력특별법을 제정했다. 그리고 성폭력 관련 조항들은 이후 당해 조항들을 제대로 적용하기보다는 처벌을 강화하는 규정을 보강하는 경향을 띠고 있다.

1) 형법의 관련 조항

1953년 제정된 형법은 '정조에 관한 죄'라는 제목하에 강간죄와 강제추행죄 등을 규정하고 있다가 1995년 이를 '강간과 추행의 죄'라는 표현으로 바꾸었다. 그렇지만 개별적인 법규의 내용은 물론, 그 해석에 있어서의 큰 변화는 발견되지 않는다. 다음은 주요 조항들이다.

제297조【강간】 폭행 또는 협박으로 부녀를 강간한 자는 3년 이상의 유기징역에 처한다.

제298조【강제추행】 폭행 또는 협박으로 사람에 대하여 추행을 한 자는 10년 이하의 징역 또는 1천500만원 이하의 벌금에 처한다.

제299조【준강간, 준강제추행】 사람의 심신상실 또는 항거불능의 상태를 이용하여 간음 또는 추행을 한 자는 前2조의 예에 의한다.

제301조【강간 등 상해・치상】 제297조 내지 제300조의 죄를 범한 자가 사람을 상해하거나 상해에 이르게 한 때에는 무기 또는 5년 이상의 징역에 처한다.

제301조의2【강간 등 살인・치사】 제297조 내지 제300조의 죄를 범한 자가 사람을 살해한 때에는 사형 또는 무기징역에 처한다. 사망에 이르게 한 때에는 무기 또는 10년 이상의 징역에 처한다.

제302조【미성년자 등에 대한 간음】 미성년자 또는 심신미약자에 대하여 위계 또는 위력으로써 간음 또는 추행을 한 자는 5년 이하의 징역에 처한다.

제303조【업무상위력 등에 의한 간음】 ① 업무, 고용 기타 관계로 인하여 자기의 보호 또는 감독을 받는 부녀에 대하여 위계 또는 위력으로써 간음한 자는 5년 이하의 징역 또는 1천500만원 이하의 벌금에 처한다. ② 법률에 의하여 구금된 부녀를 감호하는 자가 그 부녀를 간음한 때에는 7년 이하의 징역에 처한다.

제305조【미성년자에 대한 간음, 추행】 13세 미만의 부녀를 간음하거나 13세 미만의 사람에게 추행을 한 자는 제297조, 제298조, 제301조 또는 제301조의2의 예에 의한다.

2) 성폭력특별법의 마련 및 보완

1994년 1월 5일 제정되어 1994년 4월 1일 시행된「성폭력범죄의 처벌 및 피해자 보호 등에 관한 법률」은 그 제정 이유에서 밝힌 것처럼, "각종 성폭력범죄가 점차 흉포화·집단화·지능화·저연령화되고 있을 뿐만 아니라 전화·컴퓨터를 이용한 새로운 유형의 성폭력범죄가 빈발하여 기존의 법체계로는 적절히 대처하기 어려우므로 성폭력범죄에 대한 처벌규정을 신설 또는 강화하고 성폭력범죄에 대하여는 수사·재판등 사법처리절차에 있어서 특례를 인정하도록 하기" 위해 제정되었다. 그 주요내용은 다음과 같다.

① 존속 등 연장의 친족에 의한 강간·추행과 신체장애자에 대한 추행을 처벌하도록 하고 이를 모두 비친고죄로 함.

② 전화·우편·컴퓨터 등 통신매체를 이용한 음란행위와 버스·지하철·극장 등 공중밀집장소에서의 추행을 처벌하도록 하고 이를 친고죄로 함.

③ 성폭력범죄의 수사 또는 재판에 관여하는 자는 피해자의 신원과 사생활비밀을 누설하지 못하도록 하고, 피해자의 신청이 있으면 성폭력범죄에 대한 심리를 비공개로 할 수 있도록 함.

④ 성폭력상담소 및 성폭력피해자보호시설을 설치·운영할 수 있도록 함.

또한 위 성폭력특별법은 대법원이 의붓아버지에 의한 성폭력은 동법의 처리범주에서 벗어난다고 판단함으로써(대법원 1996.2.23. 95도2914)[2] 결국 이후 그러한 사례도 포괄되도록 입법적으로 보완했다.

3) 「성폭력범죄의 처벌 등에 관한 특례법」

2010년 4월 15일부터는 종래의 성폭력특별법을 개편한 동법이 시행에 들어갔다. 동법은 “성폭력범죄가 해마다 지속적으로 증가하고 있고 날로 흉포화되고 있으며, 다른 범죄에 비해 재범가능성이 높고 은밀하게 행해지므로 이를 근본적으로 예방하기 위해서는 성범죄자에 대한 처벌 강화와 재범방지 등을 위한 제도의 보완이 필요하다”고 보고 다음의 사항을 규정하였다.

① 친족관계에 의한 강간, 강제추행 등 범죄에 관하여 처벌을 강화하고 처벌대상이 되는 친족의 범위를 4촌 이내의 인척까지 확대함.

② 13세 미만의 미성년자에 대한 성폭력범죄의 처벌을 강화함.

③ 음주 또는 약물로 인한 심신장애 상태에서 강간, 강제추행 등 성폭력범죄를 범한 자에 대해서는 형을 감경하는 「형법」 규정을 적용하지 아니할 수 있도록 함.

④ 미성년자에 대한 성폭력범죄의 공소시효는 해당 성폭력범죄로 피해를 당한 미성년자가 성년에 달한 날부터 진행하도록 함.

⑤ 디엔에이(DNA)증거 등 입증 증거가 확실한 성폭력범죄의 경우 공소

---

2) “성폭력범죄의처벌및피해자보호등에관한법률 제7조 제1항은 존속 등 연장의 친족이 형법 제297조의 죄를 범한 때에 적용되고, 같은 법률 제7조 제3항에 의하면 위 제1항의 친족의 범위는 4촌 이내의 혈족으로 제한되나, 한편 같은 법률 제7조 제4항은 위 제1항의 존속 또는 친족은 사실상의 관계에 의한 존속 또는 친족을 포함한다고 규정하고 있는바, 형벌법규는 그 규정 내용이 명확하여야 할 뿐만 아니라 그 해석에 있어서도 엄격함을 요하고 유추해석은 허용되지 않는 것이므로 위 법률 제7조 제4항에서 규정하는 사실상의 관계에 의한 존속이라 함은, 자연혈족의 관계에 있으나 법정 절차의 미이행으로 인하여 법률상의 존속으로 인정되지 못하는 자(예컨대, 인지 전의 혼인 외의 출생자의 생부) 또는 법정 혈족관계를 맺고자 하는 의사의 합치 등 법률이 정하는 실질관계는 모두 갖추었으나 신고 등 법정절차의 미이행으로 인하여 법률상의 존속으로 인정되지 못하는 자(예컨대, 사실상의 양자의 양부)를 말하고, 위와 같은 관계가 없거나 법률상의 인척에 불과한 경우에는 그 생활관계, 당사자의 역할·의사 등이 존속관계와 유사한 외관을 가진다는 이유만으로 위의 사실상의 관계에 의한 존속에 포함된다고 할 수는 없다. 피해자와 아무런 혈연관계가 없고 단지 피해자의 어머니와 사실상 부부로서 동거하는 관계에 있는 자(의붓아버지)는 성폭력범죄의처벌및피해자보호등에관한법률 제7조 제4항에서 규정하는 사실상의 관계에 의한 존속에 포함되지 않는다.”

시효를 10년 연장함.

⑥ 검사와 사법경찰관은 성폭력범죄 피의자가 죄를 범하였다고 믿을 만한 충분한 증거가 있고 오로지 공공의 이익을 위하여 필요할 때에는 얼굴 등 피의자의 신상정보를 공개할 수 있도록 함.

⑦ 성폭력범죄 전담재판부를 지정함.

⑧ 성폭력범죄의 피해자가 13세 미만이거나 신체장애 또는 정신장애로 사물을 변별하거나 의사를 결정할 능력이 미약한 경우 수사과정에서 관련 전문가의 의견 조회를 의무화함.

⑨ 성범죄자 신상정보의 인터넷 공개제도는 「아동·청소년의 성보호에 관한 법률」에 따라 아동·청소년 대상 성범죄자만을 공개대상으로 하고 있으나, 성인 대상 성범죄자 역시 재범율이 높을 뿐만 아니라 아동을 대상으로 한 성범죄도 저지르고 있으므로 성인 대상 성범죄자의 신상정보를 인터넷에 등록·공개하고 성범죄자 정보를 19세 미만의 자녀가 있는 인근 주민들에게 고지하도록 함.

이처럼, 동법은 성범죄에 대한 경각심을 일깨우고 범죄를 예방한다는 점을 들어 이중처벌의 논란에서 여전히 자유롭지 않은 성범죄자 신상공개제도의 대상을 확대하는 한편으로, 무죄추정의 원칙에도 불구하고 피의자의 얼굴을 공개할 수 있도록 하고 있다. 그런데 범죄자 또는 피의자가 누구인지 알게 되어 피하고, 지목된 사람을 실질적으로 격리하는 것은 공분의 해소이거나 다분히 말초적인 예방조치라고 할 것이다.

성폭력사건의 경우 음주로 인한 심신장애를 인정하지 않겠다는 것 역시 성폭력의 중대성을 감안하더라도 법의 균형을 허무는 조치라 할 것이다. 음주 후 성폭력을 저지른 사건에 있어서 사실 비판이 되어야 했던 것은 음주로 인한 심신장애 인정 자체라기보다는 음주로 판단이 흐려진다면 성폭력을 저지를 수도 있을 것이라는 남성적 반인권적 통념이었기 때문이다.

4) 「성폭력방지 및 피해자보호 등에 관한 법률」

또한 종전의 성폭력특별법 중 처벌 외의 사항은 2011년 1월 1일부터 시행되는 동법에 의해 관장된다. 종래, 성폭력피해자나 성폭력피해자의 가족구성원에 대한 취학지원의 법적 근거가 없어 성폭력피해 학생이 전학 등을 원할 경우 지원하지 못하는 문제점이 있었는데, 성폭력피해자나 성폭력피해자의 가족구성원이 주소지 외의 지역으로 전학 등을 할 필요가 있을 때에는 그 취학이 원활히 이루어지도록 지원하도록 규정하고 있다.

5) 「특정 범죄자에 대한 위치추적 전자장치 부착 등에 관한 법률」

그런가 하면, 성폭력 범죄자에 대한 위치추적도 도입되었다. 즉, 성폭력범죄는 재범의 개연성이 높은 범죄이므로 징역형을 선고받는 성폭력범죄자 등 중에서 다시 성폭력범죄를 범할 위험성이 있다고 인정되는 자에 대하여 위치를 확인할 수 있는 전자장치를 부착하게 하여 그 행적을 추적할 수 있도록 함으로써 성폭력범죄의 재발을 예방할 수 있도록 한다는 취지로 제정된 동법이 2008년 10월 28일부터 시행되었다.

아울러 동법은 최근 "성폭력범죄의 재범 위험에 적극적으로 대처하기 위하여 과거 성폭력범죄를 저지르고 이미 확정판결을 받아 현행법으로는 위치추적 전자장치를 부착할 수 없는 경우에도 형 집행의 종료 등이 된 후 3년이 지나지 아니한 성폭력범죄자에게는 이를 부착할 수 있는 근거를 마련하고, 아울러 탁월한 재범억제효과를 기대할 수 있는 위치추적 전자장치의 부착기간을 연장하고 그 대상범죄에 살인범죄와 같은 강력범죄를 추가하며, 피부착자가 부착기간 동안 보호관찰을 의무적으로 받게 하는 등의 보완책을 마련함으로써 성폭력범죄 등 특정범죄의 위험으로부터 국민을 두텁게 보호하려는 것"이라는 이유로 강화되었다.

6) 「성폭력범죄자의 성충동 약물치료에 관한 법률」

그리고 급기야는 2010년 7월 23일 동법을 제정함으로써 성폭력범죄자에 대한 화학적 거세제도 도입하였다. 2011년 7월 24일 시행되는 동법은 "최근 사회적으로 문제되고 있는 아동 성폭력범에 대하여 여러 가지 다른 법률에서 강력한 처벌을 규정하여 시행 중이나, 아동 성폭력범죄는 정신적·사회적 문제와 관련되어 있어 강력한 처벌만으로는 재범방지에 한계가 있는 실정"이라는 이유로, 다음의 조치를 규정하고 있다.

① 검사는 16세 미만의 사람에 대하여 성폭력범죄를 저지른 성도착증 환

자로서 성폭력범죄를 다시 범할 위험성이 있다고 인정되는 19세 이상의 사람에 대하여 정신과 전문의의 진단이나 감정을 받은 후 법원에 약물치료명령을 청구하도록 함.

② 법원은 15년의 범위에서 치료기간을 정하여 판결로 약물치료명령을 선고하며, 약물치료명령을 선고받은 사람은 치료기간 동안 보호관찰을 받도록 함.

(2) 성폭력 피해가 법 앞에 이르지 못하게 하는 장치들

그렇지만 문제는, 그와 같은 숱한 관련 법규가 존재하고 또 강화되고 있는데도 불구하고 기본적으로 성폭력 피해는 제대로 법에 호소되지 않는다는 점에 있다. 즉, 성폭력사건의 신고 및 고소율은 다른 범죄에 비해 현저히 낮다.

그럼, 왜 성폭력 피해자는 다른 유형의 피해자와는 달리 자신에게 발생한 손해를 법적으로 해결하고 있지 않는 것일까? 이에 대해서는 다양한 해석이 존재할 수 있지만, 우리사회에 만연해 있는 '강간신화'나 '순결 이데올로기'가 피해자에게 이중의 고통을 안겨주어 권리회복에 소극적으로 만들기 때문인 것으로 보인다. 즉, 우선 피해자를 의심하고 피해자에게 사건의 책임을 씌우거나 비난하며 강간을 폭력이 아니라 성관계로 보는 시각이 전반적으로 깔려 있기 때문인 것이다. 또한 다음과 같은 법 구조적인 이유도 피해자가 법에 호소하지 못하게 하는 데 작용하는 것으로 보인다.

1) 친 고 죄

성폭력사건이 은폐되고 침묵되는 것은 우선적으로는 친고죄 규정 때문이다. 형법상, 상해 등이 결합되지 않은 성폭력은 모두 친고죄(親告罪)로서, 피해자의 고소가 있어야 공소를 제기할 수 있다. 「성폭력범죄의 처벌 등에 관한 특례법」의 경우는 업무상위력등에 의한 추행,[3] 공중밀집장소에서의 추행,[4] 통

---

3) 제10조 【업무상 위력 등에 의한 추행】 ① 업무, 고용이나 그 밖의 관계로 인하여 자기의 보호, 감독을 받는 사람에 대하여 위계 또는 위력으로 추행한 사람은 2년 이하의 징역 또는 500만원 이하의 벌금에 처한다.

4) 제11조 【공중 밀집 장소에서의 추행】 대중교통수단, 공연・집회 장소, 그 밖에 공중(公衆)이 밀집하는 장소에서 사람을 추행한 사람은 1년 이하의 징역 또는 300만원 이하의 벌금에 처한다.

신매체이용 음란[5]을 제외하고는 비친고죄로 하고 있지만 기본적으로 성폭력특별법은 어차피 중한 성폭력을 규정하고 있을 뿐이어서 결국 대다수의 성폭력사건의 형태인 일반강간이나 강제추행은 피해자가 고소해야 한다.

이처럼 성폭력을 기본적으로 친고죄로 규정하고 있는 것은 피해자의 사생활과 의사를 존중한다는 취지로 흔히 설명되지만, 친고죄는 피해자에게 수치스러워하기를 강요하며, 피해자에게 법적 절차의 부담을 전가함으로써 성폭력의 범죄성을 부인하거나 성폭력에 대한 국가의 책임을 회피하는 주요한 장치로 작동한다.

2) 2차적 성폭력

아울러 법 관련 기관에서 성폭력을 처리하는 과정에서 발생하는 소위 '2차적 성폭력'도 성폭력 피해의 호소가 법으로부터 멀게 되는 데 기여한다. 성폭력에 적합한 여러 가지 절차를 규정하고 있지만 경찰, 검찰, 법원에 이르기까지 관계자들은 종종 성폭력 피해자를 배려하지 않고 피해자를 성적 대상화하는 방식으로 선정적인 질문을 던지곤 하며, 성폭력 피해자들은 다시 떠올리기 싫은 피해를 지나치게 세부적인 부분까지 여러 차례 반복해서 진술해야 하는데, 이 과정에서 피해자들이 겪는 모멸감이 지대하기 때문이다.

3) 성폭력 무마 및 피해 사소화하기

그런가 하면, 아예 법이 성폭력을 무마하거나 회피하려는 경우도 있다. 당사자가 서로 아는 사람인 경우라면 성폭력을 고소해도 피해자의 말은 우선 의심되며, 성폭력이라고 인정받더라도 많은 경우 화해, 즉 고소 취하가 권고된다. 그 밖에 가해자가 초범이거나 전도유망한 대학생이라거나 심지어 앞으로 피해자와 결혼을 약속했다든가 하는 것 등의 이유가 성폭력사건처리상 기소유예나 기타 경미한 처벌의 근거가 되기도 한다.

또한 형사고소나 손해배상청구 소송이 진행될 경우 피해자가 입는 정신

---

5) 제12조 【통신매체를 이용한 음란행위】 자기 또는 다른 사람의 성적 욕망을 유발하거나 만족시킬 목적으로 전화, 우편, 컴퓨터, 그 밖의 통신매체를 통하여 성적 수치심이나 혐오감을 일으키는 말, 음향, 글, 그림, 영상 또는 물건을 상대방에게 도달하게 한 사람은 2년 이하의 징역 또는 500만원 이하의 벌금에 처한다.

적 고통과 강간에 대한 입증책임이 피해자에게 있는 것과, 불법행위가 성립되어 위자료가 지급될 경우라도 법원이 인정하고 있는 위자료액은 1천~5천만원 사이로 소액인 점 또한 성폭력사건이 법에 호소되지 못하게 하는 이유로 지적될 수 있다.

(3) 성폭력으로 인정되기 어려운 법적 판단의 구조

성폭력범죄가 위와 같은 험난한 여정을 거쳐 법정에 섰더라도 이번에는 다음에서 보듯이 그 판단상의 문제로, 성폭력 피해가 인정되기란 쉽지 않다.

1) 피해자의 저항 정도로 판단하는 폭행, 협박

우리 법상 성폭력범죄가 있기 위해서는 자벌적이지 않았다거나 또는 동의하지 않았다는 것만으로는 곤란하고 폭행이나 협박이 행해져야 한다. 문제는 어떤 것이 여기서 말하는 폭행 또는 협박인가일 터인데, 판례는 '강간죄에 있어 폭행 또는 협박은 피해자의 항거를 현저히 곤란하게 할 정도의 것'을 요구하여 최협의의 폭행 또는 협박이 있어야 강간죄가 성립한다고 보고 있다. 그렇다면 다시 문제는 '그 폭행 또는 협박이 피해자의 항거를 현저히 곤란하게 할 정도의 것이었는지 여부'가 될 것인데, 판례는 다시 "유형력을 행사한 당해 폭행 및 협박의 내용과 정도는 물론이고, 유형력을 행사하게 된 경위, 피해자와의 관계, 범행 당시의 정황 등 제반사정을 종합하여 판단하여야 한다(대법원 1999.9.21. 선고 99도2608 판결, 대법원 1992.4.14. 선고 92도259 판결 등)"라고 한다. 이처럼, 폭행·협박의 정도 판단에 있어 제반 사정을 종합하여 판단해야 한다는 원칙은 이론적으로는 피해여성이 처한 상황이나 심리상태, 다양한 상황적 맥락을 고려함으로서 최협의설을 좀더 현실에 맞게 적용할 수 있는 것으로 여겨진다.

그렇지만 재산에 관한 범죄인 강도죄와 공갈죄의 경우 피해자가 당한 폭행·협박의 정도에 따라 최협의의 폭행·협박을 당했으면 강도죄에 해당하고, 협의의 폭행·협박을 당한 경우 공갈죄가 될 수 있어 처벌의 공백이 발생하지 않고 모두 보호되는 것과 대비할 때, 매우 부당하다.

더욱이 기본적으로 이와 같은 최협의설은 여성이 극도로 저항을 하면 강간은 불가능하며, 성폭력의 위협 앞에 여성은 당연히 저항할 것이며 해야 한다는 것을 전제로 하고 있다고 할 수 있다. 실제로 이렇다 할 제3자의 목격이나 증언이 없는 성폭력사건의 판단에 있어 그러한 폭행 및 협박이 있었는지 여부는 피해자가 얼마나 저항했느냐에 주로 기대고 있는 실정이다. 그리하여 '완강히 저항'했다는 증거가 없는 한 강간으로 입증받기 어렵다.

실제로 대법원은 수치심으로 인해 구조를 요청하지 못한 사건, 피해자가 성교를 거부하는 행동을 하였으나 탈출하거나 구조를 요청하지 않은 사건(대법원 1999.9.21. 99도2608), 피해자와 가해자가 함께 술을 마시고 만취한 상태에서 여관에 투숙하였고, 피해자가 제대로 저항을 하지 못하고 간음당한 사건(대법원 1985.10.8. 85도1537; 대법원 1990.9.28. 90도1562) 등에 대하여 '폭행·협박'이 있었음을 인정하지 않고 있다.[6] 대법원은 "대학 4학년인 피해자가 강간의 위험을 느끼면서도 창피하여 방을 안내하는 여관주인에게 구조를 요청하지 않았다는 것은 경험칙상 납득이 가지 않는다. 수일 전에 강간을 당한 피해자가 피고인의 전화를 받고 다방에 나가 다시 피고인의 하숙방으로 끌려갔고, 담뱃불로 몸을 지지는데도 하숙집 주인에게 구조를 요청하지 않은 것도 수긍이 가지 않는다. 피해자의 어머니가 두 사람의 동침사실을 알고 있는 마당에, 세상에 알려지는 것이 두려워 피해사실을 신고하지 않았다는 것도 납득할 수 없다"(대법원 1990.9.28. 90도1562)고 그 이유를 밝힌다.

2) 유명무실한 보호법익으로서의 성적 자기결정권

그런데 위와 같은 판례의 입장은, 강간죄의 보호법익을 '여성의 성적 자기결정권(대법원 2000.5.26. 선고 98도3257 판결, 2003.10.24. 선고 2003도5322 판결)'이라고 보는 것과 부합하지 않으며 강간 자체가 이미 당해 범죄의 보호법익인 '여성의 성적 자기결정권(대법원 2000.5.26. 98도3257; 대법원 2003.10.24. 2003도5322)'을 침해하고 있음을[7] 인정하지 않은 것이다. 즉, 성적 자기결정권의 의미는 '원치 않은 성관계를 하지 않을 자유'이고 성적 자기 결정권은 폭행·협박의 정도와 관계없이 보호되어야 함에도, 판례가 강간죄에 있어 폭행·협박의 정도를 최협의설로 한정지었기에 '반항이 현저히 곤란하지는 않

6) 이유정, "비동의간음죄의 신설에 대한 논의," 젠더법학연구회 2006년 9월 발표문.

7) 조인섭, "강간죄의 폭행·협박의 정도에 관한 판례의 입장에 대하여," 한국성폭력상담소, 『성폭력 조장하는 대법원 판례 바꾸기 1』, 2006.

은 정도'의 폭행·협박으로 성폭력을 겪은 경우에는 성적 자기결정권이 침해되었음이 명백함에도 전혀 보호받지 못하게 되는 것이다.

하지만 그렇다고 '정조 또는 순결을 지키기 위해 극렬하게 저항한 여성'을 전적으로 보호해주지도 않는다. '만취한 피해자가 도망가려고 함에도 피고인이 피해자를 여관으로 끌고 들어와 만취하여 반항하지 못하는 피해자를 간음하고, 그 다음날 또다시 간음하려는 피고인에게 피해자가 저항하며 마실 물을 떠달라고 하여 피고인이 화장실에 간 사이 피해자가 방 출입문을 잠그고 구조를 요청하다가, 피고인이 출입문을 부수고 들어올 기세를 보이자 피해자가 또다시 강간당할 것을 두려워하여 방 창문을 넘어 도망치다 바닥에 떨어져 상해를 입은 사안'에서, 판례는 '피고인은 피해자가 피고인의 방문 흔드는 소리에 겁을 먹고 강간을 모면하기 위해 3층에서 창문을 넘어 탈출하다 상해를 입을 것이라고 예견할 수는 없다'고 하며 강간치상죄는 되지 않는다고 한 것이다(1985.10.8. 선고 85도1537 사건).

즉, 판례는 강간죄의 폭행·협박의 정도로 여성이 자신의 모든 것을 걸 정도의 극렬한 저항을 할 것을 원하면서도, 실제로 여성이 그런 극렬한 저항을 하여 상해를 입거나 목숨을 잃은 경우에는 '예견가능성이 없다'고 하며 외면해버리고 있다. 판례가 상정하는 여성상에 의할 때 강간은 '자신의 정조를 지키기 위해 극도로 저항을 하는 여성'에 대해서나 가능한 것이기에, 그런 관점에서 보자면 가해자가 강간을 하기 위해 문을 부수고 들어올 것 같은 기세를 보일 때, 정숙한 여성은 자신의 정조를 지키기 위해 목숨을 건 탈출을 감행할 수 있고, 그런 것은 얼마든지 예견 가능한 것(순결 이데올로기에 의해 은장도로써 순결을 지킨 사람이 얼마나 많았는가)이라고 보아야 함에도 실제로 그런 결과가 일어나자 예견가능성이 없다고 판단해버린 것이다.

3) 전형적인 피해자상

강간 등의 성폭력은 다른 유형의 권리침해와는 달리 둘만의 밀폐된 공간에서 발생하는 경우가 많고 그 중 많은 수는 목격자가 없다. 그리고 앞서 봤듯이 우리 형법은 강간죄 구성요건으로 '저항을 불가능하게 하는 폭행과 협박'을 요구하고 있기 때문에 피해자가 성폭력을 입증하는 데는 많은 어려움이 따른다. 여기에는 한국사회에 만연하고 있는 '강간신화'도 일조를 한다. 한국성폭력상담소가 판사, 검사, 변호사 등 법조인 351명을 대상으로 설문조사 한 결과에 의하면 '성폭력은 남자들의 억제할 수 없는 성충동 때문에 일어난다'는 문항에 대해 85명(24.33%)이, '보통이다', 109명'(31.05%)이 '조금 그렇다', 27명(7.69%)이 '매우 그렇다'고 응답했고, '여자들의 야한 옷차림이 성폭력의 원인이다' 문항에 대해서는 106명(30.2%)이 '보통이다', 103명(29.34%)이 '조금 그렇다' 4명(1.4%)이 '매우 그렇다'고 응답했다.[8] 이런 상황에서 강간이 있었음을 주장하는 피해자의 말이 신뢰를 얻기란 쉽지 않다.

때문에, 수잔 에스트리치가 지적하듯이 밤에 흉기를 든 낯선 자들에 의한 성폭력만이 '진짜 강간'[9]으로 비춰지며, 실제로는 대부분을 차지하는 그 밖의 성폭력에 대한 판단에서는 피해자는 계속 의심을 받으며 끊임없이 피해자에게 책임이 전가된다. 요컨대 순수한 피해자(innocent victim)와 믿지 못할 피해자로 피해자는 이분화되어 전자를 기준으로 전형적인 피해자상이 그려진다. 그리하여 피해자가 성매매여성인 경우, 당사자간에 예전에 성관계가 있었던 경우, 심지어 당사자가 서로 아는 사이인 경우의 피해자는 후자로 분류되곤 한다.

4) 부부강간

한편 부부 사이에 가장 치욕스러운 경험이라고 호소하는 아내강간은 1970년 대법원 판례(대법원 1970.3.10. 70도29) 이후 강간 성립 자체를 부정당하고 있었다. 형법상으로는 강간죄의 객체를 '부녀'라고만 하고 있을 뿐 부부사이 면제 조문을 두고 있지 않은데도 해석상 배우자에 대한 강간을 인정하지 않은 것이었다. 그렇지만 근래 하급심이지만 부부강간이 인정된 판례(부산지법 2009.1.16. 2008고합808)[10]가 있어 향후 이와 관련된 대법원 판결의 변경이 기대된다.

---

8) 한국성폭력상담소(2003), <법조인의 성별의식과 양성평등교육 실태 및 대안모색을 위한 토론회 자료집>; 여성주의저널 일다 2003.11.12일자, http://www.ildaro.com.

9) 수잔 에스트리치, 『진짜 강간』, 교육과학사, 1993.

10) 필리핀 국적의 처가 생리 중임을 이유로 성관계를 거부하자, 남편이 가스분사기와 과도로 협박하여 처의 반항을 억압한 후 1회 간음한 사안에서, 강간죄의 보호법익을 성적 성실을 의미하는 여성의 '정조'가 아닌 인격권에 해당하는 '성적 자기결정권'으로 보아 법률상 처를 강간죄의 객체로 인정한 사례이다.

5) 성전환자에 대한 강간

그런가 하면, 강간죄에서의 '부녀'의 판단을 한때 염색체에 근거하기도 했다. 즉 남성에서 여성으로의 성전환자에 대해 "기본적인 요소인 성염색체의 구성이나 본래의 내·외부성기의 구조, 정상적인 남자로서 생활한 기간, 성전환 수술을 한 경위, 시기 및 수술 후에도 여성으로서의 생식능력은 없는 점, 그리고 이에 대한 사회 일반인의 평가와 태도 등 여러 요소를 종합적으로 고려하여 보면 사회통념상 여자로 볼 수는 없다"며 강간을 인정하지 않았던 것이다(대법원 1996.6.11. 96도791).

그렇지만 다행히 근래 대법원은, 성전환자를 여성으로 인식하여 강간한 사안에서, 피해자가 성장기부터 남성에 대한 불일치감과 여성으로의 성귀속감을 나타냈고, 성전환 수술로 인하여 여성으로서의 신체와 외관을 갖추었으며, 수술 이후 30여 년간 개인적·사회적으로 여성으로서의 생활을 영위해 가고 있는 점 등을 고려할 때, 사회통념상 여성으로 평가되는 성전환자로서 강간죄의 객체인 '부녀'에 해당한다고 그 입장을 바꾸었다(대법원 2009.9.10. 2009도3580).

(4) 남성 성기 중심적 강간죄 규정

한편 강간죄 규정 자체에 소유물로서의 여성, 남성의 성적 지배의 대상화로서의 여성의 이미지가 여전히 남아 있기도 하다. 즉 강간죄는 생물학적 여성만을 피해자로 전제하고 남성성기 삽입 여부로 강간죄에 있어서의 '간음'을 이해하고 있는 것이다. 이 때문에 남성 성기 외의 물질에 의한 성폭력이나 남아를 대상으로 한 성폭력은 그 잔혹성은 강간죄와 다를 바 없음에도 불구하고 강간죄로 인정받지 못하여 법정형이 강간죄보다 낮은 강제추행죄에 의할 수밖에 없다.

이처럼 강간죄를 다른 성폭력범죄와 구별하는 궁극적인 이유는 무엇일까? 그것은 전쟁시에 군대에 의한 침략 외에 여성을 강간하여 적의 아이를 임신하게 함으로써 당해 민족의 정체성을 훼손하는 것이 주요한 전략으로 사용된 것에서 보듯이, 여성은 당해 사회 남성의 소유물이었기에 임신가능한 여성의 몸을 농락하는 것은 그 소유를 유린하는 의미를 지녔고, 따라서 이를 응징하고 방지하기 위해 마련됐던 것이 강간죄이기 때문이다.[11]

(5) 성폭력과 수치심/성적 도덕관념의 연결

기본적으로 고유의 정절관념의 사회존속성을 거론하는 한[12] 성적 자기결정권에 대한 이해의 심화는 어려울 수 있으며 수치심에 터잡은 사회통념[13] 역시 섹슈얼리티에 대한 종합적인 논의 자체를 차단케 한다. 그런 측면에서 보면, 성폭력범죄를 규정함에 있어[14] 그리고 판단함에 있어[15] 자기결정권 침해가 아니라 수치심을 거론하고 있는 것도 시대착오적이라 할 것이다.

3. 성폭력을 성폭력이라 하기 위해서는

앞서 본 것처럼, 성폭력을 인정하지 않으려는 법적 관행과 구조가 작동하는 한 성폭력 관련 법을 아무리 강력하게 많이 만들더라도 성폭력 피해는 숨겨지고 법의 책임은 방기될 것이 분명하다. 그렇다면, 성폭력이 제대로 성폭력범죄로 인정되려면 과연 어떤 것이 필요할 것인가?

---

11) 수잔 브라운밀러, 『성, 성폭력, 성폭력의 역사』, 일월서각, 1990.

12) "우리 사회의 구조와 국민의식의 커다란 변화에도 불구하고 우리 사회에서 고유의 정절관념 특히 혼인한 남녀의 정절관념은 위에서 본 바와 같이 전래적 전통윤리로서 여전히 뿌리깊게 자리잡고 있으며, 일부일처제의 유지와 부부간의 성에 대한 성실의무는 우리 사회의 도덕기준으로 정립되어 있어서, 간통은 결국 현재의 상황에서는 사회의 질서를 해치고 타인의 권리를 침해하는 경우에 해당한다고 보는 우리의 법의식은 여전히 유효하다고 아니할 수 없다"(헌법재판소 2001.10.25. 2000헌바60).

13) 소위 음란물 관련 판결들. "남성용 자위기구인 모조여성성기가 여성 성기를 지나치게 노골적으로 표현함으로써 사회통념상 그것을 보는 것 자체만으로 성욕을 자극하거나 흥분시킬 수 있고 일반인의 정상적인 성적 수치심을 해치고 선량한 성적 도의관념에 반하는 음란물이다"(대법원 2003.5.16. 2003도988). "미술교사가 자신의 인터넷 홈페이지에 게시한 자신의 미술작품, 사진 및 동영상은 남녀의 성기를 노골적으로 드러낸 음란물이다"(대법원 2005.7.22. 2003도2911).

14) 「성폭력범죄의 처벌 등에 관한 특례법」

제12조 【통신매체를 이용한 음란행위】 자기 또는 다른 사람의 성적 욕망을 유발하거나 만족시킬 목적으로 전화, 우편, 컴퓨터, 그 밖의 통신매체를 통하여 성적 수치심이나 혐오감을 일으키는 말, 음향, 글, 그림, 영상 또는 물건을 상대방에게 도달하게 한 사람은 2년 이하의 징역 또는 500만원 이하의 벌금에 처한다.

제13조 【카메라 등을 이용한 촬영】 ① 카메라나 그 밖에 이와 유사한 기능을 갖춘 기계장치를 이용하여 성적 욕망 또는 수치심을 유발할 수 있는 다른 사람의 신체를 그 의사에 반하여 촬영하거나 그 촬영물을 반포·판매·임대 또는 공공연하게 전시·상영한 자는 5년 이하의 징역 또는 1천만원 이하의 벌금에 처한다.

15) 추행이라 함은 객관적으로 일반인에게 성적 수치심이나 혐오감을 일으키게 하고 선량한 성적 도덕관념에 반하는 것이라고 할 것이다(대법원 1998.1.23. 97도2506).

(1) 친고죄 폐지

우선, 가장 일차적으로는 친고죄를 폐지해야 한다. 최근 도입, 강화된 많은 성폭력 관련 법에서 표방하는 것처럼 사회와 국가가 정말도 성폭력을 종식시키겠다는 의지가 있다면 법을 증식시키는 것이 아니라 범죄이지만 범죄가 아닌 것으로 처리되게 만드는 고질적인 병폐를 낳고 있는 친고죄 규정부터 삭제하는 것이 마땅하다. 그리하여 그렇지 않아도 고통스러운 피해자가 사법처리의 부담까지 온전히 떠안는 가혹한 일은 없도록 해야 한다.

(2) 피해자에게 정의롭기

그리고 무엇보다도 중요하고 필요한 것은 성폭력피해자를 정의롭게 대하는 일이다. 다음이 그 구체적인 예가 될 것이다.

1) 성폭력피해자에게 책임 전가하지 않기

예컨대 영국의 보상심의회는 피해자의 옷차림은 성폭력을 유발한 위법한 행위가 아니라는 이유를 들어 보상을 제한하지 않는바, 우리의 경우도 성 고정관념에 의한, 부당한 피해자책임론을 철저히 배격할 필요가 있다.

2) 피해자에게 당해 사건 외 질문하지 않기

서구의 Rape Shield Law의 주요 내용처럼, 성폭력피해자의 직업이나 가정형편, 특히 가해자와와 성적 관계 등 당해 사건과 직접적인 상관이 없는 질문은 하지 않아야 한다.

3) 피해자가 아니라 가해자에 기해 판단하기

폭행・협박의 존부를 피해자가 반항한 흔적에서 찾을 것이 아니라 가해자에게 당해 행위를 했는지 여부를 심문하며, 나아가 가해자에게 피해자의 동의를 구했는지 여부를 질문해야 한다.

4) 성폭력 피해 진술

미국은 피해자 증언 옹호자(Victim-Witness Advocates)를 두어 법절차를 안내하고 재판을 준비하며 피해자와 동석하게 하거나 피해자가 피해자 영향 진술(Victim-Impact Statement)을 할 기회를 부여함으로써 피해자가 법 앞에 나서는 것을 독려하였다.[16)]

우리 역시 성폭력특별법에서 피해자와 신뢰관계 있는 자가 동석할 수 있게 했고, 2010년 8월 15일 시행에 들어간 「범죄피해자 보호법」에 의해 형사절차 진술권도 규정되었다.[17)]

4. 성폭력 치유를 위한 법

그런데 성폭력에 있어 궁극적으로 중요한 것은 그로 인한 상처의 진정한 치유일 것이다. 그렇다면 그를 위해 법은 응당, 성폭력을 제대로 다루는 것은 물론, 조금이라도 상처의 회복을 기해야 할 것이다.

(1) 의료 지원

「성폭력방지 및 피해자보호 등에 관한 법률」은 전담의료기관을 지정하고,[18)] 의료 지원[19)]을 할 것을 규정하고 있는데, 정부의 성폭력 피해자의료비 지원은 2000년부터 시작되었다. 법적 승소 여부가 아닌 각 상담소의 상담과 내부 기준에 의해 지원 가능한 피해자를 선별한다. 바로, 성폭력피해자에 대한 치료보호제도인데,[20)] 보건상담 및 지도, 치료, 성병감염여부의 검사 및 감염성병 치료, 임신여부 검사, 성폭력피해로 인한 정신질환 치료, 진단서 발급, 기타 성폭력피해 증거물 채취를 위한 검사 등이 그것이다. 치료보호에 소용된

16) Martha Minow, *Breaking the Cycles of Hatred-Memory, Law, and Repair*, Princeton University Press, 2002, p.196.

17) 제8조 【형사절차 참여 보장 등】 ① 국가는 범죄피해자가 해당 사건과 관련하여 수사담당자와 상담하거나 재판절차에 참여하여 진술하는 등 형사절차상의 권리를 행사할 수 있도록 보장하여야 한다.

18) 제27조 【성폭력 전담의료기관의 지정 등】 ① 여성가족부장관, 특별자치도지사 또는 시장·군수·구청장은 국립·공립병원, 보건소 또는 민간의료시설을 피해자의 치료를 위한 전담의료기관으로 지정할 수 있다. ② 제1항에 따라 지정된 전담의료기관은 상담소, 보호시설 또는 통합지원센터의 장이 요청하면 피해자에 대하여 다음 각 호의 의료 지원을 하여야 한다. 1. 보건 상담 및 지도 2. 치료 3. 그 밖에 대통령령으로 정하는 신체적·정신적 치료.

19) 제28조 【의료비 지원)】 ① 국가 또는 지방자치단체는 제27조 제2항에 따른 치료 등 의료 지원에 필요한 경비의 전부 또는 일부를 지원할 수 있다.

20) 여성가족부, 『여성폭력 피해자 지원을 위한 실무자 가이드북』, 2004.12.

비용(치료비 본인부담액과 건강보험 또는 의료보호 비적용 진료비용) 전액 지원을 원칙으로 하되, 총 진료비용이 300만원을 초과하는 경우는 별도의 심의절차를 거친 후 지급한다.

성폭력피해의 확인은, 상담소 및 보호시설의 장이 내담자의 피해사실 확인서를 발행하거나, 피해자가 수사기관에의 사건접수증 사본을 제출하거나, 피해자와 동행한 경찰관이 서명한 확인서를 제출한다. 단, 피해자가 전담의료기관에서 진료받은 경우에는 피해사실 확인 절차를 생략한다.

치료비 청구는 피해자를 치료한 의료기관에서 청구하는 경우는 진료비 명세서, 피해사실 확인서 또는 사건접수증 사본(전담의료기관이 아닌 의료기관), 치료비(본인부담액) 및 성폭력응급키트 처치료, 피해자(대리인)가 의료기관에 지불한 치료비를 환급받고자 하는 경우는 진료비 영수증, 피해사실 확인서 또는 사건접수증 사본을 제출하면 된다.

아울러 「응급의료에 관한 법률 시행규칙」 개정(2002.2.)으로 성폭력피해는 '준응급증상'으로 지정되었다. 이에 따라, 응급실관리료의 건강보험 적용, 대형병원 응급실 이용시 진료의뢰서 없이 진료비에 대한 건강보험 적용, 응급실에서 원내 조제·투약 등이 가능해졌다.

또한 성폭력은 건강보험공단의 진료내역통보 제외대상 특수상병군에 포함되어, 성폭력피해에 대하여 건강보험을 적용하여 치료받더라도 진료내역이 본인이나 가족에게 통보되지 않는다.

(2) 법률구조

2003년부터 여성부의 여성발전기금을 활용한 법률구조제도도 시작되었는바, 성폭력피해자가 배상소송을 제기할 때도 이에 따라 도움을 받을 수 있게 되었다. 즉. 여성부가 대한법률구조공단과 협약을 맺어 2003년부터 무료법률지원을 시작한 것이다. 다만 이는 형사고소를 전제로 한 경우에 한하고 있어 민사상 손해배상청구소송만을 원하는 피해자에게는 도움이 되지 못하는 문제가 있다. 또한 2주 이상 진단서를 요구하고 있어 미처 진단서를 확보하지 못했거나 상해 정도가 그에 이르지 않은 경우도 마찬가지로 이를 활용하지 못하게 되는 것도 해결해야 할 문제라 할 것이다.

(3) 피해배상

성폭력은 기본적으로 범죄이자 위법행위인 만큼 그에 따른 피해의 배상을 가해자에게 청구할 수 있다. 그런데 성폭력범죄는 형사사건이고 배상은 민사적 문제인 탓에 배상을 구하는 피해자는 양쪽에서 소송을 진행해야 하는 번거로움과 어려움이 있다. 이 양 과정을 통합한 배상명령제도가 있긴 하지만 가정폭력범죄의 경우 그 활용이 규정되어 있는 데 비해[21] 성폭력범죄는 그러하지 못하여 당사자가 따로 절차를 밟아야 하는 것이다. 성폭력범죄로 인한 배상청구가 좀더 용이하도록 제도를 개편할 필요가 있을 것이다. 예컨대 미국은 범죄피해자법(1984년)을 통하여 피해자들이 법적 소송 절차 없이도 행정적인 탄원의 방식으로 의료적 정신적 치료를 위한 배상을 받을 수 있게끔 했다.

(4) 범죄피해구조금

한편 범죄로 인해 사망하거나 장해 또는 중상해를 입었는데 구조피해자가 피해의 전부 또는 일부를 배상받지 못하는 경우는 「범죄피해자 보호법」에 의해 구조금을 지급받을 수 있다.

(5) 국가배상

나아가 성폭력은, 그 피해자의 대부분이 여성이고 가해자의 대부분이 남성인 점, 여성들은 길거리에서도 성폭력의 두려움을 느끼는 점, 그간 성폭력사건의 처리가 오히려 피해자들을 고통에 빠뜨렸던 점 등을 고려하면 다만 가해자만이 아니라 그러한 사태를 방치한 국가의 책임을 물을 수도 있을 것이다.

또한 종래의 국가배상제도의 적용을 받기 어려울 경우는, 캐나다 온타리오주의 경우처럼 국가가 인권보호의 측면에서 성폭력 피해자에게 피해보상을 하는 방법도 적극적으로 검토할 만하다. 즉 캐나다 온타리오주 「범죄 피해

---

21) 「가정폭력범죄의 처벌 등에 관한 특례법」 제57조 【배상명령】 ① 법원은 제1심의 가정보호사건 심리절차에서 보호처분을 선고할 경우 직권 또는 피해자의 신청에 의하여 다음 각호의 금전지급이나 배상(이하 "배상"이라 한다)을 명할 수 있다. 1. 피해자 또는 가정구성원의 부양에 필요한 금전의 지급 2. 가정보호사건으로 인하여 발생한 직접적인 물적 피해 및 치료비손해의 배상 ② 법원은 가정보호사건에 있어서 행위자와 피해자 사이에 합의된 배상액에 관하여도 제1항의 규정에 따라 배상을 명할 수 있다.

보상 위원회」[22]는 성폭행 등 폭력 범죄로 인해 정신적, 육체적으로 상처를 입은 경우, 적정 수준의 치료비용, 고통, 수입 감소 등에 대해 보상을 행하고 있다. 이는 이미 우리 성폭력특별법상 도입되어 있는 성폭력 피해자에 대한 치료보호와 일시보호시설에서의 보호와 마찬가지 맥락으로도 이해되며 우리의 범죄피해자구조제도와도 유사한 측면이 있지만, 반드시 사망이나 중장해의 경우에 한하지 않고 널리 성폭력으로 인한 피해를 보상한다는 점에서 좀더 유용할 수 있을 것으로 보인다.

5. 자산으로서의 생명력

역사와 현실은, 고통에도 불구하고 성폭력으로 인해 여성들이 꺾이지만은 않음을 증언한다. 여성을, 인간을 알지도 못하는 법정이 그 때문에 오히려 짐짓 고통을 못 본 척하고 위엄을 부려서 종종 상처받지만, 여성의 생명력 자체는 그로써도 결코 훼손되지 않는다. 삶은 법정 밖에서 여전히 계속되어야 하며, 법이 예상하는 것과는 달리 실제로 여성은 법의 보호 없이도 (어쩌면 법에 기대할 수 없었기 때문에 더욱더) 스스로 삶의 정치를 꾸려오고 있기 때문이다. 다만 그나마 상대적으로 여성들이 좀더 유지하고 있는, 삶을 가능하게 하는 인간관계의 능력 —느끼고 반응하며, 꿈꾸고 모험하는— 을 빌어 우리 모두를 구원하고자 한다면 여성이 불필요한 고통에 노출되지 않도록 할 필요는 있을 것이다. 성폭력사건을 다루는 법이 그에 동참하여 제 역할을 할 수 있을지는 두고 볼 일이다.

---

22) 변호사를 고용할 필요는 없으며, 이에 의하면 형사소송을 통하지 않고도 보상을 받을 수 있다. 피해를 입은 시점으로부터 4년 이내에 신청을 해야 하며, 이 기간이 경과한 후에는 위원회에 좀 더 기간을 연장해 달라고 요청할 수는 있지만 반드시 연장되는 것은 아니다. 피해를 받은 당시 미성년자인 경우에는 성인(18세)이 된 후 4년 이내에 신청이 가능하다. 우선, 기본적인 정보를 제공하면 범죄피해보상위원회에서 신청서를 보내준다. 이를 작성해서 보내고 접수가 되면 위원회는 비공식 심리를 진행한다. 다음으로 위원회로부터 폭력행위자에게 통지가 가며, 행위자가 심리에 참석할 경우 자신을 반대심문할 권리를 갖는다. 따라서 여전히 변호사의 조력을 받을 필요성은 있는 셈인데, 커뮤니티 법률상담소에서도 이를 지원한다. 증거자료로 제출한 진단서 발부 비용 등은 본인이 부담해야 한다. 자세한 것은 법무부(2001), 『각국의 여성에 대한 폭력 방지 제도 — 캐나다, 미국 —』, 164-165면 참조.

Ⅳ. 가정폭력

1. 인권침해로서의 가정폭력, 그리고 가정폭력방지법의 제정

한국에서 여성에 대한 폭력 문제는 1980년대 초부터 여성단체를 중심으로 가정폭력을 중대한 인권침해 문제로 보고 아내구타와 성폭력에 관한 실태와 대책에 관한 조사연구, 상담과 쉼터 제공 등의 활동을 전개해 왔고, 1990년대에 들어서는 가정폭력, 성폭력을 경험한 여성들의 피해사례를 사회적으로 쟁점화시키고 여성에 대한 폭력문제에 적극적으로 대처하기 위한 법과 제도적 차원의 대책마련을 요구했다. 그 결과 1997년 12월 「가정폭력범죄의 처벌 등에 관한 특례법」과 「가정폭력예방 및 피해자보호를 위한 법률」이 제정되었고 1998년 7월부터 시행되었다(이하 '가정폭력방지법'). 가정폭력방지법의 제정은 여성에 대한 폭력문제가 국가의 개입을 통해 예방하고 규제해야 할 사회적 범죄임을 분명히 하면서 이에 대한 사회적 인식의 변화를 요구할 수 있는 계기가 되었다.

이처럼 가정폭력방지법이 제정되고 가정폭력문제가 사회적 관심사로 대두되면서 다양한 측면에서 가정폭력의 실태, 원인과 결과, 대책에 관한 관심과 더불어, 최근에는 가정폭력 피해자뿐만 아니라 가정폭력 가해자에 대한 교육을 활발히 실시하고 있다. 특히 사회문화적 특성 가운데 가부장적 의식과 연관지어 볼 때, 우리나라는 여전히 유교적 전통 즉 가부장적인 특성이 강해서 여성의 권리를 인정하고 이를 존중하는 풍토가 미약하다고 볼 수 있어, 가정폭력과 가부장제의 관련성에 초점을 맞추어 가정폭력문제 해결을 위한 방법들이 모색되고 있기도 하다.

다만, 유엔(UN)여성차별철폐위원회에서 지적한 것처럼, 우리는 여성문제 해결에 있어서 각종 법적·제도적 정비가 괄목할 만한 성과를 이룬 것은 다른 어느 국가보다도 모범적인 국가로 인정되지만, 실행에 있어서 많은 괴리가 있고 이러한 의식과 제도의 괴리가 다른 어느 사회보다도 큰 것이 현실이다.

2. 가정폭력방지법의 내용

「가정폭력범죄의 처벌 등에 관한 특례법」 제2조 제1항에 의하면 가정폭력은 가정구성원 사이의 신체적, 정신적 또는 재산상 피해를 수반하는 행위라고 정의하고 있다. 여기에서 가정구성원은 사실상 혼인관계에 있는 배우자 또는 배우자 관계에 있었던 자, 사실상 양친관계를 포함하는 자 또는 배우자의 직계존비속 관계에 있거나 있었던 자, 계부모와 자의 관계 또는 적모와 서자의 관계에 있거나 있었던 자, 동거하는 친족관계에 있는 자 등이라고 규정하고 있다(제2조 제2항). 즉 혼인관계를 전제로 현재 또는 과거에 그러한 관계에 있었던 사람들과의 사이에 일어나는 폭력을 가정폭력으로 정의하고 있다.

다음은 동법의 중요한 내용들이다.

① 직무 또는 상담을 통하여 가정폭력범죄를 알게 된 의료기관·가정폭력관련상담소 등의 장에 대하여 신고의무를 부과함.[23)]

② 피해자는 가정폭력의 행위자가 자기 또는 배우자의 직계존속인 경우에도 고소할 수 있도록 함.

③ 가정폭력범죄로서 사건의 성질·동기 및 결과, 행위자의 성행 등을 고려하여 이 법에 의한 보호처분에 처함이 상당하다고 인정하는 때에는 가정보호사건으로 처리할 수 있도록 함.

④ 심리의 결과 보호처분이 필요하다고 인정한 때에는 결정으로 접근행위의 제한, 친권행사의 제한, 사회봉사·수강명령, 보호관찰, 감호위탁 등의 처분을 할 수 있도록 함.

---

23) 제4조【신고의무 등】 ② 다음 각호의 1에 해당하는 자가 직무를 수행하면서 가정폭력범죄를 알게 된 경우에는 정당한 사유가 없는 한 이를 즉시 수사기관에 신고하여야 한다.

1. 아동의 교육과 보호를 담당하는 기관의 종사자와 그 장
2. 아동, 60세 이상의 노인 기타 정상적인 판단능력이 결여된 자의 치료 등을 담당하는 의료인 및 의료기관의 장
3. 노인복지법에 따른 노인복지시설, 아동복지법에 따른 아동복지시설, 장애인복지법에 따른 장애인복지시설의 종사자와 그 장

③ 아동복지법에 따른 아동상담소, 가정폭력방지및피해자보호등에관한법률에 따른 가정폭력관련상담소 및 보호시설, 성폭력범죄의처벌및피해자보호등에관한법률에 따른 성폭력피해상담소 및 보호시설(이하 "상담소 등"이라 한다)에 근무하는 상담원과 그 장은 피해자 또는 피해자의 법정대리인 등과의 상담을 통하여 가정폭력범죄를 알게 된 경우에는 이를 즉시 신고하여야 한다.

3. 가정폭력 관련 법의 문제점

(1) 과거의 잔재: 사적 문제로서의 가정폭력

가정폭력범죄도 범죄인 만큼, 누구든 신고할 수 있는 것은 당연하다. 그럼에도 「가정폭력범죄의 처벌 등에 관한 특례법」은 "누구든지 가정폭력범죄를 알게 된 때에는 이를 수사기관에 신고할 수 있다"(제4조 제1항)라고 일부러 규정하고 있는데, 이는 가정폭력을 '남의 집 일'로 치부하여 타인이 개입해서는 안 되는 것으로 여겨온 관행을 고려한 조치이다. 아울러 법은 "누구든지 제1항 내지 제3항의 규정에 의하여 가정폭력범죄를 신고한 자에 대하여 그 신고행위를 이유로 불이익을 주어서는 아니된다"라고 하여 다시금 당연한 것을 규정하고 있지만(제4조 제4항) 여전히 실제에 있어서는 이웃에서 벌어진 가정폭력사건을 당연히 신고하지는 않는 것 같다.

그런데 신고의무 없는 시민의 경우는 그렇다 치더라도, 경찰마저 가정폭력을 사사로운 일로 생각하는 경향을 벗어나지 못하고 있는 것은 문제이다. 즉 법에 의하면 진행 중인 가정폭력범죄에 대하여 신고를 받은 사법경찰관리는 즉시 현장에 임하여 응급조치[1. 폭력행위의 제지, 행위자·피해자의 분리 및 범죄수사 2. 피해자의 가정폭력관련상담소 또는 보호시설 인도(피해자의 동의가 있는 경우에 한한다) 3. 긴급치료가 필요한 피해자의 의료기관 인도 4. 폭력행위의 재발시 제8조의 규정에 의하여 임시조치를 신청할 수 있음을 통보]를 취하여야 하지만(제5조), 다수의 가정폭력 피해자들은 어렵게 경찰을 불렀는데도 경찰이 그냥 돌아갔다거나 오히려 피해자를 책망했다는 얘기를 전하고 있는 것이다.

아울러, 여전히 가정폭력을 공개적으로 직면하는 것을 꺼려하는 분위기는 최근 연예인이 가정폭력을 공개한 것은 광고주와의 품위유지약정을 위반한 것이라는 판결(대법원 2009.5.28. 2006다32354)에서도 드러난다. 유명 연예인이 남편과의 물리적 충돌로 멍들고 부은 얼굴 등을 언론에 공개한 행위는, 아파트 광고모델계약을 체결하면서 한 품위유지약정을 위반한 것으로서 광고주에게 채무불이행으로 인한 손해배상책임을 진다고 판단한 것이다.

(2) 우선 순위는 가정 보호?

기실 가정폭력에 대한 단호한 대처는 지금의 법 자체에서 기대하기 힘들기도 하다. 즉 「가정폭력범죄의 처벌 등에 관한 특례법」은 그 제1조에서 “이 법은 가정폭력범죄의 형사처벌절차에 관한 특례를 정하고 가정폭력범죄를 범한 자에 대하여 환경의 조정과 성행의 교정을 위한 보호처분을 행함으로써 가정폭력범죄로 파괴된 가정의 평화와 안정을 회복하고 건강한 가정을 가꾸며 피해자와 가족구성원의 인권을 보호함을 목적으로 한다”라고 규정함으로써 가정폭력의 범죄성보다는 가정 자체의 보호 때문에 동법이 운용됨을 암시하고 있다.

(3) 가정보호사건: 범죄성의 희석

그리하여 원래 범죄이지만, 「가정폭력범죄의 처벌 등에 관한 특례법」에 의해 특례를 받게 되는 가정폭력은 가정보호사건이라는 명칭으로[24] 그 범죄성이 희석되어 있다.

4. 가정폭력과 법의 유감스러운 엇갈림

(1) 멈추지 않는 폭력의 바퀴, 법의 부적절한 개입지점

가정폭력이 띠는 주된 특성 중의 하나는 한 번 시작된 폭력은 좀처럼 멈추지 않는다는 점이다. 즉 ⅰ) 경미한 폭력으로 시작되어 ⅱ) 실수나 스트레스 때문이라고 생각하여 폭력을 합리화하고, 가해자도 용서를 구하는데, ⅲ) 그렇게 몇 차례 가정폭력이 반복되거나 강화되면 ⅳ) 점차 무디어져서 피해자 스스로가 자책하거나 또는 폭력이 없는 상황을 오히려 불안해한다.

그런데 문제는 초기단계에서는 피해자 스스로도 친밀한 관계에 있는 사

---

24) 동법 제9조【가정보호사건의 처리】 ① 검사는 가정폭력범죄로서 사건의 성질·동기 및 결과, 행위자의 성행 등을 고려하여 이 법에 의한 보호처분에 처함이 상당하다고 인정할 때에는 가정보호사건으로 처리할 수 있다. 이 경우 검사는 피해자의 의사를 존중하여야 한다.

동법 제12조【법원의 송치】 법원은 행위자에 대한 피고사건을 심리한 결과 이 법에 의한 보호처분에 처함이 상당하다고 인정하는 때에는 결정으로 사건을 가정보호사건의 관할 법원에 송치할 수 있다. 이 경우 법원은 피해자의 의사를 존중하여야 한다.

람이 그런 일을 저질렀다는 걸 스스로도 인정하기 싫어하고 받아들일 수 없어서 혼자 안고 있는 경우가 많다는 점이다. 그 어떤 것도 폭력의 이유가 될 수 없건만 갈등, 심지어 사랑의 표출방식으로 폭력을 익히 봐 온 사회적 분위기는 가정폭력에 대한 초기의 적절한 대응을 곤란하게 한다. 게다가 초기의 경미해 보이는 가정폭력은 신고하더라도 대수롭지 않게 처리되는 경우가 많아 어쨌거나 법은 이 단계에서 별로 역할을 하지 못한다.

그렇다면 그 이후는 어떠할까? 실제 법이 개입하게 된 대부분의 가정폭력 사건은 이미 걷잡을 수 없이 속도가 붙은 단계의 것들이다. 피해자는 여전히 스스로 처리할 수 있다고 생각하거나 통제하길 원하기도 하지만 많은 경우 그것은 희망사항에 불과하다. 그리고 이때 법은 이전에 비해서는 좀더 손쉽게 좀더 적극적으로 개입하지만 유감스럽게도 법이 보듬기에는 가정폭력으로 인한 상처가 너무 크기 마련이다.

(2) 피해자를 지지하지 않는 법

종종 사람들은 가정폭력 피해자에게, 왜 가해자를 신고하지 않느냐고 또는 떠나지 않느냐고, 이혼하지 않느냐고 질책한다. 그런데 그렇게 비난받는 피해자 뒤에는, 신고해도 집에 돌아가라고 하는 일선의 무성의하고 불법적인 처리, 심각한 가정폭력이 아니라면 이혼사유로 인정하지 않는 판단, 떠나기만 하면 친정 식구를 다 죽이겠다는 가해자의 협박, 도망을 치거나 이혼을 하더라도 찾아내어 횡포를 부리는 가해자, 공포를 느끼는 피해자가 도움을 요청해도 방관하거나 너무 늦게 오는 경찰 등의 사정이 있다.

(3) 가정폭력 피해자의 가해자 살인

그렇게, 법도 누구도 가정폭력 피해자를 돕지 않거나 돕지 못할 때, 피해여성들은 스스로 목숨을 끊기도 하지만 가해자를 죽임으로써 지옥같은 상황을 종식시키기도 한다. 가정폭력과 법이 엇갈리는 가장 비극적인 경우일 터인데, 우리의 경우 가정폭력 피해 여성이 가해자를 상대로 저지른 살인사건에는 좀처럼 정당방위는 인정되지 않고[25] 대체로 딱한 사정이 참작될 뿐이다.

---

25) 예컨대, 평소 남편으로부터 지속적인 폭행이나 학대를 당해오던 피고인이 잠자고 있는 남편을 살해한 사안에서, 살해 당시 객관적으로도 피고인 등의 법익에 대한 침해나 위난

5. 과제: 정의로운 친밀성

페미니스트들은 그간 결혼계약의 허구성과 가정폭력 등, 사랑이라는 외피에 싸인 부당함을 꾸준히 지적해 왔거니와,[26] 친밀한 관계는 바로 친밀하다는 이유 때문에 부정의하기 십상이지만, 가족과 정의는 양립할 수 있으며 정의로운 가족[27]도 물론 가능하다. 그리고 이는 콜론타이가 언급한 '날개달린 사랑(winged Eros)', 즉 동지적 사랑을 이상으로 한 성적 관계와 자유결합[28]에서 보듯이, 언제든 떠나고 흘러갈 수 있다고 생각하고 떠나고 흘러가는 것들을 그대로 받아들이기, 늘 자신과 타인에게 솔직하고 공정하기. 당연한 것으로 여기지 말고 고마워하기, 부당한 일에 비판하기 등을 그 내용으로 할 것이다.

Ⅴ. 모든 폭력과 억압을 종식하기

모든 형태의 폭력은 연관성이 있다. 따라서 여성에게 가하는 폭력을 종식하기 위한 페미니즘 투쟁을 지속하려면 반드시 폭력의 종식을 위한 총체적 운동을 수행해야 한다.[29] 아울러, 폭력의 피해자가 더 약한 존재에게 다시 폭력을 가하고 ―아이에 대한 폭력, 동물에 대한 폭력 등에서 보는 것처럼, 여성 역시 이로부터 자유롭지 않다― 그 피해자의 억울함과 고통이 축적되어 또 다시 분풀이를 할 대상을 찾게 되는 '폭력의 순환'에도 주목해야 한다. 이 역시 사회 전반적으로 어떤 폭력과 억압이든 있을 수 없는 것으로 확고하게

이 현존하고 있었다고 보기 어렵다는 이유로 정당방위나 긴급피난의 성립을 부정하였다(대전지법 2006.10.18. 2006고합102).

26) Carol Pateman, 이충훈・유영근 옮김, 『남과 여, 은폐된 성적 계약』, 이후, 2001.

27) Susan Moller Okin, *Justice, Gender, and the Family*, BasicBooks, 1989.

28) 콜론타이에 의하면 사랑은 순진무구한 내용으로 이루어진 탈계급적 이데올로기가 아니다. 부르주아 계급은 자신들의 사랑 개념을 전 사회에 부과하여 사랑을 계급적 내용으로 가득찬 이데올로기적 개념으로 만들었고, 사회적으로 의미있는 활동으로부터의 여성의 소외는 여성으로 하여금 사랑만을 갈망하게 만들었다. 따라서 사회변혁의 전제 없이 성해방을 꿈꾸는 부르주아적 자유결합은 오로지 육체적 욕망에만 따르는 '날개 없는 사랑'으로 타락할 위험이 있다는 것이다. 이미경, "1세대 페미니즘," 『페미니즘 역사의 재구성: 가족과 성욕을 둘러싼 쟁점들』, 131-140면.

29) 벨 훅스, 윤은진 옮김, 『페미니즘: 주변에서 중심으로』, 모티브북, 2010, 186-205면.

정의하고 대처하는 것, 지친 사람들이 서로의 관계에 있어서 그리고 자신에게 있어서 폭력적으로 표출하지 않을 수 있도록 사전에 충분히 서로를 돌보고 스스로를 돌볼 수 있도록 여유를 가지고 평화로운 사회적 조건을 만들어내는 것에서부터 비로소 가능할 것이다.

제8장

성(Sex)과 성성(Sexuality)

김 태 선

▶ **강의개요**

성희롱은 과거 개인적인 친밀감의 표현이나 직장 생활의 활력소 정도로 치부되었고 법적으로 문제되거나 규제되어야 한다는 인식은 희박하였다. 이러한 분위기 속에서 직장 내에서 약자인 근로자들, 특히 여성 근로자들은 성희롱을 당하여도 이를 해결하기 어렵고, 이로 인해 제대로 근무를 수행하기 어렵게 되어 업무 능력이 저하되거나 퇴사·해고 등의 불이익을 입는 경우가 많았다. 우리나라에서 성희롱이 법률로 규제되기 시작한 것은 1999년 남녀고용평등법과 남녀차별금지법 개정 이후부터였는데, 1993년 우리나라에서 최초로 제기된 성희롱에 대한 손해배상청구사건은 성희롱 규제 입법과 법리에 큰 영향을 미쳤다. 성희롱은 현재 국가인권위원회법과 「남녀고용평등과 일·가정 양립 지원에 관한 법률」에 의해 규제되고 있다. 이 장에서는 성희롱 규제의 구조와 현행 법률상 규제되는 성희롱의 내용을 이해하는 데 중점을 두고 현행 법률상 성희롱의 개념, 성립요건 등을 살펴본다. 성립요건과 관련하여 그 해석에 논란이 있었던 행위주체의 범위, 업무관련성의 내용, 성적 언동 등 및 고용상 불이익의 의미, 성적 굴욕감·혐오감의 판단기준, 차별성립과의 관계 등을 살펴볼 것이다. 마지막으로 성희롱의 민사책임법리에 대해서도 살펴볼 것이다.

▶ **주제어**

성희롱, 인격권, 근로권, 사용자책임

Ⅰ. 성 희 롱

1. 성희롱 규제의 연원 및 개요

(1) '성희롱'에 대한 인식과 최초의 대법원 판결

성희롱은 과거 개인적인 친밀감의 표현이나 직장 생활의 활력소 정도로 치부되었고 법적으로 문제되거나 규제되어야 한다는 인식은 희박하였다. 이러한 분위기 속에서 직장 내에서 약자인 근로자들, 특히 여성 근로자들은 성희롱을 당하여도 이를 해결하기 어렵고, 이로 인해 제대로 근무를 수행하기 어렵게 되어 업무 능력이 저하되거나 문제제기를 하였다가 오히려 퇴사・해고 등의 불이익을 입는 경우가 많았다. 우리나라에서 성희롱이 법적으로 규제된 것은 약 10년 내외의 일로서, 그 배경에는 1993년에 최초로 제기된 성희롱 피해에 대한 민사소송과 이를 계기로 시작된 성희롱 관련 법제정 운동이 있었다.

성희롱이라는 용어는 1995년 12월에 제정된 여성발전기본법에 처음으로 사용되었다. 위 법률은 "국가・지방자치단체 또는 사업주는 성희롱의 예방 등 직장 내의 평등한 근무환경 조성을 위하여 필요한 조치를 취하여야 한다"(제17조 제3항)고 규정하여 성희롱 예방을 직장 내 평등한 근무환경 조성을 위한 하나의 조치로 예시하고 사업주 등에게 그러한 조치를 취할 책임이 있음을 명시하였다. 그러나 위 법률은 이를 강제할 수단을 두고 있지 않았으므로, 위와 같은 조항은 선언적 의미에 그친 것이었다. 또한 성희롱에 대한 정의규정을 두고 있지는 않았으므로 무엇을 성희롱으로 볼 것인지에 대하여는 해석에 일임되었다.

이와 같은 성희롱 규제 입법은 시기적으로 그보다 앞서 1993년 우리나라에서 최초로 제기된 성희롱에 대한 손해배상청구사건의 영향을 받은 바 크다. 대학교수의 조교에 대한 성희롱이 문제되었던 이 사건은 1993년 10월경 원고의 소송 제기 이후 1994년경 1심에서의 원고의 일부 승소, 이에 대한 피고의 항소로 1995년 항소심에서의 원고 패소, 1998년 대법원에서 원고 일부 승소 취지로 파기 환송되어(대법원 1998.2.10. 선고 95다39533 판결) 1999년 서울고등법원에서 최종적으로 원고의 일부 승소 판결이 확정되기까지 6년간 소송이 계속되면서 성희롱 규제 입법과 법리에 많은 영향을 미쳤다.

(2) 성희롱 규제 법률의 제정과 피해구제의 개요

성희롱에 관한 위 최초의 대법원 판결이 선고된 이후 1999년 2월 남녀고용평등법의 개정으로 직장 내 성희롱의 개념과 그 예방에 대한 조문이 신설되었으며 비슷한 시기에 제정된 남녀차별금지법에서도 성희롱의 정의규정을 두고 성희롱 행위를 남녀차별로 간주하여 규제의 대상으로 삼았다. 그 후 차별시정업무가 국가인권위원회로 일원화되면서 남녀차별금지법이 2005년 폐지되어 현재 국가인권위원회법과 「남녀고용평등과 일 · 가정 양립 지원에 관한 법률」(이하 '현행 남녀고용평등법')이 성희롱을 규제하는 법률로 기능한다.

남녀고용평등법, 국가인권위원회법에 따라 노동부, 국가인권위원회는 성희롱에 대한 행정적 구제조치를 내릴 수 있다. 이러한 행정적 구제조치에 대한 불복이 행정소송으로 이어지기도 하고, 가해자에 대한 사용자의 징계처분이 법원에서 다투어지기도 하며, 피해자가 가해자 또는 사용자를 상대로 직접 민사상 손해배상을 청구하는 경우도 있어 법원에서 이루어지는 사법적 구제는 여전히 성희롱 규제에 있어 중요한 의미를 가진다. 성희롱은 강제력이 수반되는 강간, 강제 추행 등 형사상 성범죄와 구별되는 것으로, 형사상 성범죄에 이르지 않은 단순한 성희롱에 대한 형사처벌 규정은 없다.

2. 성희롱의 개념과 본질

(1) 법률의 규정

국가인권위원회법은 성희롱을 "업무, 고용 그 밖의 관계에서 공공기관의 종사자, 사용자 또는 근로자가 그 직위를 이용하거나 업무 등과 관련하여 성적 언동 등으로 성적 굴욕감 또는 혐오감을 느끼게 하거나 성적 언동 그 밖의 요구 등에 대한 불응을 이유로 고용상의 불이익을 주는 것"으로 규정하고 있다(제2조 제5호).

현행 남녀고용평등법은 "직장 내 성희롱"에 대한 정의 규정을 두어 "사업주 · 상급자 또는 근로자가 직장 내의 지위를 이용하거나 업무와 관련하여 다른 근로자에게 성적 언동 등으로 성적 굴욕감 또는 혐오감을 느끼게 하거나 성적 언동 또는 그 밖의 요구 등에 따르지 아니하였다는 이유로 고용에서 불이익을 주는 것"으로 규정하고 있다(제2조 제2호).

남녀고용평등법은 직장 내에서 발생한 성희롱을 규제 대상으로 함에 비하여 국가인권위원회법은 업무 · 고용 외의 관계에서 발생한 성희롱도 포괄한다는 점에서 그 규제 영역이 보다 넓지만, 두 법률이 규제하는 성희롱의 본질은 같다고 볼 수 있다.[1)]

(2) 판례 연구

* 민사상 불법행위가 되는 위법한 성희롱의 요건을 정립한 판결(대법원 1998. 2.10. 선고 95다39533 판결)

[사안의 개요]

A(원고)는 국립대 화학과의 기기 담당 유급조교이고, B(피고 1)는 같은 과 교수로서 사실상 A에 대하여 지휘 · 감독관계에 있었다. B는 A가 정식으로 임용되기 전후 2, 3개월 동안, 기기의 조작 방법을 지도하는 과정에서 A의 어깨, 등, 손 등을 자기의 손이나 팔로 무수히 접촉하였고, 복도 등에서 A와 마주칠 때면 원고의 등에 손을 대거나 어깨를 잡았고, 실험실에서 "요즘 누가 시골 처녀처럼 이렇게 머리를 땋고 다니느냐"고 말하면서 원고의 머리를 만지기도 하였다. 또 원고가 정식 임용된 후에는 단둘이서 입방식을 하자고 제의하기도 하고, 교수연구실에서 원고를 심부름 기타 명목으로 수시로 불러들여 위아래로 훑어보면서 몸매를 감상하는 듯한 태도를 취하였다.

A는 불쾌하고 곤혹스러운 느낌이 들어 이와 같은 성적 언동을 거부하거나 피해오다가 재임용에서 탈락한 뒤, B와 B의 사용자인 대한민국(피고 2) 등을 상대로 손해배상청구소송을 제기하였다. 대한민국에 대하여는 B에 대한 사용자로서 불법행위책임에 기한 손해배상을 청구함과 동시에, A의 사용자로

---

1) 강동욱, "직장 내 성희롱의 의의와 그 유형에 관한 고찰," 『한양법학』 제19권 제3호, 2008.10, 230면. 이외 여성발전기본법도 성희롱에 관한 규정을 두고 있다(제3조 제4호). 동 법률은 2005.12.29. 그 일부를 개정하면서 국가인권위원회법과 동일한 성희롱 개념을 두게 되었다.

서 고용계약상의 채무불이행에 기한 손해배상도 함께 청구하였다.

[판결 내용]

(1) 모든 국민은 인간으로서의 존엄과 가치를 가지며 행복을 추구할 권리가 있고 이를 실현하기 위하여는 개개인이 갖는 인격적 이익 내지 인격권은 법에 의하여 존중되고 보호되어야 한다. 특히 남녀관계에서 일방의 상대방에 대한 성적 관심을 표현하는 행위는 자연스러운 것으로 허용되어야 하지만, 그것이 상대방의 인격권을 침해하여 인간으로서의 존엄성을 훼손하고 정신적 고통을 주는 정도에 이르는 것은 위법하여 허용될 수 없는 것이다.

그리고 어떤 성적 표현행위의 위법성 여부는, 쌍방 당사자의 연령이나 관계, 행위가 행해진 장소 및 상황, 성적 동기나 의도의 유무, 행위에 대한 상대방의 명시적 또는 추정적인 반응의 내용, 행위의 내용 및 정도, 행위가 일회적 또는 단기간의 것인지 아니면 계속적인 것인지 여부 등의 구체적 사정을 종합하여, 그것이 사회공동체의 건전한 상식과 관행에 비추어 볼 때 용인될 수 있는 정도의 것인지 여부, 즉 선량한 풍속 또는 사회질서에 위반되는 것인지 여부에 따라 결정되어야 할 것이다. 그리고 상대방의 성적 표현행위로 인하여 인격권의 침해를 당한 자가 정신적 고통을 입는다는 것은 경험칙상 명백하다 할 것이다.

(2) 원심이 적법하게 인정한 바와 같이, 원고가 이 사건 엔엠알기기 담당 유급조교로서 정식 임용되기 전후 2, 3개월 동안, 피고 1이 기기의 조작 방법을 지도하는 과정에서 원고의 어깨, 등, 손 등을 위 피고의 손이나 팔로 무수히 접촉하였고, 복도 등에서 원고와 마주칠 때면 원고의 등에 손을 대거나 어깨를 잡았고, 실험실에서 "요즘 누가 시골 처녀처럼 이렇게 머리를 땋고 다니느냐"고 말하면서 원고의 머리를 만지기도 하였으며, 원고가 정식 임용된 후에는 단둘이서 입방식을 하자고 제의하기도 하고, 교수연구실에서 원고를 심부름 기타 명목으로 수시로 불러들여 위아래로 훑어보면서 몸매를 감상하는 듯한 태도를 취하여 원고로서는 불쾌하고 곤혹스러운 느낌을 가졌다는 것인바, 이러한 사실관계에 의하면 화학과 교수 겸 엔엠알기기의 총책임자로서 사실상 원고에 대하여 지휘·감독관계에 있는 피고 1의 위와 같은 언동은 분명한 성적인 동기와 의도를 가진 것으로 보여지고, 그러한 성적인 언동은 비

록 일정기간 동안에 한하는 것이지만 그 기간 동안만큼은 집요하고 계속적인 까닭에 사회통념상 일상생활에서 허용되는 단순한 농담 또는 호의적이고 권유적인 언동으로 볼 수 없고, 오히려 원고로 하여금 성적 굴욕감이나 혐오감을 느끼게 하는 것으로서 원고의 인격권을 침해하였다고 할 것이고, 이러한 침해행위는 선량한 풍속 또는 사회질서에 위반하는 위법한 행위이고, 이로써 원고가 정신적으로 고통을 입었음은 경험칙상 명백하다고 할 것이다. 따라서 위 피고의 위와 같은 성적인 언동은 불법행위를 구성한다 할 것이므로 피고 1로서는 원고에 대하여 원고가 입은 정신적 손해를 배상할 책임이 있다고 할 것이다.

(3) 이른바 성희롱의 위법성의 문제는 종전에는 법적 문제로 노출되지 아니한 채 묵인되거나 당사자 간에 해결되었던 것이나 앞으로는 빈번히 문제될 소지가 많다는 점에서는 새로운 유형의 불법행위이기는 하나, 이를 논함에 있어서는 위에서 본 바와 같이 이를 일반 불법행위의 한 유형으로 파악하여 행위의 위법성 여부에 따라 불법행위의 성부를 가리면 족한 것이지, 원심이 설시하는 바와 같은 불법행위를 구성하는 성희롱을 고용관계에 한정하여, 조건적 성희롱과 환경형 성희롱으로 구분하고, 특히 환경형이 성희롱의 경우, 그 성희롱의 내용이 중대하고 철저한 정도에 이르러야 하며, 불법행위가 성립하기 위하여는 가해자의 성적 언동 자체가 피해자의 업무수행을 부당히 간섭하고 적대적 굴욕적 근무환경을 조성함으로써 실제상 피해자가 업무능력을 저해당하였다거나 정신적인 안정에 중대한 영향을 입을 것을 요건으로 하는 것이므로 불법행위에 기한 손해배상을 청구하는 피해자로서는 가해자의 성희롱으로 말미암아 단순한 분노, 슬픔, 울화, 놀람을 초과하는 정신적 고통을 받았다는 점을 주장・입증하여야 한다는 견해는 이를 채택할 수 없는 것이다. 또한 피해자가 가해자의 성희롱을 거부하였다는 이유로 보복적으로 해고를 당하였다든지 아니면 근로환경에 부당한 간섭을 당하였다든지 하는 사정은 위자료를 산정하는 데에 참작사유가 되는 것에 불과할 뿐 불법행위의 성립 여부를 좌우하는 요소는 아니라 할 것이다.

[논의주제]

- 이 사건에서 대법원이 정립한 위법한 성희롱의 요건은 무엇인가?
- 이 사건에서 대법원이 인정한 위법한 성희롱의 요건과 이후 제정된 남녀고용평등법 및 국가인권위원회법상의 성희롱 개념을 비교해보자.
- 성희롱 규제 법률들이 특별히 직장 내 성희롱 또는 업무와 관련성이 있는 성희롱을 규제하는 이유에 대해 생각해보자.

[해 설]

(1) 판결에 대한 찬반의 견해

위 판결은 성희롱에 관한 최초의 대법원 판결로서, 이후 제정된 성희롱 규제 입법에 많은 영향을 미쳤다. 대법원은 사회통념상 용인되는 수준을 넘어 원고로 하여금 성적 굴욕감이나 혐오감을 느끼게 하는 성적 언동은 위법한 성희롱이라고 보았다. 또 이러한 성적 언동이 불법행위가 되기 위해 고용상 지위의 불이익이나 근로환경의 침해를 필요로 하지 않는다고 하였다. 대법원은 위법한 성적 언동을 인격권을 침해하는 일반 불법행위의 한 유형으로 보았다.

성희롱 규제 법률들은 성희롱을 ① 성적 언동 등으로 성적 굴욕감 또는 혐오감을 느끼게 하는 것 또는 ② 성적 언동 또는 그 밖의 요구 등에 대한 불응을 이유로 고용상의 불이익을 주는 것으로 규정하고 있다. 전자는 대법원에서 판시한 성희롱 개념을 그대로 반영하고 있으며, 성적 굴욕감 또는 혐오감을 느끼게 하면 족하고 고용조건의 불이익이나 근로환경의 침해를 요건으로 하지 않는다.

위 대법원 판결은 성희롱의 성립요건과 본질에 관한 리딩케이스로서 이에 대한 찬성의 견해와 비판의 견해가 공존한다. 찬성하는 견해는 위 대법원 판결이 미국에서의 성희롱에 관한 논의를 참작하면서도 미국에서의 법이론을 그대로 적용할 경우 불법행위성립요건을 강화하여 오히려 직장 내의 근로여성의 보호를 외면하는 결과를 초래할 위험이 있음에 유의하여[2] 미국 법이론의 무조건적인 도입을 유보하고, 우리 민법의 체계하에서도 충분히 성희롱의 피해자에 대한 민사법적 구제가 가능함을 밝히고 있다는 점에서 의미 있는 판결이라고 평가한다.[3] 위 판결에 대한 비판은 주로 사용자 책임을 소극적으로 본 것과 관련되어 있으며,[4] 성희롱이 고용상 성차별로서 근로권을 침해한다는 특수성을 간과하였다는 점도 지적되고 있다.[5]

(2) 성희롱 규제의 함의

성희롱을 규제하는 각국의 공통점은 업무와 무관하게 사적 영역에서 발생한 성적 언동이 아니라 주로 고용과 관련하여 발생한 성희롱을 규제하며, 실효성 있는 규제를 위해 가해자의 사용자에게 성희롱의 예방 또는 사후 조치 등의 의무를 부과한다는 것이다. 성적 언동은 민사상 불법행위가 될 수 있고, 고용계약의 위반이 될 수도 있다. 또한 그 행위가 강제추행죄나 강간죄 등 형법상 범죄를 구성하는 경우 가해자에 대하여 형사책임을 물을 수도 있다. 그럼에도 특별히 업무관련성이 인정되는 성적 언동을 '성희롱'이라고 하여 별도의 입법을 두어 규제하면서 사용자에게 특정한 의무를 부과한 것은 이를 우연히 발생한 개인의 불법행위가 아니라 사용자가 적극적으로 예방해야 할 위험으로 취급하고자 한 것이다. 성희롱은 많은 경우 사용자가 부여한 집단 내의 위계관계를 기화로 하여 발생하고, 피해자의 고용 환경을 열악하게

---

2) 위 판결의 원심인 서울고등법원 1995.7.25, 선고 94다15358판결은 미국 성희롱 이론에 입각하여 성적 괴롭힘을 "조건적 성적 괴롭힘"과 "환경형 성적 괴롭힘"으로 분별하고, 환경형 성적 괴롭힘이 성립하기 위해서는 그 자체가 피해자의 업무능력을 저해하였다거나 정신적 안정에 중대한 영향을 미친 점을 주장·입증해야 한다고 보아 원고의 청구를 기각하였다. 미국의 성희롱 규제와 우리나라의 성희롱 규제의 비교에 대해서는 김태선, "성희롱의 민사책임," 『저스티스』 112호, 2009.8, 한국법학원 참조.

3) 김수형 "성희롱으로 인한 불법행위책임에 관하여," 21세기사법의 전개: 송민최종영대법원장재임기념, 2005.9, 82면; 김재형 "인격권에 관한 판례의 동향," 『민사법학』 27호(2005.3), 390-391면도 성희롱에 의한 불법행위를 성차별에 한정하지 않음으로써 그 적용범위가 넓어질 수 있다고 보았다.

4) 김정환, "직장 내 성희롱과 민사책임," 『비교법학』 3집 윤성엄영진교수 정년기념호, 2003.3, 558면; 김엘림, "성희롱의 불법행위성과 사용자책임에 관한 소송," 『월간 경영계』, 1999.5, 62-63면; 이정, "직장 내 성희롱과 사용자 책임," 『외법논집』 제14집, 2003.8, 111-112면; 차선자, "성희롱에 대한 법적 책임: 사용자 책임을 중심으로," 『인권과 정의』 365호, 2007.1, 154-155면.

5) 김엘림, 위의 논문, 62-63면; 이원희, "국내 최초의 직장내 성희롱 사건," 『노동판례 비평: 대법원 노동사건 판례 경향 분석 및 주요 판례 평석』, Vol.1998, 1999.8, 108-109면.

만들어 평등한 근로 제공의 기회를 방해하며, 현실적으로 고용의 위계관계 내에서 열위에 처한 특정 집단, 즉 낮은 직급이나 불안정한 고용 상태에 처한 여성에게 집중되는 경향이 크다는 점에서 그와 같은 규제의 정당성이 인정될 수 있을 것이다. 성희롱의 본질과 성립요건에 대한 논의도 이러한 규제의 함의와 무관할 수 없다.[6)]

(3) 고용상의 불이익 또는 근로환경의 침해에 대한 적극적 평가

우리나라의 성희롱 개념은 매우 포괄적이기 때문에, 모든 성희롱이 곧바로 고용 조건과 고용 환경의 차별을 가져온다고 단정하기는 어렵다.[7)] 그러나 사안에 따라 성희롱이 실제로 피해자의 근로 환경에 변화를 가져왔거나 근로환경에 변화를 가져올 정도로 심각한 경우가 있을 것이다. 이때에는 성희롱으로 인해 근로환경의 침해가 발생하였고, 따라서 차별받지 않고 일할 수 있는 권리가 침해되었다고 평가할 수 있다. 예컨대 어떤 여성에 대한 성희롱은 그의 근로 환경을 열악하게 만들어 평등한 근로 제공의 기회를 방해하는 것이며, 그가 여성이기 때문에 그러한 열악한 환경에 처해진 것이라고 볼 수 있기 때문이다. 그리고 이러한 평가가 적극적으로 이루어져야만 성희롱 규제의 본래 의미에 가깝게 다가갈 수 있다.[8)]

대법원은 피해자가 가해자의 성희롱을 거부하였다는 이유로 보복적으로 해고를 당하였다든가, 근로환경에 부당한 간섭을 당하였다든가 하는 사정은 위자료 산정의 참작사유가 된다고 한다. 성희롱과 위와 같은 손해 사이에 인과관계가 인정된다면 손실 임금과 같은 실제 손해에 대하여 배상하여야 할

---

6) 김태선, 앞의 논문, 166면.

7) 성희롱의 본질을 인격권의 침해와 함께 헌법 제32조의 근로권 즉 쾌적한 환경에서 일할 권리를 침해하는 것으로 이해하는 견해가 있다. 이달휴, "직장 내 성희롱과 민사책임,"『재산법연구』 22권 1호, 2005.6, 207-209면; 이원희, 위의 논문, 88면 참조. 성적 굴욕감과 혐오감을 느끼게 하는 행위는 근로 환경에도 영향을 주는 경우가 많을 것이나, 성적 굴욕감과 혐오감을 느낀 것 자체만으로 곧바로 근로환경이 침해되었다고 볼 수 있을지에 대해서는 의문이 있다. 실제로 근로환경에 영향을 주는 경우에 한하여 근로환경의 침해 또는 근로권의 침해라고 평가함이 보다 타당하지 않은가 생각한다. 다만 근로환경에 영향을 주었다고 평가하기 위해 미국의 경우와 같이 고용 환경이 적대적이거나 가학적이 될 것까지 요구할 필요는 없다고 본다. 그러나 고용 환경에 영향을 주는 경우는 근로 조건의 차별이 있었다고 볼 수 있을 것이다.

8) 김태선, 앞의 논문, 167-168면.

것이다. 그런데 고용관계에서 열위에 처한 피해자의 경우 성희롱과 자신에 대한 불이익한 처분 사이의 인과관계를 입증하기가 어려울 것이다. 따라서 성희롱과 불이익 처분 사이의 시간적 근접성, 가해자가 불이익 처분에 직접 또는 간접으로 영향을 미칠 수 있는 지위에 있었는지 여부, 동일한 여건의 다른 근로자에 대하여 같은 불이익 처분이 존재하였는지 여부 등 간접적인 정황사실의 증명으로 이러한 인과관계를 입증할 수 있도록 그 입증책임의 정도를 완화하는 것이 바람직하다고 생각된다.[9]

3. 성희롱의 성립 요건

(1) 행위 주체

국가인권위원회법상 성희롱 행위자에는 "공공기관의 종사자, 사용자 또는 근로자"가 포함되며, 현행 남녀고용평등법상으로는 "사업주 · 상급자 또는 근로자"가 포함된다. 모든 개인이 가지는 불가침의 기본적 인권 보호라는 국가인권위원회법의 목적(제1조), 헌법상의 평등이념에 따른 남녀고용평등의 실현이라는 현행 남녀고용평등법의 목적을 고려해 볼 때, 이러한 행위 주체의 개념을 폭넓게 해석하는 것이 타당할 것이다.

'공공기관의 종사자'에는 공공기관의 임직원뿐만 아니라, 상당기간 공공기관과 일정한 관련을 맺고 공공기관의 업무를 수행하고 있는 사람도 포함된다. '사용자'는 '사업주'보다 넓은 개념인데, 사업주는 사업 또는 사업장의 경영 주체를 말하며, 개인사업체의 경우 그 개인, 회사 기타 법인체의 경우에는 법인 자체가 경영 주체로서 사업주가 된다. 사용자는 "사업주 또는 사업 경영 담당자, 그 밖에 근로자에 관한 사항에 대하여 사업주를 위하여 행위하는 자"로 정의되며(근로기준법 제2조 제1항 제2호), 사업경영담당자라 함은 사업경영 일반에 관하여 책임을 지는 자로서 사업주로부터 사업경영의 전부 또는 일부에 대하여 포괄적인 위임을 받고 대외적으로 사업을 대표하거나 대리하는 자를 말하고, '기타 근로자에 대한 사항에 대하여 사업주를 위하여 행위 하는 자'라 함은 근로자의 인사, 급여, 후생, 노무관리 등 근로조건의 결정 또는 업무상의 명령이나 지휘감독을 하는 등의 사항에 대하여 사업주로부터 일정한

9) 김태선, 앞의 논문, 168면.

권한과 책임을 부여받은 자를 말한다.[10)]

가해자가 특정성별에 해당될 것을 요구하지 않으므로 여성이 남성에게 한 성희롱 또는 동성 간의 성희롱 역시 당연히 규제의 대상이 된다. 하급심 판결 가운데 의류제조회사의 생산부에서 일하는 기혼여성들이 보조사원으로 입사한 미혼 남성에 대하여 행한 성적 언동이 피해자로 하여금 성적 굴욕감이나 혐오감을 느끼게 함과 동시에 근무환경을 악화시켜 피해자의 인격권을 침해한 것이며, 이러한 침해행위는 남녀고용평등법에서 정한 직장 내 성희롱에 해당하는 위법한 행위라고 보아 위자료 지급의 손해배상책임을 인정한 경우가 있다.[11)]

(2) 업무관련성

성희롱 규제 법률은 성희롱이 "그 직위를 이용하거나 업무 등과 관련하여"(국가인권위원회법 제2조 제5호) 또는 "직장 내의 지위를 이용하거나 업무와 관련하여"(현행 남녀고용평등법 제2조 제2호) 발생할 것을 요구하고 있다. 법률의 목적을 고려할 때 이러한 업무관련성은 앞서 본 행위 주체의 경우와 마찬가지로 최대한 넓게 해석하는 것이 타당할 것이다.

대법원은 국가인권위원회의 성희롱 개념상 "'지위를 이용하거나 업무 등과 관련하여'라는 요건은 포괄적인 업무관련성을 나타낸 것으로서 업무수행의 기회나 업무수행에 편승하여 성적 언동이 이루어진 경우뿐 아니라 권한을 남용하거나 업무수행을 빙자하여 성적 언동을 한 경우도 이에 포함 된다"고 판시하여 업무관련성을 폭넓게 해석한 바 있다.[12)]

(3) 판례 연구 1

* 위탁교육을 실시한 강사를 공공기관의 종사자로 인정한 판결(대법원 2005.7.8. 선고 2005두487 판결)

[사안의 개요]

국민건강보험공단은 자체적으로 실시하여야 할 직원들에 대한 민원서비

---

10) 대법원 2006.5.11. 선고 2005도8364 판결.

11) 서울지법 동부지원 2002.5.3. 선고 2001가합6471 판결 [하집2002-1, 176].

12) 대법원 2006.12.21. 선고 2005두13414 판결.

스기본과정 교육에 관하여 외부 민간업체와 위탁계약을 체결하였고, 위 위탁계약에 따라 외부 업체의 직원인 A(원고)가 국민건강보험공단의 직원들에 대하여 약 2개월 사이에 8회에 걸쳐 위탁교육을 실시하였다. 그런데 A는 교육과정에서 수강생들에게 성희롱에 해당하는 발언을 하였다. 국가인권위원회(피고)는 A의 행위가 국가인권위원회법상 성희롱에 해당한다는 결정을 하고 이에 대한 시정권고조치를 하였다. A는 자신이 공공기관의 종사자가 아니므로 국가인권위원회의 위와 같은 처분이 부당하다고 다투었다.

[판결 내용]

(1) 법(舊 '남녀차별금지및구제에관한법률'을 말함)이, 헌법의 남녀평등이념에 따라 고용, 교육, 재화・시설・용역 등의 제공 및 이용, 법과 정책의 집행에 있어서 남녀차별을 금지하고 이로 인한 피해자의 권익을 구제함으로써 사회의 모든 영역에서 남녀평등을 실현함을 목적으로 하고 있는 것(법 제1조)과 위 법의 목적을 보다 광범위한 영역에서 실현하여야 할 사회적 당위성과 필요성 및 그 정당성에 비추어 볼 때, 법 제2조 제2호, 제7조에서 말하는 '공공기관의 종사자'라 함은 공공기관의 임직원뿐만 아니라, 상당기간 공공기관과 일정한 관련을 맺고 공공기관의 업무를 수행하고 있는 사람도 포함한다고 할 것이다.

(2) 기록에 의하면, 공단은 명성과 민원서비스기본과정의 교육을 위탁하는 계약을 체결함에 있어 교육과목・시간 및 강사를 특정하여 교육을 위탁하였고 만약 명성이 강사를 변경하여야 할 필요가 있으면 공단의 사전승인을 얻어야 하였으며, 명성은 이러한 약정에 따라 원고를 '고객심리분석 및 불만처리기법'이라는 과목의 강사로 위촉하면서 사전에 공단의 승인을 얻은 사실, 원고는 명성의 의뢰를 받고 약 2개월이라는 짧지 않은 기간에, 8회에 걸쳐 회당 4시간 내지 6시간씩 공단직원에 대한 교육을 담당하였는데, 교육내용과 관련하여 공단으로부터 직접 주문받은 사항은 없지만 명성의 직원을 통해 실습위주로 해달라는 공단의 요구사항을 전해들은 사실, 공단은 명성과의 계약 당시 교육진행과정에서 공단이 목표하였던 교육의 효과가 미흡하다고 판단될 때에는 명성에게 교육프로그램 및 강사의 변경을 요청할 수 있기로 약정하였고, 뿐만 아니라 명성이 실시하는 교육의 진행을 포괄적으로 관리하면서 그

적정성에 대한 모니터링, 안전사고 방지업무 등을 맡고 있었으며, 만약 특별한 사유가 발생하면 명성은 공단의 진행요원에게 보고하여 공단의 주문사항을 참고로 하여 교육을 실시한 사실 등을 알 수 있다.

(3) 공단이 명성에게 위탁하여 공단 직원들에 대하여 실시한 민원서비스 기본과정의 교육은, (...) 공단의 고유의 업무와 밀접한 관련이 있을 뿐만 아니라, 원래는 공단이 자체적으로 실시하여야 할 사항인 것이다. 그런데 앞서 본 바와 같이 공단은 이러한 교육을 명성에게 위탁하여 시행하였고, 명성은 공단의 승인을 얻어 그 일부를 원고에게 다시 위탁하였는바, 교육의 목표와 방향을 정하여 이를 위탁한 공단으로서는 자신이 위탁한 교육이 소기의 목적을 달성할 수 있도록 지휘·감독할 수 있는 지위에 있을 뿐 아니라 그리 하여야 할 직무가 있는 것이고 그러한 범위에 한정하여 본다면 원고는 공단의 지휘·감독을 받는 위치에 있다고 할 것이며 원고가 2달 사이에 8회에 걸쳐 공단이 실시하여야 할 직원교육을 대신하여 행한 것이라면 이는 공단의 업무를 수행한 것이라고 보아야 하고 그렇다면 앞서 본 법리에 비추어 원고는 공공기관인 공단의 '종사자'에 속한다고 새겨야 할 것이다.

[논의주제]

- 위 사건의 원심은 위탁교육을 실시한 강사가 공단으로부터 어떠한 구체적이고 직접적인 지휘·감독을 받지도 않았다고 보이므로 공공기관의 종사자로 볼 수 없다고 판시하였다. 대법원이 원심과 달리 판단한 근거에 대해 생각해보라.

[해 설]

위 사건에서 대법원은 '공공기관의 종사자'의 의미를 넓게 해석하였다. 대법원은 舊 남녀차별금지및구제에관한법률의 목적인 "사회의 모든 영역에서 남녀평등을 실현"은 보다 광범위한 영역에서 실현하여야 할 사회적 당위성과 필요성과 정당성을 가지는 것이고, 따라서 되도록 위 법률의 적용 영역을 넓히는 해석이 요구된다는 점을 근거로 들고 있다.

국가인권위원회법과 현행 남녀고용평등법이 적용되는 경우에도 마찬가지이다. 국가인권위원회법의 “모든 개인이 가지는 불가침의 기본적 인권 보호”라는 목적, 현행 남녀고용평등법의 “헌법상의 평등이념에 따른 남녀고용평등의 실현”이라는 목적은 가능한 광범위한 영역에서 실현되어야 할 사회적 당위성과 필요성을 가진다. 따라서 동 법률상 규제되는 성희롱의 개념을 폭넓게 해석하는 것이 타당하다.

성희롱에 대한 포괄적인 정의 규정을 둔 법문의 취지도 그와 같은 해석을 뒷받침한다. 성희롱을 가능한 한 넓게 정의함으로써 광범위한 영역에 걸쳐 성희롱의 폐해를 시정하고 인권 보호와 남녀평등을 달성하고자 하는 것을 입법의 취지로 볼 수 있기 때문이다.

* 성희롱의 업무관련성을 폭넓게 해석한 판결(대법원 2006.12.21. 선고 2005두13414 판결)

[사안의 개요]

도지사 A(원고)는 지방자치단체 선거를 앞두고 도지사실에서 업무시간 중 미용업소 회원들을 대표하는 직능단체 간부인 B(참가인)를 면담하던 중 B에 대하여 성희롱에 해당하는 언동을 하였다. 위 면담은 선거에서 자신에 대한 지지를 부탁하기 위해 A가 위 직능단체 회원들에게 영향을 미칠 수 있는 위치에 있던 B에게 적극적으로 요청하여 이루어졌고, B와의 개인적인 대화와 함께 업무에 관한 대화도 이루어졌다.

A는 남녀차별위원회[13]가 위 행위를 성희롱으로 결정하고 시정권고조치를 한 것에 불복하여 그 처분을 구하는 행정소송을 제기하였다. 한편 A는 위 사건으로 말미암아 舊 남녀차별금지법뿐만 아니라 “공무원은 그 지위를 이용하여 선거운동을 할 수 없다”고 규정한 공직선거법 규정 위반도 문제되었는데,

---

13) 이 사건 결정은 당초에 여성부 남녀차별개선위원회가 하였으나, 원심 소송 도중에 남녀차별금지 및 구제에 관한 법률이 2005.3.24. 법률 제7422호로 폐지되고, 국가인권위원회법이 개정되어 남녀차별개선위원회의 남녀차별개선사무를 국가인권위원회가 승계함에 따라 피고가 국가인권위원회로 경정되었다.

공직선거법위반 부분에 대해서는 무죄 판결을 받고 그 판결이 확정되었다. A는 위 행정소송에서 "① 사적인 관계를 이용하거나 단순히 공무원으로서의 신분이 있다는 것만을 이용하는 경우는 업무관련성이 있다고 할 수 없는데, 자신과 B의 면담은 도지사 신분이 아닌 개인 자격으로 참가인을 만나는 자리였을 뿐, 업무와 관련하여 이루어진 면담이 아니었고 B에게 참가인에게 고용상의 불이익 등 직접적인 영향력을 미칠 수 있을 정도로 구체적인 업무관계에 있지 아니하므로 규정상 '업무, 고용 기타 관계'에 해당하지 않는다. ② 공직선거법상 '공무원이 그 지위를 이용하였다'는 부분에 무죄판결을 받았으므로, 구 남녀차별금지법상 성희롱의 업무관련성 역시 부정되어야 한다"고 주장하였다.

[판결 내용]

(1) 여기서 '지위를 이용하거나 업무 등과 관련하여'라는 요건은 포괄적인 업무관련성을 나타낸 것으로서 업무수행의 기회나 업무수행에 편승하여 성적 언동이 이루어진 경우뿐 아니라 권한을 남용하거나 업무수행을 빙자하여 성적 언동을 한 경우도 이에 포함된다고 할 것이고, 어떠한 성적 언동이 업무관련성이 인정되는지 여부는 쌍방 당사자의 관계, 행위가 행해진 장소 및 상황, 행위의 내용 및 정도 등의 구체적 사정을 참작하여 판단하여야 할 것이다.

(2) 공직선거법 제85조에서는 "공무원은 그 지위를 이용하여 선거운동을 할 수 없다"라고 하고 있고, 제255조에서는 이에 위반한 경우의 처벌규정을 두고 있는바, 남녀차별금지법은 공공기관 종사자 등이 업무 등과 관련하여 성적 언동을 하는 것을 남녀차별의 일종인 성희롱으로 규정하여 피해자로 하여금 시정신청을 할 수 있도록 하고, 남녀차별위원회로 하여금 그 내용이나 단계에 따라 시정권고, 공표, 고발 등의 조치를 할 수 있도록 하는 것인 반면, 공직선거법은 공무원이 직무와 밀접한 관련이 있는 권한행사를 통하여 선거인에게 이익 또는 불이익을 미칠 수 있는 입장에 있음을 이용하여 선거운동을 하는 경우 일반인이 선거운동을 하는 경우보다 선거의 공정을 크게 저해한다는 점에서 이를 가중처벌하기 위한 것으로 위 두 개의 법은 입법 취지나 목적이 전혀 다른 점, 남녀차별금지법상의 성희롱의 요건을 보더라도 단순히

'그 지위를 이용하여'로 되어 있지 않고 "업무 고용 기타 관계에서 … 그 지위를 이용하거나 업무 등과 관련하여"라고 되어 있어 폭넓은 업무관련성을 강조하고 있고, 성희롱의 주체도 남녀차별금지법에서는 공무원에 한하지 않고 널리 '공공기관의 종사자, 사용자 또는 근로자'를 포함하고 있는 점, 공직선거법에서는 제254조에서 누구나 사전선거운동을 하는 경우 이를 처벌하는 규정을 두면서 제255조 제2항, 제85조에서 공무원이 그 지위를 이용하여 선거운동을 한 경우 이를 가중처벌하고 있으므로, 위 처벌규정의 구별을 위해서도 공무원지위이용 선거운동금지규정을 엄격하게 해석할 필요가 있는 점 등에 비추어 보면, 남녀차별금지법상 성희롱의 요건 중 '지위를 이용하거나 업무 등과 관련하여'라는 개념이 공직선거법상의 '지위를 이용하여'라는 개념과 동일하다고 볼 수는 없다

(3) 원심은 제1심판결 이유를 인용하여, 원고와 참가인과의 면담은 도지사실에서 업무시간 중에 원고와 그의 지시를 받은 제수도 ○○○, △△△의 직·간접적인 요청으로 이루어졌다는 점, 참가인은 (...) 직능단체 간부로서 회원들에게 영향을 줄 수 있는 위치에 있었다는 점, 원고와 참가인은 원고가 도지사로 근무하던 1991년경 공식적인 행사에서 만나 알게 되었고, 그 이후에도 공식적인 행사에서 만난 일이 있으나 개별적으로 만난 사실은 없는 점, 원고는 평소 집무실에서 민간단체의 관계자들이나 도정에 도움이 될 사람을 불러 의견을 청취하는 개별면담을 하여 왔고, 이 사건 발생일인 2002.1.25.에도 참가인을 면담한 직후 교보생명 제주지점장, (...) 등 선거에서 영향을 미칠 수 있는 정도의 지위에 있는 사람 또는 직능단체의 관계자 등과 면담이 예정되어 있었던 점, 원고는 당시 지방자치단체장 선거를 앞두고 직능단체장인 참가인에게 위 선거에 있어 자신을 지지하여 달라고 하기 위하여 면담을 적극적으로 요청하였던 것이고, 참가인을 면담하는 자리에서의 대화내용도 참가인의 건강, 소록도의 봉사활동, 가족들의 안부 등에 관한 개인적인 이야기뿐 아니라 만덕제 행사에서 보여준 □□□의 태도, 원고가 여성단체 행사에서 보이는 행동에 대한 비판 등 업무에 관한 이야기도 있었던 점 등 면담의 경위, 내용 등에 비추어 2002.1.25. 면담 도중에 있은 원고의 성적 언동은 도지사로서의 원고가 직능단체장인 참가인을 면담하는 업무수행의 기회에 또는 그와 같은 업무를 빙자하여 이루어진 것으로 업무관련성이 인정된다고 판단

하였는바, 기록에 대조하여 보면 이와 같은 원심 판단은 정당하고, 거기에 남녀차별금지법상의 '지위를 이용하거나 업무 등과 관련하여'라는 성희롱 요건의 해석에 관한 법리오해의 위법이 없다.

[논의주제]

- 이 사건에서 법원이 업무관련성이 인정된다고 판단하게 된 구체적 정황은 무엇이었는가?
- 업무관련성을 인정하기 위한 요소를 생각해보자.

[해 설]

대법원은 어떠한 성적 언동이 업무관련성이 인정되는지 여부는 쌍방 당사자의 관계, 행위가 행해진 장소 및 상황, 행위의 내용 및 정도 등의 구체적 사정을 참작하여 판단한다고 하였다. 그리고 위 사건에서 성희롱이 이루어진 장소(도지사실), 시간(업무시간), 면담의 경위와 목적(원고가 선거에서의 지지를 부탁하기 위해 먼저 면담을 요청) 참가인의 지위(선거에 영향을 미칠 수 있는 직능단체의 간부) 다른 업무와의 관계(이 건 면담과 비슷한 방식으로 다른 면담을 해왔음) 대화 내용(업무에 관한 대화가 포함됨)에 비추어 볼 때 업무관련성이 인정된다고 하였다.

국가인권위원회 연구자료에 따르면 "업무관련성은 근무시간이나 직장 내 등의 근무 장소, 업무와의 직접적인 연관성에만 국한되지 않는다. 성희롱 행위자가 자신의 지위를 이용할 수 있는 상황이었거나 업무 관련 이야기를 나누기 위한 만남, 업무 관련 활동을 위한 만남에서 이어지는 연속적인 술자리 등은 업무 관련성을 갖는다고 볼 수 있다"고 한다.[14)]

하급심 판결 가운데 정기간행물 출판업 등을 영위하는 회사의 대표이사가 수습기자인 피해자와의 업무상 개인 면담을 하면서 위 면담이 음식점과

---

14) 국가인권위원회 차별판단지침연구 태스크포스, 『차별판단지침』, 2008, 114면.

술집에서 계속된 가운데 행한 성적 언동을 위 법률상의 구 남녀차별금지법상의 성희롱으로 인정한 경우가 있다.[15] 위 판결에서는 비록 술을 함께 마시며 사적인 이야기를 나누었다 하더라도 업무상 개인면담을 위하여 이루어진 만남이었고, 술집에 이르기까지 원고 회사와 관련된 이야기가 계속하여 나누어진 사실 기타 경과 등을 고려할 때 위 법률상의 성희롱이 인정된다고 판시하였다. 현행 남녀고용평등법의 성희롱 개념에는 "직장 내"라는 문구가 있지만, 그렇다고 하여 동법의 업무관련성이 위와 달리 근무시간이나 직장 내 등의 근무 장소, 업무와의 직접적인 연관성에 국한된다고 해석할 필요는 없을 것이다.

(4) '성적 언동 등' 및 고용상의 불이익

대법원은 성희롱의 전제요건인 '성적 언동 등'이란 "남녀 간의 육체적 관계나 남성 또는 여성의 신체적 특징과 관련된 육체적, 언어적, 시각적 행위로서 사회공동체의 건전한 상식과 관행에 비추어 볼 때 객관적으로 상대방과 같은 처지에 있는 일반적이고도 평균적인 사람으로 하여금 성적 굴욕감이나 혐오감을 느끼게 할 수 있는 행위를 의미한다"고 판시한 바 있다.[16] 현행 남녀고용평등법 시행규칙 [별표 1]은 동법 제2조 제2호에 따른 직장 내 성희롱을 판단하기 위한 기준의 예시를 다음과 같이 들고 있다.

* 직장 내 성희롱을 판단하기 위한 기준의 예시(제2조 관련)

1. 성적인 언동의 예시
   가. 육체적 행위
      (1) 입맞춤, 포옹 또는 뒤에서 껴안는 등의 신체적 접촉행위
      (2) 가슴·엉덩이 등 특정 신체부위를 만지는 행위
      (3) 안마나 애무를 강요하는 행위
   나. 언어적 행위
      (1) 음란한 농담을 하거나 음탕하고 상스러운 이야기를 하는 행위(전화통화를 포함한다)
      (2) 외모에 대한 성적인 비유나 평가를 하는 행위

15) 서울행정법원 2003.8.12. 선고 2002구합36737 판결.
16) 대법원 2007.6.14. 선고 2005두6461 판결.

(3) 성적인 사실 관계를 묻거나 성적인 내용의 정보를 의도적으로 퍼뜨리는 행위

(4) 성적인 관계를 강요하거나 회유하는 행위

(5) 회식자리 등에서 무리하게 옆에 앉혀 술을 따르도록 강요하는 행위

다. 시각적 행위

(1) 음란한 사진·그림·낙서·출판물 등을 게시하거나 보여주는 행위(컴퓨터통신이나 팩시밀리 등을 이용하는 경우를 포함한다)

(2) 성과 관련된 자신의 특정 신체부위를 고의적으로 노출하거나 만지는 행위

라. 그 밖에 사회통념상 성적 굴욕감 또는 혐오감을 느끼게 하는 것으로 인정되는 언어나 행동

2. 고용에서 불이익을 주는 것의 예시

채용탈락, 감봉, 승진탈락, 전직(轉職), 정직(停職), 휴직, 해고 등과 같이 채용 또는 근로 조건을 일방적으로 불리하게 하는 것

한편 국가인권위원회법상 성희롱 개념 가운데 "성적 언동 그 밖의 요구 등에 대한 불응을 이유로 고용상의 불이익을 주는 것"이 있어 이 때 "고용상의 불이익"에 대한 의미가 무엇인지 문제된다. 동법의 규제 대상인 성희롱은 업무 또는 고용상의 관계에서 발생하는 것에 한정되지 않으므로, 위 규정은 고용상의 불이익을 포함한 다양한 형태의 불이익을 의미하는 것으로 보아야 할 것이다. 예컨대 교수가 학생에 대하여 성적 언동 그 밖의 요구 등에 대한 불응을 이유로 좋지 못한 평가를 주었다면 이는 위 법률상의 성희롱에 해당된다고 할 것이다.[17]

(5) 성적 굴욕감·혐오감의 판단 기준

성희롱을 "성적 굴욕감 또는 혐오감을 느끼게" 하는 행위라고 할 때, 개인마다 그 기준이 다를 수 있으므로 누구를 기준으로 이를 판단하여야 하는지 문제된다.

---

17) 국가인권위원회 차별판단지침연구 태스크포스, 앞의 책, 126면.

종래 법원의 입장[18]은 성적 표현행위의 위법성 여부를 사회공동체의 건전한 상식과 관행에 비추어 볼 때 용인될 수 있는 정도의 것인지 여부 즉 선량한 풍속 또는 사회질서에 위반되는 것인지 여부에 따라 결정되어야 한다고 하여 성희롱의 판단을 "그 사회의 건전한 상식과 관행을 가진 합리적 인간"의 관점에서 판단하였다고 볼 수 있다. 그러나 이와 같은 '합리적 인간의 관점'에 대하여는 "차별적인 사회통념이나 문화를 '합리적'인 것으로 이해하여 사건을 판단할 수 있고, 형식적인 중립성에 치중하여 성희롱에 내재된 권력의 문제, 젠더의 문제를 고려하지 못한다"는 비판이 국내외에서 제기되었다고 한다.[19] 이에 대한 대안으로 미국의 경우 "합리적 여성의 관점"을 도입한 판결이 있으며,[20] 국가인권위원회에서도 성희롱 피해자의 대부분이 여성인 현실 등을 고려하여 "합리적인 여성"의 기준을 채택하고 있다.[21] 그러나 이에 대하여도 "집단으로서의 여성 전체를 성희롱의 피해자군으로 가정하게 된다는 위험," "피해자가 남성인 성희롱 사건에 대하여 적용할 수 없는 한계"등이 지적되고 있다.[22]

이들 관점에 대한 대안으로 피해자의 입장이나 사정을 고려하는 수정된 관점이 제시되고 있다.[23] 현행 남녀고용평등법 시행규칙 [별표 1]의 비고에서는 "성희롱 여부를 판단하는 때에는 피해자의 주관적 사정을 고려하되, 사회통념상 합리적인 사람이 피해자의 입장이라면 문제가 되는 행동에 대하여 어떻게 판단하고 대응하였을 것인가를 함께 고려"할 것을 주문하고 있다. 근래 대법원은 "객관적으로 상대방과 같은 처지에 있는 일반적이고도 평균적인 사람으로 하여금 성적 굴욕감이나 혐오감을 느낄 수 있게 하는 행위가 있고, 그로 인하여 행위의 상대방이 성적 굴욕감이나 혐오감을 느꼈음이 인정되어야 할 것"이라고 판시한 바 있다.[24] 국가인권위원회 연구자료는 "'합리적인

18) 대법원 1998.2.10. 선고 95다39533 판결.

19) 김엘림, "'직장 내 성희롱'의 법적 개념과 판단기준," 『노동법학』 제32호 한국노동법학회, 2009.12(이하 "김엘림 위의 논문, 2009."로 인용함) 337면 참조.

20) Ellison v. Brady, 924 F.2d 872 9th Cir(1991).

21) 국가인권위원회 차별판단지침연구 태스크포스, 앞의 책, 129면.

22) 국가인권위원회 차별판단지침연구 태스크포스, 앞의 책, 130면; 김엘림, 위의 논문, 2009, 338-339면 참조.

23) 이에 대한 자세한 내용은 김엘림 앞의 논문, 2009, 339면 참조.

24) 대법원 2007.6.14. 선고 2005두6461 판결.

사람'이라는 가상의 존재를 설정하고, 이 존재가 피해자(여성이건 남성이건)의 경험과 맥락을 충분히 반영하여 판단했을 때 성희롱으로 느끼는가의 여부를 기준으로 삼는 것이 적절하다"고 한다.[25)]

(6) 판례 연구 2

* 성적 굴욕감 · 혐오감의 판단 기준(대법원 2007.6.14. 선고 2005두6461 판결)

[사안의 개요]

남녀차별금지위원회[26)]는 초등학교 교사들의 회식자리에서 교감인 A(원고)가 여자교사들에 대하여 교장에게 여러 차례 술을 따라줄 것을 권한 언행을 성희롱으로 결정하였다. A는 이러한 국가인권위원회 처분에 불복하여 행정소송을 제기하였다.

[판결 내용]

성희롱의 전제요건인 '성적 언동 등'이란 남녀 간의 육체적 관계나 남성 또는 여성의 신체적 특징과 관련된 육체적, 언어적, 시각적 행위로서 사회공동체의 건전한 상식과 관행에 비추어 볼 때 객관적으로 상대방과 같은 처지에 있는 일반적이고도 평균적인 사람으로 하여금 성적 굴욕감이나 혐오감을 느끼게 할 수 있는 행위를 의미한다고 할 것이고, 위 법 규정상의 성희롱이 성립되기 위해서는 행위자에게 반드시 성적 동기나 의도가 있어야 하는 것은 아니지만, 당사자의 관계, 행위가 행해진 장소 및 상황, 행위에 대한 상대방의 명시적 또는 추정적인 반응의 내용, 행위의 내용 및 정도, 행위가 일회적 또는 단기간의 것인지 아니면 계속적인 것인지 여부 등의 구체적 사정을 참작하여 볼 때, 객관적으로 상대방과 같은 처지에 있는 일반적이고도 평균적인 사람으로 하여금 성적 굴욕감이나 혐오감을 느낄 수 있게 하는 행위가 있고,

25) 국가인권위원회 차별판단지침연구 태스크포스, 앞의 책, 131면.

26) 이 사건 결정은 당초에 여성부 남녀차별개선위원회가 하였으나, 원심 소송 도중에 남녀차별금지 및 구제에 관한 법률이 2005.3.24. 법률 제7422호로 폐지되고, 국가인권위원회법이 개정되어 남녀차별개선위원회의 남녀차별개선사무를 국가인권위원회가 승계함에 따라 피고가 국가인권위원회로 경정되었다.

그로 인하여 행위의 상대방이 성적 굴욕감이나 혐오감을 느꼈음이 인정되어야 할 것이다. 따라서 객관적으로 상대방과 같은 처지에 있는 일반적이고도 평균적인 사람으로 하여금 성적 굴욕감이나 혐오감을 느끼게 하는 행위가 아닌 이상 상대방이 성적 굴욕감이나 혐오감을 느꼈다는 이유만으로 성희롱이 성립될 수는 없다고 할 것이다.

원심은, ○○초등학교 3학년 담임교사들의 회식 자리에서 교감인 원고가 교장 소외 1, 교무부장 소외 2와 함께 참석하여 학생지도, 전국 초등학교 3학년 기초학력평가 및 1학기 영어 선도수업 등 학습에 관한 대화를 하던 중 소외 1이 3학년 담임교사 중 여자교사 3명에게는 소주잔에 맥주를 따라 주었고, 남자교사 3명에게는 소주잔에 소주를 따라 주었는데, 남자교사 3명만 소외 1에게 답례로 술을 권하고, 여자교사 3명은 술을 권하지 않자 두 차례에 걸쳐 여자교사들에게 교장선생님께 술 한 잔씩 따라 줄 것을 권유한 사실을 인정한 다음, 위 회식 장소에서의 대화 내용, 원고가 위와 같은 말을 하게 된 상황 등에 비추어 원고가 성적 의도를 가지고 위와 같은 언행을 하였다기보다 직장 상사인 교장으로부터 술을 받았으면 답례로 술을 권하여야 한다는 차원에서 한 것으로 보여지는 점, 회식에 참석한 여자교사 3명 중 2명이 원고의 언행으로 인하여 성적인 굴욕감 또는 혐오감을 느끼지 않았다고 진술하고 있는 점 등에 비추어 이 사건 회식의 성격, 참석자들의 관계, 장소 및 원고가 이 사건 언행을 할 당시의 상황, 성적 동기 또는 의도의 구체적인 사정을 종합하여 보면, 원고의 이 사건 언행이 우리 사회공동체의 건전한 상식과 관행에 비추어 볼 때 용인될 수 없는 선량한 풍속 또는 사회질서에 위반되는 것이라고 보기 어렵다고 판단하였다.

위 법리와 기록에 비추어 볼 때, 원고가 단지 여자교사들에 대하여 교장인 소외 1에게 술을 따라 줄 것을 두 차례 권한 이 사건 언행은 여자교사들로 하여금 성적 굴욕감 또는 혐오감을 느끼게 하는 성적 언동에 해당하지 않는다고 할 것이므로 이를 성희롱이라고 한 이 사건 결정이 위법하다고 한 원심의 판단은 정당하고 거기에 상고이유의 주장과 같은 채증법칙 위배 또는 법 제2조 제2호의 성희롱의 해석에 관한 법리오해의 잘못이 없다.

[논의 주제]

- 현행 남녀고용평등법 시행규칙 [별표 1]에서 "회식자리 등에서 무리하게 옆에 앉혀 술을 따르도록 강요하는 행위"를 성희롱의 유형으로 규정하였던 이유에 대해서 생각해보자. 위 사안에서 대법원이 성희롱을 인정하지 않은 근거는 무엇인가?
- 전통적인 성역할과 여성관에 기초한 언동, 예컨대 특정 성별의 사람(주로 여성)에게 차심부름을 시키는 등의 행위가 성희롱에 포함될 수 있는지 생각해보자.

[해 설]

술자리에서 술을 따르라고 권유하는 행위는 상황에 따라서는 관행이나 예절이라고 볼 수 있으나, 어떠한 상황에서는 여성을 술자리의 유흥을 돋우기 위한 성적 존재로 취급하려는 의도를 가진 행위일 수 있다.[27] 현행 남녀고용평등법 시행규칙에서 "회식자리에서의 술 따르기 강요 행위"를 성희롱에 포함시킨 것도 같은 이유에서 비롯된 것으로 볼 수 있다. 따라서 이러한 행위를 단순히 우리 사회의 관행을 이유로 하여 성희롱으로 인정하지 않는다면 이는 잘못된 사회통념과 문화를 인정하는 결과가 될 것이므로, 구체적 상황에서 피해자의 경험과 맥락을 충분히 반영하여 성희롱 여부를 판단하여야 할 것이다.

한편, 전통적인 성역할과 여성관에 기초한 행위가 "성적 언동 등"에 포함되는가와 관련하여, 국가인권위원회 연구자료는 이를 "성역할에 근거한 희롱(gender harassment)"로 지칭하고 있다. 위 자료는 "이는 '여성이므로' 또는 '남성이므로'와 같이 성역할에 기반하여 이루어지는 언설을 지칭하는 것으로

27) 이유정, "사법의 정의와 여성의 정의," 『사법정의와 여성』, 민주사회를 위한 변호사모임, 2006, 22면. "우리 사회에서 젊은 여성이 남성에게 술을 따르는 행위는 유흥업소에서 여성 접대부가 남성에게 술을 따르는 행위와 유사하게 술자리의 분위기를 돋우기 위한 행위이기 때문에, 거절의 의사를 표시한 여성에게 거듭 술 따르기를 강요한 행위는 성적인 의도가 전혀 없다고 볼 수 없다"고 한다.

서 특정성에게 불리한 조직 문화를 조장하고 특히 조직 내 여성의 입지를 취약하게 만드는 것으로서 만연한 성차별로서 지적되고 있다. 따라서 이를 규제하는 것이 필요하다"고 하면서도, "다만 이를 성희롱에 포함할 경우 성희롱 개념이 지나치게 확대될 우려가 있고 '성적 함의'라는 요건을 충족하는 '성적(sexual)'인 요소에 대한 입증이 어려울 수 있다. 따라서 성역할에 근거한 희롱은 일반적인 성차별에 근거하여 판단해 보아야 한다"고 한다.[28][29]

(7) 차별의 성립과의 관계

국가인권위원회법상 성희롱이 차별행위여야 하는지가 문제된 바 있다. 동법 제2조는 평등권 침해의 차별행위의 항목 중의 하나로서 성희롱을 규정하고 있다. 하지만 과거 남녀차별금지법과는 달리 성희롱을 남녀차별로 간주한다는 조항은 두고 있지 않다.[30] 이 사건의 원고는 국가인권위원회의 성희롱 결정 처분을 다투면서, 성희롱 행위는 차별행위의 하나이므로 국가인권위원회가 그 행위가 차별행위임을 입증하여야만 행정처분의 대상으로 삼을 수 있다고 주장하였다. 그러나 대법원은 성희롱의 정의 규정에 따른 요건을 충족하면 국가인권위원회법상의 성희롱이 성립하고[31] 당해 행위가 성희롱 대상자를 우대·배제·구별하거나 불리하게 대우하는 행위여야 할 필요는 없다고 하였다.[32]

28) 국가인권위원회 차별판단지침연구 태스크포스, 앞의 책, 124면.

29) 김엘림, 앞의 책, 2009, 332-333면도 같은 취지. "여기서 '성'이란 생물학적인 의미의 'sex'와 사회문화적인 의미의 'gender', 그리고 성적(sexual)인 의미의 'sexuality'가 복합되어 있다. 성희롱은 그 중에서 특히 성적(sexual)인 의미의 'sexuality'와 가장 밀접하게 관련한 특징이 있다. 이러한 점을 감안하여 볼 때, 여성에게만 차나 커피심부름, 복사, 청소를 시키거나 반말을 하는 행위는 직장 예의에 벗어나는 여성비하적인 행동이나 희롱으로 볼 수 있으나, 성적인 의미를 가지는 언동은 아니기 때문에 직장 내 성희롱이 성립되지 않는다고 보는 것이 적절하다."고 한다. 'sex', 'gender', 'sexuality'의 의미에 대해서는 위 논문 332면 참조.

30) 구 남녀차별금지법 제7조【성희롱의 금지 등】 ④ 성희롱은 남녀차별로 본다.

31) 국가인권위원회법 제2조 제5호.

32) 대법원 2008.10.9. 선고 2008두7854 판결. 위 사건에서 피고 국가인권위원회는 특정인들의 성적 추문을 유포한 원고의 행위를 성희롱행위에 해당한다고 판단하고 원고 회사의 대표이사에게 원고에 대한 인사조치를 권고하였는데, 원심인 서울고등법원 2008.4.18. 선고 2007누27259 판결에서는 원고의 행위가 합리적인 이유 없이 성별에 의하여 차별하는 행위임을 입증할 증거가 없다고 하여 피고의 인사조치권고처분을 취소하였다. 대법원은

4. 성희롱에 대한 민사책임

(1) 가해자와 가해자의 사용자의 책임

성희롱의 가해자는 피해자에 대하여 민사상 불법행위에 따른 손해배상책임을 지게 된다. 성희롱의 피해자는 가해자의 사용자에 대해서도 손해배상책임을 물을 수 있는가? 종래 법원은 성희롱 가해자의 사용자에 대한 민법 제756조 사용자책임을 부정하여 왔다. 사용자책임에 관한 판례는 외형이론에 따라 민법 제756조 소정의 "사무집행에 관하여"의 의미에 대해 "원칙적으로 그것이 피용자의 직무범위에 속하는 행위이어야 할 것이나 피용자의 직무집행행위 그 자체는 아니나 그 행위의 외형으로 관찰하여 마치 직무의 범위 내에 속하는 것과 같이 보이는 행위도 포함하는 것"이라고 보고 있다.[33] 그런데 성희롱 행위는 "그 직무범위 내에 속하지 아니함은 물론 외관상으로 보더라도 직무권한 내의 행위와 밀접하여 직무권한 내의 행위로 보여지는 경우라고 볼 수 없다"는 것이 성희롱 가해자의 사용자책임을 부인하는 근거였다.[34]

그런데 이러한 외형이론은 원래 피용자와 거래한 상대방의 신뢰를 보호하기 위한 것이므로, 피용자의 행위가 거래적 불법행위가 아닌 사실적 불법행위인 경우 그 적용이 달라질 수밖에 없다. 예컨대 폭행, 상해 등의 사실적 불법행위의 경우 거래적 불법행위와는 달리 애초부터 외관상으로도 그 행위가 직무권한 내의 행위라고 보일 수 없음은 자명하다. 따라서 거래적 불법행위에서 사용자책임의 성부에 결정적 영향을 미치는 상대방의 신뢰는 애초부터 문제될 수 없으며, 별도의 기준에 따라 사용자책임의 성부를 결정하는 것이 타당하다. 판례 역시 강간, 폭행 등의 사실적 불법행위에서 가해행위의 시간적·장소적 근접성, 사무수행과의 연관성, 가해행위의 동기 등을 고려하여 사용자책임을 인정한 바 있다.[35]

국가인권위원회법 제2조 제4호 (라)목의 '성희롱 행위'는 제2조 제5호의 요건을 충족하면 성립하고 그 행위가 차별행위일 것을 요건으로 하지 않는다고 보면서도, 원고의 언행이 성희롱에 해당한다고 보기 어렵다는 이유로 피고의 상고를 기각하였다.

33) 대법원 1985.8.13. 선고 84다카979 판결.

34) 대법원 1998.2.10. 선고 95다39533 판결.

35) 대법원 2000.2.11. 선고 99다47297 판결은 호텔 종업원의 손님에 대한 상해행위와 관련하여 "피용자가 고의에 기하여 다른 사람에게 가해행위를 한 경우 그 행위가 피용자의 사무집행 그 자체는 아니라 하더라도 사용자의 사업과 시간적, 장소적으로 근접하고, 피

(2) 피해자 사용자의 책임

성희롱 피해자와 가해자가 모두 동일한 사용자의 피용자일 경우, 종래 법원은 가해자의 사용자로서의 책임은 부인하면서도 피해자의 사용자로서 고용계약상 보호의무, 안전배려의무 위반을 이유로 사용자책임을 인정한 경우가 있다. 이때에는 사용자가 성희롱 행위를 알거나 알 수 있었어야 한다는 요건을 달고 있다.[36] 호텔에서 집단적으로 발생한 여러 건의 성희롱 행위 가운데 일부 사안에 대한 사용자 책임을 인정한 하급심 판결은 대법원 판결의 "알거나 알 수 있었을 경우"를 동 사안에 적용하면서, "사업주의 지배·관리하에 있다고 볼 수 있는 공개적인 회식자리나 야유회" 등에서 일어난 성희롱에 대해서는 피해자 사용자의 고용계약상 책임을 인정한 바 있다.[37]

용자의 사무의 전부 또는 일부를 수행하는 과정에서 이루어지거나 가해행위의 동기가 업무처리와 관련된 것일 경우에는 외형적, 객관적으로 사용자의 사무집행행위와 관련된 것이라고 보아 사용자책임이 성립한다고 할 것이고, 이 경우 사용자가 위험발생 및 방지조치를 결여하였는지 여부도 손해의 공평한 부담을 위하여 부가적으로 고려할 수 있다"고 하여 사용자의 책임을 인정하였다. 피용자의 불법행위가 법률관계를 전제로 하여 발생하는 것이 아니라 순수한 사실행위로서 이루어지는 사실적 불법행위의 경우 거래적 불법행위와는 달리 피해자의 신뢰는 문제되지 않으므로, 당해 행위가 누가 지배해야 할 종류의 위험의 실현인가에 의하여 사무집행관련성이 정해진다고 한다. 김재형, "사용자책임에서의 사무집행관련성," 『민법론』 II, 박영사, 2004, 313면 참조. 그 밖에 피용자의 사실적 불법행위에서 사무집행관련성을 인정한 경우로 대법원 1992.9.22. 선고 92다25939 판결 및 대법원 1993.9.24. 선고 93다15694 판결(폭행행위의 경우), 대법원 1994.3.22. 선고 93다45886 판결(실화행위의 경우), 대법원 1991.11.11.선고 90다8954 판결(강간행위의 경우).

36) 대법원 1998.2.10. 선고 95다39533 판결 참조.

37) 서울지방법원 2002.11.26. 선고 2000가합57462 판결. 위 판결은 ① "고용관계 또는 근로관계는 이른바 계속적 채권관계로서 인적 신뢰관계를 기초로 하는 것이므로, 고용계약에 있어 피용자가 신의칙상 성실하게 노무를 제공할 의무를 부담함에 대하여, 사용자로서는 피용자에 대한 보수지급의무 외에도 피용자의 인격을 존중하고 보호하며 피용자가 그 의무를 이행하는 데 있어서 손해를 받지 아니하도록 필요한 조치를 강구하고 피용자의 생명, 건강, 풍기 등에 관한 보호시설을 하는 등 쾌적한 근로환경을 제공함으로써 피용자를 보호하고 부조할 의무를 부담함은 앞서 본 남녀고용평등법 등의 제·개정여부에 상관없이 당연한 것"이라고 전제하고, ② 이러한 의무는 외형상 객관적으로 사용자의 사업활동 내지 사무집행 행위뿐만 아니라 그 행위과정이 사업주의 지배·관리하에 있다고 볼 수 있는 이상 그와 관련된 것에까지 미친다고 보아야 할 것이므로, 직장 내 근무시간은 물론 회사가 그 비용을 지원한 공식적인 회식이나 야유회, 체육대회나 그밖에 객관적으로 이에 준하는 것으로 평가될 수 있는 회사의 임원 등 간부들이 공식적으로 주재하는 회식 등에까지 미친다고 보았다. ③ 또한 회사가 보호의무를 부담하는 것은 일반적인 예측가능성을 전제로 하는 것이니 만큼, 어느 피용자의 다른 피용자에 대한 성희롱 행위가 그의 사무집행과는 아무런 관련이 없을 뿐만 아니라, 가해자의 성희롱 행위가 은밀하

한편 현행 남녀고용평등법은 사업주에게 고객 등에 의한 성희롱이 발생할 경우, 사용자에게 근로자가 그로 인한 고충 해소를 요청할 경우 근무 장소 변경, 배치전환 등 가능한 조치를 취하도록 노력할 의무를 부과하고 있다. 즉 고객에 의해 성희롱이 발생한 경우, 고객이 현행 남녀고용평등법상 직접 책임의 주체가 되는 것이 아니라 사용자에게 조치의무를 부과하여 이를 해결하고 있다. 남녀고용평등법은 사용자의 근무 환경 조성의무를 중심으로 성희롱 규제를 구성하고 있다는 점에서 적절한 입법으로 평가할 수 있을 것이다.

(3) 판례 연구

* 대법원 1998.2.10. 선고 95다39533

[사안의 개요]

「Ⅱ. 성희롱의 개념과 본질 — 2. 판례연구」의 같은 판결에 대한 사안의 개요 참조.

[판결의 내용]

(1) 민법 제756조에 규정된 사용자 책임의 요건인 '사무집행에 관하여'라는 뜻은 피용자의 불법행위가 외형상 객관적으로 사용자의 사업활동 내지 사무집행행위 또는 그와 관련된 것이라고 보여질 때에는 행위자의 주관적 사정을 고려함이 없이 이를 사무집행에 관하여 한 행위로 본다는 것이고, 외형상

고 개인적으로 이루어지고 피해자로서도 이를 공개하지 아니하여 사용자로서는 이를 알거나 알 수 있었다고 보여지지도 아니하다면, 이러한 경우까지 사용자가 피해자에 대하여 고용계약상의 보호의무를 다하지 아니하였다고 할 수는 없을 것이나(위 95다39533 판결), ④ 그렇다 하더라도 회사의 구조적인 특성 및 규모에 비추어 볼 때 대표이사가 안 사실만을 회사가 안 것이라고 할 수는 없는 것이므로, 적어도 한 부서를 총괄하는 책임자 이상의 지위에 있는 자가 어떤 사실을 알았다고 한다면 회사로서도 이를 알았거나 알 수 있었다고 보아야 할 것이어서(그가 불법행위 당사자라고 하여도 마찬가지이다. 대법원 1977.6.7. 선고 76다1853 판결 등 참조), 회사에 상근하면서 회사의 업무를 관장하고 직원들을 지휘감독하며 대외적으로도 회사의 일상업무에 관하여 부분적으로 대표하는 지위에 있는 자(가령 이사 이상의 임원 등이나 독립된 한 부서의 책임자인 부장의 지위에 있는 자)가 어떠한 사실에 관하여 알았다면 회사로서도 그 당시 이를 알았거나 알 수 있었다고 보아야 한다고 판시하였다.

객관적으로 사용자의 사무집행에 관련된 것인지의 여부는 피용자의 본래 직무와 불법행위와의 관련 정도 및 사용자에게 손해발생에 대한 위험 창출과 방지조치 결여의 책임이 어느 정도 있는지를 고려하여 판단하여야 할 것인바(대법원 1988.11.22. 선고 86다카1923 판결, 1992.2.25. 선고 91다39146 판결, 1996.1.26. 선고 95다46890 판결 참조), 원심이 적법하게 인정한 사실관계에 의하면 피고 1의 성희롱 행위는 그 직무범위 내에 속하지 아니함은 물론 외관상으로 보더라도 그의 직무권한 내의 행위와 밀접하여 직무권한 내의 행위로 보여지는 경우라고 볼 수 없고, 달리 기록상 이를 인정할 만한 증거도 찾아볼 수 없다.

따라서 피고 1의 성희롱 행위가 그의 사무집행에 관련된 것임을 전제로 하여, 피고 대한민국에 대하여는 사용자 본인으로서의, 피고 김○○에 대하여는 사용자의 대리감독자로서의 각 사용자 책임을 묻는 원고의 청구는 이유 없어 이를 기각할 것인바, 원심은 그 이유를 달리하였지만 결과적으로 원고의 청구를 기각한 결론은 정당하고, 거기에 소론과 같은 위법이 있다고 할 수 없다.

(2) 고용관계 또는 근로관계는 이른바 계속적 채권관계로서 인적 신뢰관계를 기초로 하는 것이므로, 고용계약에 있어 피용자가 신의칙상 성실하게 노무를 제공할 의무를 부담함에 대하여, 사용자로서는 피용자에 대한 보수지급 의무 외에도 피용자의 인격을 존중하고 보호하며 피용자가 그의 의무를 이행하는 데 있어서 손해를 받지 아니하도록 필요한 조치를 강구하고 피용자의 생명, 건강, 풍기 등에 관한 보호시설을 하는 등 쾌적한 근로환경을 제공함으로써 피용자를 보호하고 부조할 의무를 부담하는 것은 당연한 것이지만, 앞서 본 바와 같이 피고 1의 성희롱 행위가 그의 사무집행과는 아무런 관련이 없을 뿐만 아니라, 또한 기록에 의하면 위 피고의 성희롱 행위 또한 은밀하고 개인적으로 이루어지고 원고로서도 이를 공개하지 아니하여 피고 대한민국으로서는 이를 알거나 알 수 있었다고도 보여지지 아니하므로, 이러한 경우에서까지 사용자인 피고 대한민국이 피용자인 원고에 대하여 고용계약상의 보호의무를 다하지 아니하였다고 할 수는 없다.

[논의 주제]

- 사실적 불법행위에서 사용자책임의 성부는 어떠한 요소로 판단되는가? 성희롱에 관한 법원의 판결과 최근 성추행의 사용자책임에 관한 대법원 판결(대법원 2009.2.26. 선고 2008다89712 판결)에서 사용자책임의 성부를 판단한 요소를 비교해보자.
- 성희롱의 규제에서 사용자책임이 가지는 의미를 생각해보자.

[해　　설]

성희롱의 사용자책임에 관한 종래 법원의 태도는 사실적 불법행위에 관한 일반 법리와도 불일치하여 사용자책임의 성립을 매우 제한하였으며, 실무상 금전배상책임은 주로 가해자 본인에 대해서만 인정되어 왔다.

그러나 성희롱 규제의 궁극적 목적은 누구에게나 평등한 근로 환경을 조성하는 것이고 이는 결국 사용자의 조치를 통해서만 달성될 수 있으므로, 성희롱 규제 법률들은 사용자에게 성희롱의 예방 또는 사후 조치 등의 의무를 부과하는 것이다. 즉, 성희롱 규제의 가장 바람직한 방향은 사용자 자신이 성희롱 방지 의무와 구제 조치를 적극적으로 이행하는 것이며, 이와 같은 방향으로 성희롱이 규제될 때 성희롱 규제의 궁극적인 목적인 평등한 근로환경의 조성을 달성할 수 있다. 따라서 사용자에게 성희롱 방지와 적극적 조치를 취하기 위한 유인과 동기를 제공할 필요가 있으며, 민사상 사용자책임도 그러한 효과를 가질 수 있다. 외국에서의 성희롱 규제는 사용자를 대상으로 한 것이고, 따라서 금전적 배상책임의 주체 역시 사용자이다.

이와 관련하여 최근 대법원 판결은 사실상 성희롱 가해자의 사용자책임을 확대할 가능성을 제공한 것으로 주목할 필요가 있다. 피용자의 성추행으로 인한 사용자책임이 문제된 사안에서 대법원은 다음과 같이 판시하였다.[38)]

"민법 제756조에 규정된 사용자책임의 요건인 '사무집행에 관하여'라는

38) 대법원 2009.2.26. 선고 2008다89712 판결.

뜻은 피용자의 불법행위가 외형상 객관적으로 사용자의 사업 활동 내지 사무집행행위 또는 그와 관련된 것이라고 보일 때에는 행위자의 주관적 사정을 고려함이 없이 이를 사무집행에 관하여 한 행위로 본다는 것으로, 피용자가 고의에 기하여 다른 사람에게 가해행위를 한 경우 그 행위가 피용자의 사무집행 그 자체는 아니라 하더라도 사용자의 사업과 시간적, 장소적으로 근접하고, 피용자의 사무의 전부 또는 일부를 수행하는 과정에서 이루어지거나 가해행위의 동기가 업무처리와 관련된 것일 경우에는 외형적, 객관적으로 사용자의 사무집행행위와 관련된 것이라고 보아 사용자책임이 성립한다고 할 것이고, 이 경우 사용자가 위험발생 및 방지조치를 결여하였는지 여부도 손해의 공평한 부담을 위하여 부가적으로 고려할 수 있다(대법원 2000.2.11. 선고 99다47297 판결, 대법원 2001.2.9. 선고 2000다51896 판결 참조). 한편, 피용자가 다른 피용자를 성추행 또는 간음하는 등 고의적인 가해행위를 한 경우, 그 행위가 피용자의 사무집행 자체는 아니라 하더라도, 피해자로 하여금 성적 굴욕감 또는 혐오감을 느끼게 하는 방법으로 업무를 수행하도록 하는 과정에서 피해자를 성추행하는 등 그 가해행위가 외형상 객관적으로 업무의 수행에 수반되거나 업무수행과 밀접한 관련 아래 이루어지는 경우뿐만 아니라, 피용자가 사용자로부터 채용, 계속고용, 승진, 근무평정과 같은 다른 근로자에 대한 고용조건을 결정할 수 있는 권한을 부여받고 있음을 이용하여 그 업무수행과 시간적, 장소적인 근접성이 인정되는 상황에서 피해자를 성추행하는 등과 같이 외형상 객관적으로 사용자의 사무집행행위와 관련된 것이라고 볼 수 있는 사안에서도 사용자책임이 성립할 수 있다."

위 대법원 판결은 사용자책임의 인정 요건으로 주요하게 (1) 가해행위 즉 성희롱 행위의 사무집행관련성과 (2) 부가적으로 손해의 공평한 부담을 위하여 사용자가 위험발생 및 방지조치를 결여하였는지 여부를 고려하도록 하고 있다. 그리고 (1)과 관련하여 ① 피해자로 하여금 성적 굴욕감 또는 혐오감을 느끼게 하는 방법으로 업무를 수행하도록 하는 과정에서 피해자를 성추행하는 등 그 가해행위가 외형상 객관적으로 업무의 수행에 수반되거나 업무수행과 밀접한 관련 아래 이루어지는 경우뿐만 아니라, ② 피용자가 사용자로부터 채용, 계속고용, 승진, 근무평정과 같은 다른 근로자에 대한 고용조건을 결정할 수 있는 권한을 부여받고 있음을 이용하여 그 업무수행과 시간적,

장소적인 근접성이 인정되는 상황에서 피해자를 성추행하는 등의 경우에도 사무집행관련성이 인정된다고 보았다. 이는 성추행에 관한 판결이지만 성희롱의 사용자책임에도 같은 법리가 적용될 수 있을 것으로 생각된다. 따라서 성희롱 행위는 "그 직무범위 내에 속하지 아니함은 물론 외관상으로 보더라도 직무권한 내의 행위와 밀접하여 직무권한 내의 행위로 보여지는 경우라고 볼 수 없다"고 하여 가해자의 사용자책임을 인정하지 아니하였던 종래 법원의 태도는 더 이상 유지되지 않을 것으로 생각된다.

II. 성 매 매

▶ **강의개요**

성매매는 과거 윤락행위등방지법에 의해 규율되었다가 현재 2004년 새로 제정된 「성매매알선 등 행위의 처벌에 관한 법률」 등에 의해 규율되고 있다. 새로운 법령은 기존 윤락행위방지법과 마찬가지로 원칙적으로 성매매를 금지하면서도, 성매매를 도덕적 타락으로 보아 금지하는 입장을 보인 윤락행위등방지법과는 달리 성매매피해자라는 개념을 도입하여 감금, 착취, 인신매매당한 자들을 처벌 대상에서 제외하고 형사 절차상의 특례 규정을 두어 보호하며, 성매매의 중간 매개자들을 보다 중하게 처벌하고자 하는 데 중점을 두고 있다. 이 장에서는 성매매에 대한 다양한 시각과 함께 새로운 법률에 대한 여러 가지 긍정적, 부정적 평가를 검토해보고, 무엇보다 인권의 시각에서 이 문제를 바라보아야 함을 제안한다. 한편 우리 현실에서 성매매여성들이 처하는 법률적 문제는 중간 매개자 즉 업주와의 관계에서 '선불금'이라는 성매매 대가로 교부된 금전관계를 중심으로 많이 발생하고 있다. 이들 문제를 크게 ① 선불금의 민사적 법률관계 ② 선불금의 형사적 법률관계로 나누어 볼 수 있다. 이 장에서는 이와 관련된 판결과 법리 등을 살펴보고 성매매에 관한 국가와 지방자치단체의 책임이 인정된 사례를 소개한다.

▶ **주제어**

성매매, 선불금, 불법원인급여, 사기

1. 성매매 관련 법령의 개요 및 검토

(1) 윤락행위등방지법의 폐지와 새로운 법령의 제정

성매매는 과거 윤락행위등방지법에 의해 규율되었다가 2004년 위 법률이 폐지되고 「성매매알선 등 행위의 처벌에 관한 법률」(이하 '성매매알선등처벌법'), 「성매매방지 및 피해자 보호법(이하 '성매매피해자보호법')」이 제정되어 이에 의해 규율되고 있다. 성매매알선등처벌법은 기존 윤락행위방지법과 마찬가지로 원칙적으로 성매매를 금지하면서도, 성매매를 도덕적 타락으로 보아 금지하는 입장을 보인 윤락행위등방지법과는 달리 성매매피해자라는 개념을 도입하여 감금, 착취, 인신매매당한 자들을 처벌 대상에서 제외하고 형사 절차상의 특례 규정을 두어 보호하며, 성매매의 중간 매개자들을 보다 중하게 처벌하고자 하는 데 중점을 두고 있다. 한편 성매매피해자보호법은 성매매예방교육, 성매매피해자들에 대한 지원 등의 내용을 담은 법률로서 여성가족부 소관 법률이다.[39)]

기존의 윤락행위등방지법과 비교할 때 새로운 법령은 성매매에 대한 접근방식과 규율 관점을 새롭게 하였다. 구체적으로 ① 성매매여성[40)]만을 문제 삼는 의미를 가진 '윤락행위'라는 용어 대신 가치중립적인 '성매매'라는 용어를 사용한 점(성매매알선등처벌법 제2조 제1항 제1호)[41)] ② 성 판매자와 성 구매자의 이중 구조에서 벗어나, 성매매는 알선 등 중간자가 성매매를 통해 막대한 이익을 챙기게 되는 구조임에 중점을 두어 성매매알선 등의 행위에 대한 처벌을 강화한 점(제2조 제1항 제2호, 제19조, 제20조, 제25조) ③ '성매매피해자', '성매매 목적의 인신매매' 개념을 도입하여 성매매와 관련된 인권침해

39) 기타 형법 제288조 제2항의 부녀매매죄 및 이를 가중처벌하는 「특정범죄가중처벌 등에 관한 법률」 제5조의2의 제4항도 성매매와 관련된 형사처벌 규정이라고 할 수 있다. 한편 「아동·청소년의 성보호에 관한 법률」은 19세 미만의 아동·청소년의 성을 사거나 이를 알선하는 행위, 청소년을 이용하여 음란물을 제작·배포하는 행위, 청소년에 대한 성폭력행위 등을 가중하여 처벌하는 특별법이다.

40) 「성매매알선 등 행위의 처벌에 관한 법률」에서는 "성을 파는 행위를 한 자"라는 용어를 사용하고 있으나, 이 같은 성판매자의 대다수가 여성이므로, 이해의 편의를 위해 이하 "성매매여성"으로 부른다. 논자에 따라 "성 판매 여성"으로 부르는 경우도 있다.

41) 이 글에서도 판결 원문을 소개하는 등 필요한 경우를 제외하고는 원칙적으로 '성매매'라는 용어를 사용한다.

행위를 처벌할 수 있는 법률적 근거를 마련한 점 ④ 성매매피해자에 대한 처벌 특례와 보호(제6조), 신고자와 성매매피해자의 조사·증인신문시 신뢰관계 있는 자의 동석 및 심리의 비공개(제8조, 제9조), 성매매 관련 채권의 무효 및 수사절차에의 반영(제10조), 외국인 여성에 대한 특례(제11조) 등 여러 가지 형사특례를 규정한 점 ⑤ 보호처분의 도입(제12조 내지 제17조)[42] 등이 주요 내용이다.[43]

(2) 성매매에 대한 다양한 시각

새로운 법률의 제정과정에서 성매매와 그 규제에 대한 다양한 시각이 표출되었다. 강요된 성매매를 규제하고 그 가해자를 처벌해야 한다는 점에 있어서는 이론이 없을 것이나, 강요되지 않은 단순 성매매에 대해서는 의견대립이 첨예하였다. 성매매에 대한 이들 다양한 시각을 모두 아우르기는 어려울 것이나, 이해의 편의를 위해 주요한 내용만을 간략히 살펴보면 다음과 같다.[44]

1) 도덕적 금지주의

성매매는 비도덕적인 행위이므로 용인해서는 안 된다는 입장이다.[45] 과거 윤락행위방지법은 "선량한 풍속을 해치는 윤락행위를 방지하고 윤락행위를 하거나 할 우려가 있는 자를 선도함을 목적"으로 하고(제1조) "윤락행위"와 "윤락행위의 상대자가 되는 행위"를 처벌하였다(제26조 제3항, 제4조 제1호 및 제2호). 즉, 동 법률상 "윤락(淪落)"은 선량한 풍속을 해치는 것으로 금지되었으며, 그 용어 자체에도 도덕적 평가를 내포한 것이었다. 이는 성매매를 비도덕적인 것으로 바라보아 이를 금지하는 태도를 나타낸 것이라고 할 수 있다.

---

42) 성매매알선등처벌법 제6조【성매매피해자에 대한 처벌】제8조.

43) 법무부, 『여성과 법: 한국과 미국의 법·이론·판례』, 2005, 63면.

44) 성매매에 대한 국제법적 태도와 각국의 입법태도에 관하여는 허경미, "성매매규제 관련 법의 쟁점에 관한 연구," 『한국공안행정학회보』 제15호, 한국공안행정학회 2002 참조.

45) "현재 우리 사회에 이러한 도덕주의적 접근을 공식적으로 표방하고 있는 여성주의 단체는 없지만, 과거 1970-80년대 우리 사회의 성매매 반대운동에는 이 입장이 강력하게 깔려 있었고, 현재의 성매매 반대 여성운동가, 특히 기독교적 교리에 입각한 경우의 관념이나 성매매에 대한 대중적 관념 속에는 이러한 도덕주의가 여전히 존재하고 있다고 보인다." 조국, "성매매 －새로운 법적 대책의 모색," 『성매매: 새로운 법적 대책의 모색』, 사람생각, 2004, 15면.

2) 자유주의적 여성주의

성매매가 일종의 노동, 즉 성노동이라는 주장은 주로 자유주의적 여성주의자들에 의해 전개되었다. 성매매는 여성비하나 남성의 여성지배의 상징이 아니라 오히려 여성에게 힘을 부여하고 경제적 독립의 길을 열어주는 여성해방적 시도로 이해된다.[46] 이는 성매매에 대한 보수적·도덕주의적 시각을 정면으로 부정하면서 성매매에 대한 도덕적 낙인을 제거하고 성매매여성의 선택을 존중하려는 시도이다.[47]

우리나라에서도 성매매를 선택한 여성의 자율성을 긍정하고 성매매를 노동으로 바라보는 것이 성매매여성들에게 훨씬 더 유의미한 결과를 가져다준다는 견해가 있다. 이 견해는 구체적으로 이들의 성적 서비스를 '노동'으로 인정하고 '성노동자' 여성들의 주체성을 인정하며, 스스로 근로권과 생존권을 지켜나갈 수 있도록 지원하는 정책을 펴야 한다고 주장한다.[48] 이러한 견해에서도 성매매의 당사자 모두가 처벌되어서는 안 된다는, 성매매의 비범죄화를 주장하는 것으로 보인다.[49]

3) 급진적 여성주의

성매매를 강간, 가정폭력, 포르노그라피 등과 같이 여성의 종속을 정당화하는 수단이자 여성에 대한 폭력으로 간주하는 입장이다.[50] "남성이 성매매 계약을 체결할 때 그는 … 주어진 기간 동안 한 여성에 대한 성적 사용을 구매하는 것"이며,[51] 성구매 남성이 사는 것은 단지 고립된 상품이나 서비스가

46) 조국, 앞의 논문, 16면.

47) 조국, 앞의 논문, 16면. 대표적인 조직으로 미국 샌프란시스코의 성매매여성들의 조직인 '코요테(COYOTE: Call off your Old Tired Ethics)'와 네덜란드에서 조직된 전·현직 성매매여성들의 조직인 '홍실(The Red Thread)'이 있다. 조국, 앞의 논문 17면.

48) 고정갑희, "성매매특별법과 여성주의자들의 방향 감각," 『성매매의 정치학: 성매매특별법 제정1년의 시점에서』, 한울아카데미, 2006, 28-35면 참조.

49) 고정갑희, 위의 논문, 31, 37면 참조. 한편 단순 성매매행위 쌍방을 처벌하지도 않고, 합법화하여 관리·통제하지도 않는 성매매의 비범죄화(de-criminalization)와 단순 성매매를 합법적으로 인정하고, 조세와 보건에 관한 의무를 두고 특정 지역의 지정과 관리 등으로 이를 관리하는 성매매의 합법화(regulamentarism)는 구별된다. 조국, 앞의 논문, 23면 참조. 그러나 위의 구분은 한 국가의 성매매에 대한 정책에 대한 것으로서, 성매매를 노동으로 바라본다고 하여 반드시 특정한 형식의 합법화를 의미하는 것으로 보이지는 않는다.

50) 조국, 앞의 논문, 19면.

아니라 여성 그 자체, 여성의 (성적) 자아이기에, 성매매는 성노예제이며, "성교를 통하여 자아를 파괴하고 여성을 비인간화시키는 성적 착취"라고 한다. 이러한 입장을 취하는 이들은 성을 상품화하고 여성에 대한 강제와 억압을 용인하는 사회 속에서 성매매의 '선택'은 사실상 무의미하다고 보고, 성매매에 종사하는 여성을 처벌하는 모든 법률을 철폐하고 포주와 성구매 남성에 대한 처벌을 강화할 것을 요구한다.[52)]

우리나라에서 이 같은 입장에 서는 것으로 보이는 견해는 성매매를 노동으로 보는 견해를 너무나 순진한 면이 있다고 비판하며 그 근거로서 ① 여성을 지속적으로 성매매 산업으로 유입시키는 성차별적 구조의 문제를 소홀히 취급하고 ② 현재 한국 사회의 성매매 여성이 처한 인권침해는 서구사회의 그것보다 훨씬 폭력적이고 포괄적이며 훨씬 더 절박한 문제라는 점을 근거로 든다.[53)]

4) 현실적 방안에 대한 견해

도덕적 금지주의를 제외한 다양한 여성주의적 시각이 상황적, 맥락적으로 성매매의 일면을 설명해 준다고 보면서, 성매매여성의 비범죄화에 결론을 같이하되 성구매자의 처벌이 실효성 없는 법집행, 선택적 법집행, 국가형벌권의 과잉, 위헌시비의 문제 등을 가져올 수 있으므로 단순 성매매 쌍방에 대한 비범죄화, 또는 현실적 방안으로 쌍방에 대한 보호사건 전치주의를 채택하는 견해가 제시된 바 있다.[54)]

(3) 검토 – 구체적 현실에서 발생하는 인권침해에 주목

성매매알선등처벌법에 대한 긍정적 또는 비판적인 평가는 이와 같이 다양한 견해와 입장에서 비롯되고 있다. 여성주의적 시각에서 새로운 법률에 대하여 제기되는 비판은 주로 성매매여성에 대한 비범죄화가 이루어지지 못한

51) *Carole Patemen, The Sexual Contract,* 207, (1988). 조국, 앞의 논문, 19면에서 재인용.

52) Holly B. Fechner, "Three Stories of Prostitution in the West: Prostitutes' Groups, Law and Feminist 'Truth'," 4 Colum. J, Gender & L. 43,45-46, (1994). 조국, 앞의 논문, 19면에서 재인용.

53) 이호중, "성매매방지법안에 대한 비판적 고찰," 『성매매: 새로운 법적 대책의 모색』, 사람생각, 2004, 85-86면.

54) 조국, 앞의 논문, 39면-40면 참조.

점에 집중되어 있다. 반면 긍정적 견해는 동 법률이 성매매피해자의 개념을 도입하여 성매매여성의 인권향상에 기여하고 중간매개자에 대한 처벌을 강화한 점을 평가하고 있다. 형법학계·형사정책학계를 중심으로 성도덕에 불과한 문제를 과잉처벌하고 있다는 비판도 상존한다.

성을 파는 행위가 원칙적으로 범죄라는 점은 현재 성매매에 종사하는 여성들이나 성매매로부터 탈피하려는 여성들 모두에게 큰 난제임은 분명하다. 폭력에 노출되거나 정당한 권리를 침해당하는 상황에서도 가해자에 대한 신고나 소송제기 등 국가기관의 조력을 요청하기 어려울 것이다. 이는 성매매피해자의 개념이 도입되었다 하더라도 여전히 계속되는 문제로 보인다. 현실적인 법집행 과정에서 일반 성매매자와 성매매피해자 간 구분의 어려움으로 인해 법집행자의 해석에 따라 성매매피해자의 범주가 임의적으로 되는 문제점도 발생할 수 있다.[55] 또한 '성매매 근절, 탈성매매'라는 선명한 정책목표가 현장에 대한 접근을 위축시킨다는 비판과[56] 성에 대한 경직된 관점과 대도를 상화시킬 수 있다는 지적이 있다.[57]

그러나 이러한 한계에도 불구하고, 새로운 법률은 적어도 과거 윤락행위등방지법보다 인권보장과 법정책적 측면에서 진일보한 법이라고 평가할 수 있을 것이다. 위 법률은 실제로 성매매 업소에서 감금상태에 놓여 있던 여성들이 화재로 목숨을 잃는 참사를 계기로 제정되었다. 법률 제정과정에서 성매매가 도덕적으로 잘못된 개인의 문제라는 인식에서 벗어나, 구체적인 가해자

55) 원미혜, "사회적 소수자의 인권: 성판매 여성의 '인권' 탐색을 위한 시론," 한국사회복지학회, 한국사회복지학회 2005년도 추계공동학술대회 2005.10, 321면은 "무엇보다 논쟁이 되는 것은 피해에 대한 입증이 성판매 여성을 '피해자화'한다는 점에 있다. 성판매 여성을 '피해자화'하는 것은 여성을 피해자와 일탈자로 구분짓거나 행위성을 부정하는 점에서 한계적이다. 게다가 무엇을 '피해'로 규정하는가에 따라 그 내용이 판가름되기 때문에 피해의 명명은 임의적일 수밖에 없다. 또한 피해자화는 한 집단을 전형적으로 문제화하고 '경험'에 대한 위계화를 낳을 수 있다"고 한다.

56) 원미혜, 앞의 논문 321-322면은 "성매매방지법은 성매매에 대한 '근절론'을 강하게 표방하고 있기 때문에 복지적 접근의 목적은 탈성매매를 전제한 것이다. 그러나 안정적인 전업을 이루기 위해서는 때론 지난한 과정을 필요로 하며, 실제 탈성매매를 유도하는 것에 목적을 둔다고 해도, 탈성매매한 여성의 요구와 현직 여성들의 요구와 필요는 상이하다 … 탈성매매와 안정적인 전업을 위해 지원서비스를 제공하겠다는 좋은 의지도, 그것을 받는 여성들의 조건과 상황을 고려하지 않는 한, 당사자의 필요와 만나기 어렵기 때문이다"라고 기술한다.

57) 원미혜, 앞의 논문 322면 참조.

와 피해자가 존재하는 사건임이 부각되었다는 점은 중요하다. 금전대차관계라는, 외형적으로는 합법적인 법률관계가 결국 성매매의 가해자와 피해자의 종속고리라는 점이 다시 인식되었으며(선불금이 인신매매의 수단이 됨을 명시, 제2조 제2항 제1호), 과거 당연히 인정되었던 선불금 사기죄에 대한 주의 깊은 접근이 촉구되었다(검사, 사법경찰관의 선불금의 인신구속성 확인 의무, 제10조 제2항).

구체적인 가해와 피해구조에 대한 이해는 이에 대응한 법률구조를 가능하게 하였다. 근래 성매매여성들을 지원하는 단체들은 법률구조활동에 상당한 비중을 두고 성매매여성들을 지원하기 위한 소송에 관심을 기울이고 있다. 성매매알선등처벌법, 성매매피해자보호법은 1차적으로 성매매와 관련된 국가의 형벌과 행정을 다루고 있으므로 응당 중요한 의미를 가지나, 현실적으로 성매매여성들이 처한 법률적 문제는 중간 매개자 즉 업주와의 관계에서 소위 '선불금'이라는, 성매매 대가로 교부된 금전관계를 중심으로 더욱 많이 발생하고 있다. 이들 문제를 크게 ① 민사적으로 성매매 여성들이 업주로부터 받은 선불금의 무효 여부와 업주의 선불금반환청구의 가부 ② 형사적으로 성매매 여성들에 대한 사기죄 성립 여부로 나누어 볼 수 있다. 이하에서는 이와 관련된 판결과 법리 등을 살펴볼 것이다.

성매매를 바라보는 시각은 다양할 수 있으나, 무엇보다 인권의 시각에서 이 문제를 바라보아야 할 것이다.[58] 따라서 성매매에 대한 추상적 인식만으로 문제를 바라보기보다는 성매매가 이루어지는 한국의 구체적인 현실이 인간의 존엄성과 인권을 침해하는지를 주의 깊게 살펴보는 것이 필요하다. 이를 위해 구체적 현실에 놓여 있는 당사자, 즉 성매매여성의 목소리에 편견과 예단 없이 귀 기울이는 것이 중요할 것이다.

2. 선불금의 민사적 법률관계

(1) 선불금의 의미와 관련 법조문

선불금은 보통 유흥업소의 여성 종업원이 근로계약을 체결하면서 업주로

58) 원미혜, 앞의 논문 322면 이하는 성매매여성의 문제를 사회적 소수자의 인권문제로 보아야 한다는 견해를 제시하고 있다. 성매매알선등처벌법은 "성매매피해자의 인권을 보호함"을 법의 목적으로 명시하고 있다(제1조).

부터 급여의 일부로 미리 지급받는 금원으로서, 계속적 근무에 따른 근로의 대가로 이를 갚아나갈 것을 예정하고 있다. 그런데 보통 선불금을 지급받은 여성들은 업주의 사실적 지배하에 놓이게 되고, 따라서 업주가 이들 여성에게 성매매를 강요하면서 급여를 제대로 지급하지 않거나 선이자, 벌금 등 각종 명목으로 비용 지출을 강제하여 근로의 대가로 이를 변제하기 어려운 상황을 만들 뿐만 아니라 오히려 채무가 더욱 늘어나는 경우가 많다. 이와 같이 선불금은 실제로는 여성을 사실적 지배하에 두고 성매매행위를 강요하기 위한 수단으로 이용되는 경우가 많다.

과거 윤락행위등방지법은 선불금에 대하여 "윤락행위를 하도록 권유·유인·알선 또는 강요하거나 그 상대자가 되도록 권유·유인·알선 또는 강요하는 행위, 윤락행위의 장소를 제공하는 행위, 윤락행위를 한 자 또는 윤락행위의 상대자에게 금품 기타 재산상의 이익을 요구하거나 받거나 또는 받을 것을 약속하는 행위"를 금지하면서, "영리를 목적으로 위 행위를 하는 자, 또는 이에 협력하는 자가 영업상 관계있는 윤락행위를 하는 자에 대하여 가지는 채권은 그 계약의 형식에 관계없이 무효로 한다"고 규정하고 있었다(제20조). 또 성매매알선등처벌법은 "성매매알선등행위를 한 자, 성을 파는 행위를 한 자가 그 행위와 관련하여 성을 파는 행위를 하였거나 할 자에게 가지는 채권은 그 계약의 형식이나 명목에 관계없이 이를 무효로 한다. 그 채권을 양도하거나 그 채무를 인수한 경우에도 또한 같다"라고 규정하고 있다(제10조). 그 밖에도 선불금 약정이 효력이 없다는 근거로는 민법 제103조 반사회질서의 법률행위, 제104조 불공정한 법률행위 등을 들 수 있다. 불법원인급여에 대한 반환을 청구하지 못하도록 하는 민법 제746조는 업주가 여성에게 이미 지급한 선불금을 부당이득으로도 반환청구하지 못하도록 한다.

(2) 판례연구

* 선불금약정의 효력을 부인하고 민법 제746조에 따라 업주가 이미 지급한 선불금 반환을 청구할 수 없다고 한 판결(대법원 2004.9.3.선고 2004다27488, 27495 판결)

[사안의 개요]

A(원고)는 성매매행위를 목적으로 술을 파는 식당을 운영하였는데, B(피고)는 위 식당에 종업원으로 취직하면서 선불금 명목으로 1,600만원을 받고, 월급은 140만원으로 하되 월급의 합계가 선불금에 이를 때까지 위 식당에서 일하기로 하였다. B는 위 식당에서 12일 정도 일한 상태에서 전에 있었던 공무집행방해죄로 지명 수배되었다가 경찰에 의하여 검거되는 바람에 더 이상 일하지 못하게 되었다.

처음에 A는 B에게 성매매행위를 뜻하는 '2차'를 나가면 화대비가 20만원인데 그 중 10만원은 A에게 주어야 하나 '2차'를 나갈지 여부는 B 스스로 결정할 수 있다고 말하였다. 그러나 A는 막상 B가 1,600만원에 대한 가불증서에 서명하자 B에게 성매매행위를 강요하면서 B가 이를 거부할 때는 월급에서 일정액을 삭감하거나 선불금을 해결하라고 요구하여 B는 계속 성매매행위를 할 수밖에 없었다.

위 식당은 저녁 8시부터 다음날 새벽 6시까지만 문을 여는데 양주 한 병에 20만원씩 받으면서 술이 추가될 때마다 B를 비롯한 여종업원들이 옷을 벗는 등의 음란행위의 강도를 조절하였고, 매상이 100만원을 넘게 되면 성매매를 할 것을 강요하였다. B는 위와 같은 방식으로 일하면서 1일 평균 2, 3회 정도의 성매매를 하여 왔다.

한편 A는 B가 수감되어 있는 동안 B의 노모를 찾아가 B가 빨리 감옥에서 나오는데 돈이 필요하다며 합의금을 요구하여 B의 노모로부터 500만원을 편취하기도 하였다. A는 B를 상대로 B가 갚지 못한 선불금의 지급을 구하는 금전지급청구소송을 제기하였고, B는 선불금 채권이 무효임을 주장함과 동시에 A의 성매매행위 강요와 합의금 편취 등의 불법행위에 대한 위자료를 구하는 반소를 제기하였다.

[판결 내용]

– 대법원은 원고의 윤락행위 강요는 반사회질서행위이고 선불금은 피고의 윤락행위를 목적으로 교부된 것으로서 선불금 채권은 무효이므로 그 반환을 구할 수 없고, 이는 민법 제746조가 규정하는 불법원인급여에 해당하므로

피고는 원고에게 선불금 상당액을 반환할 의무도 없다는 원심의 판단을 유지하였다. 또 원고의 성매매행위 강요와 합의금 편취행위를 불법행위로 보아 위자료를 인정한 원심의 판단도 유지하였다.

— 대법원의 판단이유는 다음과 같다.

(1) 영리를 목적으로 윤락행위를 하도록 권유・유인・알선 또는 강요하거나 이에 협력하는 것은 선량한 풍속 기타 사회질서에 위반되므로 그러한 행위를 하는 자가 영업상 관계있는 윤락행위를 하는 자에 대하여 가지는 채권은 계약의 형식에 관계없이 무효라고 보아야 한다(민법 제103조, 윤락행위등방지법 제20조 참조). 한편, 부당이득의 반환청구가 금지되는 사유로 민법 제746조가 규정하는 불법원인이라 함은 그 원인되는 행위가 선량한 풍속 기타 사회질서에 위반하는 경우를 말하는 것인바(대법원 2003.11.27. 선고 2003다41722 판결 참조), 윤락행위 및 그것을 유인・강요하는 행위는 선량한 풍속 기타 사회질서에 위반되므로, 윤락행위를 할 자를 고용・모집하거나 그 직업을 소개・알선한 자가 윤락행위를 할 자를 고용・모집함에 있어 성매매의 유인・강요의 수단으로 이용되는 선불금 등 명목으로 제공한 금품이나 그 밖의 재산상 이익 등은 불법원인급여에 해당하여 그 반환을 청구할 수 없다고 할 것이다.

(2) 원심은 (...) 원고가 피고를 고용하여 윤락행위를 강요한 것은 선량한 풍속 기타 사회질서에 위반되는 것이고, 선불금은 피고의 윤락행위를 목적으로 교부된 것이므로 선불금 채권은 무효이어서 그 반환을 구할 수 없고, 이는 불법원인급여에 해당하므로 피고는 원고에게 선불금 상당액을 반환할 의무도 없다는 취지로 판단하였다. 위에서 본 법리 및 기록에 의하여 살펴보면, 원심의 사실인정과 판단은 정당하고, 거기에 채증법칙 위배, 심리미진, 불법원인급여에 관한 법리오해 등의 위법이 없다.

[논의 주제]

- 업주가 선불금 약정의 효력을 주장하여 선불금을 지급받고도 이를 변제하지 못한 여성에게 채무불이행책임 기타 약정에 따른 책임을 물을 수 있는

가? 또는 이미 지급한 선불금을 민법 제741조의 부당이득으로 보아 그 반환을 청구할 수 있는가?

[해 설]

* 민법 제103조, 제741조, 제746조의 관계

민법 제103조에 따라 선량한 풍속 기타 사회질서에 반하는 내용의 계약은 무효이므로, 계약에 기한 어떠한 청구를 할 수 없다. 선불금 약정은 반사회적인 내용의 계약으로 무효이므로[59] 업주는 선불금 약정의 효력을 주장할 수 없으며 따라서 그 계약에 기한 어떠한 이행도 청구할 수 없다. 이와 같이 무효인 계약에 기한 급부는 법률상 원인 없는 것으로서, 법률상 원인 없이 급부를 받은 경우 이는 부당이득으로서 그 이익을 반환함이 원칙이다(민법 제741조).

그런데 민법 제746조는 부당이득에 대한 반환이 금지되는 특례를 규정하여, 스스로 불법의 원인으로 인하여 재산을 급여하거나 노무를 제공한 때에는 그 이익의 반환을 청구하지 못하도록 규정하고 있다. "불법"이 무엇을 의미하느냐에 관하여, 다수설은 선량한 풍속 기타 사회질서 위반에 한하며, 강행규정(효력규정) 위반이라고 하여 모두 이에 포함되지는 않는다고 한다.[60] 판례는 "부당이득의 반환청구가 금지되는 사유로 민법 제746조가 규정하는 불법원인이라 함은 그 원인되는 행위가 선량한 풍속 기타 사회질서에 위반하는 경우를 말하는 것으로서 법률의 금지에 위반하는 경우라 할지라도 그것이 선량한 풍속 기타 사회질서에 위반하지 않는 경우에는 이에 해당하지 않는다"고 한다.[61] 요컨대 강행규정 위반이라고 하여 당연히 제746조가 적용되는 것은 아니지만, 강행규정에 위반되는 행위가 반사회성도 가지면 동조가 적용될 수 있다는 입장이다.[62]

민법 제746조는 사회적 타당성이 없는 행위를 한 사람은 스스로 불법한 행위를 주장하여 복구를 그 형식 여하에 불구하고 소구할 수 없다는 사법의

---

59) 아래 소개하는 대법원 2009.9.10. 선고 2009다37251 판결은 "윤락행위가 가지는 중대하고 현저한 반인격성"에 그 반사회성의 핵심이 있다고 판시하였다.

60) 지원림, 『민법강의』, 홍문사, 2008, 1491면.

61) 대법원 2001.5.29. 선고 2001다1782 판결.

62) 지원림, 앞의 책, 1492면.

이념을 표현한 것이므로, 급여를 한 사람은 그 원인행위가 법률상 무효라 하여 상대방에게 부당이득반환청구를 할 수 없음은 물론 급여한 물건의 소유권은 여전히 자기에게 있다고 하여 소유권에 기한 반환청구도 할 수 없고 따라서 급여한 물건의 소유권은 급여를 받은 상대방에게 귀속된다(대법원 1979. 11.13. 선고 79다483 판결).

과거 윤락행위등방지법(제20조)과 성매매알선등처벌법(제10조)은 선불금 채권이 무효라고 규정하며, 이는 강행규정(효력규정)에 해당한다. 그리고 선불금 약정은 민법 제103조의 반사회적인 내용의 계약으로서 그 약정에 따른 급부는 민법 제 746조의 불법원인급여에 해당하여 반환을 청구할 수 없다는 것이 위 판결의 취지이다.

* 선불금에 대한 연대보증채권의 효력을 부인한 판결(대법원 2009.9.10. 선고 2009다37251 판결)

[사안의 개요]

A신용협동조합은 여신규정상 대출이 금지된 제한된 유흥주점업 업주 및 여종업원을 상대로 고금리의 대출을 시행하였다. B, C(피고들)는 유흥업소 여종업원을 관리하는 소위 '마담'인 D의 소개로 D와 함께 E가 운영하던 유흥주점에서 근무하기로 하였는데, D, B, C는 모두 직전에 근무하던 유흥업소에 빚이 남아 있어서 이를 변제하기 위하여 E로부터 선불금을 받기로 하였다.

그런데 E는 자신의 보증 및 B, C, D의 상호 연대보증 아래 D, B, C가 A신용협동조합으로부터 대출을 받는 방법으로 선불금을 지급하기로 하고 D, B, C를 함께 A의 신용협동조합의 사무실로 보냈다. A신용협동조합의 대출담당자는 D, B, C에 관하여 직장란에 각 E유흥업소명을, 직위란에 각 '종업원'이라고 기재한 각 대출상담서를 작성한 후, D에 대하여는 4,000만원, B에 대하여는 2,200만원, C에 대하여는 3,500만원을 각 약정이율 연 30%, 지연손해금율 연 60%로 대출하는 내용의 대출거래약정서를 작성하였다. 당시 D, B, C는 이들 대출금에 관하여 각 상호 연대보증을 하였다. E는 사후에 위 각 대출거래약정에 연대보증을 하고 대출금을 받아 D, B, C에게 지급하였다.

E는 자신의 유흥주점을 운영하면서 B, C에게 소위 2차 명목으로 손님들과 성행위를 하게하고 그 대가로 금전을 받게 하는 등 영업으로 윤락행위를 알선 또는 권유하였다. 이러한 영업형태는 이 사건 대출 및 연대보증 당시 B, C및 D에게 이미 예기되어 있던 것이었으며, D, B, C 사이의 상호 연대보증은 선불금으로 사용될 돈을 대출받기 위하여 요구되는 조건으로 만약 B, C가 D에 대한 대출에 관하여 연대보증을 하지 않았다면 B, C에 대한 대출 역시 이루어지지 않았을 것이다. 위 각 대출 및 상호 연대보증은 D, B, C가 함께 참석한 자리에서 동시에 이루어졌으며, A신용협동조합은 B, C가 E 등이 권유 또는 알선하는 윤락행위를 전제로 한 선불금을 받기 위하여 B, C를 주채무자로 한 대출 및 D에 대한 연대보증을 한다는 사정을 알고 있었다.

A신용협동조합은 위와 같은 방법으로 그 소재 지역 유흥업소 근무자 433명에게 156억 7,100만원의 신용대출(그 중, 위 E의 유흥주점 근무자들에 대한 대출은 위 대출을 포함하여 모두 10건, 3억 3,500만원이었음)을 한 결과 142억 5,800만원의 상당의 손실을 입고 파산하게 되었다. A신용협동조합의 파산관재인으로부터 위 각 대출금 채권을 양수한 A′주식회사(원고)는 B, C를 상대로 D의 대출에 대한 연대보증채무의 이행을 구하는 소를 제기하였다.

한편 A′주식회사가 B, C를 상대로 각 본인 명의의 대출금 채무의 이행을 구하는 별도의 소송에서 법원은 "A신용협동조합은 E가 B, C에게 윤락행위를 권유·알선 또는 강요한다는 사정 및 B, C에 대한 대출금이 그와 같은 윤락행위를 전제로 지급되는 선불금의 용도로 사용된다는 사정을 알면서도 고율의 이자를 받을 목적으로 B, C에게 위 각 대출을 하였는데, 이는 E의 윤락행위 권유·알선·강요에 협력한 것이므로, A신용협동조합의 피고들에 대한 각 대출금 채권은 민법 제103조 또는 구 '윤락행위 등 방지법' 제20조, 제4조 제3호에 위반되어 무효이다"라고 판단하여 청구를 모두 기각하였고 그 판결이 그대로 확정되었다.

[판결 내용]

− 이 사건의 원심은 이 사건 대출 당시 피고들이 A신용협동조합으로부터 선불금을 지급받기 위하여 이를 연대보증하였다는 사실에 부합하는 증거가 없고, 가사 피고들에게 위와 같은 동기가 있었다고 하더라도, 제출된 증거

만으로 상대방인 A신용협동조합에게 그러한 동기가 표시되었거나 알려졌다고 인정하기에 부족하다고 하여 피고들의 연대보증책임을 인정하였다.

— 그러나 대법원은 다음과 같은 이유로 원심을 파기환송하였다.

(1) 민법 제103조에서 정하는 '반사회질서의 법률행위'는 법률행위의 목적인 권리의무의 내용이 선량한 풍속 기타 사회질서에 위반되는 경우뿐만 아니라, 그 내용 자체는 반사회질서적인 것이 아니라고 하여도 법적으로 이를 강제하거나 법률행위에 사회질서의 근간에 반하는 조건 또는 금전적인 대가가 결부됨으로써 그 법률행위가 반사회질서적 성질을 띠게 되는 경우 및 표시되거나 상대방에게 알려진 법률행위의 동기가 반사회질서적인 경우를 포함한다(대법원 2000.2.11. 선고 99다56833 판결 등 참조).

또한 반사회성 여부가 논의되는 당해 법률행위와 관련이 있는 다른 일정한 법률행위에 관하여 그 효력을 명문으로 배제하는 강행법규가 있는 경우에는, 그 강행법규가 어떠한 취지에서 나온 것인지, 이들 두 법률행위가 일정한 구체적 생활관계의 맥락에서 일정한 내용으로 사회적·경제적인 연관을 가져서 강행법규에 의한 금지의 취지를 반사회질서의 법률행위라는 법구성을 통하여 다른 법률행위에도 미치게 하는 것이 적절하지 아니한지, 당해 법률행위에 대하여 그 규범내용이 명확하지 아니한 일반조항인 민법 제103조에 기하여 이를 무효로 함으로 인하여 거래에 부당한 부담을 지우거나 당사자들의 정당한 기대를 저버리게 되는 것은 아닌지 등을 당해 법률행위가 사회질서에 위반하는지 여부를 판단함에 있어서 고려할 수 있고 또 고려하여야 할 것이다.

(2) 한편 이 사건 각 연대보증 당시에 시행되던 '윤락행위 등 방지법'(그 후 2004.3.22. 법률 제7196호로 공포된 '성매매 알선 등 행위의 처벌에 관한 법률'의 부칙 제2조에 의하여 폐지되었다) 제4조 제3호, 제5호는 윤락행위 자체는 물론이고 윤락행위를 하도록 권유·유인·알선 또는 강요(이하 '알선 등'이라고 한다)하는 행위 및 윤락행위를 한 자에게 금품 기타 재산상의 이익을 요구하거나 받거나 받을 것을 약속하는 행위를 금지하고, 위 법률 제20조는 영리를 목적으로 위와 같은 알선 등 행위를 하는 자 또는 이에 협력하는 자가 영업상 관계있는 윤락행위를 하는 자에 대하여 가지는 채권은 "그 계약의 형식에 관계없이" 이를 무효로 한다고 정한다(이러한 규율내용은 앞서 본 '성매매 알선

등 행위의 처벌에 관한 법률' 제10조 제1항에도 그대로 이어지고 있다). 이들 규정은 우리 사회에서 영업적 윤락행위의 알선 등이 빈번하게 그 알선자측에서 제공하는 금전적 편익을 대가 또는 미끼로 하여 행하여지는 실태를 고려하여 그러한 관계에서 발생하는 채권의 효력을 그 법적 형식 여하에 관계없이 일률적으로 부인함으로써 그러한 윤락영업에의 유인을 배제하려는 취지라고 이해된다. 특히 위 제20조가 윤락행위를 알선 등 하는 자뿐만 아니라 그에 '협력하는 자'가 가지는 채권까지도 이를 무효로 정하고 있다는 점은, 윤락행위가 가지는 중대하고 현저한 반인격성, 그리고 그 반인격성을 핵심으로 한 반사회성도 아울러 유념할 때, 윤락행위의 금압에 관한 법의 의지가 심중한 바 있음을 쉽사리 알게 한다.

이 사건에 대하여 살피건대, 피고들이 주채무자로서 받은 각 대출뿐만 아니라 이 사건 각 연대보증도 위와 같은 선불금 수령 및 그 전제로서 윤락행위의 권유 또는 알선이라는 동일한 목적을 위하여 위 각 대출과 상호 불가분의 관계에서 행하여진 행위라고 할 것이다. 또한 소외 1 신용협동조합은 그러한 행위가 위와 같은 목적으로 행하여진다는 정을 알면서 그 보증의 상대방이 되고 이에 기하여 소외 2에 대한 대출을 행함으로써 결국 피고들이 소외 3 등에게 고용되어 윤락행위를 하게 되는 경제적 기반이 형성되는 데 조력하였다고 평가된다. 그렇다면 이 사건 각 연대보증은 앞서 본 윤락행위 관련 법 규정의 취지 등에 비추어 보더라도 민법 제103조에서 정하는 반사회질서의 법률행위라고 하지 않을 수 없다.

[논의 주제]

- 이 사건과 같이 업주가 직접 선불금을 지급하지 않고 금융기관의 대출을 통해 선불금을 지급한 이유에 대해 생각해보자.
- D는 종업원을 관리하는 마담으로 근무하였을 뿐 윤락행위를 하도록 권유 또는 강요받지 않았으므로 그에 대출금 채권은 舊 윤락행위등방지법상 무효로 규정된 채권이 아니라고 볼 수 있을까?

[해 설]

(1) 업주들이 직접 선불금을 지급하는 대신 제3의 금융기관을 통하여 선불금을 지급하게 하는 경우가 있다. 금융기관이 실제로 대출을 하는 경우도 있지만 업주들이 파이낸스사가 수수료를 주고 실제로는 업주가 성매매여성들에게 지급하는 선불금을 파이낸스사가 대리하여 지급한 뒤, 성매매여성이 돈을 갚지 못할 경우 파이낸스사는 업주 대신 선불금 사기로 형사고소 및 민사소송을 제기하는 경우도 있다고 한다.[63] 이는 선불금 지급이 불법원인급여로서 그 반환을 청구하지 못한다는 점을 인식하고 이를 회피하기 위한 방편이라고 볼 수 있다.

업주가 직접 선불금을 지급한 위 대법원 2004.9.3. 선고 2004다27488, 27495 판결의 사실관계와 비교하여 볼 때, 금융기관의 대출 형식으로 선불금이 지급된 이 사건을 보면 금융기관의 대출금 채권이 효력이 없음을 인정하기 위해서는 당해 금융기관이 "그 대출이 선불금 수령 및 그 전제로서 성매매행위의 권유 또는 알선이라는 목적을 위하여 이루어짐을 알면서도 대출을 하였다는 점"에 대한 입증이 필요하다(즉, 법률행위의 동기가 반사회질서적인 경우로서 그 동기가 상대방에게 알려질 것이 요구된다). 그러니 그 입증이 쉽지 않은 경우가 많을 것이다. 실제로 위 대법원 판결의 원심은 이러한 점에 대한 입증 부족을 이유로 성매매여성들의 연대보증책임을 인정하였다.

또한 업주가 다른 성매매 여성에게 지급한 선불금에 대한 보증을 성매매여성에게 요구하는 경우도 찾아볼 수 있다. 위 대법원 판결의 사실관계에서도 성매매 여성들 상호간의 연대보증사실이 나오는 바, 이러한 연대보증은 지급한 선불금에 대한 담보를 확보함과 동시에 성매매 여성들이 성매매 업소로부터 쉽게 이탈하지 못하도록 심리적 부담을 가중시키거나 상호 감시를 위한 방편으로 이용됨을 짐작할 수 있다.

(2) 성매매 여성에게 성매매의 대가로 직접 지급한 선불금뿐만 아니라, 그 금전의 교부로 성매매의 알선, 유인 등 성매매와 관련된 행위에 경제적으로 조력한 경우 그 금전의 교부는 불법원인급여로서 반환을 청구하지 못한다고 봄이 타당할 것이다. 이 사건의 1심 법원은 "성매매여성들의 보증행위에

63) 다시함께센터, 『다시함께와 함께걷기 2: "다시함께센터"가 이루어 낸 판결들』, 2005, 83면.

대하여, 대출의 주채무자가 유흥주점의 마담으로 근무하면서 종업원들을 관리하는 등의 영업을 했을 뿐 윤락행위를 하도록 권유 또는 강요받지 않았으므로 그 대출금은 윤락행위를 권유·유인하는 행위를 하는 자 또는 이에 협력하는 자가 윤락행위를 하는 자에 대하여 가지는 채권으로 볼 수 없고, 윤락행위를 권유 또는 강요받은 성매매여성들의 대출과 함께 위 대출이 이루어지면서 서로 맞보증 형태로 연대보증을 하였다는 사정만으로는 그 대출이 성매매 대출과 불가분의 관계에 있어 그 대출 약정이 무효라고 볼 수는 없다"고 하여 성매매여성들의 보증 책임을 인정하였다. 그러나 대법원은 위 연대보증도 "선불금 수령 및 그 전제로서 윤락행위의 권유 또는 알선이라는 동일한 목적을 위하여 위 각 대출과 상호 불가분의 관계에서 행하여진 행위"이며, 위 금융기관의 행위가 결국 성매매여성들이 업주에게 고용되어 윤락행위를 하게 되는 경제적 기반이 형성되는 데 조력하였다고 평가되므로, 그 연대보증 또한 민법 제103조에서 정하는 반사회질서의 법률행위라고 판단한 것이다.

* 성매매 대가에 대하여 불법성비교론을 적용하여 횡령죄의 성립을 인정한 판결(대법원 1999.9.17. 선고 98도2036 판결)

[사안의 개요]

A(피고인)는 자신의 처와 함께 성매매업소를 운영하였다. A는 B(피해자)와의 사이에 B가 손님을 상대로 윤락행위를 하고 그 대가로 받은 성매매 대가(화대)를 절반씩 분배하기로 약정하였다. A는 전직 경찰관으로서 행정사 업무에 종사하면서도 자신의 업소에 B 등 5명의 여성을 두고 그들이 받은 성매매 대가에서 상당한 이득을 취해 왔다.

B는 남편과 두 아들이 있음에도 남편이 알코올중독으로 생활능력이 없어 경제적 어려움을 겪고 있었는데, A는 당시 다방 종업원으로 근무하고 있던 B를 수차례 찾아가 자신의 업소에서 성매매행위를 해 줄 것을 적극적으로 권유하여 B는 가족의 생계를 위해 A와의 사이에 위와 같은 약정을 맺고 성매매행위를 하게 되었다.

그런데 A는 위 약정 이후 약 5개월 동안 B가 A의 업소에 찾아온 손님들을 상대로 성매매행위를 하고서 받은 성매매 대가 합계 2,700만원을 보관하던 중 그 중 절반인 1,350만원을 B에게 반환하지 아니하고 자기와 처의 생활비 등으로 임의로 소비하였다. A는 위 반환하지 않은 금원에 대한 횡령죄로 기소되었다.

[판결 내용]

민법 제746조에 의하면, 불법의 원인으로 인한 급여가 있고, 그 불법원인이 급여자에게 있는 경우에는 수익자에게 불법원인이 있는지 여부, 수익자의 불법원인의 정도, 그 불법성이 급여자의 그것보다 큰지 여부를 막론하고 급여자는 불법원인급여의 반환을 구할 수 없는 것이 원칙이나, 수익자의 불법성이 급여자의 그것보다 현저히 큰 데 반하여 급여자의 불법성은 미약한 경우에도 급여자의 반환청구가 허용되지 않는다면 공평에 반하고 신의성실의 원칙에도 어긋나므로, 이러한 경우에는 민법 제746조 본문의 적용이 배제되어 급여자의 반환청구는 허용된다고 해석함이 상당하다(대법원 1997.10.24. 선고 95다49530, 49547 판결 등 참조).

이 사건에서와 같이 포주인 피고인이 피해자가 손님을 상대로 윤락행위를 할 수 있도록 업소를 제공하고, 윤락녀인 피해자가 윤락행위의 상대방으로부터 받은 화대를 피고인에게 보관하도록 하였다가 이를 분배하기로 한 약정은 선량한 풍속 기타 사회질서에 위반되는 것이고, 따라서 피해자가 그 약정에 기하여 피고인에게 화대를 교부한 것은 불법의 원인으로 인하여 급여를 한 경우로 보아야 하겠지만, 한편 기록에 의하면, 피고인은 다방 종업원으로 근무하고 있던 피해자를 수차 찾아가 자신의 업소에서 윤락행위를 해 줄 것을 적극적으로 권유함으로써 피해자가 피고인과 사이에 위와 같은 약정을 맺고서 윤락행위를 하게 되었고, 피고인은 전직 경찰관으로서 행정사 업무에 종사하면서도 자신의 업소에 피해자 등 5명의 윤락녀를 두고 그들이 받은 화대에서 상당한 이득을 취하는 것을 영업으로 해 왔음에 반하여, 피해자는 혼인하여 남편과 두 아들이 있음에도 남편이 알코올중독으로 생활능력이 없어 가족의 생계를 위하여 피고인의 권유에 따라 윤락행위에 이르게 되었음을 알 수 있는바, 위와 같은 피고인과 피해자의 사회적 지위, 그 약정에 이르게 된 경위에다가 앞에서 본 약정의 구체적 내용, 급여의 성격 등을 종합해 볼 때,

피고인측의 불법성이 피해자측의 그것보다 현저하게 크다고 봄이 상당하므로, 민법 제746조 본문의 적용은 배제되어 피해자가 피고인에게 보관한 화대의 소유권은 여전히 피해자에게 속하는 것이어서, 피해자는 그 전부의 반환을 청구할 수 있고, 피고인이 이를 임의로 소비한 행위는 횡령죄를 구성한다고 보지 않을 수 없다.

[논의 주제]

- 성매매 대가에 대한 횡령죄의 성립을 인정한 대법원 1999.9.17. 선고 98도2036 판결과 불법원인급여의 경우 횡령죄의 성립을 부정한 대법원 1999.6.11. 선고 99도275 판결을 비교해보자. 대법원이 피고인의 불법이 피해자의 불법보다 현저하게 크다고 본 이유는 무엇일까?
- 만약 피해자가 적극적으로 피고인에게 윤락행위의 알선을 요청하였다면 위 판결의 결론이 달라질 것인가?

[해 설]

(1) 민법 제746조와 불법성 비교론

앞서 본 바와 같이 민법 제746조는 불법원인급여의 반환을 청구하지 못하도록 규정하고 있다. 성매매 대가에 대한 분배 약정은 민법 제103조의 반사회적인 내용의 계약에 해당하여 무효가 되므로, 원칙적으로 그 약정에 따른 급부(B가 자신이 받은 화대 중 A에게 교부한 금원)는 민법 제746조의 불법원인급여에 해당하여 반환을 청구할 수 없을 것이다. 그러나 판례는 수익자의 불법성이 급여자의 그것보다 현저히 크고, 그에 비하면 급여자의 불법성은 미약한 경우에도 급여자의 반환청구가 허용되지 않는다고 하는 것은 공평에 반하고 신의성실의 원칙에도 어긋난다고 할 것이므로, 이러한 경우에는 민법 제746조 본문의 적용이 배제되어 급여자의 반환청구는 허용된다고 본다.[64)] 이른바 불법성 비교론을 채택하고 있는 것이다.

---

64) 대법원 1997.10.24. 선고 95다49530, 49547 판결 등,

민법 제746조 본문이 적용되는지 여부에 따라 횡령죄의 성부도 달라진다. 민법 제746조의 본문이 적용될 경우 결국 급여한 물건의 소유권은 급여를 받은 상대방에게 귀속되는 것이므로, 급여를 받은 수익자가 이를 임의로 소비하였다고 하더라도 횡령죄가 성립하지 않는다. 예컨대 갑이 을로부터 제3자에 대한 뇌물공여 또는 배임증재의 목적으로 전달하여 달라고 교부받은 금전은 불법원인급여에 해당하여 그 소유권은 갑에게 귀속되는 것으로서 갑이 위 금전을 제3자에게 전달하지 않고 임의로 소비하였다고 하더라도 “타인의 재물”을 객체로 하는 횡령죄가 성립하지 않는다.

(2) 성매매 대가에 대한 횡령죄의 성립

성매매여성에게 분배해주기로 약정한 성매매 대가를 임의로 소비한 행위에 대해 횡령죄가 성립한다고 본 위 대법원 판결은 이와 같은 불법성 비교론에 따른 것이다. 대법원은 성매매 대가에 대한 이익분배약정은 “신랑한 풍속 기나 사회질서에 위반되는 것”이라고 판단하고, 따라서 성매매여성인 피해자가 그 약정에 기하여 업주인 피고인에게 성매매 대가를 교부한 것은 불법의 원인으로 인하여 급여를 한 경우로 보았다. 그러나 “피고인과 피해자의 시회적 지위, 그 약성에 이르게 된 경위에다가 앞에서 본 약정의 구체적 내용, 급여의 성격 등을 종합하여 볼 때” 피고인측의 불법성이 피해자측의 그것보다 현저하게 크고, 따라서 민법 제746조의 본문의 적용은 배제되어 횡령죄가 성립한다고 판단한 것이다. 이러한 대법원의 결론은 이 사건의 원심이 민법 제746조의 본문을 적용하여 횡령죄의 성립을 부정한 것과 대조되는 것으로서 구체적 타당성이 있다고 여겨진다.

위 사안에서는 업주가 피해자에게 적극적으로 성매매를 권유하였는데, 만약 성매매여성이 업주에게 먼저 위와 같은 약정을 제의하였다고 하더라도 결론은 크게 달라지지 않을 것으로 생각된다. 위와 같은 약정은 업주가 그의 우월한 지위를 이용하여 경제적으로 궁박한 지위에 있는 성매매여성으로부터 부당한 이득을 얻는 것으로 볼 수 있기 때문이다. 참고로 대법원 2007.2.15. 선고 2004다50426 판결은 금전 소비대차계약의 당사자 사이의 경제력 차이로 인하여 이율이 사회통념상 허용되는 한도를 초과하여 현저하게 고율로 정해진 경우 그 부분 이자 약정의 효력을 부인한 바 있고, 그 경우 불법의 원인이 수익자인 대주에게만 있거나 적어도 대주의 불법성이 차주의 불법성보다 크다고 한 바 있다. 차주의 경제적 필요에 의하여 위와 같은 금전거래가 이루어진다는 점은 그 결론에 영향을 주지 아니하였다.

3. 선불금의 형사적 법률관계

(1) 형법의 규정과 선불금 사기죄

형법 제347조는 사람을 기망하여 재물의 교부를 받거나 재산상의 이익을 취득한 자는 10년 이하의 징역 또는 2,000만원 이하의 벌금에 처한다고 규정하고 있다. 이와 같이 상대방에게 거짓말을 하여 이에 속은 상대방으로부터 돈을 받거나 재산상 이익을 취득한 경우 사기죄가 성립한다. 지금까지 "선불금" 사기는 일반적인 "차용금"과 동일하게 취급되었다. 차용금 사기란 차용자가 변제할 의사나 변제할 능력이 없음에도 거짓말로 대여자를 속이고 금전을 교부받은 경우 성립한다. 그런데 이와 같이 차용금 사기를 판단하는 잣대로 선불금 사기 사건을 수사할 경우, 업주로부터 선불금을 받은 후 업소에서 이탈한 여성들은 대개 사기죄의 죄책을 충족하는 것으로 보이는 경우가 많다. 궁박한 경제사정으로 말미암아 성매매에 이르는 경우가 거의 대부분이기 때문에 선불금을 지급받을 당시 이를 변제할 능력이 없다고 판단될 것이며, 이러한 여성들이 선불금을 갚지 못하고 업소로부터 이탈한 경우에는 대부분 선불금을 지급받을 당시 변제할 의사도 없었다고 판단되기가 쉽기 때문이다.

그러나 최근 선불금의 특수성을 감안, 선불금 사기죄의 성립을 부정하는 하급심 판결들이 나타나고 있다. 이들 판결들은 ① 우선 선불금의 특수성을 들어 선불금에 관한 사기죄 성립이 보다 신중해야 함을 판시하고 ② 구체적으로는 선불금의 형성과정 및 변제 여부가 피고인의 의사에 따라 결정될 수 없었던 사실에 근거하여 기망의 의사를 부인함으로써 사기죄의 성립을 부정하고 있다. 나아가 하급심 판결 중에는 사기죄의 보호법익인 재물 또는 재산상 이익으로서 선불채권의 보호가치 자체에 대하여 의문을 제기한 경우도 찾아볼 수 있다.

(2) 판례연구

*** 선불금의 특수성을 인정하고 그 편취 범의를 부인한 판결(창원지방법원 2003.12.18. 선고 2003고정198 판결)**[65]

[사안의 개요]

A(피고인)는 졸업 후 직장생활을 하였다가 몸이 아파 이를 그만두고 쉬던 중, 친구로부터 "노래주점에서 일하면 한 달에 약 200~300만원을 벌 수 있다"는 말을 듣고 X노래주점에서 일하게 되었다. 그러나 A는 X노래주점에서 한 달간 일하는 동안, 월급은 한 달에 15만원밖에 되지 않는 데 비해 홀에 들어가는 데 필요한 옷, 화장품 등 구입비를 지출하여야 하고 소위 '2차'인 윤락행위를 거부하거나 결근하였다는 이유로 벌금을 무는 등 오히려 카드빚만 200만원 정도가 새로 생기게 되었다. A는 X노래주점 업주로부터 계속하여 '2차' 나가기를 요구받는 한편, 자신의 빚은 점점 늘어나기만 하자 친구의 후배로부터 Y주점을 소개받고 위 주점에서 '2차'를 나가지 않는 것을 조건으로 일하기로 하였는데, 이곳에서도 약 10일 이상 일을 하였으나 '2차' 나가기를 계속 요구받아 결국 그 일을 그만두게 되었으며, 그 당시 일을 계속하였음에도 전혀 받은 돈이 없어 카드로 현금서비스를 받아 생활하여 그때까지 카드빚만 약 300만원 정도에 이르게 되었다.

A는 다시 Z노래주점에 선불금 500만원을 받는 것을 조건으로 일을 하기로 하였는데, 여기서도 약 2달간 일을 하였으나, 2번 결근을 했다는 이유로 40만원의 벌금, 그리고 홀에 들어갈 때 마담의 소개비로 60만원, 그리고 선불금의 이자 등 명목으로 해당 금액을 월급에서 공제하는 바람에 실제로 받은 월급은 거의 없었고, 오히려 빚만 200만원 더 늘어나게 되었다. A는 Z노래주점에서도 선불금을 받았다는 이유로 '2차' 나가기를 요구받았는데, A가 이를 거절하는 경우에는 빚을 갚지 못하는 상황을 만들어 어쩔 수 없이 '2차'를

---

65) 위 판결은 미공간 판결로서 민주사회를 위한 변호사 모임/막달레나의 집, 『성매매 관련 법률 안내서』, 2004, 284면과 다시함께센터, 앞의 책, 287면에 그 내용이 소개되어 있다. 법무부, 앞의 책, 68면에도 선불금 편취에 대하여 무죄를 선고한 하급심 판결로 소개되어 있다.

나가기도 하였다. A는 위 Z노래주점 업주로부터 장사가 안 된다는 이유로 선불금과 이자를 갚고 나가라는 말을 듣고, 창원시에 있는 W노래주점에 선불금 700만원을 받는 것을 조건으로 일하기로 하고, 여기서 받은 선불금중 650만원을 위 Z노래주점의 선불금과 그 이자를 갚는 데 사용하였다.

A는 위 W노래주점에서도 월급에서 결근비, 2차 벌금비, 마담소개비 등 명목으로 이를 공제하는 바람에 월급을 전혀 받지 못한 채 계약기간이 끝나게 되자 그 업주에게 선불금을 추가로 요구하며 계약기간의 연장을 요구하였으나, 그 업주로부터 빚이 많다는 이유로 거절당하고 오히려 그 일을 그만두라는 요구를 받게 되었다. A는 위 W노래주점의 선불금을 갚기 위하여 다른 업소를 알아보던 중, 소개소로부터 B(피해자)가 운영하는 노래주점을 소개받게 되어 그 곳에서 선불금 1,100만원을 받는 것을 조건으로 일하기로 하고, B에게 A 본인 명의의 차용신청서 및 약속어음을 작성, 교부해주고, 여기서 받은 선불금중 700만원은 B로 하여금 A를 대신하여 위 W노래주점의 선불금을 갚는데 사용하고, 나머지 400만원은 그 때까지 자신의 카드빚을 갚는 데 사용하였다.

A는 위 B운영의 주점에서 약 2달간 일을 하면서, 첫 한 달 동안은 그 달 받아야 할 돈 200만원에서 결근비, 선불금 이자, 소개소의 소개비 등을 제외하고 실제로 받은 금액이 30만원 정도밖에 되지 아니하였고, 2달째는 거의 한 달을 일하고도 월급날이 되기 전에 그만두었다는 이유로 그 달 월급을 전혀 받지 못하였다. 업주인 B는 명절기간 및 몸이 아픈 기간에도 A에게 출근을 강요하였고, 결근시에는 결근비를 물리는 한편, 생리 중에도 '2차'를 요구하였다. A는 자신의 계약기간이 끝날 무렵 B에게 선불금을 추가로 지급해주면 더 일하겠다는 의사표시를 했으나 B가 이를 거절하며 위 선불금의 변제를 요구하자 비로소 위 주점을 그만둘 생각을 하게 되었다.

A는 위 주점을 그만두기 위해 1,000만원 이상의 선불금이 필요하게 되자 소개소를 통하여 그만한 돈을 줄 만한 다른 주점을 알아보았으나, 소위 '3종' 윤락가로 갈 수밖에 없는 현실에 처하게 되자 그 후부터는 B에게 아무런 연락 없이 주점에 출근하지 아니하고 성매매근절을 위한 여성단체를 찾아가 도움을 청하게 되었다. 그러자 위 소개소 직원과 B는 A에게 전화 등을 통하여 욕설을 하고, 위 여성단체에 찾아와서 행패를 부리며 A의 선불금채무를 보증

했던 친구를 팔아버리겠다는 등의 협박을 하였다. B는 A를 선불금 편취의 사기죄로 고소하여 A는 사기죄로 기소되었다.

[판결의 내용]

일반적으로 유흥주점 업주는 그 여종업원과 근로계약을 체결하면서 이에 수반되는 종된 계약으로 일정기간의 근로를 조건으로 다액의 금원을 지급하는 금원대여계약을 체결하고, 위 금원에서 매달 임금의 일부분을 공제하고, 다음에 다른 업주나 직업소개소에 여종업원을 넘길 때 위 금원을 지급받는바, 이때 유흥주점 업주가 그 여종업원에게 지급하는 금원을 소위 '선불금'이라 하는데, 앞서 본 인정사실에 의하면, 피고인이 피해자로부터 교부받은 위 금원은 위 선불금에 해당한다고 할 것이다. 이러한 선불금은 상당액의 선이자・수수료를 포함하고 있어 업소에서 유흥접객행위만으로는 원금도 갚기가 어려워 윤락행위까지 하도록 유도하고 있어 '불법적인 윤락 강요를 위한 수단'으로 전락될 위험성이 높기 때문에, 소위 '선불금' 사기사건에서는 일반 차용금 사기사건에서와 달리, 업주가 그 여종업원과 근로계약을 체결하고 금원을 대여할 때 차주의 채무불이행의 위험성을 사전에 충분히 예견하고 이를 용인하고 있나는 점에서 차용 당시 차주가 채무초과 상태에 있었다거나 변제기에 채무를 변제하지 못하였다는 사정만으로 편취 범의를 쉽게 인정하여서는 아니 되고, 차주인 여종업원에게 선불금을 받더라도 유흥주점 종업원으로 계속 일할 의사가 있었는지 여부에 따라 편취의 범의 및 사기죄의 성립 여부를 판단하여야 할 것이다.

그러므로 과연, 피고인에게 선불금 교부 당시 편취 범의가 있었는지 여부에 관하여 살피건대, 앞서 인정한 사실관계에 나타난 바와 같이, 피고인이 업주들로부터 3회에 걸쳐 교부받았던 선불금을 그때마다 그중 일부를 전 업주의 선불금을 변제하는 데 사용하였고, 이 사건의 경우에 있어서는 특히 피해자가 피고인을 대신하여 직접 전 업주에게 그 선불금을 변제하기도 한 점, 피고인이 피해자와 사이에 2개월간 그 업소에서 일하기로 근로계약을 체결하면서 피해자에게 자신의 신분을 그대로 밝혔고, 그 업소에서 약 2개월여 간 실제로 일해 온 점, 그러나 그 기간 중 피해자에게 선불금을 전혀 변제하지 못했던 피고인이 피해자에게 선불금을 추가로 교부받는 것을 조건으로 계약기간을 연장하려고도 하였으나 피해자로부터 거절당하자 할 수 없이 위 선불금 상당의 금원을 줄 다른 업소를 찾던 중 소위 '3종'이라고 불리는 윤락가 외에는 달리 대안이 없다는 사실을 알게 되어 위 ○○○에 도움을 요청하기에 이른 점, 피고인이 피해자 운영의 위 노래주점을 포함하여 위 △△노래주점, 위 □□노래주점 등에서 일해 오면서 그때마다 업주들로부터 소위 '2차'인 윤락행위를 요구받았고, 피고인 스스로도 그 사실을 인정하여 해당법 위반으로 약식명령을 발령받은 점과 피고인에게는 이 사건 이전에 다른 형사사건이나 선불금 사기사건으로 처벌받은 전력이 전혀 없는 점, 일반적으로 유흥업소에서 수수되는 선불금은 그 성격상 불법적인 윤락 강요를 위한 수단으로 악용되어 왔고, 그 변제는 그 다음 다른 업소로부터 교부되는 선불금으로 충당되어 오는 것이 업계의 오래된 관행인 점 등에 비추어보면, 피해자의 경찰진술과 차용신청서사본 및 약속어음사본의 각 기재만으로는 피고인에게 선불금 교부 당시 편취 범의가 있었다고 단정할 수 없고, 달리 이 점을 인정할 만한 증거도 없다고 할 것이다.

* 선불금 사기죄 성립에 고도의 기망행위를 요구한 판결(창원지방법원 2004. 5.11. 선고 2004노1)[66]

[사안의 개요]

위 창원지방법원 2003.12.18. 선고 2003고정198 판결의 항소심 판결로서 사안의 개요는 위 판결과 같다. 위 1심 법원의 무죄판결에 대하여 검사가 항소하였으나 본 판결에서 기각되었고 이에 대하여 상고가 이루어졌으나 대법원에서도 상고가 기각되어 A의 사기죄에 대한 무죄가 확정되었다.

[판결내용]

선불금이란 유흥업소의 여종업원이 근로계약을 체결하면서 업주로부터 급료의 일부로서 미리 지급받는 금원으로서 계속적인 근무에 따른 근로의 대

66) 민주사회를 위한 변호사 모임/막달레나의 집, 앞의 책, 291면 이하; 다시함께센터, 위의 책, 294면 이하에 인용된 판결이다.

가에서 이를 갚아나가야 할 성질인바, 선불금에 대한 사기죄의 성립여부를 판단함에 있어서는 단순히 여종업원이 약정근무기간이 경과한 후에도 그 선불금을 변제하지 못하였다는 사정만으로 쉽사리 이를 인정하여서는 아니 되고, 여종업원이 선불금을 지급받은 후 실제로 종업원으로 근무할 의사가 있었는지 여부 및 여종업원이 약정한 바에 따라 실제로 근무를 하였음에도 선불금을 변제하지 못하였다면 선불금을 변제하지 못하게 된 사유가 여종업원이 업주로부터 급료를 제대로 지급받지 못하는 등 업주의 책임에 기인한 것인지 아니면 여종업원이 업주로부터 지급받은 급료를 변제 외의 용도로 사용하는 등 여종업원의 책임에 기인한 것인지에 따라 판단하여야 할 것이다.

그런데, 피고인은 피해자로부터 선불금을 지급 받은 후 약정한 2개월 동안 피고인 경영의 유흥업소에서 실제로 근무를 하였으나, 업주인 피해자가 고액의 결근비, 선이자, 수수료 등을 급료에서 공제하는 등 여러 가지 사유로 피고인에게 급료를 거의 지급하지 아니하여, 피고인이 피해자에게 선불금을 진혀 번세할 수 없었던 사실이 인정되고, 여기에다가 원심이 판시 이유에서 적절히 설시한 바와 같이 피고인의 고용경위, 피해자로부터 받은 선불금의 사용처, 피고인이 피해자에게 계속적 근무를 요구하였으나 피해자가 거절한 점, 피고인이 위 업소에 너 이상 출근하지 않은 이유, 그 후 선불금을 변제하지 못하게 된 사정 등을 종합하여 보면, 피고인이 선불금을 지급받을 당시 변제할 의사가 없었음을 인정하기 어렵고, 한편, 선불금이 급여의 선지급금으로서의 성격이 아니라 업주의 여종업원에 대한 인적 지배를 위한 수단으로 악용되어 여종업원에게 불법적인 윤락을 강요하는 수단으로 이용되어진 경우라면 그 수단을 달성함으로써 충분한 것이고 선불금에 대한 변제를 예견하지 않고 있다고도 보아야 할 것이어서 이러한 경우에는 여종업원이 주점 등을 그만둘 경우 선불금을 변제할 의사나 능력이 있었는지 여부에 대하여 더욱 고도의 기망행위가 요구된다 할 것인데, 피고인이 이 사건 업소를 그만두면서 다른 유흥업소에 취직하여 받는 선불금으로 이 사건 피해자에 대한 선불금을 변제하지 않았다는 사정만으로는 피고인에게 고도의 편취 의사가 있었다고 볼 수도 없으며, 달리 편취 범의를 인정할 증거가 없다.

[논의 주제]

- 선불금이 일반 차용금과 다른 점은 무엇일까? 이러한 차이점이 선불금 사기죄 성부를 판단할 때 어떻게 고려될 수 있을지 생각해보자.

[해 설]

선불금은 보통 급여의 일부로서, 이를 지급받은 후 계속적 근무에 따른 근로의 대가로 이를 갚아나갈 것을 예정하게 된다. 따라서 업주는 이를 지급받은 여성의 변제 자력이나 담보제공 여부를 문제삼지 않고 지급한다.[67] 그런데 선불금이 성매매 강요의 수단이 되거나 업주가 급료를 제대로 지급하지 않거나 선이자, 벌금 기타 명목으로 비용 지출을 강제하는 경우, 선불금을 지급받은 여성으로서는 이를 지급받았을 당시 예상한 방법으로 선불금을 변제할 수 없게 된다. 이와 같이 선불금은 많은 경우 이를 지급받은 여성이 아니라 오히려 사기죄의 피해자로 주장되는 업주에게 실제로 그 변제 여부가 달려 있다는 점이 특징이다. 또 선불금은 단순한 금전의 대여가 아니라 이를 지급받은 여성을 사실상 지배하며 인신을 구속하고 성매매를 강요하는 수단이 되는 경우가 많다.

따라서 선불금 사기사건에 있어서는 일반 차용금 사기사건과는 달리 단순히 변제기에 이를 변제하지 못하였다는 점이 중요한 것이 아니라, 여성이

67) 최근 부산지방법원은 선불금 사기 사건에서 성매매 여성에게 돈을 빌려준 백○○(피해자)이 "차용 당시 피고인(성매매여성)에게 유흥업소에서 일하여 받는 월급 이외에는 다른 수입원이나 재산이 없었던 사정을 알고 있었고, 그럼에도 불구하고 달리 물적 담보를 확보하지 않았던 점에 비추어 보면, 백○○은 피고인이 유흥업소에서 일을 하여 받는 급료 외에는 피고인의 변제능력에 대하여는 별다른 기대를 하지 않았다고 보여지므로, 변제능력이 주로 문제가 되는 일반 차용금 사기의 경우와는 달리 선불금 성격이 있는 이 사건 차용금 사기의 경우에는 변제의사가 있었는지 여부만이 문제된다"고 판시하면서, 차용 이후 유흥업소에서 근무한 기간과 경위 및 유흥업소에서 일하면서 산부인과 질병을 계속 앓게 되고 성매매를 무리하게 강요당하자 유흥업소를 그만두게 된 점 등에 비추어 피고인에게 차용 당시 변제할 의사가 없었다고 단정하기 어렵다고 하여 무죄를 선고하였다. 부산지방법원 2010.7.2. 선고 2009노3154 판결. 위 판결은 미공간 판결로서 대법원의 판결문 제공 신청 서비스 http://www.scourt.go.kr/decide/DecideList.work를 통해 열람하였다.

선불금을 지급받으며 계속적 근무를 예상하였던 것인지, 이를 예상하였으면서도 계속적 근무가 좌절된 이유가 무엇인지가 중요할 것이다. 만약 여성이 선불금을 지급받을 당시 계속적 근무를 예상하였다고 볼 수 있으나 여성에게 책임을 돌리기 어려운 사유로 계속적 근무가 좌절된 경우에는 기망의 의사를 인정하기 어려울 것이다.

특히 선불금은 업주의 사실적 지배하에서 계속적 근무를 통해 변제할 것을 예정한 것으로서, 그 변제 여부가 업주에게 달려 있는 경우가 많기 때문에 업주가 그 채무불이행에 어떤 원인을 제공하였는지를 반드시 살펴볼 필요가 있다. 예컨대 선불금이 성매매 강요를 위한 수단으로 사용된 경우, 업주로부터 폭행・협박을 당한 경우, 업주의 감금・감시 등으로 부당하게 신체의 자유가 제약당한 경우, 급료를 제대로 지급받지 못하였거나 선이자・벌금・옷값 등 업소의 영업을 위한 비용 기타 각종 명목으로 부당한 비용지출과 채무부담을 강요당한 경우, 인권침해적인 근로환경에서 근로를 강요당하는 경우 등 계속적 근무가 좌절된 이유가 업주의 여성에 대한 불법행위의 자행 또는 불법행위의 강요에 있는 경우 선불금 채무불이행의 원인은 업주에게 있다고 보아야 한다.

이와 같이 업주가 채무불이행의 원인을 제공한 경우 다시 말해 계속적 근무가 좌절된 사유가 업주에게 있을 경우, 업주는 선불금이 변제되지 못할 것을 충분히 예상하였거나 예상할 수 있다고 보아야 하며, 결국 사기죄의 "기망행위"는 성립하지 않는다고 보아야 할 것이다. 이는 설혹 선불금 지급 당시 업소에서 성매매가 행해질 수도 있음을 당사자가 예상한 경우라도 다르지 않다고 할 것이다. 그 경우에도 선불금을 지급받은 당사가가 선불금을 매개로 성매매가 강요되거나 기타 불법행위가 자행될 것까지 예상하였다고 볼 수는 없기 때문이다.

* 선불금채권의 법률상 보호가치에 의문을 제기한 판결(서울지방법원 2002. 1.16. 선고 2001노5491 판결)68)

[사안의 개요]

B는 A(피고인)의 전 업주에게 선불금 1,500만원을 지급하고 A를 자신이

68) 민주사회를 위한 변호사 모임/막달레나의 집, 앞의 책, 304면 이하에 소개된 판결이다.

운영하던 X주점의 접대부로 고용하였다. A는 X주점에서 술시중을 들면서 때로는 손님들을 상대로 성매매행위를 하는 등 약 40일 동안 일을 하였는데, 그 기간 동안 위 선불금 채무가 줄어들기는커녕 오히려 업주인 B의 계산 방식에 따라 빚이 늘어 선불금 채무가 금 1,610만원이 되었다.

B는 A를 데리고 직업소개소에 찾아가서 그 곳 직원을 통하여 Y주점 업주 C(피해자)를 소개받은 다음 C와의 사이에 A를 선불금 1,610만원에 넘기기로 약정하였다. B와 C는 금 1,600만원짜리 현금차용각서를 만든 다음 A로 하여금 그 각서에 서명무인하게 하였다. C는 당일 B가 지정하는 타인 명의의 은행계좌로 610만원을 송금하였고 그 다음날 위 직업소개소에 A를 데리고 와 있던 B에게 1,000만원을 지급함으로써 합계 금 1,610만원을 B에게 교부하였으나 A에게는 아무런 돈도 교부하지 않았다.

C는 B로부터 A를 넘겨받은 후 A에게 "접대부 1인당 1일 금 40만원의 매상을 올려야 하고, 월급은 금 30만원이며, 1일 일하지 않는 경우 업주에게 금 30만원 가량의 손해를 배상하여야 한다"는 등의 업소 내부규정을 알려 준 다음, A에게 손님들에 대한 술시중과 아울러 성매매행위도 할 것을 요구하였다.

C는 A가 도망치는 것을 막기 위하여 외출할 때에는 다른 접대부와 반드시 함께 다니도록 하는 등으로 감시를 해왔다. A는 그로부터 며칠 후 C의 Y주점에서 도망쳤으며, C는 A를 선불금 편취의 사기죄로 고소하였다. A는 사기죄로 기소되었다.

[판결의 내용]

위와 같은 사실관계를 종합하여 보면, 피고인이 피해자 운영의 Y주점으로 일터를 옮기게 된 경위는 피고인의 의사가 배제된 가운데 유흥업소 주인들 사이의 협의에 의하여 임의로 정해진 것이고, 당시 피고인으로서는 그와 같은 방식에 의해 일터를 옮기는 것을 거절할 수 있는 지위나 형편에 있지도 않았다고 보여지므로, 이러한 사정 아래에서 피고인이 피해자를 기망하여 금원을 편취하였다고 보기 어렵다고 할 것이고, 나아가 ○○○(B)나 피해자가 피고인을 상대로 갖게 되었다는 선불금 채권은 피고인이 유흥업소들을 전전하는 과정에서 그 업주들에 의하여 부당하게 형성된 것으로 보일 뿐 아니라,

접대부인 피고인으로 하여금 사실상 그 유흥업소에서 이직할 수 있는 자유를 박탈한 상태에서 윤락행위를 계속하게 하는 방편으로 악용되고 있는 것으로 여겨지므로, 과연 위와 같은 유형의 선불금 수수에 의한 근무약정이나 선불금 채권이 법률상 보호할 만한 가치가 있는 것인지 의문이라 하지 않을 수 없으며, 달리 기록을 살펴보아도 이 사건 공소사실을 인정하기에 충분한 증거를 찾아볼 수 없음에도 불구하고, 원심은 이에 관하여 사실을 오인하거나 법리를 오해하여 피고인의 행위를 유죄로 판단한 위법을 저질렀다.

*** 사기죄의 의율로 선불금 채권을 강제할 경우 이를 무효로 규정한 법률의 취지가 몰각되고 정의관념에 반한다는 이유로 편취 범위를 엄격히 본 판결** (광주지법 2004.2.26. 선고 2003고단4013 판결)[69)]

[사안의 내용]

A는 친구의 소개로 성매매업소인 안마시술소에 취직하여 약 1주일간 근무하였으나 막상 일을 하다 보니 예상과는 달리 힘이 들어 위 업소에서 도망쳤다. A는 업소에서 도망친 이후에도 선불금을 일부 변제하였다.

[판결 내용]

윤락행위등방지법 제20조(불법원인으로 인한 채권무효)는 윤락과 관련된 업주가 윤락녀에 대하여 가지는 채권은 그 계약의 형식에 관계없이 이를 무효로 한다고 규정하고 있는바, 만약 위와 같이 무효인 계약을 형법상 사기죄로 의율함으로써 업주를 보호하고 이를 유지・온존시켜준다면 이는 법률 조항의 입법취지를 몰각시키는 결과가 되고 사회정의관념, 나아가 법적 정의실현에도 반한다고 할 것이다. 따라서 수인이 공모하여 수차례에 걸친 선불금계약을 체

---

69) 법무부, 앞의 책, 68면에 소개된 판례이다. 위 문헌은 "여종업원들의 선불금 편취에 관하여 무죄를 선고한 하급심 판결은 실무에서 종종 발견되는데, 성매매와 관련된 여부뿐만 아니라 여종업원들의 열악하고 인권침해적인 근무환경 등을 설펴서 사기죄의 성부를 따지는 것이 옳다고 보여진다"라고 하며, 이러한 하급심 판결로서 위 광주지법판결 외 창원지법 2003고정198 판결, 서울북부지법 2004고단972, 1301, 부산지법 2004고정2878 등이 있다고 소개하고 있다.

결하고 도망하는 경우 등과 같은 특별한 사정이 없는 한 윤락업주와 윤락녀 사이의 선불금 계약과 관련하여서는 사기죄의 성립을 엄격하게 보아야 할 것이다.

그와 같은 관점에서, 피고인이 과연 처음부터 이 사건 안마시술소의 종업원으로서 일할 의사나 능력이 없음에도 불구하고 선불금을 교부받은 것인지에 관하여 살피건대, 앞서 본 바와 같이 피고인은 윤락업소인 위 안마시술소에 취직하기 전에는 윤락을 주로 하는 업소에서 일한 경험이 없었는데 친구의 소개로 선불금도 많이 주고 일하기도 편하며 돈도 많이 벌 수 있다는 본건 안마시술소에 취직하게 된 것인 점, 피고인은 선불금을 받은 후 약속대로 일을 시작하여 약 1주일간 근무한 점, 그런데 막상 일을 하다 보니 예상보다 힘이 들어 거짓 핑계를 대고 도망하였을 뿐인 점, 피고인은 도망 이후에도 선불금을 일부나마 변제하였던 점 등 기록에 나타난 제반사정에 비추어 볼 때, … 이를 단정하기에 부족하고 달리 피고인의 편취범의를 인정할 증거가 없다.

[논의 주제]

- 다수설과 판례는 민사상 반환청구권의 문제와 사기죄 성립을 별개로 보아 불법한 목적을 위해 금전 등의 재산을 지급한 경우에도 사기죄가 성립한다고 본다(대법원 1995.9.15. 선고 95도707 판결, 대법원 2006.11.23. 선고 2006도6795 판결 등). 법률상 보호할 가치가 없거나 그 가치가 낮은 재산에 대해서도 사기죄의 성립을 인정하는 것에 대해 생각해보자.
- 일반적으로 불법원인급여의 경우에 사기죄를 인정한다고 하더라도 선불금의 경우 이와 다른 취급을 할 수 있을지에 대해서 생각해보자.

[해　설]

(1) 민사상 반환청구권과 사기죄 성립의 문제

불법원인급여로서 그 반환을 청구하지 못하는 재물의 급여가 기망행위에 의한 이루어진 경우 사기죄가 성립될 것인가?

다수설은 횡령죄의 경우와는 달리 불법원인급여에 대해 사기죄의 성립을 긍정한다. 학설이 그 논거로 드는 것은 다음과 같다. ① 형법 제347조 제1항의 사기죄에 있어 재산상의 손해는 "기망당하지 않았으면 교부하지 않았을 재물을 기망당한 결과 교부하게 되었기 때문에 재물을 상실한 것"이므로 불법원인의 경우에도 기망당한 결과 재물을 급여한 것이라면 그 점에서 재산상의 손해가 있게 되는 것이고, 따라서 횡령죄의 경우와는 달리 급여한 물건의 소유권이 교부한 자에 있느냐의 여부를 묻지 않고 사기죄가 성립된다. ② 민법이 「불법의 원인으로 인하여 재산을 급여하거나 노무를 제공한 때에는 그 이익의 반환을 청구하지 못한다」라고 규정한 것은 법률이 이러한 경우에 재산의 급여를 적법한 것으로 하는 것이 아니고, 다만 그 급여의 원인이 불법이라는 사실에 기하여 급여자를 보호하지 아니한다는 취지이므로 이 경우에도 행위자가 기망수단으로서 재물의 교부를 받은 이상 그 행위의 위법성이 결여되지 않는다. ③ 민법의 문제와 형법의 문제는 별개이다.[70)]

판례는 사기죄의 성립을 긍정한다. 종래 "용도를 속이고 돈을 빌린 경우에 만일 진정한 용도를 고지하였더라면 상대방이 빌려 주지 않았을 것이라는 관계에 있는 때"에는 사기죄의 성립을 인정하였다.[71)] 최근 대법원 판결은 "민법 제746조의 불법원인급여에 해당하여 급여자가 수익자에 대한 반환청구권을 행사할 수 없다고 하더라도, 수익자가 기망을 통하여 급여자로 하여금 불법원인급여에 해당하는 재물을 제공하도록 하였다면 사기죄가 성립한다"고 하면서 "피고인이 피해자 공소외인으로부터 도박자금으로 사용하기 위하여 금원을 차용하였더라도 사기죄의 성립에는 영향이 없다"고 하였다.[72)] 이러한 판례와 다수설의 입장에 따른다면 사기죄의 보호법익인 "재산"은 경제적 교

70) 주석형법[형법각칙(6)] 집필대표 박재윤, 159면, 장석조 집필부분 (이하 '주석형법'으로 인용함) 참조.

71) 대법원 1995.9.15. 선고 95도707 판결 외 다수.

72) 대법원 2006.11.23. 선고 2006도6795 판결. 이외에도 대법원은 금품 등을 받을 것을 전제로 성행위를 하는 부녀를 기망하여 성행위 대가의 지급을 면하는 경우 사기죄의 성립을 인정한 바 있다. 일반적으로 부녀와의 성행위 자체는 경제적으로 평가할 수 없고, 부녀가 상대방으로부터 금품이나 재산상 이익을 받을 것을 약속하고 성행위를 하는 약속 자체는 선량한 풍속 기타 사회질서에 위반한 사항을 내용으로 하는 법률행위로서 무효이나, 사기죄의 객체가 되는 재산상의 이익이 반드시 사법상 보호되는 경제적 이익만을 의미하지 아니하고, 부녀가 금품 등을 받을 것을 전제로 성행위를 하는 경우 그 행위의 대가는 사기죄의 객체인 경제적 이익에 해당하므로, 부녀를 기망하여 성행위 대가의 지급을 면하는 경우 사기죄가 성립한다는 것이다. 대법원 2001.10.23. 선고 2001도2991 판결.

환가치를 의미하고, 법적으로 유효한 권리인지 여부는 문제되지 않는다(경제적 재산개념).[73)]

이에 반하여 소수설은 사기죄의 성립을 부정한다. 불법원인에 의하여 급여를 한 경우 그 재산의 처분은 법이 금지한 목적을 실현하는 것이므로 법의 보호 밖에 있는 것이고, 재산상의 손해는 법이 보호하는 재산이 존재하지 않는 경우에는 발생하지 않는다는 것을 논거로 한다(법률적 재산개념[74)]). 법률적·경제적 재산개념[75)]을 취하는 입장에서는 사기죄와 관련하여 정당한 신뢰만을 보호할 가치 있는 것으로 여기고 피해자가 각성의무를 위반한 채 경솔하게 신뢰하여 기망당한 경우 피해자와 공동책임을 인정하여 기망행위의 성립을 제한할 수 있다고 보는데, 피해자가 경솔의 단계를 넘어 스스로 불법한 목적에 기여하고자 처분행위를 한 경우에는 법이 구원조치를 취할 필요성이 없다고 설명한다.[76)]

(2) 선불금 채권의 보호가치와 사기죄와의 관계

선불금 채권은 민법상 불법원인급여에 해당하여 업주가 그 반환을 청구할 수는 없지만 선불금 편취행위를 사기죄로 의율해 온 실무는 일반적으로 민사상 반환청구권의 문제와 사기죄 성립을 별개로 보는 다수설 및 판례와 같은 맥락에 있다. 그런데 위 하급심 판결들은 일반적으로 사기죄의 성립에 영향을 미치지 않는 재산의 법률상 보호가치, 즉 선불금의 법률상 보호가치에 대하여 의문을 제기하고 있다. 그 의미를 어떻게 해석하여야 할 것인가.

소수설을 취할 경우 선불금의 법률상 보호가치는 사기죄 성부에 절대적인 영향을 미친다. 성매매를 위해 교부된 선불금에 대해서 사기죄의 성립이

73) 판례는 경제적 재산개념을 취한다는 견해가 지배적이다. 주석 형법 152면. "형법 제333조 후단의 강도죄(이른바 '강제이득죄')의 요건이 되는 재산상의 이익이란 재물 이외의 재산상의 이익을 말하는 것으로서, 그 재산상의 이익은 반드시 사법상 유효한 재산상의 이득만을 의미하는 것이 아니고 외견상 재산상의 이득을 얻을 것이라고 인정할 수 있는 사실관계만 있으면 여기에 해당된다"고 한 대법원 1997.2.25. 선고 96도3411 판결 등 참조.

74) 민법상 개인이 갖는 모든 권리·의무를 재산으로 파악한다. 주석 형법 152면.

75) 법질서의 승인된 범위 내에서 개인이 갖고 있는 모든 경제적 가치 있는 재화를 재산으로 파악한다. 주석 형법 152면.

76) 주석형법 160면. 또한 안경옥, "불법원인급여와 사기죄의 성립,"『형사법연구』제18호, 한국형사법학회, 2002 참조.

부정될 것이다. 다수설과 판례의 입장을 취할 경우에도 선불금 사기죄 사건이 다른 사기죄 사건과 달리 취급될 가능성이 있는가?

일본의 경우 성매매를 한다고 하여 선불금을 받아 편취한 경우 사기죄를 인정한 판결에 대하여, 이는 성매매를 강요하는 결과가 된다는 점을 고려하여 위법성을 부정하여야 한다는 견해가 있다.[77] 선불금 사기죄에 관한 하급심 판결 가운데에는 선불금채권의 보호가치가 상대적으로 낮다는 점을 양형사유 가운데 하나로 판단한 경우도 있다.[78] 기망에 의해 재물을 교부한 경우 그것이 불법원인 급여에 의한 경우라 할지라도 사기죄의 성립을 긍정하는 다수설과 판례에 따른다면 선불금이 성매매를 위해 교부되었다는 점만으로 사기죄의 성립을 부인하기는 어려울 것이다.

그러나 성매매를 전제로 선불금을 수령하였다고 하여 성매매를 강요당하여야 하고 이를 피하기 위해 업소를 이탈하는 경우 사기죄로 처벌되어야 한다면 이는 법률로서 성매매를 강제하는 결과가 된다 특히 선불금의 교부는 단순히 변제를 기대한 금전관계가 아니라 인신의 구속을 가장 큰 목적으로 한 경우가 많다. 아무리 성매매를 전제로 선불금을 교부받았다고 하더라도 당사자가 성매매의 강요와 인신의 구속까지 예상하였다고 전제하여서는 안 될 것이다. 따라서 선불금 편취의 범의 또는 기망행위의 성립을 매우 엄격히 제한하여야 한다.

또한 기소여부를 결정하거나 양형을 결정하는 과정에서 선불금 사기죄의 보호가치가 극히 미미하다는 점을 고려해야 할 것이다. 성매매알선등처벌법은 “검사 또는 사법경찰관은 제1항의 불법원인과 관련된 의심이 있는 채무의 불이행을 이유로 고소·고발된 사건을 수사할 때에는 금품 그 밖의 재산상의 이익 제공이 성매매의 유인·강요나 성매매 업소로부터의 이탈방지수단으로 이용되었는지 여부를 확인하여 수사에 참작하여야 한다”고 규정하고 있다(제10조 제2항). 이는 선불금의 특수성을 고려하여 그에 대한 사기죄가 일반 차용금 사기죄와 달리 취급되어야 함을 명문의 규정을 두어 상기시키자고 한 것이다.

---

77) 井上/羽忠才, 判例にあらわわた財産犯の理論, 172, 주석형법, 161면에서 재인용.
78) 다시함께센터, 앞의 책, 331-333면에 인용된 판결이다.

4. 국가와 지방자치단체의 책임

(1) 군산 성매매업소 화재 사건

2000년 군산 대명동 성매매업소에서 화재가 발생하여 성매매여성 5명이 목숨을 잃는 사건이 발생하였다. 사망 당시 감금된 상태였던 성매매여성들은 화재를 피해 탈출하지 못하고 사망하였다. 2년 후인 2002년 군산 개복동 성매매업소에서도 이와 유사하게 성매매여성 13명이 감금 상태에서 화재로 사망하는 사건이 발생하였다. 이 사건들의 성매매여성들은 사망하기 직전까지 감금 상태에서 성매매를 강요당하였음이 밝혀졌는데, 이 같은 참혹한 성매매여성들의 실상은 사회에 큰 충격을 가져다주었고 성매매 방지를 위한 특별법 제정 운동을 촉발시켜 2004년 새로운 법률 제정의 주요한 계기가 되었다. 이후 관련 소송에서 국가와 지방자치단체의 책임이 인정된 바 있다.

(2) 경찰공무원의 직무유기와 국가의 책임

2000년 군산 대명동 사건의 사실관계는 다음과 같다. 화재가 발생하였던 업소의 업주는 여성들을 선불금을 주고 넘겨받아 성매매를 강요하면서 선불금 채무변제, 보호비, 방값, 식대 등의 명목으로 성매매 대가를 갈취해 왔다. 그러나 위 업소로부터 약 100m 정도 거리에 설치된 군산 역전파출소 경찰관들은 성매매영업을 묵인해 주는 대가로 인근 업주들로부터 매년 추석이나 설날 무렵 돈을 받아오면서 이에 대한 단속업무를 게을리 해 왔다. 업주는 업소 2층을 개조하여 여성들이 도망가지 못하도록 창문에 창살을 달고 외부의 출입문을 봉쇄하고 1층과 2층 사이 계단에 내부 출입문을 설치하고 이에 자물쇠를 달아 여성들이 2층에서 잠을 자는 동안 위 내부 출입문을 걸어 잠그고 감시해 왔는데, 화재 당시 여성들은 2층에서 잠들어 있던 중 위와 같은 출입구 폐쇄와 잠금 장치로 인해 탈출하지 못하고 사망하였다. 사망한 여성들의 유족들은 업주와 국가(경찰관의 사용자), 군산시(성매매업소의 단속에 관한 행정업무를 담당해 온 공무원들의 사용자)를 상대로 손해배상을 청구하였다.

이 사건에서 대법원은 "경찰관에게 권한을 부여한 취지와 목적에 비추어 볼 때 구체적인 사정에 따라 경찰관이 그 권한을 행사하여 필요한 조치를 취하지 아니하는 것이 현저하게 불합리하다고 인정되는 경우에는 그러한 권한의 불행사는 직무상의 의무를 위반한 것이 되어 위법하게 된다"고 하였으며, "피고(대한민국) 산하 군산경찰서 역전파출소 소속 경찰관들로서는 망인들을 비롯한 윤락녀들이 이 사건 업소 내부에 감금된 채로 윤락을 강요받으면서 생활하고 있음을 쉽게 알 수 있는 상황이었으므로, 범죄의 예방과 제지에 관한 경찰관직무집행법 제6조 및 형사소송법 등 관계 법령의 규정에 따라 이러한 감금 및 윤락강요행위를 제지하고 소외 1 등을 체포, 수사하는 등 필요한 조치를 취했어야 함에도 이러한 조치를 취하지 아니하였을 뿐만 아니라, 오히려 윤락업소의 업주들로부터 뇌물을 수수하며 위와 같은 행위를 방치한 것은 직무상의 의무를 위반한 것으로서 위법하다"고 판시하였다.[79)]

위 사건에서 대법원은 경찰관의 직무 위반행위로 인해 망인들이 업소에 감금된 채 성매매를 강요받게 되었다고 보았다. 즉, 경찰관의 직무 위반행위와 망인들이 감금된 상태에서 성매매를 강요받은 것 사이의 인과관계를 인정한 것이다. 따라서 국가가 배상해야 하는 손해는 "망인들이 이 사건 업소에 감금된 채 윤락을 강요받게 됨에 따라 망인들 및 그 가족들인 원고들이 입은 정신적 고통"이다. 그러나 이 사안에서 경찰공무원들의 직무 위반행위와 망인들의 사망 사이의 인과관계는 인정되지 않았다. 따라서 사망에 따른 손해는 국가의 배상책임의 범위에 포함되지 아니하였다.[80)] 물론 업주에 대해서는 원고가 청구한 범위 내에서 사망에 따른 손해, 즉 일실수익과 위자료를 배상할 책임이 인정되었다. 경찰공무원 외 성매매업소의 단속에 관한 행정업무를 담당해 온 군산시 공무원들의 책임은 인정되지 않았다.

(3) 소방공무원의 직무유기와 지방자치단체의 책임

2002년 군산 개복동 성매매업소에서 발생한 화재로 성매매여성 14명이 사망한 사건과 관련된 소송에서도 국가와 지방자치단체의 책임이 문제되었다. 위 사건의 유족들은 업주, 국가, 군산시와 함께 성매매업소에 대한 화재예방업무를 담당하였던 소방관들의 사용자인 전라북도를 피고에 포함시켜 손해배상을 청구하였다.[81)] 소방공무원들은 성매매업소들에 대한 합동점검당시 문제

---

79) 대법원 2004.9.23. 선고 2003다49009 판결.

80) 사망에 따른 손해란 망인들의 일실수익, 사망에 대한 위자료, 장례비 등 적극적 손해를 말한다.

의 업소들을 점검하면서, 1층과 2층 사이의 내부계단에는 잠금장치가 있는 여닫이 형식의 철제문이 설치되어 있어 만약 그 문을 잠글 경우 1층에서 2층으로는 올라갈 수 없는 구조로 되어 있음을 알고 있었다. 그런데 위 소방공무원들은 이에 대하여 아무런 조치도 취하지 아니한 채 위 각 합동점검 결과 이 사건 업소 내에 소화시설, 피난시설 등이 갖추어지고 피난상 장애요인도 없다는 취지로 각 점검부를 작성하여 보고하였다. 위 사안의 화재는 유흥주점들의 1층에서 발생된 후 약 30분 만에 진화되었는데 당시 1층에서 잠자고 있던 망인들은 특수잠금장치가 설치된 1층 현관 출입문으로 피신하지 못하고, 또 건물 외부로 나갈 수 있는 창문과 철제사다리가 설치되어 있는 2층으로는 위 1-2층 간의 내부계단에 설치된 철제문이 잠겨 있는 바람에 피신하지 못한 채 화재로 사망하였다.

이 사건의 원심은 군산 대명동 사건과 마찬가지로 경찰관들의 직무위반 행위로 감금된 채 성매매를 강요받은 여성들의 정신적 고통에 대한 국가의 위자료 지급 책임을 인정하였다. 그러나 시설기준을 위반한 불법영업에 대해 단속을 하지 않은 시공무원들의 직무 위반을 이유로 한 군산시의 배상책임은 인정하지 않았다. 또한 소방공무원들이 화재 업소들에 대한 소방시설이나 피난, 방화시설을 설치, 유지하는 데 필요한 시정조치를 명할 권한 등을 행사하지 아니하였다고 하더라도 그러한 권한의 불행사가 현저하게 합리성을 결한 것으로까지는 인정되지 아니하므로 전라북도의 배상책임은 인정되지 않는다고 하였다.

그러나 대법원은 원심의 판단 가운데 전라북도 부분을 파기하였다. 대법원은 "소방공무원이 소방법 규정에서 정하여진 직무상의 의무를 게을리한 경우 그 의무 위반이 직무에 충실한 보통 일반의 공무원을 표준으로 할 때 객관적 정당성을 상실하였다고 인정될 정도에 이른 경우에는 국가배상법 제2조에서 말하는 위법의 요건을 충족하였다고 봄이 상당"하고 "소방공무원의 행정권한 행사가 관계 법률의 규정 형식상 소방공무원의 재량에 맡겨져 있다고

---

81) 공무원의 불법행위를 이유로 국가배상책임을 구하는 경우 공무원의 사용자가 누구인지 판별하는 것이 중요하다. 2000년 군산 대명동 사건의 1심과 원심에서 원고들은 군산시가 소방공무원들의 직무 위반에 따른 책임이 있다고 주장한 것으로 보이는데, 법원은 소방공무원들이 광역지방자치단체인 전라북도 소속임을 이유로 원고들의 주장을 받아들이지 않았다.

하더라도 소방공무원에게 그러한 권한을 부여한 취지와 목적에 비추어 볼 때에 구체적인 상황 아래에서 소방공무원이 그 권한을 행사하지 않은 것이 현저하게 합리성을 잃어 사회적 타당성이 없는 경우에는 소방공무원의 직무상 의무를 위반한 것으로서 위법하게 된다고 할 것"인데, "위 각 합동점검에 참여한 소방공무원으로서는 위 소방법 관련 규정에 따라 위 잠금장치가 있는 철제문이 화재시 피난에 장애요인이 되는지 여부를 확인하고 그 문이나 잠금장치의 제거 등 시정조치를 취할 직무상 의무가 있다고 할 것인데, 위 철제문의 존재를 인식하고서도 아무런 조치를 취하지 아니한 채 오히려 점검부에는 피난장애시설이 없다는 취지로 허위 기재 및 보고를 한 잘못이 있다 할 것이고, 이러한 소방공무원의 직무상 의무 위반은 앞서 본 제반 법리에 비추어 현저히 불합리하여 위법하다고 할 것이며, 이러한 직무상 의무 위반 역시 망인들의 사망이라는 결과에 상당인과관계가 있다고 봄이 상당하다"고 하였다.[82] 이와 같이 소방관의 직무위반과 망인들의 사망과의 인과관계가 인정됨으로써 소방공무원의 사용자인 전라북도는 원고들이 청구한 범위 내에서 사망에 따른 손해, 즉 일실수익과 사망으로 인한 위자료를 배상하게 되었다.[83]

소송의 현실적인 측면에서 볼 때, 국가와 지방자치단체의 책임이 인정됨으로써 원고들인 유족들은 실실적인 배상을 받을 수 있었다. 물론 업주에게도 사망에 따른 손해배상책임이 인정되었으나, 개인은 변제 자력이 없거나 승소하더라도 그 집행이 어려운 경우가 많다. 따라서 국가나 지방자치단체의 책임이 인정되지 않았다면 유족들이 실제로 손해배상을 받기 어려웠을 것이다. 더욱 중요한 점으로는 국가 등에게 그간 성매매 여성들이 처한 참혹한 현실을 방관하거나 더 나아가 그 현실에 일조해 왔음을 확인하고 그에 대한 법적 책임을 인정하였다는 점이다. 이러한 소송과 함께 성매매방지법 제정운동이 2004년 새로운 법률 제정으로 이어졌음은 전술한 바와 같다.

---

82) 대법원 2008.4.10. 선고 2005다48994 판결.

83) 이는 국가가 배상해야 하는 감금 윤락에 대한 위자료보다 훨씬 큰 금액이었다.

제9장
낙태와 재생산권

▶ **강의개요**

낙태는 임부의 출산에 대한 자기결정권과 태아의 생명권이 충돌하는 문제로 여겨진다. 따라서 낙태에 대한 기존 논의는 임부의 자기결정권과 태아의 생명권 가운데 무엇이 우선인지, 임부의 자기결정권과 충돌되는 태아의 생명권을 국가가 어떠한 방법으로 또는 어느 정도로 보호할 것인지를 중심으로 전개되어 왔다. 이 장에서는 우선 낙태에 대한 각국의 태도, 모자보건법의 내용 등 기존 논의를 소개하고, 낙태의 현실과 현행 법규의 문제점을 살펴본다. 마지막으로 낙태에 관한 새로운 담론으로서 「카이로 행동강령」에서 명명된 '재생산권'의 개념을 소개한다.

▶ **주제어**

낙태, 모자보건법, 재생산권, 프라이버시권, 태아의 생명권

Ⅰ. 서 론

형법은 낙태를 금지하면서도 모자보건법을 통하여 일정한 사유가 있는 경우 낙태죄로 처벌하지 않고 있다. 낙태죄의 보호법익인 태아의 생명권은 흔히 임부의 출산여부에 대한 자기결정권과 충돌한다고 여겨진다. 따라서 낙태에 대한 기존 논의는 임부의 자기결정권과 태아의 생명권 가운데 무엇이 우

선인지, 임부의 자기결정권과 충돌되는 태아의 생명권을 국가가 어떠한 방법으로 또는 어느 정도로 보호할 것인지를 중심으로 전개되어 왔다.

예컨대 미국 연방대법원은 헌법상 프라이버시권을 근거로 임부의 낙태 선택을 허용하되, 임부의 건강과 태아의 잠재적 생명이라는 법익을 보호하기 위해 주(州)가 입법을 통해 낙태를 규제할 수 있다는 논리를 취하고 있다. 독일 연방헌법재판소는 태아의 생명권은 헌법상 보호되며 따라서 낙태는 원칙적으로 금지된다고 하여 태아의 생명권을 우선시하였으나, 태아를 보호하기 위한 입법으로서 상담을 조건으로 임신초기의 낙태에 대한 처벌을 포기할 수 있다고 하였고, 이에 따라 독일에서는 상담을 전제로 임신초기 임부의 자기결정권을 인정하는 법률이 제정되었다.

한국의 논의도 그간 이러한 논의 구조를 크게 벗어나지 않았으나, 한국 여성이 처한 사회경제적 현실(예컨대 미혼모에 대한 차별과 억압, 출산 여건의 미비 등)에 비추어 볼 때 낙태가 "강요된 선택"임을 지적하면서 한국의 현실에서 필요한 것은 낙태의 허용/금지의 원칙을 넘어선 "여성 중심의 재생산 정책"임을 강조하는 여성주의적 시각이 있다.[1] 이 장에서는 우선 낙태에 대한 각국의 태도, 모자보건법의 내용 등 기존 이론을 소개하고, 현행 법규의 문제점과 함께 여성주의 시각에서 제시되는 재생산권에 관한 논의를 소개하고자 한다.

Ⅱ. 낙태에 대한 각국의 태도

낙태에 관한 입법례를 살펴보면 아무런 법규를 두지 않음으로써 전면적으로 낙태를 허용하는 경우는 찾기 어렵고 일정한 법률 유보로서 낙태를 허용하는 것이 보편적이다.[2] 아래에서는 낙태를 허용하는 방식과 낙태에 관하

---

1) 양현아, "낙태죄에서 재생산권으로," 『낙태죄에서 재생산권으로』, 사람생각, 2005. 236, 239-240면. "재생산권"은 Reproductive rights의 번역인데, 이는 "성관계, 임신, 출산, 양육에 이르는 '인간의 재생산'을 의미하며 이런 일련의 활동이 가지는 경제적, 사회적 제 측면을 지칭한다." 양현아, 위의 논문, 203면.

2) 낙태처벌규정이 없는 중국을 예외로 한다면 극단적인 입법을 가진 나라는 찾아볼 수 없으며, 거의 모든 법이 중도를 취하고 있다. 이기헌, 『낙태의 허용범위와 허용절차규정

여 가장 이론적 논쟁이 활발하였던 미국의 경우를 살펴본다.

1. 낙태를 허용하는 태도

(1) 적응모델(Indikationslosung)

원칙적으로 낙태를 범죄로 규정하면서 일정한 사유(적응사유)가 있는 경우에 한하여 예외적으로 낙태를 허용하는 방식이다. 낙태가 허용되는 적응사유로는 의학적 적응, 우생학적 적응, 윤리적 적응, 사회적·경제적 적응 등이 제시되고 있다.[3] 이 유형에 속하는 낙태규제법은 적응사유의 범위에 따라 많은 차이를 보인다. 사회적 적응사유[4]의 인정 여부에 따라 엄격한 적응모델과 완화된 적응모델로 나누기도 한다.[5] OECD 30개 국가 가운데 23개국이 사회적 적응사유를 인정하고 있다는 연구결과가 있다.[6] 적응사유의 존재는 임부가 아닌 제3자가 판단한다.

(2) 상담모델

낙태의 허용근거로서 일정한 긴급 상황을 제시하며, 그러한 사유가 있을 때에만 일정 기간 내에 낙태를 허용한다. 낙태사유의 해당성 여부는 상담을 전제로 임부 자신의 책임 있는 판단과 결정에 맡긴다.[7] 낙태의 마지막 결정은 상담을 거친 임부에게 달려 있으므로 외형상 기한모델에 근접한다. 그러나 이 경우에도 법이 낙태를 임부의 자유로운 영역에 둔 것이 아니라 일정한 긴급 상황을 전제로 임부에게 그것을 고려할 것을 요구하므로 기한모델과 구별된다.[8] 독일의 낙태규정은 12주 내의 낙태에 긴급 상황을 전제하지 않으나

에 관한 연구』, 한국형사정책연구원, 1996, 55면.

3) 주석형법 [형법각칙(4)], 2006, 집필대표 박재윤, 전주혜 집필부분(이하 『주석형법』으로 인용함), 38면.

4) 사회적 적응은 대체로 임부의 사회적·경제적 부담을 전제로 한다. 대체로 아이의 출생 또는 양육이 임부의 가정 및 그 밖의 상황을 고려할 때 임부에게 중대한 부담이 되는 경우 사회적 적응으로 인한 낙태를 허용한다. 이기헌, 위의 책, 85면. 사회경제적 적응사유라고 하기도 한다.

5) 이기헌, 앞의 책, 55-58면.

6) 보건복지부/고려대학교, 『인공임신중절 실태조사 및 종합대책 수립』, 2005.9.(이하 『2005년 보건복지부 연구보고서』로 인용함), 134면, [표 V-1].

7) 이기헌, 앞의 책, 61면.

태아의 생명보호를 목적으로 하는 상담을 허용요건으로 하고 있다.[9] 다른 한편 이 모델이 일반적인 적응방식과 구별되는 것은 일정한 기한 내에 긴급 상황이 존재하는가에 대한 판단을 임부의 자기결정에 맡기며, 그것을 법적으로 심사하지 않는 것이다. 프랑스는 긴급 상황에 처한 임부가 행한 임신 10주 내의 낙태를 처벌하지 아니하는데, 위 법규와 관련하여 프랑스 대법원은 "성인인 여성에게는 자신이 낙태를 정당화할만한 상황에 처해 있는가를 스스로 평가할 권리가 법적으로 인정된다"고 보았다.[10] 네덜란드는 허가된 시설 이외에서 행하는 낙태시술만을 금지한다. 임부는 낙태시술을 받기 며칠 전 의사와 상담하여야 하고 상담을 통하여 임부의 긴급 상태가 피할 수 없는 경우에만 시술된다. 결정을 사려 깊게 하였는가를 임부와 의사가 공동으로 확인하며, 그 확인은 심사대상이 되지 않는다.[11]

(3) 기한모델

임신 후 일정기간 안에 행해진 낙태를 허용하는 방식이다.[12] 기한방식을 취하는 유형중에서도 극단적인 기한모델은 일정한 기한 내에 행하는 낙태를 처벌하지 않을 뿐만 아니라 그것을 임부의 '권리'라고 본다. 임부는 낙태를 해야 하는 근거를 제시할 필요가 없으며, 일정한 긴급 상황을 언급할 필요도 없다. 기한 방식은 그야말로 임부의 자기결정에 기초를 두고 있다.[13] 스웨덴에서는 낙태를 형법에서 삭제하여 자기낙태, 타인에 의한 낙태의 교사, 방조도 마찬가지로 불가벌이다. 단지 1974년 낙태법에 의하여 비전문가의 낙태와 의사가 절차규정에 반하여 시술한 경우만을 처벌한다. 낙태법에 의하면 임신 18주 말까지 임부가 낙태를 청구할 수 있으며, 29주까지는 사회복지부의 허가가 필요하다. 낙태를 원하는 임부는 12주부터 18주 사이에 사회복지상담원의 상담을 청구해야 한다. 이러한 상담의무는 경우에 따라 면제될 수 있으며, 의무를 지키지 않더라도 법적인 제재는 없다.[14]

---

8) 이기헌, 앞의 책, 62면.
9) 이기헌, 앞의 책 62면.
10) 이기헌, 앞의 책, 65면.
11) 네덜란드 낙태법 제5조 제1항 참조. 이기헌, 앞의 책 66면에서 재인용.
12) 주석형법 38면.
13) 이기헌, 앞의 책, 70면.

2. 낙태에 관한 미국 연방대법원 판결

미국은 낙태를 둘러싼 논쟁이 가장 활발한 국가이다. 그 논쟁의 역사 가운데 Roe v. Wade 판결[15]은 낙태에 관해 가장 중요한 전환점이 되는 판결로 꼽힌다. 미국 연방대법원은 위 판결에서 산모의 생명을 구하기 위한 경우 이외의 낙태를 금지하는 텍사스 주법은 위헌이라고 판시하였다. 대법원은 헌법상 가족과 출산에 대한 프라이버시권은 여성이 낙태를 결정할 수 있는 권리가 포함되는 폭넓은 것이라고 하였다.[16] 절대적으로 낙태를 금지하는 위와 같은 텍사스 주법은 여성의 헌법상의 근본적 권리를 침해하는 것으로서 엄격심사(strict scrutiny)[17]의 대상이 되는 것이고, 따라서 주(洲)의 강력한(compelling) 법익이 있을 때에만 정당화될 수 있다는 것이다.[18] 대법원은 주가 낙태 규제와 관련하여 ① 임부의 건강 ② 태아의 잠재적 생명에 대한 보호라는 두 가지 법익을 가짐을 인정하였으나, 임신 초기 단계에서는 이 둘 중의 어느 것도 여성의 헌법상 권리를 침해할 만큼 강력하지 않다고 하였다. 그러나 임신 3개월이 경과하면서부터 모의 건강보호라는 법익이 강력해지고 이 기간 동안 낙태 시술이 안전하게 이루어지도록 제한을 가하는 것은 허용되나, 그렇다고 하여 낙태를 전적으로 금지하는 것은 허용되지 않는다. 한편 태아의 잠재적 생명보호라는 법익은 임신 후반기인 6개월 이후, 즉 태아가 모의 자궁 외부에서 생존능력(viability)을 가지는 시점 이후부터 강력해지는 것이라고 보았다. 이 시점부터 주는 의학적 견지에서 모의 생명 또는 건강을 위해 필요한 경우를 제외하고 낙태를 규제하거나 금지할 수 있다는 것이 위 판결의 요지이다.[19]

---

14) 이기헌, 앞의 책 72면.

15) 410 U.S. 113 (1973).

16) Id. at 153.

17) 미국 위헌심판에서의 위헌심사기준은 심사의 강도에 따라 최소한의 심사기준인 합리성 심사기준(rationality review), 보다 높은 강도의 심사기준인 엄격심사기준(strict scrutiny), 그 중간 강도의 중간심사기준(intermediate scrutiny)로 분류된다. 이에 대한 자세한 설명으로는 이우영, "미국의 위헌심사기준으로서의 '이중기준'," 『서울대학교 법학』 제50권 제1호 2009.3. 참조.

18) Id. at 156.

19) Id. at 165.

이후 Planned Parenthood v. Casey 사건[20]에서 대법원은 Roe v. Wade 판결의 핵심적 내용이 유지되어야 함을 확인하고, 그 핵심적 내용은 "여성은 태아가 생존능력을 가지기 전에는 주의 부당한 간섭 없이 낙태를 할 권리가 있다는 것"과 "모의 건강과 생명을 보호하기 위해 필요한 경우에는 태아가 생존능력을 가진 이후라도 낙태를 할 수 있다는 것"이라고 하였다.[21] 그러나 대법원은 "3개월 기간구분법(trimester framework)"은 Roe 판결의 핵심적 내용이 아니라고 보았다. 이러한 구분법은 태아의 잠재적 생명에 대한 주의 법익을 경시하는 문제점을 가지고 있으며, 주는 임신의 전 기간에 걸쳐 태아의 잠재적 생명에 대한 실질적 이익을 가진다고 보았다.[22] 나아가 대법원은 종래 적용되던 엄격심사기준 대신 부당한 부담(unduly burdens)기준을 채택하여, 태아가 생존능력을 가지기 전 단계의 낙태 결정에 실질적 장애를 초래하는 법규는 부당한 부담을 지우는 것으로서 위헌이라고 하였다.[23] 대법원은 이러한 기준을 적용하여 펜실베이니아 주의 낙태법 가운데 의사의 낙태에 대한 정보제공, 24시간의 대기, 미성년자에 대한 부모의 동의, 의료기관의 기록보존과 보고의무에 관한 조항은 합헌이라고 판단하였다. 그러나 결혼한 여성에 대해 남편에게 낙태를 고지하도록 한 조항은 위헌이라고 판단하였다.

Ⅲ. 낙태 현실과 현행 법규의 문제점

1. 모자보건법 — 엄격한 적응모델

형법은 낙태를 금지하면서도 모자보건법에 따라 적응사유가 있는 경우 낙태죄로 처벌하지 않는다. 구체적으로 모자보건법은 ① 적응사유가 있는 경

20) 505 U.S. 833 (1992).

21) Id. at 846.

22) Id. at 876. 그러나 연방대법원은 생존능력을 기준을 한 구분(viability line)은 그대로 유지하였다. 생존능력을 가지는 시점이 낙태에 대한 법적 규제가 헌법적 정당성을 가지게 되는 시점을 나타낸다는 것이다. Id. at 860. 따라서 태아가 생존능력을 가지기 이전에 여성은 결정할 권리를 가지며, 생존 능력을 가진 이후로는 주가 모의 건강과 생명을 구하기 위한 경우를 제외하고 낙태를 금지할 수 있다고 보았다.

23) Id. at 877.

우 ② 의사가 ③ 임신 24주일 이내에[24] ④ 본인과 배우자의 동의[25]를 받아 행한 인공임신중절[26]을 낙태죄로 처벌하지 아니한다(제14조 제1항, 제28조, 시행령 제15조). 모자보건법의 제14조 1, 2호는 우생학적 사유, 3, 4호는 윤리적 사유, 5호는 의학적 사유로 분류된다.[27][28] 모자보건법은 사회적 적응사유를

---

24) 2009년 7월 모자보건법시행령의 개정으로 기존의 28주에서 24주 이내로 단축되었다.

25) 모자보건법 제14조 ② 제1항의 경우에 배우자의 사망·실종·행방불명, 그 밖에 부득이한 사유로 동의를 받을 수 없으면 본인의 동의만으로 그 수술을 할 수 있다.
③ 제1항의 경우 본인이나 배우자가 심신장애로 의사표시를 할 수 없을 때에는 그 친권자나 후견인의 동의로, 친권자나 후견인이 없을 때에는 부양의무자의 동의로 각각 그 동의를 갈음할 수 있다.

26) 모자보건법상 인공임신중절수술이란 "태아가 모체 밖에서는 생명을 유지할 수 없는 시기에 태아와 그 부속물을 인공적으로 모체 밖으로 배출시키는 수술"을 말한다(제2조 제7호). 이는 "태아를 자연의 분만기에 앞서서 인위적으로 모체 밖으로 배출하거나 모체 안에서 살해"하는 행위인 형법상의 낙태보다 좁은 개념이다. 대법원 2005.4.15. 선고 2003도2780 판결 참조.

27) 모자보건법 제14조【인공임신중절수술의 허용한계】 ① 의사는 다음 각 호의 어느 하나에 해당되는 경우에만 본인과 배우자(사실상의 혼인관계에 있는 사람을 포함한다. 이하 같다)의 동의를 받아 인공임신중절수술을 할 수 있다.
1. 본인이나 배우자가 대통령령으로 정하는 우생학적(優生學的) 또는 유전학적 정신장애나 신체질환이 있는 경우
2. 본인이나 배우자가 대통령령으로 정하는 전염성 질환이 있는 경우
3. 강간 또는 준강간(準强姦)에 의하여 임신된 경우
4. 법률상 혼인할 수 없는 혈족 또는 인척 간에 임신된 경우
5. 임신의 지속이 보건의학적 이유로 모체의 건강을 심각하게 해치고 있거나 해칠 우려가 있는 경우

28) 각 적응사유에 관해 살펴보면 다음과 같다.
(1) 본인이나 배우자가 대통령령으로 정하는 우생학적(優生學的) 또는 유전학적 정신장애나 신체질환이 있는 경우(제1호)
2009년 7월에 개정된 모자보건법 시행령 제15조 제2항은 "연골무형성증, 낭성섬유증 및 그 밖의 유전성 질환으로서 그 질환이 태아에 미치는 위험성이 높은 질환"(제2항)을 규정하고 있다. 그 이전의 시행령에는 "유전성 정신분열증, 유전성 조울증, 유전성 간질증, 유전성 정신박약, 유전성 운동신경원 질환, 혈우병 및 현저한 범죄경향이 있는 유전성 정신장애 기타 유전성 질환으로서 그 질환이 태아에 미치는 위험성이 현저한 질환"으로 되어 있었는데, 과학적 근거가 불분명하다는 비판이 있었다. 배종대, 형법각론, 홍문사, 2002, 156면 참조.
위 규정에 대하여 유전학적 소질에 한정할 것이 아니라 약물복용, 임신중독증, X선 촬영 질병 등에 의한 경우를 포함하여야 한다는 견해가 있다. 이인영, "낙태죄 입법의 재구성을 위한 논의," 『낙태죄에서 재생산권으로』, 사람생각, 2005. 『2005년 보건복지부 연구보고서』 254면에는 "태아에 심각한 이상이 있어 출생 후 생존이 불가능한 경우나 신체적, 정신적 기형으로 심각한 고통을 받을 수 있는 경우"를 임신중절 허용기

허용하지 않는 점에서 엄격한 적응모델에 속한다.

법원 역시 원칙적으로 낙태관련법규의 내용을 엄격히 적용한다고 볼 수 있다. 대법원은 "낙태행위가 가족계획의 국가 시책에 순응한 행위라고 믿었다 하더라도 국가시책에 의한 가족계획은 어디까지나 임신을 사전에 방지하는 피임 방법에 의한 것이고 임신 후의 낙태행위를 용인함이 아니라 함은 자명"하다고 하여 이는 법률상 착오에 불과하다고 하였다.[29] 또한 부녀의 촉탁 또는 승낙을 받아 의사가 행한 낙태행위가 형법 제20조의 '사회상규에 반하지 않는 행위'로서 위법성이 조각된다는 주장을 받아들이지 않았다.[30] 대법원은 이 판결에서 "인간의 생명은 잉태된 때부터 시작되는 것이고 회임된 태아는 새로운 존재와 인격의 근원으로서 존엄과 가치를 지니므로 그 자신이 이를

준으로 제시하고 있다.

(2) 본인이나 배우자가 대통령령으로 정하는 전염성 질환이 있는 경우(제2호)

시행령은 "풍진, 톡소플라스마증 및 그 밖에 의학적으로 태아에 미치는 위험성이 높은 전염성 질환"을 규정하고 있다. 그 이전의 시행령에 규정되어 있던 "수두, 간염, 후천성면역결핍증 및 『전염병예방법』 제2조 제1항의 전염병"을 제외하였다. 치료가 가능한 질환이라는 점이 시행령 개정의 근거로 보인다.

(3) 강간 또는 준강간(準强姦)에 의하여 임신된 경우(제3호)

강간, 준강간에 한정되므로, 강제추행, 미성년자간음, 업무상 위력 등에 의한 간음, 혼인빙자간음에 의한 임신의 경우에는 본호의 적용이 없다고 한다. 주석 형법 44면 참조.

이에 대하여 강간 또는 준강간에 의한 경우뿐만 아니라 성폭력에 의한 범죄(특별법 포함)으로 인하여 임신한 경우를 모두 포함하여야 한다는 견해가 있다. 이인영, 위의 논문, 142면. 다만 위 견해는 혼인빙자간음죄로 인한 임신의 경우 범죄사실만 인정되면 낙태가 허용되는 윤리적 정당화 사유를 적용하기보다는 오히려 임신의 지속이 가져오는 임부와 그 가족에 대한 사회적 경제적 상황을 고려하여 허용 여부를 판단하는 사회적 정당화 사유로 분류하는 것이 필요하다고 한다.

(4) 법률상 혼인할 수 없는 혈족 또는 인척간에 임신된 경우(제4호)

이에 대하여 법률상 혼인할 수 없는 사이에서 출생하였다 하여 태아의 생명권을 경시해서는 안 된다는 견해가 있다. 주석 형법 44면 참조.

(5) 임신의 지속이 보건의학적 이유로 모체의 건강을 심각하게 해치고 있거나 해칠 우려가 있는 경우(제5호)

대법원은 이를 "임신의 지속이 모체의 생명과 건강에 심각한 위험을 초래하게 되어 모체의 생명과 건강만이라도 구하기 위하여는 인공임신중절수술이 부득이하다고 인정되는 경우"로 엄격히 해석하며, "이러한 판단은 치료행위에 임하는 의사의 건전하고도 신중한 판단에 위임되어 있다"고 본다. 대법원 2005.4.15. 선고 2003도2780 판결, 대법원 1985.6.11. 선고 84도1958 판결.

29) 대법원 1965.11.23. 선고 65도876판결.

30) 대법원 1985.6.11. 선고 84도1958 판결.

인식하고 있는지 또 스스로를 방어할 수 있는지에 관계없이 침해되지 않도록 보호되어야 한다 함이 헌법 아래에서 국민일반이 지니는 건전한 도의적 감정과 합치"된다고 판시하였다. 대법원은 모자보건법상 정당화 사유인 의학적 사유도 엄격히 해석하여 이는 "임신의 지속이 모체의 생명과 건강에 심각한 위험을 초래하게 되어 모체의 생명과 건강만이라도 구하기 위하여 인공임신중절수술이 부득이하다고 인정되는 경우"라고 판시하고 있다.[31)][32)] 그러나 실제로 낙태죄의 처벌은 매우 드물게 이루어지고 있으며,[33)] 낙태 사건으로 재판을 받는 경우에도 집행유예 또는 선고유예로 끝나는 경우가 많다.[34)]

---

31) 대법원 2005.4.15. 선고 2003도2780 판결.

32) 한편 민사사건에서 낙태와 관련된 문제가 다루어진 경우로서 장애아를 출산한 경우 의사의 손해배상책임이 문제된 사례가 있는데, 의사가 기형아 판별확률이 높은 검사 방법에 관하여 설명하지 아니하여 임산부가 그와 같은 검사를 받지 못한 채 다운증후군에 걸린 아이를 출산한 경우, 다운증후군은 인공임신중절사유에 해당하지 않으므로 부모에게 적법한 낙태결정권이 없다고 보아 그러한 권리가 침해되었음을 전제로 한 손해배상청구를 부정하였다. 대법원 1999.6.11. 선고 98다22857 판결. 다만 대법원 2002.6.25. 선고 2001다66321 판결에서는 장애로 인해 태어난 아이가 정신지체, 발육지연 등의 증상을 겪게 된다는 점을 부모가 미리 알고 이에 대비할 기회를 상실하게 함으로써, 기형아를 출산하는 예기치 않은 결과로 인하여 정신상 고통(부모의 낙태결정권 침해로 인한 정신적 고통은 제외)을 당하게 되었으므로, 그 손해를 배상할 책임이 있다고 하였다.

33) 2000년부터 2004년까지 매년 발생하는 낙태건수는 평균 약 33건에 지나지 않는다. 범죄분석, 대검찰청, 2000년, 50-51면(발생건수 39건); 2001년, 50-51면(발생건수 42건); 2002년, 50-51면(발생건수 34건); 2003년 50-51면(발생건수 22건); 2004년 50-51면(발생건수 30건) 참조.

34) 하급심 판결들은 그 이유로서 낙태에 대한 법리적 논란이 있는 점, 현실적으로 광범위하게 이뤄지고 있는 낙태에 대한 책임을 의사에게만 묻기 어려운 점 등을 들고 있다. 심지어 낙태시술을 받은 여성이 사망한 사건에서도 "사실상 낙태가 용인되는 사회 분위기상 피고인에게만 무거운 책임을 묻기 어렵다"는 참작 사유를 들어 의사에게 집행유예를 선고한 경우도 있다. 서울신문 2010.7.23.자 기사. 최근 낙태에 관한 논란이 가중되는 중에도 "태아의 낙태와 관련한 부녀의 권리 등에 대한 다양한 의견이 제시되고 있는 사회적 상황, 그동안 낙태에 대한 처벌과 관련하여 공권력의 처벌의지가 상대적으로 미약했던 경험적 사실에 기초한 형평성의 문제"를 참작하여 선고유예를 선고하기도 하였다. 국민일보 2010.6.15.자 기사. 이러한 현상에 대하여 어느 국가에서든 극히 적은 낙태사례만이 소추기관에 인지되며, 유죄판결의 수 역시 아주 적다는 사실을 지적하며 이는 우리 사회에 특유한 도덕불감증을 반영하는 직무해태가 아니라 현실 상황에 낙태죄 규정이 가감 없이 적용되어야 하는가에 대한 솔직한 회의에서 비롯된 보편적인 반응이라고 해석함이 보다 정확할 것이라는 견해로서 오승이, "법여성주의를 통해 본 낙태죄의 비판적 고찰," 서울대학교 대학원 법학석사학위논문, 25-26면.

2. 낙태의 현실

한 연구조사에 따르면 우리나라의 연간 인공임신중절 시술건수는 약 342,433건이고, 이 중 기혼여성의 경우가 198,515건(58%), 미혼여성의 경우가 143,918건(42%)으로 추정된다고 한다.[35] 시술이유로는 미혼여성은 96.0%가 사회경제적 이유(미혼, 미성년, 경제적 어려움 등)이고, 기혼여성은 76.7%가 가족계획(자녀불원, 터울조절, 원하는 성별이 아님), 경제적 어려움(17.6%)으로 조사되었다.[36] 이에 따르면 우리나라의 인공임신중절 시술의 약 4.4%만이 현행법상 합법이라는 것이다.[37]

우리나라의 인공임신중절 비율은 외국과 비교하여 상당히 높은 편이다. 15~44세 여성 1000명으로 기준으로 우리나라의 인공임신중절률은 29.8%(2005년)로, 서구 선진국에 비해서 높은 편이며, OECD 회원국 30개국 중에서도 매우 높은 편이라고 한다.[38] 상담모델방식을 취하고 있는 독일은 7.6%, 네덜란드는 6.5% 불과한 점에 비추어 볼 때[39] 낙태관련법규가 엄격하다고 하여 낙태율이 저하되는 것이 아님을 알 수 있다. 오히려 엄격한 낙태 규정은 위험한 불법 낙태를 불러와 여성의 생명과 건강에 심각한 위험을 가져올 수 있다. 미국에서 1973년 Roe v. Wade 판결로 낙태가 합법화되기 이전인 1965년 당시 낙태와 관련된 여성의 사망은 235건이나 되었다.[40] 그러나 낙태가 합법화된 지 3년이 지난 1976년에는 낙태와 관련한 여성의 사망은 단지 27건이었으며, 이 중 불법낙태로 인한 것은 단지 2건이었다고 한다.[41] 2009

---

35) 2005년 보건복지부 연구보고서 46면.

36) 위 연구보고서, 56-57면.

37) 위 연구보고서 249면.

38) 위 연구보고서, 248면 [표 Ⅶ-1] 참조. 위 표에 의하면 우리나라의 15-44세 여성 1000명당 인공임신중절률은 일본 13.4%(1995), 캐나다 14.9%(2002), 영국 17.8%(2004), 호주 19.7%(2003), 미국 21.1%(2001)보다 높고, 낙태에 대해 아무런 제한을 두지 않고 있는 중국 26.1%(1995)보다 높다.

39) 위 연구보고서, 252면.

40) Samuel Buell, “Criminal Abortion Revisited,” 66 N.Y.U. Rev. 1797-1798 (1991), 최희경, “미국의 연방대법원 판례를 통해 본 낙태와 여성의 프라이버시 권리,” 『낙태죄에서 재생산권으로』, 사람생각, 2005, 174면에서 재인용.

41) Hyman Rodman, Betty Savis & Joy Waker Bonar, The Abortions Question 39 (New York: Columbia University Press, 1987), 최희경, 앞의 논문, 175면에서 재인용.

년 말~2010년 초 한국에서도 비슷한 상황이 전개되고 있다. 2009년 말 "프로라이프"의사회의 낙태 행위 고발과 이에 뒤따른 정부의 불법낙태에 대한 강력한 단속방침이 나왔는데, 그 이후 낙태 시술비용의 증가와 중국으로의 원정 낙태 문제가 언론에 보도되었다.[42] 또 낙태 시술을 도와주겠다는 글을 인터넷에 올려 20대의 임산부를 유인해 성폭행한 뒤 피해자를 협박해 돈을 갈취한 30대 남성의 범죄행위가 기사화되기도 하였다.[43]

3. 판례연구

*** 낙태행위에 대한 검사의 불기소처분이 자의적인 검찰권의 행사가 아니라고 한 헌법재판소 결정(헌법재판소 1997.3.27. 선고 96헌마298)**

[사안의 개요]

A(피고소인)는 B와 결혼 후 부부간의 잦은 불화로 다투어 왔다. 임신 중이었던 A는 집을 나와 친정으로 거처를 옮긴 뒤 남편인 B에게 낙태에 대한 동의를 요청하였다. 당시 A는 B와의 혼인 생활이 파경에 이르렀고, 지병인 간질병으로 인해 태아도 선천적으로 간질병을 앓을 가능성이 컸으며, 낙태 시술 약 10일 전 가정불화를 비관하여 다량의 진통제와 감기약을 복용한 결과 간질 발작하는 등 건강상태가 극도로 악화된 상태였다.

B는 A의 낙태에 대한 동의를 거절하였으나 그럼에도 불구하고 A가 낙태를 하자 B의 부친(청구인)은 A를 낙태죄로 고소하였고, 검사(피청구인)가 A의 낙태가 모자보건법 제14조 제1항 제1호에 해당된다고 보아 불기소처분을 내리자 "검사가 자의적인 수사로 실체적 진실을 밝히지 못하였을 뿐만 아니라 범죄의 성립이 명백함에도 불구하고 공소권을 발동하지 아니함으로써 범죄피해자인 청구인의 평등권과 재판절차상의 진술권을 침해하였다"는 이유로 불기소처분의 취소를 구하는 심판청구를 하였다.

---

42) MBC 뉴스데스크 2010.7.19.자 보도. 원정 낙태 브로커들이 항공비와 숙박비, 병원비를 포함해 2박3일에 130만원 안팎을 받으며 낙태를 주선하고 있으며, 원정 낙태의 경우 진찰 기록을 남기지 않기 때문에 의료 사고가 생기더라도 속수무책이라는 내용을 보도하고 있다.

43) 조선일보 2010.6.20.자 기사.

[결정 내용]

(1) 헌법재판소는 모자보건법 제14조 제1항에서 요구하는 배우자의 동의가 없었고, 사안의 경우는 제14조 제2항이 규정하는 산모 본인의 동의만으로 낙태수술을 할 수 있는 경우, 즉 배우자의 사망 실종 행방불명 기타 부득이한 사유로 인하여 동의를 얻을 수 없는 경우에 해당하지 아니한다고 하였다. 헌법재판소는 위 규정의 '기타 부득이한 사유'라고 함은 "장기간 출타 또는 빈번한 이동 등으로 필요한 시기에 연락이 될 수 없는 등 사망, 실종, 행방불명의 정도에는 이르지 아니하나 그와 유사한 사유로 동의를 얻을 수 없는 경우"를 말한다고 보아야 하고 이 사건의 경우와 같이 소재가 분명한 배우자가 낙태에 부동의함을 밝히고 있는 경우에는 '부득이한 사유'에 해당할 수 없다고 보았다.

(2) 또한 모자보건법 제14조 제1항 및 관련 시행령은 간질증 중에서도 유전성 간질증만을 인공임신중절 허용사유인 유전하적 신체질환으로 규정하고 있는데 수사기록상 이 점에 관한 자료도 발견할 수 없어 수사미진으로 보인다고 하였다. 그러나 A의 낙태행위가 죄가 된다고 하더라도 사실관계상 출산을 하더라도 정상적으로 양육하기 어려운 상태임을 고려할 때 그 낙태행위를 기소하지 아니한 검사의 불기소처분이 헌법재판소가 관여할 정도로 정의와 형평에 반한 자의적인 검찰권의 행사에 해당한다고까지는 할 수 없으며, 이로 말미암아 청구인 주장의 기본권이 침해되었다고 볼 수 없다고 판시하였다.

[논의 주제]

- 현행 낙태 법규의 문제점에 대해 생각해 보자.

[해 설]

우리나라의 현행 낙태관련법은 사회적 적응사유를 인정하지 않기 때문에 현실 문제의 해결에 불충분하다는 비판이 제기되고 있다.[44] 또한 단순히 낙태 금지/예외적 허용만을 규정하고 어떤 절차규정도 두지 않음으로써 낙태의 험의가 있는 경우 허용되는 낙태인지 여부를 수사하고, 허용되지 않는 낙태일 경우 이를 기소하는 사후통제 형식을 띠고 있다[45] 그러나 오늘날은 현실성 없는 사후통제 대신 일정한 절차를 통하여 예방적인 통제를 취하는 입법례가 점차 늘어나고 있으며, 형법적인 제재보다 이러한 절차의 보장을 중시하는 방향으로 나아가고 있다.[46]

한편 모자보건법에 따르면 임부에게 적응 사유가 있고 본인의 동의가 있는 상황이라도 배우자의 동의가 없으면 낙태가 허용되지 않는다. 그러나 이와 같이 배우자를 포함한 "잠재적 부(父)"의 이익을 고려하는 입법례는 거의 찾아볼 수 없다.[47] 배우자의 동의여부에 따라 가벌성이 좌우되는 법은 가부장제의 유물이라고 볼 수밖에 없으며,[48] 자기 결정권의 주체인 임부의 자율적 존재성 그 자체를 부인하는 것이라는 비판이 제기된다.[49] 위 헌법재판소 결정에 나타난 사실관계를 보면 배우자 동의 요건의 불합리성을 이해할 수 있다. 배우자의 동의 요건은 삭제되어야 할 것이다.

모자보건법의 개정안으로 제시된 몇 가지 예를 들면 다음과 같다. 우선 낙태 허용범위와 관련하여 ① 임신 12주 이내에서는 개별적인 적응사유를 문제삼지 않고 "임부가 임신을 지속하기 어려운 상황에 처한 경우 사회 상담을 전제로" 낙태를 허용하고, 임신 20주 내에는 의학적, 우생학적, 윤리적 적응만을 인정하며, 임신 20주 후에는 의학적 적응사유만을 인정하는 안[50] ② 임신 12주 이내에서는 의학적, 우생학적(태아에 심각한 이상이 있어 출생 후 생존이 불가능한 경우나 신체적, 정신적 기형으로 심각한 고통을 받을 수 있는 경우), 윤리적, 사회적 적응사유(사회경제적인 이유로 인해 임신의 유지나 출산 후 양육이 어렵다고 판단되는 경우 및 미성년자가 임신한 경우)를 허용하고, 임신 12주 이후~24주 이

---

44) 이기헌, 앞의 책, 86면; 이인영, 위의 논문, 141면 등 참조.

45) 이기헌, 앞의 책, 86면.

46) 이기헌, 앞의 책, 86면.

47) 이기헌, 앞의 책, 47면.

48) 이기헌, 앞의 책, 48면. 1980.3.15. 유럽인권위원회의 결정에 의하면 "남편과 장래 아버지가 사생활과 가족생활의 존중에 대하여 갖는 권리(Art. 8 EMRK)는 부인이 하려는 낙태에 대한 권리까지 포함하는 것은 아니다"라고 한다(Paton 사건; 유럽인권잡지 1981, S.20 ff). 이기헌, 앞의 책 48면에서 재인용.

49) 이인영, 앞의 논문. 145면.

50) 이기헌, 앞의 책, 128-130면.

내에서는 이 가운데 사회적 적응사유를 제외하며, 임신 24주 이후에는 의학적 적응 사유 및 태아에 심각한 이상이 있어 출생 후 생존이 불가능한 경우만을 적응사유로 하는 안[51] 등이 있다. 또한 모자보건법의 개정을 촉구하는 대부분의 견해에서 상담절차와 낙태유보기간, 낙태시술에 대한 의사의 보고의무 등의 도입을 제안하고 있다.[52]

Ⅳ. 낙태에 대한 새로운 담론 — 재생산권(Reproductive Rights)의 개념

1994년 이집트 카이로에서 열렸던 UN ICPD(International Conference for Population and Development: 인구 및 개발에 관한 국제회의)에서는 1990년대 새롭게 형성되었던 여성 인권의 시각에서 재생산권(Reproductive rights)이 조명되었다.[53] 카이로 회의에서 채택된 행동강령(Program of Action)은 재생산권이 인권의 한 측면으로서, "자녀의 수, 터울, 시기를 자유롭고 책임 있게 결정할 수 있는 기본적 권리 및 그 권리를 행사할 수 있는 정보와 수단, 그리고 가장 높은 수준의 성적·재생산적 건강을 누릴 권리에 기초한 것"이며 "재생산과 관련된 결정을 차별, 강제, 폭력 없이 내릴 권리를 포함한다"고 하였다.[54] 그러나 위 행동강령은 낙태가 가족계획의 수단으로 장려되어서는 안 된다고 하였으며, 국가 등은 위험한 낙태가 여성의 건강에 미치는 영향을 주요한 공공보건 문제로 다루고 진전된 가족계획 서비스를 통해 낙태에 의지하는 것을 줄여나감으로써 여성의 건강에 대한 책무를 이행할 것이 촉구된다고 하였다. 또 "합법적 낙태"는 안전하게 시술되어야 하며, 모든 상황에서 여성은 낙태로부터 발생하는 문제에 대처하기 위한 높은 수준의 서비스에 접근할 수 있어야 한다고 하였다.[55]

---

51) 2005년 보건복지부 연구보고서, 254-255면.
52) 이기헌, 앞의 책, 130-132면; 2005년 보건복지부 연구보고서 255면; 이인영, 위의 논문, 152면 등.
53) 양현아, 앞의 논문, 203-231면.
54) 『ICPD(International Conference on Population and Development) Program of Action』(『인구 및 개발에 관한 국제회의 행동강령』), Chapter VII paragraph 7.3.
55) 위 행동강령, Chapter VIII paragraph 8.25.

카이로 행동강령은 낙태를 선택할 수 있는 권리에 대해서는 기존의 틀을 크게 벗어나지 못하였으나, 인권의 연장선상에서 성의 자유, 임신과 출산에서 차별받지 않을 권리, 양육에 대한 공적 지원을 받을 권리를 서로 연관시키는 권리의 틀로서 재생산권을 명명하고, 이들 권리가 상호 불가분성을 가진다는 원칙을 정립하였다는 점에서 의의를 찾을 수 있을 것이다.[56] 1996년 제4차 북경 세계여성대회(The forth world conference on women, Beijing)에서도 여성의 재생산 및 성적 건강과 권리를 여성인권의 차원에서 보장되어야 하는 기본적인 권리의 하나로 보았다.[57]

한국의 현실 역시 엄격한 낙태관련법규와 단속으로는 낙태 문제를 해결할 수 없음을 보여주고 있다. 여성의 선택권을 존중하는 법제를 가졌음에도 우리나라보다 훨씬 낮은 낙태율을 가진 외국의 예를 보건대, 낙태를 줄이기 위해 필요한 것은 낙태행위의 처벌이 아니라 성평등한 피임의 수행, 여성의 임신·출산에 대한 사회적 지원 등 여성의 성적 권리, 재생산에 대한 선택권을 보호하는 것임을 알 수 있다. 따라서 성관계에서부터 원치 않는 임신을 하지 않을 수 있는 성적 자기결정권, 혼인 여부·가족의 압력·사회적 압박·경제적 사정으로부터 자유로이 출산 여부·출산 시기·출산 횟수를 결정할 수 있는 권리, 출산과 양육에 필요한 공적 지원을 요청할 수 있는 권리를 여성이 폭넓게 행사할 수 있는 사회적 여건을 만들어가야 한다. 이러한 여성의 재생산권에 대한 보호가 곧 태아의 생명 보호의 출발점이라고 할 수 있다. 태아의 생명에 대한 존중과 보호는 이를 잉태한 모성에 대한 존중과 보호 없이는 이루어질 수 없기 때문이다.

---

56) 양현아, 앞의 논문, 236면.

57) 『Beijing Declaration and Platform for Action, The Fourth World Conference on Women 1995』(『북경선언 및 행동강령』) C. Women and health, 89-111.

▌판례색인▐

[대법원판례]

[하급심판례]

[헌법재판소]

[외국판례]

≪저자 약력≫

김 태 선

서울대학교 법과대학 사법학과(학사)
서울대학교 법과대학 대학원 석사과정 수료
Duke University Law School LL.M.
제40회 사법시험 합격
뉴욕주 변호사시험 합격
법무법인 지평
(現) 충남대학교 법학전문대학원 조교수

조 은 희

독일 베를린 훔볼트대학 법학박사
한국법제연구원 초빙연구원
한국여성개발원 연구위원
(現) 제주대학교 법학전문대학원 부교수

오 정 진

서울대 공법학과 학사
서울내 법학박사
(前) 한국여성개발원 연구위원
(現) 부산대학교 법학전문대학원 교수

차 선 자

숙명여자대학교 법학과 학사
독일 브레멘대학교 법학박사
(前) 법무부 법무자문위원회 연구위원
(現) 전남대학교 법학전문대학원 교수

법여성학

2011 년 2월 20일 초판 인쇄
2011 년 3월 2일 초판 발행

저 자 김태선 · 오정진 · 조은희 · 차선자
발행인 이 방 원
발행처 세창출판사
서울 서대문구 냉천동 182 냉천빌딩 4층
전화 723 - 8660 팩스 720 - 4579
E-mail: sc1992@empal.com
Homepage: www.sechangpub.co.kr
신고번호 제300-1990-63호

정가 23,000원

ISBN 978-89-8411-330-5 93360